本书为国家社会科学基金项目"建国以来中国共产党探索工业化道路的理论发展与创新研究"（批准号：03BDJ005）最终成果，2007年8月通过国家社会科学基金项目成果验收，鉴定等级"优秀"。

中国共产党与中国特色工业化道路

□ 高伯文 / 著

中央编译出版社

图书在版编目(CIP)数据

中国共产党与中国特色工业化道路/高伯文著.
—北京:中央编译出版社,2008.12
ISBN 978-7-80211-833-1

Ⅰ.中...
Ⅱ.高...
Ⅲ.①中国共产党-工业化-方针政策-研究　②工业化-研究-中国
Ⅳ.F42

中国版本图书馆 CIP 数据核字(2008)第 208907 号

中国共产党与中国特色工业化道路

出 版 人	和　龑
责任编辑	王忠波
责任印制	尹　珺
出版发行	中央编译出版社
地　　址	北京西单西斜街 36 号(100032)
电　　话	(010)66509236　66509360(总编室)　(010)66509246(编辑室)
	(010)66509364(发行部)　(010)66509618(读者服务部)
	(010)66161011(团购部)　(010)66130345(网络销售部)
网　　址	www.cctpbook.com
经　　销	全国新华书店
印　　刷	北京中印联印务有限公司
开　　本	787×960 毫米　1/16
字　　数	410 千字
印　　张	28
版　　次	2008 年 12 月第 1 版第 1 次印刷
定　　价	68.00 元

本社常年法律顾问:北京建元律师事务所首席顾问律师　鲁哈达
凡有印装质量问题,本社负责调换。电话:(010)66509618

目 录

导 论 ·· 1

第一章 新民主主义工业化道路的构想 ··· 9
1.1 经过新民主主义工业化才能到达社会主义 ······················· 9
1.2 发展国营经济领导的多元经济和利用市场机制推动工业化

　·· 19
1.3 以工业为领导、农业为基础，农轻重相互促进 ··············· 37
1.4 新民主主义工业化道路构想的创新与意义 ······················· 49

第二章 仿效苏联社会主义工业化道路模式 ·· 57
2.1 过渡时期总路线的提出与工业化发展道路的转轨 ············ 58
2.2 优先发展重工业的战略 ··· 70
2.3 工业化建设与制度变革并举 ··· 77
2.4 平衡沿海与内地的工业布局 ··· 90
2.5 以重工业为中心的工业化道路模式的两重性 ··················· 95

第三章 "中国工业化的道路"命题的提出和初步探索 ···················· 109
3.1 对苏联工业化道路模式的反思与中国工业化道路命题的提出

　··· 109
3.2 建立独立、比较完整、现代的工业化目标体系 ············· 116

3.3 "以农业为基础、以工业为主导"的工业化道路模式 ··· 124
3.4 统筹兼顾,调动一切积极因素的工业化指导方针 ········ 134
3.5 正确处理沿海工业与内地工业的关系,加速全国的工业化
 ··· 150
3.6 "中国工业化的道路"探索的意义与局限 ················ 158

第四章 向片面发展重工业的赶超模式的畸变 ················ 164

4.1 片面发展重工业的赶超战略的形成及其特点 ············ 164
4.2 "两条腿走路"的工业化方针 ······························· 173
4.3 工业化超高速赶超战略模式选择的误区 ·················· 191

第五章 中国工业化道路的历史性转轨 ························· 206

5.1 传统工业化道路模式的困境与时代发展的新机遇和新挑战
 ··· 206
5.2 走中国特色社会主义工业化道路指导思想的确立 ······· 213
5.3 由片面发展重工业向产业协调发展模式转变 ············ 221
5.4 中国工业化发展战略和指导方针的重新调整 ············ 229

第六章 走向市场化和开放型的工业化道路 ···················· 239

6.1 改革开放是发展社会主义工业化的根本途径 ············ 239
6.2 中国社会主义工业化与市场化的有机耦合 ··············· 250
6.3 全方位发展开放型的工业化战略 ·························· 265
6.4 在市场化中推进社会主义工业化的创新 ·················· 278

第七章 城乡协调互动的农村工业化道路的开创 ··············· 286

7.1 推行以农业承包制为中心的改革,促进农村经济向专业化、
 商品化、现代化转变 ··· 286
7.2 发展乡镇企业,推动乡村工业化 ·························· 296
7.3 建设小城镇,加快乡村城镇化进程 ······················· 305

7.4 统筹城乡工业化协调发展 …………………………… 316
   7.5 城乡工业化互动发展，推动全国工业化的创举 ……… 323

第八章 区域工业化协调推进道路的选择 ………………………… 334
   8.1 部分地区先发展带动各地区工业化共同发展 ………… 334
   8.2 两个大局构想与东、西部工业化的互动 ……………… 348
   8.3 统筹区域发展与区域工业化的协调推进 ……………… 359
   8.4 中国区域工业化发展道路创新的特点 ………………… 386

第九章 新型工业化道路的开辟 …………………………………… 393
   9.1 当代中国工业化在世界工业化进程中的历史坐标及历史使命
      ……………………………………………………………… 393
   9.2 科学发展观与新型工业化道路的提出 ………………… 400
   9.3 新型工业化道路的内涵 ………………………………… 412
   9.4 中国特色新型工业化道路对世界传统工业化道路的双重超越
      ……………………………………………………………… 423

结 语 ……………………………………………………………… 430

主要参考文献 ……………………………………………………… 433

导　论

　　工业化是经济现代化最基本的内涵和核心。世界社会经济发展史表明，一个国家在走向现代化的过程中，首先必须实现工业化。经济现代化的实质就是实现由传统农业社会向现代工业社会的转变，并进而向信息社会跃迁的过程。同时，它还表明，随着各国经济、社会、历史和自然条件之不同，世界各国工业化的演进可以有大不相同的道路，同一国家在不同的历史时期也会作出不同的发展道路模式选择。中国是经济落后的农业大国，中国工业化既是世界工业化进程的重要组成部分，又有自身的发展特点。研究中国共产党认真思考和选择既顺应世界潮流又符合中国国情的中国特色工业化道路，便构成了本书的主题。

1. 本书研究的意义与价值

　　工业化是世界历史发展的必然过程，也是中国近现代社会发展的主旋律。但是，中国是世界工业化进程中最大的后起国，自近代被卷入世界工业化潮流之日起，便面临着实现工业化的极大特殊性。一是中国是世界上幅员最广、人口最多的落后的农业大国，近代中国工业化的最初起步，又是与沦为半殖民地半封建社会制度结合在一起的，虽然开始出现一些现代性质的工业企业，但受到帝国主义资本势力和本国封建势力的挤压，始终没有也不可能实现工业化。在这样极其特殊的国情里如何走向实现工业化的道路，是一项前无古人的伟大事业。二是1949年10月中华人民共和国成立，开创了中国工业化的新境地。但是，新中国工业化是在工业基础十分薄弱和世界第二次科技革命向第三次科技革命的转变中起步的。从20世纪80年代尤其是90年代起，许多实现了工业化的发达国家开始进入后工业社会或信息社会。处在两次世界科技革命浪潮中间的中国工业化，既要继续完成工业化的进程，实现从传统农业社会向现代工业社会的转变，又要迎接世界新技术革命兴起的新挑战，实现信息化带动的更高层次的工业化。这一工业化双重的目标任务，汇集到当代中国这一历史的特定时间，使中国的工业化呈现出繁纷复杂的局面。这既是社会主义工业化史上的崭新课题，也是世界工业化史上遇到的难题。

自中国共产党诞生起便承担了领导实现中国工业化的历史重任，以毛泽东为主要代表的中国共产党人把马克思主义工业化理论与中国特殊国情相结合，开始探索由新民主主义走向社会主义的工业化道路。新中国成立后，特别是社会主义制度确立后，更致力于中国社会主义工业化道路的探索，提出了一系列的战略构想。由于世界性的难题、特殊的国情、实践的局限以及一段时间里毛泽东指导思想上的失误等种种因素，探索其间交织着成功与挫折。1978年底中共十一届三中全会党的工作中心的转移和改革开放决策的实施，开创了中国社会主义建设的新时期，也推动着中国社会主义工业化道路探索进入新的阶段。以邓小平、江泽民、胡锦涛为主要代表的中国共产党人相继以全新的世界眼光，审视时代发展的主题以及世界经济全球化和新科技革命的发展趋势，对中国长期处于社会主义初级阶段的基本国情及中国与世界工业化发展关系的认识逐步深化，在新中国成立后30年探索和深刻总结历史经验的基础上，逐步探寻到了实现工业化双重任务的中国特色社会主义工业化道路。

显然，由于种种主客观历史条件的综合作用，新中国建立近60年来，中国共产党对中国工业化道路的探索，呈现出一条较为独特的历史轨迹。这中间几代中国共产党人在探索中提出的中国特色工业化道路的新构想、新思想和新观点，积累的极其丰富的经验教训，从理论上给予科学总结和系统研究，对深化中国工业化发展规律和科学发展观的认识，对揭示它在马克思主义工业化理论发展史和世界工业化史上的创新与贡献，有着重要的理论意义。同时，随着新世纪中国进入全面建设小康社会、基本实现工业化和向现代化第三步战略目标迈进的新阶段，最终实现21世纪中华民族复兴的伟大目标,对上世纪以来尤其是改革开放以来中国共产党探索中国工业化道路的理论与实践作一番睿智的回顾和总结,用更开阔的历史视野和世界眼光去观察思考,以加快中国工业化又好又快的发展,也凸现出其重要的现实意义。这正是本书立意之所在。

从学术理论史来看,中国工业化一直是学术理论界尤其是经济学界关注的课题。在20世纪50年代至70年代,经济学界就开始过一些研究,大都集中在工业发展过程、工业产值比重上升过程和农轻重工业化道路的阐述上。改革开放后,学术理论界对中国工业化问题日益重视,进行了不同视角或层面的研究,取得了不少成果,为研究中国共产党探索中国工业化道路理论与实践提供了有益的启示和可鉴的资料,但多侧重于中国工业化发展进程和成就范围的描述及发展战略的前瞻性思考。中共十六大正式提出新型工业化道路之后,国内学术理论界出版和发表了许多有关研究成果,但主要研究的是这条新型工业化道路本身的内涵及其对推动中国工业化发展的意义。中共党史学界有关研究成果,散见于研究社会主义时期党史和当代中国史,尤其是中国共产党现代化建设史的论著中。这些论著涉及中国共产党对工业化道路的探索问题,有助于拓宽本课题的研究视野。但由于一般认为工业化问题是经济学界研究的范围,鲜有人系统考察和深入分析。而一些国外有关中国现代化的研究论著,从总体上看对当代中国工业化、现代化建设具体问题的实证性研究远多于对中国工业化、现代化建设规律和道路的研究,且国外学者在研究指导思想、研究视角、价值取向方面与中国学者有较大的差异。[①]因此,从史学角度全面考察和客观分析中国共产党在不同历史条件下探索中国工业化道路的理论与实践,总结历史经验,是有重要学术价值的。

---

① 国内外有关研究著作参见本书"主要参考文献"。

2. 本书研究的视角、基本思路和方法

本书将置于经济落后的后起工业化大国和世界工业化进程中进行历史考察，放在中国特色社会主义道路的总体图景中予以观照，力图较为系统地研究中国共产党探索中国特色工业化道路发展的历史轨迹与创新。研究视点着重聚焦于中国共产党对后起的发展中大国工业化道路的创新：一是在经济落后的中国如何从国情出发，推动后起国工业化进程并不断缩短与发达国家差距的工业化道路创新；二是在逐步进入经济全球化和信息化时代，如何顺应时代潮流，总结世界工业化的历史经验，探索新型工业化道路创新。本书并进行较为深入的理论分析，揭示中国社会主义工业化发展规律，为新世纪加快中国工业化进程提供理论思考和历史借鉴，并指出中国共产党人对马克思主义工业化理论和对世界工业化进程中"后发展"问题的独特理论贡献。

在研究视角和方法上，主要从以下几个方面展开：第一，注意在全面地把握中国现代化的进程中进行考察和思考。工业化是经济现代化的重要组成部分，而现代化则包含着多方面的内容，它除了经济现代化以外，还包括政治现代化、军事现代化、文化现代化和人的现代化等。二者既有区别，又有密切的关系。以往理论界在研究现代化中论及工业化，二者之间互用的现象较为普遍，不能把二者等同起来。但工业化是现代化的最基本的内涵，中国特色工业化道路是中国特色现代化道路的核心，在很大程度上制约着中国现代化进程。因此，本书以中国现代化发展为社会历史背景，旨在客观、辩证地阐述中国共产党探索中国工业化道路理论与实践的发展及其在中国现代化发展中的重要作用。第二，注意从国内外两个方面因素相结合的广阔视野中审视和研究。工业化是一个世界性的进程，人类社会逐步步入经济全球化和信息化时代，国际环境显得日渐重要，不能就某个国家本身去孤立地研究。以往理论界一般偏重于从国内因素研究经济文化落后的中国工业化问题，本书在立足中国国情的基础上，重视把中国工业化道路放到整个世界历史的长跨度、大背景和时代视野中去考察，在中国工业化与世界工业化整体的联

系上，特别是社会主义与资本主义的发展变化相联系中去认识中国工业化面临的机遇和挑战。第三，注意从工业化发展必须与社会发展的和谐协调关系中进行研究。虽然工业化一直是经济史学和现代经济发展理论所关注的重要问题，然而至今在有关经济学和经济史学著作中，对工业化概念的表述似乎并不十分明确，或者说还没有一个经典的定义。实际上，工业化包含的内容是非常丰富的，不仅包括工业的增长，还包括产业结构、资源配置及实现工业化所需要的各种条件。因此，本书的研究是在广义上来理解中国工业化道路问题，即不仅包括工业化道路的指导思想、发展目标、发展战略、发展动力、发展路径、制度安排及一系列相适应的方针政策，而且包括工业化发展与社会和自然资源、生态环境及其他外部诸种因素的关系，以便较客观地反映中国共产党探索中国工业化道路的全貌。第四，注意思想研究与实践发展密切结合起来。实践呼唤和孕育新的思想，思想产生于实践，又在指导实践中得到检验和发展。本书以中国共产党探索中国特色社会主义道路的历史活动为主线，遵循理论与实践相结合的原则，引证大量党的文献和经济社会发展资料作为分析和立论的依据，采取历史与逻辑相统一的方法，并将历史学、经济学、社会学等理论及方法结合起来，力求处理好思想发展与实践发展的辩证关系。

3. 本书的逻辑框架和主要观点

按照上述研究视角和基本思路，本书构建的体系和内容，除导论和结语外，分为九章。第一章，主要考察和论述中国共产党从成立至新中国建立初期对新民主主义工业化道路的探索与构想；第二章，主要考察和论述"一五"时期随着社会主义工业化的启动，中国共产党的探索从新民主主义向苏联社会主义工业化道路模式的转变；第三章，主要考察和论述1956年前后中国共产党反思苏联工业化的教训，开始对适合中国情况的社会主义工业化道路的探索及初步成果；第四章，主要考察和论述1957年下半年至1978年底中国共产党对中国社会主义工业化道路的曲折探索，着重论析"大跃进"时期急于求成的片面发展重工业的赶超模式；第五章，主要考察和论述以 1978 年底中共十一届三中全会为标志，中国共产党开始对中国特色社会主义工业化道路探索的历史性转轨的条件与契机；第六章，主要考察和论述 20 世纪 80 年代至 90 年代中期，中国共产党成功探索在市场化和对外开放中推进社会主义工业化的新道路；第七章，主要考察和论述改革开放以来中国共产党在领导中国农民进行农村改革实践的过程中，开创了城乡互动结合的农村工业化新道路；第八章，主要考察和论述改革开放以来中国共产党随着对传统区域发展战略的深刻反思和社会主义初级阶段区域工业化发展规律认识的深化，逐步构建了中国区域工业化协调推进的新道路。第九章，主要考察和论述 20 世纪 90 年代中期以来，中国共产党深刻把握中国发展面临的新课题新矛盾，抓住世界信息化浪潮的机遇，进一步开创以信息化和可持续发展为主要内容的新型工业化道路。结语在全书各章论述的基础上，简要总结中国共产党对中国工业化道路探索与创新的历史经验和宝贵启示。

全书的基本观点可以概述如下：

（1）中国共产党对中国工业化道路的创新探索经历了一个辩证否定的发展过程，以 1978 年中共十一届三中全会改革开放政策的实施为标志，可分为两个大的发展时期：1978 年底前，以探索正确处理农轻重关系为主要内容，试图突破苏联传统社会主义工业化道路模式的局部理论创新。1979 年以来对中国特色社会主义工业化道路的成功探索，以 20 世纪 90 年代中期提出实施科教兴国和可持续发展战略为标志，又可分为紧密联系的两个发展阶段，即之前以市场化改革和对外开放为主要内容，全面突破传统社会主义工业化道路模式的理论创新；之后在继续深化改革和扩大对外开放的同时，进一步探索以推进信息化和可持续发展为主要内容，走出一条不同于世界发达国家传统工业化的新型工业化道路的理论创新。

（2）改革开放以来，中国共产党对中国工业化道路相继以市场化改革和对外开放、以推进信息化和可持续发展为主要内容的两次创新探索，产生了认识上的两次飞跃。第一次飞跃为第二次探索与飞跃奠定了基础，第二次飞跃丰富和发展了第一次飞跃的探索成果，进一步赋予中国工业化道路以新的时代内涵。尽管两个阶段创新探索的侧重点和突破点有所不同，但都构成中国特色社会主义工业化道路的不可或缺的重要内容。

（3）中国特色社会主义工业化道路两次理论创新与飞跃的主要内涵具体体现在：在经济市场化中发展社会主义工业化；以公有制为主体多种所有制经济的共同发展来推动工业化建设；充分利用国际国内两种资源、两个市场，加快中国工业化与世界工业化的接轨；部分地区率先基本实现工业化，带动各区域协调发展，最终实现全国工业化；积极发展乡镇企业和推动小城镇建设，不断推进城乡工业化的互动发展；以信息化带动工业化，工业化促进信息化，实现社会生产力的跨越式发展；走科学发展之路，实现工业化的全面协调可持续发展。其中，市场化和信息化是推动中国工业化发展的两个中心环节。

（4）中国共产党对中国特色社会主义工业化道路的成功探索，初步解决了在经济文化落后农业大国、工业化后起国、处于世界传统工业化向现代信息工业化转变过程中，如何开创一条既适合中国国情又顺应时代潮流的社会主义工业化新路的崭新课题，对世界传统工业化道路具有双重突破和超越的意义。一方面，全面突破了集权型、粗放型、封闭型为主要特征的传统社会主义工业化道路模式；另一方面，超越了"先污染（发展），后治理"和"先工业化，后信息化"的西方发达国家传统工业化道路模式。这是中国社会主义工业化史上的伟大创新，又是世界工业化史上的伟大创举。

（5）中国共产党对中国工业化道路的艰辛探索，尤其是改革开放以来中国特色社会主义工业化发展道路的开创，积累了极其丰富的历史经验和启示。其中尤为宝贵的是探索视角和发展观的转变，即探寻中国社会主义建设道路，不仅要清醒认识中国社会主义初级阶段的国情，而且还要以全球战略眼光和全球战略意识，将中国的发展置于世界发展的宽广视野中进行考察与思考，使中国社会主义发展道路既有中国特色，又不排斥世界潮流，形成立足中国而又面向世界的发展思路；必须遵循科学发展观，走又好又快的科学发展之路。

中国特色工业化道路的内容非常丰富，而且，随着实践的发展，将不断赋予其新的内涵；同时，中国特色工业化道路涉及城乡、区域、经济与社会等各方面的协调发展关系，以及与中国特色现代化道路的关系。因此，几代中国共产党人对中国工业化道路的艰辛探索，时间跨度大，涉及面广，思想理论十分丰厚，经验极其深刻。就本书所考察和研究的内容而言，显然是难以从理论和实践上系统完整地涵盖这个重大课题的所有方面。本书并不企求建构本课题完整的研究体系和穷尽所有问题，而只是择其主要方面概述和论析，尚有不少重要思想理论和实践经验有待于学术理论界同仁共同深入挖掘和探讨。

第一章 新民主主义工业化道路的构想

实现工业化是近代以来中国历史发展的主题。尽管中国共产党启动并推进的工业化实践是新中国建立以后开始的，但对"变落后的农业国为先进的工业国"问题的认识和探索，却在建国前就开始了。以毛泽东为主要代表的中国共产党人在领导中国人民进行民主革命和建立新中国的过程中，依据马克思主义的基本理论和中国半殖民地半封建社会的特殊国情，经过不断探索和选择，逐步创立了新民主主义理论，开创了一条经过新民主主义通向社会主义的中国革命和社会发展道路。这条道路，从工业化的视角，内含着既不同于欧美资本主义、也有别于苏联社会主义的中国工业化道路新构想，即中国特色的新民主主义工业化道路。

限于历史条件和受实践经验的制约，中国共产党对新民主主义工业化道路的创新探索和认识，虽然只是初步的，大体上只是轮廓性的设想，而且实践的过程极为短暂，不久便为"优先发展重工业"的苏联社会主义工业化模式所替代，但却成为中国共产党探索中国工业化道路的最初起点，对之后特别是改革开放以来中国特色社会主义工业化道路的探索，有着极为宝贵的历史借鉴和启迪意义。

1.1 经过新民主主义工业化才能到达社会主义

根据马克思主义的社会发展理论，社会主义是以社会化的生产力为前提，建立在工业化大生产基础之上的。然而，近代中国是一个工业基础极其薄弱的半殖民地半封建的落后农业大国，应当如何开辟通向社会主义工业化的道路，这是中国共产党创立后遇到的一个崭新课题。当时在中国前面，曾经有过两种类型的工业化道路：一种是英、美、法等欧美国家的资本主义工业化道路，一种是苏联社会主义工业化道路。中共一大把在中国实现社会主义作为自己的奋斗目标，主张用社会主义革命的方法，建立社会主义制度，推动中国工业化的发展。这种思想主张，其大方向是对的，但还不懂得结合中国的具体国情，实际上是主张走俄国十月革命开辟的社会主义工业化道路。

1922年6月15日发表的《中共中央第一次对于时局的主张》已经认识到：在中国"这种半独立的封建国家，执政的军阀每每与国际帝国主义互相勾结，因为军阀无不欢迎外资以供其军资与浪费，国际帝国主义在相当的限制以内，也都乐以金力借给军阀，一是可以造成他们在中国的特殊势力，一是可以延长中国内乱，使中国永远不能发展实业，永远为消费国家，永远为他们的市场。在这样状况之下的中国实业家，受外资竞争，协定关税，地方扰乱，官场诛求，四方八面的压迫，简直没有发展的希望"。[①] 随后召开的中共二大在进一步分析中国半殖民地半封建社会国情的基础上，制定了反帝反封建的民主革命纲领，表明中国共产党对制约中国工业化发展的主要因素，已经有了较为清晰的认识。在中国，只有首先开展反帝反封建的民主革命，才能为建立社会主义创造政治前提，为工业化建设的顺利发展开辟道路。

在民主革命探索实践发展的过程中，中国共产党对中国国情和时代特征的认识日益深刻，到抗日战争时期系统地提出了新民主主义理论，明确主张中国革命和社会的发展必须走经过新民主主义到达社会主义的道路。毛泽东在《中国革命和中国共产党》、《〈共产党人〉发刊词》、《新民主主义论》等著作中，对此做了以下科学概括：

由于中国是经济文化十分落后的半殖民地半封建的国家，经济、政治、文化各方面发展极不平衡，这就规定了中国要实现社会主义必须分为两步走。第一步首先要完成资产阶级民主主义的革命，把半殖民地半

[①] 《中共中央第一次对于时局的主张》（1922.6.15），《中共中央文件选集》第1册，中共中央党校出版社1989年版，第35页。

封建社会形态改变为一个独立的民主主义的社会；第二步才能进行社会主义革命。这是性质不同的两个革命过程，只有完成了前一个革命过程，才有可能去完成后一个革命过程。革命的第一步既然是民主主义性质的革命，而不是社会主义的革命，因之这一革命完成之后建立的社会也不是社会主义社会。然而这种革命已经与旧式的民主革命不同，它是发生在俄国十月社会主义革命之后，它不是由资产阶级领导的，而是由无产阶级领导的、以建立新民主主义社会和各革命阶级联合专政的国家为目的的革命。虽然从客观上说，这种革命是为资本主义的发展扫清了道路，但与此同时，它又必然会为社会主义的发展扫清更广阔的道路。"民主主义革命是社会主义革命的必要准备，社会主义革命是民主主义革命的必然趋势。"①

1945年4月毛泽东在中共七大《论联合政府》报告中又作了进一步的论述：中国共产党将来纲领或最高纲领，是要将中国推进到社会主义社会和共产主义社会去的，但是"只有经过民主主义，才能到达社会主义，这是马克思主义的天经地义"。②

毛泽东在这些名著和讲话中对中国工业化问题直接谈论的不多，更多的是对中国式的新民主主义革命和社会发展的道路加以界定。这种界定，既不同于欧美式的资本主义道路，又区别于苏联式的社会主义道路。毛泽东理论思考的主题是，在经济文化落后的半殖民地半封建中国，应该怎样才能取得民主革命的胜利，并逐渐过渡到社会主义。然而，对中国民主革命和社会发展特点的认识，直接关系到中国工业化道路的选择。而且，从中国共产党人关于新民主主义革命和社会发展的总体构想考察，十分明显，新民主主义理论的创立，不仅确立了中国民主革命并向社会主义革命转变的指导思想，也规定着近代中国工业化发展的路向选择，内含着经过新民主主义革命开辟通向社会主义工业化道路

---

① 毛泽东：《中国革命和中国共产党》（1939.12），《毛泽东选集》第2卷，人民出版社1991年版，第651页。

② 毛泽东：《论联合政府》（1945.4.24），《毛泽东选集》第3卷，人民出版社1991年版，第1060页。

的思想。即在中国这种资本主义极不发达的半殖民地半封建社会的国家，只有通过无产阶级领导的新式民主主义革命，建立新式的民主主义社会，并在这种社会条件下开展以工业化为中心的经济建设，才能有效地推动中国工业化的进程，为社会主义的建立创造必要前提。

（一）通过新民主主义革命争取民族独立和国家统一，为中国工业化发展扫清政治障碍

独立完整的主权是一个国家生存与发展的根本条件，也是实现工业化的根本前提。近代中国是被西方列强强行纳入世界资本主义市场经济轨道的。西方列强的入侵以及迫使清政府订立一系列不平等条约，中国国家独立主权受到了严重的损害，并逐渐变成为西方列强的产品销售市场和原料供应地，沦为世界资本主义市场经济的附庸。这样，从1840年鸦片战争到1949年中华人民共和国成立的百余年间，中国虽曾有过多次启动工业化的机会，但始终未能真正走上工业化正常发展的道路。

毛泽东对此作了深刻的分析。他在《中国革命和中国共产党》一文中指出：帝国主义列强侵入中国的目的是要把中国变成它们的半殖民地和殖民地。帝国主义列强强迫中国订立了许多不平等条约，根据这些不平等条约，取得了在中国驻扎海军和陆军的权利，取得了领事裁判权，并把全中国划分为几个帝国主义国家的势力范围。帝国主义列强根据不平等条约，控制了中国一切重要的通商口岸，并把许多通商口岸划出一部分土地作为它们直接管理的租界。它们控制了中国的海关和对外贸易，控制了中国的交通事业（海上的、陆上的、内河的和空中的）。因此它们便能够大量地推销它们的商品，把中国变成它们的工业品的市场，同时又使中国的农业生产服从于帝国主义的需要。帝国主义列强还在中国经营了许多轻工业和重工业的企业，以便直接利用中国的原料和廉价的劳动力，并以此对中国的民族工业进行直接的经济压迫，直接地阻碍中国生产力的发展。帝国主义列强通过借款给中国政府，并在中国开设银行，垄断了中国的金融和财政。因此，它们就不但在商品竞争上压倒了中国的民族资本主义，而且在金融上、财政上扼住了中国的咽喉。帝国主义列强从中国的通商都市直至穷乡僻壤，造成了一个买办的

和商业高利贷的剥削网,造成了为帝国主义服务的买办阶级和商业高利贷阶级,以便利其剥削广大的中国农民和其他人民大众。①

因之,中国工业化一开始便与政治发生了最密切的关系,首先是工业化与民族独立、国家统一的密切关系。

一方面,"没有一个独立、自由、民主和统一的中国,不可能发展工业"。毛泽东在《论联合政府》报告中论述了这一历史结论。他说:"一八四〇年鸦片战争以来的一百零五年的历史,特别是国民党当政以来的十八年的历史,清楚地把这个要点告诉了中国人民。一个不是贫弱的而是富强的中国,是和一个不是殖民地半殖民地的而是独立的,不是半封建的而是自由的、民主的,不是分裂的而是统一的中国,相联结的。在一个半殖民地的、半封建的、分裂的中国里,要想发展工业,建设国防,福利人民,求得国家的富强,多少年来多少人做过这种梦,但是一概幻灭了。"② 中国要实现工业化,首要的任务是通过工人阶级领导的反帝反封建的新民主主义革命,争取民族独立和国家统一,才能扫清实现工业化的障碍,使中华民族进入世界市场平等竞争的行列,正常地汇入世界工业化的进程。在中国革命即将在取得全国胜利的前夜,毛泽东又强调:只有将革命进行到底,用革命方法,在全国范围内推翻国民党的反动统治,并建立人民民主专政的国家,才能"使中华民族来一个大翻身,由半殖民地变为真正的独立国,使中国人民来一个大解放,将自己头上的封建的压迫和官僚资本(即中国的垄断资本)的压迫一起掀掉,并由此造成统一的民主的和平局面,造成由农业国变为工业国的先决条件"。③

另一方面,中国要摆脱其落后挨打状态,真正巩固民族独立和国家统一,又必须有强大的工业基础。毛泽东进而分析,中国落后的原因主

---

① 毛泽东:《中国革命和中国共产党》(1939.12),《毛泽东选集》第2卷,人民出版社1991年版,第628—631页。

② 毛泽东:《论联合政府》(1945.4.24),《毛泽东选集》第3卷,人民出版社1991年版,第1080页。

③ 毛泽东:《将革命进行到底》(1948.12.30),《毛泽东选集》第4卷,人民出版社1991年版,第1375页。

要是没有新式工业。1944年5月22日,他在中央办公厅招待会上讲了一番颇具感慨的话:日本帝国主义为什么敢这样地欺负中国,就是因为中国没有强大的工业,它欺侮我们的落后。毛泽东强调指出:"要打倒日本帝国主义,必须有工业;要中国的民族独立有巩固的保障,就必需工业化。"① 因此消灭这种落后,是我们全民族的任务。也就在这次讲话中,毛泽东正式提出"我们共产党是要努力于中国的工业化"的口号,号召共产党员必须关心工业,学习工业的各种知识,努力为实现中国工业化的目标而奋斗。刘少奇也通过比较,指出:"现在世界上凡是强大的国家,都是工业国。""我们中国之所以弱,也就是因为我们还只有很少的工业,我们还不是一个工业国。要中国强盛起来,也必须使中国变成工业国。"②

对工业化与国家独立富强的关系,毛泽东在《论联合政府》报告中总结了一百多年来许多志士仁人实业救国的经验教训,进一步指出:"没有独立、自由、民主和统一,不可能建设真正大规模的工业。没有工业,便没有巩固的国防,便没有人民的福利,便没有国家的富强。"显然,在中国这样一个半殖民地半封建的国家里,只有中国共产党领导的反帝反封建的新民主主义革命,才能够创造这种正常进行工业化建设的政治前提。为此,毛泽东明确提出:"中国工人阶级的任务,不但是为着建立新民主主义的国家而斗争,而且是为着中国的工业化和农业近代化而斗争。"③

(二)民主革命胜利后通过新民主主义国家政权建设,推动中国民主化的进程,为工业化建设提供政治保证

在半殖民地半封建中国,从政治上说,皇帝和贵族的专制政权被辛

---

① 毛泽东:《共产党是要努力于中国的工业化的》(1944.5.22),《毛泽东文集》第3卷,人民出版社1996年版,第146页。
② 刘少奇:《在陕甘宁边区工厂职工代表会议上的讲话》(1944.5.20),《刘少奇选集》上卷,人民出版社1981年版,第302页。
③ 毛泽东:《论联合政府》(1945.4.24),《毛泽东选集》第3卷,人民出版社1991年版,第1080、1081页。

亥革命推翻后，代之而起的先是地主阶级的军阀官僚的统治，接着是地主阶级和大资产阶级联盟的专政，广大人民则毫无政治权利可言，这种状况是制约中国工业化发展的又一重要因素。1945年4月，在中共七大《论联合政府》报告中，针对蒋介石的所谓建国方针，也针对一些人存有在国民党统治下实现工业化的幻想，毛泽东认为，旧中国"政治不改革，一切生产力都遭到破坏的命运，农业如此，工业也是如此"。① 因而，建立人民民主的国家政权，推动中国由传统专制政治向现代民主政治的转化，便成了中国工业化的重要保证。毛泽东上述所说的一个独立、自由、民主与统一的中国是发展工业的前提，其中"自由、民主"属于现代民主的范畴，是新民主主义革命发展的必然要求和结果，对推动中国工业化发展具有十分重要的意义。因为在毛泽东看来，"建立一个新民主主义的独立、自由、民主、统一、富强的中国之必要，而这些条件是互相关联的，不可缺一的"。② 他并认为，"只有工业社会才能是充分民主的社会"。③

民主政治存在着多种类型。毛泽东这里所说的民主政治属于何种类型呢？他说，我们现在要的民主政治，是新民主主义的政治，是新民主主义的宪政。它不是旧的、过时了的、欧美式的、资产阶级专政的所谓民主政治；同时，也还不是苏联式的、无产阶级专政的民主政治，因为"那种社会主义的共和国已经在苏联兴盛起来，并且还要在各资本主义国家建立起来，无疑将成为一切工业先进国家的国家构成和政权构成的统治形式"。④ 毛泽东认为，只有新民主主义的民主政治，才是合乎中国国情的，才能推动中国工业化的进程。

对这一问题，博古在1944年8月3日与美国军事观察组成员约翰·

---

① 毛泽东：《论联合政府》（1945.4.24），《毛泽东选集》第3卷，人民出版社1991年版，第1080页。

② 同上，第1081页。

③ 引自1944年7月14日毛泽东同英国记者斯坦因的谈话，《毛泽东文集》第3卷，人民出版社1993年版，第183页。

④ 毛泽东：《新民主主义论》（1940.1），《毛泽东选集》第2卷，人民出版社1991年版，第675页。

S. 谢伟思的谈话中也谈到："我们自己必须首先摆脱半封建主义。然后我们必须经过一个长时期的民主政治阶段和自由企业来提高我们的经济水平。"他还说："预言这个过程会有多长时间是不可能的。但是我们可以确信，它将多于30年或40年，而且可能要100多年。"①

值得指出的是，刘少奇在新中国成立初论述中国工业化时更鲜明地提出了"民主化与工业化是不能分离的"思想。1951年2月28日，他在北京市第三届人民代表会议上指出：经济建设现已成为我们国家和人民的中心任务，但是以新民主主义国家工业化为中心的经济建设，与人民民主政权的建设和国家的民主化是不能分离的。一方面，国家的民主化有利于制定正确的政策，充分发挥人民群众的积极性和创造性，可以保障和促进国家的工业化和经济的发展。"没有我们国家的民主化，没有新民主主义政权的发展，就不能保障新民主主义经济的发展和国家的工业化。"另一方面，"新民主主义经济的发展和国家的工业化，又要大大地加强和巩固新民主主义政权的基础"，进一步保障和促进经济的发展和国家的工业化。为此他强调："我们的基本口号是民主化与工业化！"②

（三）在新民主主义社会条件下解放和发展生产力，推动工业化建设，创造过渡到社会主义的物质前提

社会革命是经济发展的必要条件和手段。新民主主义革命的目的是解放和发展生产力，主要是进行工业化建设。1945年毛泽东在中共七大所作的《论联合政府》报告中指出：建设真正大规模的工业，"解放中国人民的生产力，使之获得充分发展的可能性，有待于新民主主义的政

---

① ［美］约瑟夫·W. 埃谢里克编著：《在中国失掉的机会——美国前驻华外交官约翰·S. 谢伟思第二次世界大战时期的报告》（中译本），国际文化出版公司1989年版，第265页。

② 刘少奇：《在北京市第三届人民代表会议上的讲话》（1951.2.28），《刘少奇选集》下卷，人民出版社1985年版，第60、61页。

治条件在全中国境内的实现。"①

当然，新民主主义革命胜利创造了发展工业化的政治前提，但它本身并没有实现中国的工业化。实现工业化，还需要创造必要的经济文化等条件。毛泽东在《论联合政府》报告中又指出："在新民主主义的政治条件获得之后，中国人民及其政府必须采取切实的步骤，在若干年内逐步地建立重工业和轻工业，使中国由农业国变为工业国。"② 这里所说的"采取切实的步骤"，包括要开展新民主主义各项建设，这一建设任务的根本，就是要运用人民民主政权的力量，对旧中国社会结构进行彻底改造，建立与发展生产力相适应的新民主主义经济制度，开展以工业化为中心的经济建设，"使中国由农业国变为工业国"，为过渡到社会主义创造物质前提。

1949年3月，中共七届二中全会确定了中国革命胜利后将使中国稳步地由农业国转变为工业国，把中国建设成一个伟大的社会主义国家的战略任务。这两重任务相互区别又相互联系，其中心关键是实现新民主主义工业化。1951年2月，毛泽东在中央政治局扩大会议上提出了"三年准备，十年计划经济建设"的设想。当时说的经济建设主要就是指在新民主主义阶段集中力量实现工业化，在此之后才可以考虑向社会主义过渡。为此毛泽东把这个设想又叫做"我们要争取十年工夫建设工业"③。显然，这十年计划经济建设，实质上就是新中国工业化的初创，尽管提出了计划经济建设，但仍然是一条新民主主义的工业化道路。

上述中国共产党关于新民主主义工业化发展路径三个方面的设想，作为一个相互衔接、内在统一的整体，融入了中国共产党新民主主义革命并向社会主义转变的理论，给中国人民展示了一条经过新民主主义通向社会主义的工业化必由之路：

由于近代中国所处的是半殖民地半封建社会，使得中国实现工业化

---

① 毛泽东：《论联合政府》（1945.4.24），《毛泽东选集》第3卷，人民出版社1991年版，第1081页。

② 同上。

③ 毛泽东：《边打边谈边稳》（1952.8.4），《毛泽东军事文集》第6卷，军事科学出版社、中央文献出版社1993年版，第318页。

既不能单纯依靠实业救国,也不能单纯依靠教育救国,而必须以社会革命为中国工业化的先决条件。只有经过社会革命,夺取政权,实现国家独立和民族解放,建立起适合生产力发展要求的新的生产关系,才能解放和发展生产力,改变中国落后的面貌,走上实现工业化的道路。

由于近代中国是一个经济十分落后的农业国,不能立即建立社会主义制度,必须通过新民主主义革命,建立新民主主义制度,解放和发展生产力,大力发展工业,基本实现中国工业化,为过渡到社会主义创造物质前提。如果没有新民主主义革命的彻底胜利,工业建设是不能得到大规模发展的,国防的巩固、人民的福利和国家的富强也都无从谈起。正如毛泽东在《论联合政府》报告中指出:"没有一个由共产党领导的新式的资产阶级性质的彻底的民主革命,要想在殖民地半殖民地半封建的废墟上建立起社会主义社会来,那只是完全的空想。"①

由于近代中国半殖民地半封建社会的特殊条件,不可能像西欧、北美那样经过资产阶级领导的资产阶级民主主义革命,推翻封建专制制度,在资本主义社会制度下发展社会生产力,实现工业化。在中国,民族资产阶级没有也不可能找到中国工业化的根本出路。在既无走资本主义工业化道路的可能,又缺乏直接走上社会主义工业化道路条件的情况下,中国人民必须选择新的工业化发展路径。这就是只有经过"工人阶级领导的人民共和国"即新民主主义共和国这一特殊的形式,才能推动中国工业化的进程,开辟走向社会主义的通道。毛泽东认为,"这是一定历史时期的形式,因而是过渡的形式,但是不可移易的必要的形式"。②

综上所述,像中国这样一个经济文化极端落后的半殖民地半封建的国家,不通过反帝反封建的民主主义革命,是不可能获得正常进行工业化建设的必要的社会条件的,更不要说实现工业化了。中国共产党在全

---

① 毛泽东:《论联合政府》(1945.4.24),《毛泽东选集》第3卷,人民出版社1991年版,第1060页。

② 毛泽东:《新民主主义论》(1940.1),《毛泽东选集》第2卷,人民出版社1991年版,第675页。

面地认识和正确把握近代中国国情和社会发展规律的过程中,通过新民主主义革命和建立新民主主义社会,把实现国家独立、社会改造和工业化建设作为一个有机联系的整体,融入了中国共产党所为之奋斗的目标——变落后的农业国为先进的工业国,奠定过渡到社会主义的物质前提,最终把中国建设成为社会主义现代化的强国,从而找到了中国工业化发展的根本出路——经过新民主主义开辟通向中国社会主义的工业化发展道路。

1.2 发展国营经济领导的多元经济和利用市场机制推动工业化

按照毛泽东新民主主义理论的构想,在民主革命取得全国胜利以后建立的新民主主义社会,是向社会主义过渡的社会形态。以国营经济领导的多种所有制并存的新民主主义经济,作为这种革命的必然结果而出现的一种社会经济形态,成为中国共产党创造的推动新民主主义工业化发展的有效形式。

新民主主义经济形态是以毛泽东为主要代表的中国共产党人依据马克思主义经典作家的有关思想,继承孙中山的民生主义思想,参照列宁的新经济政策,根据中国的具体国情,在长期的革命根据地建设实践的基础上逐步形成的。它孕育于土地革命时期的根据地建设,形成于抗日战争和解放战争时期,在新中国成立前后发展和完善起来,在建国初期有力地促进了国民经济的恢复和工业化建设。

1934年初,毛泽东在根据江西苏区的实践经验写成的《我们的经济政策》一文中指出:"现在我们的国民经济,是由国营事业、合作社事业和私人事业这三方面组成的。"[①] 由于当时苏区经济比较落后和"左"倾路线的排斥,几乎不存在现代意义上的私人资本主义经济,但这里"私人事业"的含义,也可以包括私人资本主义经济。

[①] 毛泽东:《我们的经济政策》(1934.1),《毛泽东选集》第1卷,人民出版社1991年版,第133页。

1940年1月，毛泽东在《新民主主义论》中，根据"节制资本"和"平均地权"、"耕者有其田"的原则，提出新民主主义共和国内部的经济关系应该是："大银行、大工业、大商业，归这个共和国的国家所有。"但并不没收其他资本主义的私有财产，并不禁止"不能操纵国计民生"的资本主义经济的发展；没收地主的土地分配给无地和少地的农民，实行"耕者有其田"，同时还要允许富农存在与发展。①

1945年4月，毛泽东在《论联合政府》报告中特别指出：在新民主主义的国家制度下，除了国家自己的经济、劳动人民的个体经济和合作社经济之外，"一定要让私人资本主义经济在不能操纵国民生计的范围内获得发展的便利，才能有益于社会的向前进步"。②

1947年中共中央政治局十二月会议上，毛泽东进一步提出"新民主主义经济构成"的概念，指出新中国的经济构成是："（1）国营经济，这是领导的成分；（2）由个体逐步地向着集体方向发展的农业经济；（3）独立小工商业者的经济和小的、中等的私人资本经济。这些，就是新民主主义的全部国民经济。"③

这些可贵的探索，无疑为新民主主义经济形态的形成奠定了思想基础。但是，作为新中国的立国和工业化建设的理论政策准备，显然它仅是初步的。其一，那时探索的着力点主要是基于指导中国革命的需要，并不在于新民主主义建设；其二，限于历史条件和受实践经验的制约，那时对新民主主义经济形态的描绘只是轮廓性的设想，没有也不可能具体和完善。1948年2月15日毛泽东在《中国社会经济形态、阶级关系和人民民主革命》一文中，还是讲新民主主义经济包括国营经济、小商品经济和私人资本主义经济三种经济成分。

从1948年下半年到1949年上半年，人民解放战争即将取得全国胜

---

① 毛泽东：《新民主主义论》（1940.1），《毛泽东选集》第2卷，人民出版社1991年版，第678页。
② 毛泽东：《论联合政府》（1945.4.24），《毛泽东选集》第3卷，人民出版社1991年版，第1061页。
③ 毛泽东：《目前形势和我们的任务》（1947.12.25），《毛泽东选集》第4卷，人民出版社1991年版，第1255页。

利，意味着中国将进入新民主主义社会，从1948年9月中央政治局会议开始比较集中地研究新民主主义建设的理论政策。会上，刘少奇作了《关于新民主主义的建设问题》的系统发言，指出新民主主义建设"是个新的问题，要弄清楚"，总方针在《新民主主义论》、《论联合政府》中已经通过了，还要在新的情况下，新的问题上进行"具体系统地讨论"。"有系统地搞出点东西来，不然又可能犯'左'倾或右倾错误"。①此后到新中国成立初期，中共中央领导人对新民主主义社会的经济关系、经济运行方式和经济政策，进行了认真的讨论和探索，明确提出了新民主主义经济形态的组成成分。

在9月中央政治局会议前不久，张闻天就为东北局起草并经讨论通过的《关于东北经济构成及经济建设基本方针的提纲》，在对东北解放区调查研究的基础上，第一次较全面地分析了新民主主义五种经济成分并存的所有制结构。他说："东北经济在彻底消灭封建主义、官僚资本主义及取消帝国主义在东北的特权以后，基本上是由五种经济成分所构成，这就是国营经济、合作社经济、国家资本主义经济、私人资本主义经济、小商品经济（尚有小部分自然经济，因意义不大，故略）。"②

《提纲》于9月15日上报中共中央，毛泽东、刘少奇对此报告高度重视，并作了认真修改，之后印发给东北局、华北局和中共中央部分领导人进一步征求意见。1949年1月6日中央政治局会议上，毛泽东更准确表述为：国营经济、合作社经济、私人资本主义、个体经济和国家资本主义经济构成了新民主主义的经济形态。③其中，国营经济占领导地位。至此，关于新民主主义经济成分的认识过程大体完成。

1949年3月，中共七届二中全会确认了新民主主义社会的经济成分，并正式确立为新民主主义社会基本经济制度。会议指出："国营经济是社会主义性质的，合作社经济是半社会主义性质的，加上私人资本

---

① 刘少奇：《新民主主义经济建设问题》（1948.9.13），《刘少奇论新中国经济建设》，中央文献出版社1993年版，第1页。
② 张闻天：《关于东北经济构成及经济建设基本方针的提纲》（1948.9.15），《张闻天选集》，人民出版社1985年版，第396页。
③ 《毛泽东文集》第5卷，人民出版社1996年版，第236页注（8）。

主义经济,加上个体经济,加上国家和私人合作的国家资本主义经济,这就是人民共和国的几种主要的经济形态,这就是新民主主义的经济形态。"① 随即这一适应中国不平衡、多层次生产力水平的崭新的新民主主义经济制度,被载入了在新中国成立初期起临时宪法作用的《中国人民政治协商会议共同纲领》。

以国营经济为领导、多种所有制经济共同发展的新民主主义基本经济制度的确立,为新中国的经济建设提供了制度保证,成为推动新民主主义工业化发展的有效形式。

(一)新民主主义基本经济制度保证国家经济建设朝着有利于实现工业化的方向发展

基于对新民主主义经济构成的分析,中共七届二中全会和《共同纲领》全面阐述了党对新民主主义各种所有制经济的基本政策,尤其是各种经济成分在中国工业化中的地位和作用。其基本精神是,国营经济和私人资本主义经济属于现代经济的范畴,合作社经济亦含有现代经济的特征。这些经济成分的发展,将直接推动中国工业化的进程。

在各种经济成分中,国营经济是现代性工业,主要是由没收官僚资本形成的。据1949年的统计,中国官僚资本约占全国工业资本的2/3左右,占全国工矿、交通运输业固定资产的80%,掌握全国90%的铁路、67%的电力以及全部石油和有色金属的生产,控制了全国金融机构,占有全部铁路、公路、航空运输及44%的轮船吨位。② 这些现代性工业虽然仅占国民经济10%左右,却十分集中。没收这些工业企业归工人阶级领导的人民共和国所有,就成为"人民共和国发展生产、繁荣经济的主要物质基础和整个社会经济的领导力量"。③ 也就是说,国营经济不仅是

---

① 毛泽东:《在中国共产党第七届中央委员会的第二次全体会议上的报告》(1949.3.5),《毛泽东选集》第4卷,人民出版社1991年版,第1433页。

② 中央工商行政管理局等编:《中国资本主义工商业的社会主义改造》,人民出版社1962年版,第11页。

③ 《中国人民政治协商会议共同纲领》(1949.9.29),《建国以来重要文献选编》第1册,中央文献出版社1992年版,第7、8页。

推动新民主主义工业化的主要形式,而且保证了工业化建设的顺利进行和发展的方向。

中国的资本主义经济虽不发达,然而它在现代工业经济中却占有相当重要的地位。据1949年的统计,当时全国有私人资本主义工业企业12.3万余家,职工164万余人,占全国工业企业职工的54.6%;工业生产总值为68.3亿元,占全国工业总产值的48.7%。① 毛泽东对私人资本主义经济在工业化中的作用作了充分的肯定。抗日战争时期,他就已透彻地分析过私人资本主义经济在中国存在和发展的必要性。他认为:"在中国,工业化只能通过自由企业和在外国资本帮助之下才能做到"。② 这里把私人资本主义经济(自由企业)置于实现中国工业化中的突出地位。出于这种考虑,毛泽东强调在中国的条件下,在新民主主义国家里,除了国家自己的经济、劳动人民的个体经济和合作社经济之外,一定要让私人资本主义经济在不能操纵国民生计的范围内获得发展的便利,才能有益于社会向前发展。1949年中共七届二中全会上,他进一步指出中国的私人资本主义经济,占了现代工业中的第二位,它是一个不可忽视的力量。由于这些,并由于中国经济现在还处于落后状态,在革命胜利以后一个相当长的时期内还需要尽可能地利用城乡私人资本主义的积极性,以利于国民经济的向前发展。

之后,刘少奇进而从先进生产力标准的视角,认为"资本家是个生产力"③,"是社会上的一个很大的生产力,这个生产力是很重要的,今天没有他们还不行"④。强调保护他们,实际上就是保护和发展新的生产力。他还站在历史唯物主义的高度和从中国资本主义所处的历史阶段,充分肯定私人资本主义经济的积极作用。1949年4—5月间刘少奇在天津调查研究时指出,资产阶级在年轻时代是有进步性的,对生产力的提

---

① 《中国统计年鉴(1984)》,中国统计出版社1984年版,第194页。
② 《毛泽东等中央领导人与谢伟思的六次谈话》,载《党史通讯》,1983年第20—21期合刊,第11页。
③ 引自1949年5月10日刘少奇在唐山冀东区党委扩大会上的讲话。
④ 转引自薄一波:《若干重大决策与事件的回顾》上卷,中共中央党校出版社1991年版,第52页。

高是有功绩的。"今天中国资本主义是在年轻时代,正是发挥它的历史作用、积极作用和建立功劳的时候。"① 它的进步性、革命性是主要方面,在中国目前的条件下,私人资本主义经济的若干发展,"对于国民经济是有利的,对于中国是有利的,对于工人也是有利的"②,要在工业化建设中充分发挥它的历史作用。

正是由于中国工业落后的状况,同时基于对私人资本主义是与新生产力相联系的经济成分的深刻认识,《共同纲领》规定:在新中国经济建设和工业化进程中,"凡有利于国计民生的私营经济事业,人民政府应鼓励其经营的积极性,并扶助其发展"。③ 当然,新民主主义社会中的私人资本主义经济不是不受任何限制的。它们将在活动范围、税收政策、市场价格、劳动条件等方面受到一定的限制。但为了中国经济和中国人民的利益,决不可以对私人资本主义经济限制得太死。

合作社经济基本属于现代经济的范围,农村合作社的发展,不仅能在产品、市场等方面为工业化和农业的现代化作出贡献,而且能为农村社会的现代化创造条件。

摆脱封建生产关系束缚后的个体经济,固然为农业和手工业生产的发展及经济现代化创造了条件,但它本身毕竟属于传统经济的范畴,它必须不断地向现代经济的方向发展。中国还有大约90%左右的分散的个体的农业经济和手工业经济,这是落后的,一旦摆脱封建生产关系束缚后,便"取得了或者即将取得使我们的农业和手工业逐步地向着现代化发展的可能性"④。

由于五种经济成分中社会主义性质的国营经济起决定作用,新民主

---

① 刘少奇:《在天津市工商业家座谈会上的讲话》(1949.5.2),《刘少奇论新中国经济建设》,中央文献出版社1993年版,第107页。

② 刘少奇:《在天津市干部会上的讲话》(1949.4.24),《刘少奇论新中国经济建设》,中央文献出版社1993年版,第90页。

③ 《中国人民政治协商会议共同纲领》(1949.9.29),《建国以来重要文献选编》第1册,中央文献出版社1992年版,第8页。

④ 毛泽东:《在中国共产党第七届中央委员会第二次全体会议上的报告》(1949.3.5),《毛泽东选集》第4卷,人民出版社1991年版,第1430页。

主义经济结构必然促使经济建设向着有利于实现社会主义工业化前途的方向发展。

（二）各种经济成分在国营经济的领导下分工合作，共同促进中国工业化的发展

新民主主义经济形态中，除了明确各种经济成分在推动中国工业化中的地位和作用外，还要正确处理各种经济成分之间的发展关系。其中关键是正确处理公私关系，尤其是公有制经济与私人资本主义经济的关系。

毛泽东在《论联合政府》报告中谈到中国工人阶级要为中国的工业化和农业近代化而斗争时说：在新民主主义的国家制度下，将采取调节劳资间利益关系的政策。一方面，"保护工人利益"，另一方面，"保证国家企业、私人企业和合作社企业在合理经营下的正当的赢利；使公私、劳资双方共同为发展工业生产而努力"。① 1946年3月，中共中央在《关于经济建设的几项通知》中进一步指出了劳资之间的合作互利关系，强调："解放区劳资关系必须取合作方针"，要"劳资双方有利"。②

1947年十二月会议在提出新民主主义革命三大经济纲领的同时，制订了新民主主义国民经济的指导方针，即"必须紧紧地追随着发展生产、繁荣经济、公私兼顾、劳资两利这个总目标"③。这一指导方针的中心环节仍是劳资关系。1948年1月毛泽东明确指出："我党工商业政策的任务是发展生产，繁荣经济，公私兼顾，劳资两利。"④

中共七届二中全会确认了新民主主义经济建设的方针，并根据党的

---

① 毛泽东：《论联合政府》（1945.4.24），《毛泽东选集》第3卷，人民出版社1991年版，第1082页。

② 这是毛泽东在1946年3月28日《中共中央关于经济建设的几项通知》稿中加写的第7项。

③ 毛泽东：《目前形势和我们的任务》（1947.12.25），《毛泽东选集》第4卷，人民出版社1991年版，第1256页。

④ 毛泽东：《转发朱德给中共中央信的批语》（1948.1.31），《毛泽东文集》第5卷，人民出版社1996年版，第46页。

重心工作转移到城市和党的主要任务转移到经济建设上来的新形势，进一步提出了"城乡互助、内外交流"的政策，从而完整形成了新民主主义经济建设的方针政策。会后不久，毛泽东把新民主主义基本经济政策概括为"四面八方"政策。1949年4月15日，他接见陶鲁笳等人时，把中共中央其他领导人的思想和提法加以归纳，说："我们的经济政策可以概括为一句话，叫做'四面八方'。什么叫'四面八方'，'四面'即公私、劳资、城乡、内外。其中每一面都包括两方，所以合起来就是'四面八方'。这里所说的内外，不仅包括中国与外国，在目前，解放区与上海也应包括在内。我们的经济政策就是要处理好'四面八方'的关系，实行公私兼顾、劳资两利、城乡互助、内外交流的政策。"[1] 并强调"照顾到'四面八方'，这就叫全面领导"。

新中国成立时，照顾"四面八方"作为新民主主义经济建设的根本方针载入《共同纲领》，指出：中华人民共和国经济建设的根本方针，是以公私兼顾、劳资两利、城乡互助、内外交流的政策，达到发展生产、繁荣经济之目的。国家应在经营范围、原料供给、销售市场、劳动条件、技术设备、财政政策、金融政策等方面，调剂国营经济、合作社经济、农民和手工业者的个体经济、私人资本主义经济和国家资本主义经济，使各种社会经济成分在国营经济领导之下，分工合作，各得其所，以促进整个社会经济的发展。[2]

新中国照顾"四面八方"的方针，是中国共产党对长期探索新民主主义经济建设中各种关系所作的总结。"新民主主义经济形态"确认了社会主义国营经济领导下多种经济成分的并存，"四面八方"政策则是协调各种经济成分之间的关系及其他关系的一般准则。它理顺了各方面的经济关系，特别是理顺了公有经济和私人经济的关系（包括私人资本主义经济、个体经济），其目的是要实行国营经济为领导的多种经济成

---

[1] 陶鲁笳：《毛主席教我们当省委书记》，中央文献出版社2003年版，第182页。

[2]《中国人民政治协商会议共同纲领》（1949.9.29），《建国以来重要文献选编》第1册，中央文献出版社1992年版，第7页。

分并存，分工合作，各得其所，以共同促进整个社会经济的快速恢复和发展，从而为工业化建设提供了良好的动力和环境。毫无疑问，在新民主主义社会里，既有社会主义性质的起主导作用的公有制经济，又有其他非公有制经济等多种经济成分长期并存和共同发展，这是一项符合当时中国国情和建国初期的社会现实，有利于发挥各种经济成分的优势，尽快实现工业化的一项重要的政策措施。

（三）实行计划与市场双重调节的新民主主义经济体制

新中国成立前夕，中共中央在提出新民主主义经济形态时，便开始探索与之相适应的新民主主义经济体制问题。1948年9、10月间，毛泽东、刘少奇在修改张闻天《关于东北经济构成及经济建设基本方针的提纲》中认为，新民主主义经济构成应该是以社会主义国营经济为领导的多种经济成分并存，因而这种新民主主义经济不同于普通的资本主义经济，它基本上是自由的发展，但不是完全自由的发展，是一种"在某种程度上具有组织性与计划性的经济"。鉴于国民经济中私有制经济成分占大量的比重，我们必须有"明确而周密的经济政策、经济计划与整套的经济组织去指导国民经济建设，绝不容许有任何的模糊和混乱"。同时指出：实行这种国民经济的组织性和计划性，"必须严格地限制在可能与必要的限度以内，并且必须是逐步地去加以实现，而决不能超出这个限度，决不能实行全部或过高程度与过大范围的计划经济"。[①]

建国初期，党和政府依据上述设想，在深刻的社会经济改组和转型过程中，逐步创建了计划与市场双重调节的新民主主义经济体制。一方面，1949年10月成立了中央人民政府政务院财经委员会，随后各大行政区、省、市也都建立了相应的地方各级计划管理机构，政府开始对全国经济活动实行不同程度的领导和管理。即对国营企业实行直接计划管

[①] 转引自薄一波：《若干重大决策与事件的回顾》上卷，中共中央党校出版社1991年版，第23页；刘少奇：《对〈关于东北经济构成及经济建设基本方针的提纲〉的若干修改》，《刘少奇论新中国经济建设》，中央文献出版社1993年版，第30、42页。

理，对个体农业、手工业主要通过发展初级合作社实行间接计划管理，对私人资本主义经济的管理则主要是通过发展加工订货等国家资本主义的初级形式来实现的。1950年3月政务院颁布了《关于统一国家财政经济工作的决定》，并陆续出台了与此相适应的各种有关具体管理制度，初步形成了政府计划调节与宏观调控的机制。此外，还通过人民银行的强大力量控制金融市场和实行外贸统制来加强国家对经济的干预能力。另一方面，着手市场的整顿和建设，初步构筑起社会主义国营经济领导下的多样化的市场体系。由于长期战争破坏，建国初期出现了城乡物资渠道堵塞，物资交流呆滞的局面，为此，党和政府有领导地着手恢复传统的商业网，开拓各式各样的初级市场。各地还发展经常性的集市贸易、山会、庙会、骡马大会等近距离物资交流；或在传统的物资集散地，增设国营和集体土产公司，鼓励私人开办贸易货栈，并从税收、贷款等方面予以优惠；或在城市建立各种交易所，形成了农副产品市场和工业品市场，生产资料市场和消费品市场，批发市场和零售市场等多样化的市场体系。这不仅打破了过去地区间、城乡间、行业间的封闭状态，工业和农业、城市和农村互为市场，全国市场建设朝着统一、开放的市场方向发展。值得一提的是，中共中央还根据新民主主义多种经济成分并存和共同发展的需要，着手培育长期的资金市场。继1949年6月开设天津市证券交易所后，1950年2月又在北京市成立全国第二家证券交易所。到1952年底，北京、天津、武汉、福州、广州都成立了公私合营性质的投资公司，公开向社会发行股票50亿元，其他大城市也在积极筹建投资公司。尽管建国初期市场培育和建设程度仍处于较低水平，主要是商品市场，但各类市场开始培育和发展，提高了新民主主义经济的市场化程度，为市场机制作用的充分发挥奠定了基础。

这种体制属于什么模式？不少人把它看成是"高度集中的社会主义计划体制的初步形成"或"雏形"。实际上，新中国成立后第一步是由半殖民地半封建的经济体制转变为新中国的新民主主义经济体制，这时还不能简单地称为"社会主义经济体制"，把二者等同起来是不符合历史实际的，也否认了中国新民主主义社会作为一个特殊历史阶段的相对独立性。从总体上看，这种实行计划与市场双重调节的新民主主义经济体制，呈现出以下鲜明的特点。

第一，计划与市场双重调节的新民主主义经济体制是同国营经济领导的多种经济成分并存的新民主主义基本经济制度结合在一起的。高度集中的社会主义经济体制是以单一的社会主义公有制为基础的，而新民主主义社会经济结构内部的基本关系是以国营经济为领导多种经济成分并存。一方面，由于多种不同的所有制经济成分的存在，经济生活中客观上形成了众多的利益主体，这就构成了市场的主体要素，其中主要是在国民经济中占有大量比重的个体经济和私人资本主义经济。个体农民、个体手工业者和私营工商业者作为独立的商品生产者和经营者，他们的生产和经营活动，基本上是围绕市场的变化进行的，受价值规律的支配，主要靠市场手段来调节。也就是说，这种新民主主义经济体制基本上是以私有制经济占大量比重的多种经济成分为基础的，因而在总体上并不属于计划经济的范畴。另一方面，工人阶级掌握政权和国营经济的领导这些具有决定性作用的社会主义因素，使经济生活中注入了计划调节和国家经济政策的宏观调控作用，从而在新民主主义经济运行机制上又具有鲜明的社会主义特征。这种以国营经济为领导的混合型所有制结构，特别是国营经济控制着国民经济命脉，将会具有更强的活力和更高的效益，在保证国民经济的合理布局，充分利用有限的资源和维护市场有序运行等方面，将会发挥出自己独特的优势，这又是与私有制基础条件下的市场经济不同的特征。

第二，计划与市场调节相结合的新民主主义经济体制不同于后来高度集中的计划经济体制的特点，还在于在大部分场合下，它不是以否定商品经济的存在和发展而是以对它们的承认为前提的。由于新民主主义社会经济成分的多样性，决定了社会经济产品必然普遍地采取商品经济形态，并要得到充分的发展。私人资本主义经济是一种天然的商品经济；随着新中国工业市场的发展，农村广大的自然经济半自然经济性质的个体经济必然日益向着商品经济（小商品经济、合作社商品经济和农村资本主义商品经济）的方向发展；以私有制为基础的合作社经济，仍是需要商品关系之存在；国家资本主义经济在订货与收购的形式中，资本家与市场的关系虽在很大程度上被切断，但他们仍是把生产品作为商品卖给国营经济的,从中获得的加工费,实质上仍是以商品关系为基础的。而且资本家虽不从市场购进主要原料,但劳动力和次要原料仍是以商品形式购进的;"国营经济虽是社会主义性质的,但因为它与私人资本、个体经济和合作社之间,存在着商品关系;国营企业与国营企业之间,不但存在着社会分工,而且还存在着资产上的独立性;至于国营企业与其工作人员之间,亦存在着一种商品关系"。① 因此,国营经济也具有相当的商品经济的性质。这样,新民主主义社会整个国民经济将会呈现出一个商品经济普遍发展的基本态势,各种所有制经济的运行不能不直接或间接地利用价值规律。

当然,新民主主义社会毕竟不同于旧民主主义社会和资本主义社会,其商品经济的发展又不能不具有自己鲜明的特色,一是社会主义国营经济和含社会主义因素的合作社经济的建立和发展,使新民主主义社会商品经济的发展,在某种程度上具有了社会主义商品经济的特殊性质。二是新民主主义社会商品经济又是同国民经济的计划性相联系的,而不是任由价值规律自发调节的市场经济。因此,国家必须从经营范围、原料供给、销售市场、劳动条件、技术设备、财政政策、金融政策等方面,对各种所有制的商品经济的生产经营活动及其相互关系,进行适当的调节,以促进整个社会经济的发展。

第三,实行直接计划、间接计划和市场调节相结合的多样化、多层次的经济管理形式,既强调国民经济的计划性,又注意发挥市场机制的基础性作用。由于社会主义国营经济领导作用及建国初期的特殊国情,党和政府十分重视加强新民主主义经济的计划性和宏观调控。其一,中国是一个经济十分落后的大国,人口众多,资源相对不足,又长期受战争的破坏,为了尽快恢复国民经济和实现工业化,要求党和政府运用计划和其他宏观调控手段,集中现有的资源和资金,办成一些市场办不到或需花过多时间和代价才能办到的大事。而如果单靠社会或市场力量来推进工业化,势必难以达到国家动员所具有的特殊优势和高效率。正因为如此,像中国这样的后发工业化的国家政府在指导工业化建设方面的

---

① 许涤新:《论人民经济的价值法则》,载《新建设》,1951年第3卷第4期。

作用十分突出。其二，1949—1952年间中国又处于社会经济转型时期，市场残留着的半殖民地半封建特征常常表现出来，市场自身的投机性、盲目性、虚假繁荣等特征也很明显，小商品生产者天然的市场倾向也常常影响政府计划的执行。因而，在建国初期，加强国民经济的计划性和宏观调控比一般情况下显得尤为重要。对此，张闻天指出："新民主主义经济建设的特点，正是在于它具有明确的计划性。"① 周恩来在比较新民主主义经济与旧民主主义经济的基本区别时也指出，新民主主义经济基本上是计划经济，而不是完全自由主义经济。②

然而，与新民主主义社会多元所有制结构和复杂的商品经济关系相适应，新民主主义经济的计划性不能不与市场机制密切联系，同后来形成的极端强调指令性计划的高度集中的计划体制有着本质的区别。即在经济运行中实行直接计划、间接计划和市场调节等多样性多层次的管理形式，而市场调节是基本的和主要的。对国营企业一般实行直接的指令性计划，但这部分企业的比重并不大，对其他经济成分则实行某种间接的、程度不同的指导性计划和市场调节。其中对合作社经济和国家资本主义经济一般实行间接的指导性计划，国家主要通过实行各项有关经济政策，确立合理利润和收益，推行经济合同，采取加工订货、统购包销、经销代销等经济措施，把它们的经济活动引导到国家计划的轨道。而除了一些重要工业原料和粮食外的一般个体农业生产，为数众多的私人中小企业和手工业，它们的绝大部分还受不到国家计划的控制，国家既不能向它们加工订货，也不能掌握其产品的市场价格，只能几乎完全由市场机制来调节。③ 国家主要通过各项经济政策（包括价格、信贷、税收等）和经济手段（如预购合同）对其作用加以调控，促使它们的经济活动按照国家计划的方向运转。

---

① 张闻天：《关于东北经济构成及经济建设基本方针的提纲》（1948.9.15），《张闻天选集》，人民出版社1985年版，第417页。

② 周恩来：《新民主主义的经济建设》（1948.6.21），《周恩来选集》上卷，人民出版社1980年版，第305页。

③ 参见薛暮桥：《价值规律在中国经济中的作用》，载《社会主义经济理论问题》，人民出版社1979年版，第17页。

可以认为，新民主主义经济体制是在充分吸收计划和市场二者长处的基础上，对传统计划经济和建立在私有制基础上的资本主义市场经济的一种扬弃。从微观机制角度看，市场是经济联系的主要中介、资源配置的基础环节；从宏观调控角度看，国民经济总体又有一定计划性，本质上是新民主主义国家宏观调控下的新型市场经济，即一种有计划的商品市场经济。这个时期创建的计划与市场相结合的新民主主义经济体制虽然短暂，受传统的社会主义经济理论的某些影响，中国共产党人不可能去全面设计新中国成立后市场经济的发育和成长，这种历史的局限在当时是很难避免的。然而，把计划与市场有机地结合起来促进工业化的发展，毕竟是十分可贵的探索和创造。现代市场经济理论揭示，计划机制和市场机制都是经济资源配置的重要手段，是可以并存的。但在20世纪50年代初的认识条件下，计划经济往往被视为社会主义公有制的重要特征，市场经济则是资本主义生产无政府状态的必然产物。而中国共产党人从中国新民主主义多元经济结构的实际出发，在对整个社会经济活动进行宏观指导的前提下，仅把有组织的计划性局限在国营经济的一定范围内，对广大范围的非社会主义公有制经济的活动主要实行市场调节，这样便形成了计划与市场并存的富有中国特色的经济运行模式，即把计划与市场机制的长处结合起来，发挥各自的优势作用，使新民主主义国家能够做到更有效更合理地配置资源。这实际上是对传统计划经济体制模式的重大突破，开了新中国经济体制探索发展史上把二者有机结合起来的先河，大体上适合当时中国的基本国情，有效地促进了国民经济的恢复和工业化的初创。

（四）充分利用世界市场，创造中国工业化良好的外部环境

中国共产党人认为，充分利用世界市场，不仅是发展国内市场经济的需要，而且是中国工业化的重要条件之一。1936年，毛泽东在与斯诺谈到中国将来的经济发展时，便将中国市场置于世界大市场的视野中考虑的。他指出，中国赢得独立后将是一个广阔市场，这样"外国人在中

国的合法贸易利益将会有比过去更多的机会"①，欢迎外国资本大量投资中国，用于中国大规模地发展生产事业和工业化建设。

抗日战争后期，毛泽东和其他中共中央领导人在与外国代表团成员和外国记者谈话时，进一步阐释了利用世界市场发展中国工业化的思想。

毛泽东认为："中国战后最急需的是发展经济"，实现工业化，实现的条件之一是通过"外国资本的援助才能做到"。因为在当时的情况下，"中国缺乏独立完成这一任务的必要的资本主义的基础。中国的生活水平这么低，不能采用进一步降低生活水平的办法来筹措所需要的资金"。②也就是说，"中国是非常落后的国家，所以我们非常需要外国的投资"。③毛泽东还认为，外国资本来华投资应该是符合市场经济规则，平等互惠的。他说："战争结束后，恰当地对待资本是一件互利的事情。这不但适用于中国资本，而且也适用于外国资本。"因此，"我们要用国家之间的自由贸易原则"吸引外国资本，加快中国工业化的发展。④

上述思想，在毛泽东同美国军事观察组成员约翰·S.谢伟思关于中美经济交往的多次谈话中，得到了比较充分的发挥。毛泽东不仅表达了对世界市场的重视和中国利用美国资本的愿望，而且从世界市场的紧密联系和世界经济结构调整的视角，分析了中美经济合作的必要性和可能性。

毛泽东认为，"美中两国在经济上可以互相取长补短"，因为中国经济落后，战后"不具备建设大规模重工业的必要条件"，不可能"在高

---

① 毛泽东：《和美国记者斯诺的谈话》（1936.7.9），《毛泽东文集》第1卷，人民出版社1993年版，第393页。

② 《毛泽东等中央领导人与谢伟思的六次谈话》，载《党史通讯》，1983年第20—21期合刊，第11、15页。

③ 引自1944年毛泽东与哈里森·福尔曼的谈话，王占阳、王小英编：《中外记者笔下的毛泽东》，沈阳出版社1993年版，第234页。

④ 1944年7月14日毛泽东答根舍·斯坦因问，[美]约瑟夫·W.埃谢里克编著：《在中国失掉的机会——美国前驻华外交官约翰·S.谢伟思第二次世界大战时期的报告》（中译本），国际文化出版公司1989年版，第207、208页。

级的特制品上与美国竞争"。而美国工业发达,却面临着产业结构的大调整,它的重工业和这一类产品需要出口市场,同时还需要为其富余的资本寻找出路。中国市场广大,可以为美国资本寻找投资的"出路",为其重工业和这一类专业化的制造业提供所需要的"出口市场",中国则将以工业原料和农产品作为美国对华投资和贸易的"补偿"。因此,毛泽东强调:"中国和美国的利益是相同和互相关联的。他们可以在经济上和政治上互相配合。我们可以而且必须合作。"① 这种合作既有利于美国,又有利于中国,是一件互利的大事。1944年8月《中央关于外交工作的指示》也明确指出:"在经济方面,在双方有利原则下,我们欢迎国际投资与技术合作。"②

毛泽东超越不同的政治制度和意识形态,甚至把美国视为战后"不但是援助中国经济发展的最合宜的国家,而且也是完全有能力合作的唯一的国家"③。毛泽东认为,从战后世界主要工业强国援助中国经济重建的可能性来看,中国虽然和苏联保持着友好的关系,但"苏联人在战争中已经遭受巨大的牺牲",战后"将忙于他们自己的重建工作",要在经济上大规模援助中国很困难,所以"我们并不期望苏联的帮助"④。而其他欧洲国家都将从事于重建他们自己的家园,他们也没有多少资金来华投资。因此美国比其他工业发达国家更有能力帮助中国。即使其他国家有能力帮助中国(实际不会有多大能力),美国理所当然也会在其中承担最大份额。当然,尽管如此,中共领导人也欢迎美国以外的其他国家参加中国战后经济重建工作。

在这些思想的基础上,1945年中共七大正式把利用世界市场,特别是利用外资作为战后中国实现工业化的一项重要政策提了出来。毛泽东

---

① 《毛泽东等中央领导人与谢伟思的六次谈话》,载《党史通讯》,1983年第20—21期合刊,第11、15页。
② 《中央关于外交工作的指示》(1944.8.18),《中共中央文件选集》第14册,中共中央党校出版社1992年版,第317页。
③ 《毛泽东等中央领导人与谢伟思的六次谈话》,载《党史通讯》,1983年第20—21期合刊,第15页。
④ 同上,第11页。

在大会上所作的《论联合政府》报告指出：在新民主主义的条件获得之后，"为着发展工业，需要大批资本。从什么地方来呢？不外两个方面：主要地依靠中国人民自己积累资本，同时借助外援。在服从中国法令，有益中国经济的条件之下，外国投资是我们所欢迎的"。并强调，在战后中国蓬勃地发展大规模的轻重工业与近代化的农业的过程中，"外国投资的容纳量将是非常广大的"。①

中共七大后，中共中央连续发出了《关于新解放城市中的工作的指示》（1945年9月2日）、《关于解放区外交方针的指示》（1946年5月3日）等文件，具体规定了吸收外资的原则和形式。指出在两利的原则和尊重中国主权与法律的条件下，"允许外国人来经商开矿及建立工厂，或与中国人合作经营工矿"②。

中国共产党在抗战结束前后提出的利用世界市场，特别是利用美国援助实现战后中国经济重建的设想，由于后来美国等西方国家对新中国采取敌视态度而受到了很大的制约。新中国成立前夕，毛泽东宣布了对社会主义国家实行"一边倒"政策。这虽然只是政治方针，毛泽东等中共中央领导人仍主张与西方国家经济交往，但当时主要局限于"生意总是要做的"③互通有无式的对外贸易，以及接受社会主义国家援助式的对外借款的有限范围。1949年初的《中央关于外交工作的指示》虽指出对于一切资本主义国家政府和私人的在华经济特权、工商企业和投资，在目前不要忙于去作有关禁止、收回或没收的表示，但却强调"均不给以正式的法律承认"④。这实际上只是一种有限的开放，即主要是对

---

① 毛泽东：《论联合政府》，载《解放日报》，1945年5月2日。1953年出版《毛泽东选集》第3卷时，毛泽东在审定时把这段话删去了。这可能同当时美国对中国采取经济封锁的敌视政策，以及过渡时期总路线的提出有关。

② 《关于解放区外交方针的指示》（1946.6.3），《中共中央文件选集》第16册，中共中央党校出版社1992年版，第152页。

③ 毛泽东：《论人民民主专政》（1949.6.30），《毛泽东选集》第4卷，人民出版社1991年版，第1473页。

④ 《中央关于外交工作的指示》（1949.1.19），《中共中央文件选集》第18册，中共中央党校出版社1992年版，第45页。

苏联东欧开放，同抗日战争胜利前后充分利用外资的设想相比已经大为后退。这除了当时世界格局的重大变化之外，也反映了毛泽东等中共中央领导人的思想认识变化。

尽管如此，中国共产党抛开意识形态分歧与社会制度差别，只要尊重中国独立和主权，都积极与之发展贸易往来，特别是延安时期认同世界市场、渴望利用外资加快中国工业化的思想，不能不说是极其大胆的创意。这是毛泽东等中共中央领导人对世界工业化发展规律的认识和根据中国实际作出的慎重考虑。

首先，各国工业化的过程，都有一个利用世界市场，相互开放、互补互惠的过程。任何国家都不可能企图关起门来，与世隔绝地搞工业化。而资金短缺，人民生活水平低下，是制约战后中国工业化发展的两大难题。苏联工业化采取的是压低国内人民生活水平的办法来筹措资金，毛泽东等中共中央领导人认为中国不能走这条路。1944年博古在与谢伟思谈话时还补充说："中国不仅缺乏足够的民族资本为大规模工业化提供资金，她也没有足够的工业作为工业化的起点，并且她缺乏经验和技术人员。战争结束后将会看到这些情况更加突出。"[①] 所以，解决资金、技术和经验缺乏问题，吸引外国投资，特别是举办外资独资和中外合资合作企业，对于落后、贫穷的中国迅速实现工业化是一条至关重要的有效途径。正因为如此，中共领导人提出利用国外市场实现战后中国经济重建任务后，主张发展与国际市场的联系，包括西方市场在内的资金市场、技术市场和人才市场等方面的联系，确实认识到了世界工业化的规律和普遍趋向，表现出远大的目光和开阔的视野。

其次，中国共产党将在战后一个相当长的时期内实行多种经济成分共存合作的新民主主义政策，必然需要吸引包括同工业发达的西方资本主义国家的投资。为了打消美国等西方国家对中共利用外资政策的疑虑，在中共七大以前，毛泽东在同斯坦因和谢伟思等人的谈话中多次阐

[①] [美]约瑟夫·W.埃谢里克编著：《在中国失掉的机会——美国前驻华外交官约翰·S.谢伟思第二次世界大战时期的报告》（中译本），国际文化出版公司1989年版，第267页。

释过，战后中国在未来相当长的一个时期内，不会立即准备实现社会主义，"还需要经历一个长期的民主管理的私人企业的阶段"。① 既然要经历一个相当长的允许私人资本主义发展的阶段，那么，"不管是中国的还是外国的私人资本，在战后的中国都应给予充分发展的机会"。② 因此，西方国家不必担心我们会不合作，我们应该合作，外商完全可以放心大胆地在中国投资。因为中国的工业化，需要有自由企业和外国投资的助力。中共七大进一步透彻地论述了新民主主义建设纲领中资本主义发展的问题，毛泽东《论联合政府》政治报告和口头报告强调：无论是中国私人资本主义还是外国投资容量，都应该得到"广大的发展"。这对像中国这样的经济落后国家启动工业化是一种必需的选择。

由此可见，毛泽东为主要代表的中国共产党人创造的独具特色的新民主主义经济制度和具体体制，既不同于西方资本主义制度和体制，又根本有别于苏联社会主义僵化模式。即毛泽东所认为的，这是"一个新式的国家经济的模型。这种模型之所以为新式，就是说，它不是俾斯麦式的旧型的国家经济，也不是苏联式的最新型的国家经济，而是新民主主义的国家经济"。③ 这一制度和体制，全面调动了公有经济和私有经济、计划经济和市场经济、国内市场和国外市场的积极因素，创造了有效推动中国工业化的动力和条件。

1.3 以工业为领导、农业为基础，农轻重相互促进

旧中国是个典型的农业国家。1949 年全国乡村人口占总人口的 89.4%，城市人口仅占 10.6%。④ 中国虽然有了大约 10% 左右的现代性

---

① 《毛泽东等中央领导人与谢伟思的六次谈话》，载《党史通讯》，1983 年第 20—21 期合刊，第 15 页。

② 1944 年 7 月 14 日毛泽东同英国记者斯坦因的谈话，《毛泽东文集》第 3 卷，人民出版社 1996 年版，第 186 页。

③ 毛泽东：《经济问题与财政问题》（1942.12），大众日报社 1943 年版，第 61 页。

④ 《中国统计年鉴（1987）》，中国统计出版社 1987 年版，第 89 页。

工业经济，但90%左右还是个体农业和手工业。而且在这很小一部分的现代性工业经济中，"生产资料工业的产值在全部工业产值中所占的比重很低，在1949年，只占26.6%"①。这种工业基础落后和典型的二元格局制约着近代中国社会经济的发展，毛泽东在中共七届二中全会上特别提醒全党：这是中国革命胜利后一个相当长的时期内解决中国一切问题的基本出发点。

新民主主义工业化过程中如何处理工业与农业、重工业与轻工业的关系，是其中一个十分重要的问题。早在抗日战争时期，毛泽东在研究了工业发达国家经验的基础上，结合旧中国工业极端落后的情况，初步提出了革命胜利后新民主主义工业化建设中应处理好工农业发展关系。他在中共七大《论联合政府》报告中指出：新民主主义革命胜利后，在经济建设中，要发展大规模的工业，逐步地建立重工业和轻工业，使它们"在国民经济比重上占极大优势"，同时要发展用机械化装备起来的"进步的比较发达的农业"作为国民经济的基础，还要根据工农业发展的需要相应地发展交通、贸易、金融等事业。②

新中国成立前后，新民主主义经济建设提上议事日程，中共中央比较全面地探讨了正确处理工农业关系问题，提出了以工业为领导、农业为基础，农轻重相互促进的工业化发展路径。

（一）农业是基础，工业是领导

中共七届二中全会分析了新民主主义经济形态中各种经济成分在中国国民经济发展中的地位和作用，指出中国的现代性工业只占国民经济总产值的10%左右，虽然比重小，却极为集中，没收这些工业企业变成为社会主义性质的国营经济，它在整个社会经济中将居于领导地位。随后《共同纲领》对此作了相应的规定。

---

① 刘少奇：《在中国共产党第八次全国代表大会上的政治报告》（1956.9.15），《刘少奇选集》下卷，人民出版社1985年版，第303页。

② 毛泽东：《论联合政府》（1945.4.24），《毛泽东选集》第3卷，人民出版社1991年版，第1081页。

依据中共七届二中全会和《共同纲领》的精神，1949年12月，周恩来分析了新中国经济的几种关系，明确提出了"农业是基础，工业是领导"的思想。他认为："我们必须在发展农业的基础上发展工业，在工业的领导下提高农业生产的水平。没有农业基础，工业不能前进；没有工业领导，农业就无法发展。"①

工业对农业的领导作用，决定着农业的发展方向，决定着农业、农村的现代化。在毛泽东看来，工业是"最有发展前途、最富于生命力、足以引起一切变化的力量"，"是决定社会变化的"。②"中国社会的进步将主要依靠工业的发展"。③ 近代中国落后主要就在于没有新式工业，农业经济虽然在局部地区出现一定程度的商品化、区域化格局，但从总的来讲，近代农业生产在诸种因素阻碍下，农业仍维持传统落后的生产方式，具有资本主义性质的经营式农场稀少，且在三十年代逐渐衰落，使中国社会主体之乡村的发展迟滞。要彻底改变农村的落后面貌，必须建立强大的工业基础，变落后的农业国为先进的工业国。1944年8月，毛泽东在致博古的一封信中，就非常清楚地表达过这一思想。他说：现在的农村是暂时的根据地，不是也不可能是整个中国社会的主要基础。"新民主主义社会的基础是机器，不是手工。我们现在还没有获得机器，我们还没有胜利"。民主革命的中心目的就是从侵略者、地主、买办手下解放农民，建立近代工业社会，实现"由农业基础到工业基础"④ 的转变。这就是说，没有国家的工业化，就谈不上以强大的工业来改造全国范围的落后的农业，就不可能有农业的机械化和现代化，农村的落后面貌就不可能得到根本改变。

---

① 周恩来：《当前财经形势和新中国经济的几种关系》（1949.12），《周恩来经济文选》，中央文献出版社1993年版，第30页。

② 毛泽东：《共产党是要努力于中国的工业化的》（1944.5.22），《毛泽东文集》第3卷，人民出版社1996年版，第146、147页。

③ 引自1944年7月14日毛泽东同英国记者斯坦因的谈话，《毛泽东文集》第3卷，人民出版社1996年版，第183页。

④ 毛泽东：《致秦邦宪》（1944.8.31），《毛泽东书信选集》，人民出版社1983年版，第239页。

农业是工业的基础问题，中国共产党有着深刻的思考和清晰的认识。1944年10月12日毛泽东在与谢伟思的谈话中就指出："中国农民的问题是中国将来的基本问题，中国除非把解决土地问题作为基础，否则是不能成功地实现工业化的，因为农民必须要为这种工业化的产品提供真正的市场。"① 1945年中共七大《论联合政府》报告中，毛泽东进一步阐释了农民和农业问题对于工业发展的极端重要性，建国前后许多中央领导人的探索更是多方面的，认识也更为深刻。

第一，农业为国家工业化提供主要的资金来源。马克思指出："一切资本的发展，按自然基础来说，实际上都是建立在农业劳动生产率的基础上。"② 任何国家工业化，都需要巨额的资金。而对于当时的中国来说，农业基础的作用更为突出。无论是国际环境还是国内经济基础，都决定了工业化建设资金只能主要依靠国内积累，且只能依赖于农业部门。陈云指出："中国是个农业国，工业化的投资不能不从农业上打主意，搞工业要投资，必须拿出一批资金来，不从农业打主意，这批资金转不过来。"③

第二，农民、农村是工业市场的主体。土地改革后农业生产的恢复和发展，能为供应工业生产所需要的粮食与原料提供较为充足的保障。同时，全国80%以上的农村人口，是一个巨大的消费市场。随着农民生活状况的改善，农村购买力的提高，可以吸收最大量的工业品，这就为工业品的销路打开了广阔的市场。如毛泽东所说："农民——这是中国工业市场的主体，只有他们能够供给最丰富的粮食和原料，并吸收最大量的工业品。"④ 1951年，刘少奇更具体阐述了"农业是工业的基础，

---

① 《毛泽东等中央领导人与谢伟思的六次谈话》，载《党史通讯》，1983年第20—21期合刊，第15页。
② 马克思：《资本论》第3卷（下），人民出版社1975年版，第885页。
③ 陈云：《调整公私关系和整顿税收》（1950.6.6），《陈云文选》第2卷，人民出版社1995年版，第97页。
④ 毛泽东：《论联合政府》（1945.4.24），《毛泽东选集》第3卷，人民出版社1991年版，第1077页。

农村是工业的市场"①的思想。他说：没有很好的农业，工业就没有基础。不发展农业就没有原料，要棉花没有棉花，要麻没有麻，要烟叶没有烟叶。农村也是工业品的市场，工业品不能都拿到国外，必须拿到农村，如果农业不发展，工业的市场就不大。

第三，农村剩余人口可以为工业发展提供必需的大量的劳动力。农业劳动生产率的提高，使农村出现剩余人员，可以为大规模工业化建设提供源源不断的劳动力市场。而且，从某种意义上说，工业化的过程，也是一个农村人口逐步减少，城市人口逐步增多的城市化过程。1944年5月，刘少奇在陕甘宁边区工厂职工代表会议上的讲话中对此就作出了初步的思考："几千年以来的农民，发展到今天还是农民，几乎没有大的变化。以后怎样呢？以后农民一天天就会减少的，因为以后开荒、耕种、收割大都用机器，工业技术要普遍运用到农业中去，那时农民就会变成驾驶农业机器的工人了。今天边区农民的作用与农民的力量很大，可是就发展前途来说，今天这样的农民，在将来是要起变化的，只有无产阶级和工业是最有前途的。"②毛泽东在中共七大《论联合政府》报告中更明确指出："农民——这是中国工人的前身。将来还要有几千万农民进入城市，进入工厂。如果中国需要建设强大的民族工业，建设很多的近代的大城市，就要有一个变农村人口为工业人口的长过程。"③这一思路，揭示了在农业人口占绝大多数的中国，农业劳动力转移对工业化和城市化的发展具有特殊的意义。

为此，中共中央领导人强调在工农业关系上，忽视工业、否认工业领导农业的作用，或者忽视农业对发展国民经济的基础性作用的倾向，都是错误的。

---

① 刘少奇：《春耦斋讲话》（1951.7.5），《刘少奇论新中国经济建设》，中央文献出版社1993年版，第204、205页。
② 刘少奇：《在陕甘宁边区工厂职工代表会议上的讲话》（1944.5.20），《刘少奇选集》上卷，人民出版社1981年版，第303页。
③ 毛泽东：《论联合政府》（1945.4.24），《毛泽东选集》第3卷，人民出版社1991年版，第1077页。

（二）工农业相辅而行，相互促进

工业和农业是新中国国民经济中的两个主要的物质生产部门，它们的状况决定整个国民经济的状况，它们之间的关系是否协调涉及整个国民经济和社会能否协调发展。毛泽东在中共七届二中全会上便提出，党的工作中心转移到城市之后，必须"使工人和农民，使工业和农业，紧密地联系起来"。一方面以工业带动农业的发展；另一方面又以农业的发展支持工业的发展，适应工业发展的需要。陈云认为，在新民主主义经济建设中，要大力发展工业是毫无疑义的，但"也决不能不照顾农业，把占国民经济将近百分之九十的农业放下来不管，专门去搞工业"①。否则必将导致农产品价格上涨，使工业再生产费用增加而阻碍工业发展。薄一波指出："必须大力发展农业，这是发展工业的前提之一，现有的工业必须有计划地帮助农业，帮助农业就是帮助工业，把农业发展起来，提高农民的购买力，反过来又可以大大推进工业的发展。"② 其他中共中央领导人也从工农业是一个相互联系又相互制约的整体的视角，强调为着实现我们国家的工业化，农业生产必须有相适应的发展，"工业和农业是相辅而行的"③，二者要"很好地结合，互相促进"④。

农、轻、重的发展次序和比例是工农业关系中的一个重要方面。毛泽东原来的设想是，由于中国是个落后的农业国，战后工业化发展中首先必须发展农业，"建立轻工业以满足本国市场的需要，并提高本国人

---

① 陈云：《调整公私关系和整顿税收》（1950.6.6），《陈云文选》第2卷，人民出版社1995年版，第97页。
② 《薄一波同志向毛泽东5月份的综合报告》（1949.6），中国社会科学院、中央档案馆编：《中华人民共和国经济档案资料选编（1949—1952）》（基本建设投资和建筑业卷），中国城市经济社会出版社1989年版，第57、58页。
③ 邓子恢：《农村工作的基本任务和方针政策》（1953.7.2），《建国以来重要文献选编》第4册，中央文献出版社1993年版，第294页。
④ 李富春：《经济工作要树立整体观念》（1949.10），《李富春选集》，中国计划出版社1992年版，第72页。

民的生活水平"①，有了相当的积累后再进入重工业化。这实际上提出中国应该走农、轻、重的工业化发展道路。

建国前后，毛泽东等中共中央领导人的思路有所变化。中共七届二中全会确立了革命胜利后的"中心任务是恢复和发展生产"。稍后，经毛泽东仔细修改审定的《共同纲领》规定："在一切已彻底实现土地改革的地区，人民政府应组织农民及一切可以从事农业的劳动力以发展农业生产及其副业为中心任务"。在城市恢复和发展工业中，"应以有计划有步骤地恢复和发展重工业为重点，例如矿业、钢铁业、动力工业、机器制造业、电器工业和主要化学工业等，以创立国家工业化的基础。同时，应恢复和增加纺织业及其他有利于国计民生的轻工业的生产，以供应人民日常消费的需要"。② 这里，毛泽东的思路是，农业和工业都要恢复和发展，都是党的中心工作，而在工业的恢复和发展中，必须以重工业为重点，带动轻工业的恢复和发展。其他中共中央领导人也从不同角度阐述了应重点发展重工业和农业的重要性。1950年9月14日，周恩来在全国妇联第三次执委扩大会议上报告时解释道，工业的恢复、发展决定于基本的工业（指重工业），"我们如果没有工厂，就不能制造机器，就要从外国进口机器，还有其他的东西。我们的工业应该建立在自己生产的基础上"。他强调，"没有这些基本的工业，谈恢复、发展是困难的"。③ 陈云则从工业化需要大批资金以及农产品远远不能满足需要出发，强调"发展农业仍然是头等大事。农业发展不起来，工业就很难发展"④。

显然，当时的思考是把恢复和发展农村农业与发展城市重工业置于

---

① 《毛泽东等中央领导人与谢伟思的六次谈话》，载《党史通讯》，1983年第20—21期合刊，第15页。
② 《中国人民政治协商会议共同纲领》（1949.9.29），《建国以来重要文献选编》第1册，中央文献出版社1992年版，第9页。
③ 周恩来：《关于争取国家财政经济状况基本好转的问题》（1950.9.14），《周恩来经济文选》，中央文献出版社1993年版，第61页。
④ 陈云：《发展农业是头等大事》（1951.5.16），《陈云文选》第2卷，人民出版社1995年版，第143页。

同等重要的地位,这是符合建国初期国际环境的变化和中国经济基础薄弱的国情的。

前面说到,抗日战争后期,根据当时美国、英国等西方国家与中国是世界反法西斯战线的盟国,中国共产党曾经希望战后中国的工业化能得到一切主张和平、尊重中国独立地位的友好国家,包括作为盟国的美、英的支援和合作。然而第二次世界大战结束后,世界政治格局急转,新中国进行工业化的国际背景发生了重大变化。尤其是1950年6月朝鲜战争爆发后中国面临的严峻国际形势,使中国共产党不得不对原先关于工业化发展战略和路径的设想有所调整,必须尽可能迅速发展重工业和军事工业,增强现代国防力量。1951年12月,毛泽东在修改一份中共中央文件时,强调要"用一切方法挤出钱来建设重工业和国防工业"。他认为,"为了完成工业化,必须发展农业,并逐步完成农业社会化。但是首先重要并能带动轻工业和农业向前发展的是建设重工业和国防工业"。①

另一方面,中国共产党认识到,在中国这样一个极端落后的大农业国,没有自己发达的工业,特别是没有作为带动整个工业发展的重工业,不仅谈不上国家真正的独立和富强,而且谈不上以强大的工业来改造全国范围的落后的农业,也难以保证国家工业化的发展由新民主主义向社会主义的方向转变。在中共七届二中全会上,毛泽东提出革命胜利后,关于恢复和发展工业生产的问题,必须确定:"第一是国营工业的生产,第二是私营工业的生产,第三是手工业的生产。"他强调在工业发展的方向上,国家应主要帮助国营企业的发展。② 之所以强调把国营工业生产摆在首位,因为它多为重工业,是中国现代性工业中的主要部分,掌握着国家的经济命脉,有利于使社会主义性质的国营经济成为整个国民经济的领导力量,这对于新中国工业化的发展进程和前途至关

---

① 《中央关于印发〈中共中央关于实行精兵简政、增产节约、反对贪污、反对浪费和反对官僚主义的决定〉的通知和毛泽东对决定稿的批语和修改》(1951.12),《建国以来毛泽东文稿》第2册,中央文献出版社1988年版,第534页。

② 毛泽东:《在中国共产党第七届中央委员会的第二次全体会议上的报告》(1949.3.5),《毛泽东选集》第4卷,人民出版社1991年版,第1427、1428页。

重要。

因而，这一思路的调整，反映了毛泽东等中共中央领导人对中国新民主主义工业化发展道路认识的深化，并不能等同于"一五"时期大规模工业化启动后实施的优先发展重工业发展战略，更截然不同于苏联工业化过程中用牺牲农业和农民利益以及牺牲轻工业的办法片面发展重工业的战略。

值得注意的是，当时刘少奇的思路与毛泽东等领导人的设想有所不同。刘少奇的设想集中体现在1950年《国家的工业化和人民生活水平的提高》、1951年《"三年准备、十年建设"》、《春藕斋讲话》等文章和讲话中。他提出：在恢复中国经济并尽可能发挥已有的生产能力之后，首先"应以发展农业和轻工业为中心"。只有先发展农业、轻工业，才好安排人民生活，积累资金，"才有可能集中最大的资金和力量去建设重工业的一切基础，并发展重工业"。然后"才能大大发展轻工业，使农业机械化，并大大地提高人民的生活水平"。他认为，"中国工业化的过程大体要循着这样的道路前进"。①

刘少奇的这个设想并不完全符合中国当时的实际情况和国际环境的变化，并没有为全党所接受。但是，资金短缺，人民生活水平低下，是制约新中国工业化建设的两大难题。刘少奇着眼于解决建国初期"提高人民生活水平和由人民积累资金以加快工业化之间的矛盾"，主张在工业化进程中相应地逐步提高人民（主要是广大农民）的生活水平，"避免失业、饥饿和破产的痛苦"，并把农、轻、重次序提到了工业化的"道路"的层次，确实是有远见卓识的，实际上成为1956年以后全党探索中国农轻重为序的工业化道路的先导。

（三）城市领导乡村，城乡兼顾，城乡互助

城市和乡村的关系，在相当程度上也就是工业和农业的关系。中国革命是先占农村，后取城市。但是，夺取城市后在落后的农业大国进行

---

① 刘少奇：《国家的工业化和人民生活水平的提高》（1950），《刘少奇论新中国经济建设》，中央文献出版社1993年版，第173页。

工业化建设过程中如何处理城乡关系，对正确处理工农业发展关系极为重要。

1948年，随着人民解放战争的胜利推进和北方城市的陆续解放，中共中央开始关注党的主要任务由革命向建设的转变及新形势下的城乡关系。2月，中共中央发出《关于注意总结城市工作经验的指示》，提醒各地要准备"将党的注意力不偏重于战争与农村工作，而引导到注意城市工作"①。5月25日，毛泽东为中共中央起草的对党内的指示中又指出："必须将城市工作和农村工作，将工业生产任务和农业生产任务，放在各中央局、分局、区党委、省委、地委和市委的领导工作的适当位置。"② 这些指示，显然是为党的主要任务由革命向建设、工作重点由农村向城市的转变进行准备。到新中国成立初期，中共中央对新民主主义经济建设中的城乡关系，提出了一系列的战略思想和方针政策。

第一，以城市为重心，城市领导乡村。

城市和乡村的地位，是关系到新中国工业化的一个重要问题。旧中国的工业落后，且主要集中在少数大中城市。新中国的根本任务既然将由革命转入工业化建设，自然要求党的工作重心由乡村转到城市。

1948年9月中央政治局会议便要求各地加强城市和工业管理工作，"使党的工作的重心逐步地由乡村转到城市"③。同年11月东北全境解放，1949年1月北平、天津解放，此时的解放区已拥有大批城市。根据形势的迅速发展，3月，中共七届二中全会明确宣告：从1927年到现在，我们的工作重点是在乡村的时期现在已经完结。"从现在起，从新开始了由城市到乡村并由城市领导乡村的时期。"在已解放的地区，必须使城市工作和乡村工作紧密地联系起来，但是"党的工作重心必须放

---

① 《关于注意总结城市工作经验的指示》（1948.2.25），《中共中央文件选集》第17册，中共中央党校出版社1992年版，第70页。

② 毛泽东：《1948年的土地改革工作和整党工作》（1948.5.25），《毛泽东选集》第4卷，人民出版社1991年版，第1333页。

③ 毛泽东：《中共中央关于九月会议的通知》（1948.10.10），《毛泽东选集》第4卷，人民出版社1991年版，第1347页。

在城市"。①

由于党的工作重心长期在农村,当时党内对城市工作地位认识不足②。针对这种情况,中共七届二中全会后许多中共中央领导人具体阐释了城市和乡村在新中国经济建设中的地位。1949年5月,刘少奇说:城市是工商业集中的地方,因此,城市是领导乡村的,不但在今天城市领导乡村,历来都是领导乡村的,过去如此,将来社会主义时还是如此。"目前城市集中的经济、工商业经济应该领导乡村分散的经济。"③周恩来还指出,从我国国民经济的构成来说,虽然农业和手工业占90%左右,现代工业仅占10%左右,乡村比重大,城市比重小,但"农业不能作为重心,它必须在工业的领导下才能发展。必须把城市工业组织起来发挥领导作用,才能使农业现代化、机械化"④。这些论述,正确指明了城市先进工业生产力是中共中央提出以城市为重心、城市领导乡村战略决策的基本依据,并指出了城市工业化在带动农村现代化进程中的重要作用。关于这一点,当时中共中央领导人的认识是一致的。值得注意的是,早在1948年8月东北即将全境解放的形势下,张闻天在"东北城市工作会议"结论中就明确提出:城市要对乡村起领导作用,城市领导乡村,因为"城市代表更高的生产力,代表工业、技术、科学与文化"。因此,"代表先进生产力的城市工业","它应该而且有资格领导乡村"。⑤

---

① 《中国共产党第七届中央委员会第二次全体会议公报》(1949.3.23),《中共中央文件选集》第18册,中共中央党校出版社1992年版,第195页。

② 如"认为农村多、农民多,城市少、工人少,农民在长期革命战争中贡献大,城市解放晚,工人对长期革命战争的贡献又不如农民,为什么将工作重心移到城市,并由城市来领导乡村?"见本书编辑组编:《华北解放区财政经济史资料选编》第1辑,中国财政经济出版社1996年版,第569页。

③ 刘少奇:《中国就要进入建设时期》(1949.5.5),《刘少奇论新中国经济建设》,中央文献出版社1993年版,第115页。

④ 周恩来:《当前财经形势和新中国经济的几种关系》(1949.12),《周恩来经济文选》,中央文献出版社1993年版,第29页。

⑤ 张闻天:《城市的地位和城市工作中的阶级路线》(1948.8.31),《张闻天选集》,人民出版社1985年版,第389页。

第二，城乡兼顾，城乡互助。

新中国的工业化建设，还必须正确解决城市和乡村的相互发展关系。中共七届二中全会在作出党的工作重心由乡村转移到城市并由城市领导乡村决策的同时，清醒地认识到这并不意味着可以放松乡村工作，而应当"城乡必须兼顾"，必须使城市工作和乡村工作紧密地联系起来，"决不可以丢掉乡村，仅顾城市"①。当时中共中央实际上也是把乡村工作和城市工作置于同等重要的地位。对此薄一波回忆说："进城以后乡村仍然是党必须关注的关键环节。"②

中共七届二中全会后不久，毛泽东把新民主主义基本经济政策概括为"四面八方"政策时，提出了"城乡兼顾、城乡互助"的新型城乡关系思想，其他中共中央领导人并进一步展开阐述了这一思想。

"城乡兼顾，城乡互助"就是要统筹城乡社会经济的共同发展。由于中国农民占全国人口80%以上，农业和手工业在国民经济构成中占90%左右，"城市离不开乡村而且要依靠乡村，工业离不开农业而且要以农业为基础"。同时，"城市对粮食和工业原料的需要刺激乡村的农业生产，城市以消费品和生产资料的供应保证和促进乡村的农业生产"③。因此，只有既以城市工作为重心，又重视照顾乡村的发展，才能充分利用一切社会经济力量，解放和发展生产力，促进城乡经济的共同发展，"达到发展生产、繁荣经济的目的"。

"城乡兼顾，城乡互助"就是促进城乡交流，互利互惠。由于旧中国长期形成的"城市剥削乡村"，城乡对立严重，加上长期战争造成的城乡分隔、交通运输设施的破坏以及剧烈通货膨胀的影响，城乡之间的商品流通受到严重阻滞。要改善这种状况，中心环节是迅速恢复和发展

---

① 《中国共产党第七届中央委员会第二次全体会议公报》（1949.3.23），《中共中央文件选集》第18册，中共中央党校出版社1992年版，第195页。

② 薄一波：《若干重大决策与事件的回顾》上卷，中共中央党校出版社1991年版，第18页。

③ 周恩来：《当前财经形势和新中国经济的几种关系》（1949.12），《周恩来经济文选》，中央文献出版社1993年版，第29、30页。

城市生产，"将消费的城市变成生产的城市"①。同时理顺城乡关系，城市要为乡村服务，乡村也要为城市服务。就是说，"城市和乡村要互助合作"②。这种城乡互助不同于过去的城乡剥削和对立关系，是一种"合作必须彼此互惠"③的新型城乡关系，体现了城乡统筹兼顾、共同发展思想。

"城乡兼顾，城乡互助"就是"要有城乡一体的观点"④。在工业化发展中，城乡关系一般都要经过由"分离"到逐步"融合"的一体化过程。在近代半殖民地半封建中国，尽管城乡经济都不发达，但城乡对立的程度却远远超过西方发达国家工业化初始阶段，造成近代中国长期城乡分割的严重二元经济结构局面。因此，城乡必须兼顾，使乡村与城市相结合，农业与工业相结合，逐步由城乡二元结构向一元结构转变，最终实现城乡一体化和实现国家的工业化。

可以说，以城市为重心并领导乡村，城乡兼顾、城乡互助政策，既是中国共产党新中国建设的重要理论政策准备，又是探索新民主主义工业化道路方面的一个极富新意的创造。

1.4 新民主主义工业化道路构想的创新与意义

在中国这样一个半殖民地半封建的落后农业大国，如何走出一条独立的国家工业化道路，完成由农业国向工业国的转变，这在当时马克思主义经典著作中没有现成的答案，也是世界工业化史上的一个重大历史难题。以毛泽东为主要代表的中国共产党人进行了大胆的探索，提出了

---

① 毛泽东：《在中国共产党第七届中央委员会的第二次全体会议上的报告》（1949.3.5），《毛泽东选集》第4卷，人民出版社1991年版，第1428页。

② 张闻天：《城市的地位和城市工作中的阶级路线》（1948.8.31），《张闻天选集》，人民出版社1985年版，第389页。

③ 彭真：《掌握党的基本政策，做好入城后的工作》（1949.1.6），《彭真文选》，人民出版社1991年版，第172页。

④ 刘少奇：《关于城市工作的几个问题》（1949.3.12），《刘少奇选集》上卷，人民出版社1981年版，第419页。

走新民主主义工业化道路的初步设想，创造性地探寻到了实现中国工业化跨越资本主义制度"卡夫丁峡谷"的有效途径。

跨越资本主义"卡夫丁峡谷"，是马克思主义创始人关于东方社会发展理论的重要思想。1861年，当时的沙皇俄国废除了奴隶制，俄国社会应当选择什么样的社会制度，引起了人们的普遍关注。这场辩论中俄国女革命家查苏利奇写信求教于马克思。马克思在深入地分析了俄国农村公社的特殊情况之后，提出俄国可能采取与西欧国家不尽相同的社会过渡方式。他认为，一方面，俄国社会是与现代世界紧密联系在一起的，资本主义在近代所创造的生产力、世界市场及其交往方式是俄国社会走向现代的基本前提。另一方面，俄国社会由于其独特的公社公有制的存在，这"就使俄国可以不经过资本主义制度的卡夫丁峡谷，而把资本主义制度所创造的一切积极的成果用到公社中来"。也就是"它能够不经受资本主义生产的可怕的波折而占有它的一切积极的成果"①。

马克思关于经济文化比较落后的俄国跨越式发展的设想包含着两个层面的内容：一是俄国在一定的历史条件下，在西方资本主义国家无产阶级革命胜利的示范和支持下，不经过或减少资本主义的苦难和波折，通过社会革命建立起社会主义制度；二是社会主义制度建立以后，吸收资本主义制度所取得的一切文明成果，加速社会生产力的发展，改变自身经济落后状态，为社会主义制度奠定物质基础。

任何制度创新都离不开一定的物质前提和历史环境。可以看出，马克思是从生产力是一切社会发展的最终决定力量这一历史唯物主义的基本原则出发，来探讨俄国农村公社如何走向社会主义的问题。在马克思看来，"历史的每一阶段都遇到一定的物质结果，一定的生产力总和，人对自然以及个人之间历史地形成的关系，都遇到前一代传给后一代的大量生产力、资金和环境，尽管一方面这些生产力、资金和环境为新的一代所改变，但另一方面，它们也预先规定新的一代本身的生活条件，

---

① 马克思：《给维·伊·查苏利奇的复信（初稿）》（1881.2—3），《马克思恩格斯选集》第3卷，人民出版社1995年版，第765、762页。

使它得到一定的发展和具有特殊的性质"。① 社会主义是以社会化的生产力和高度发达的资本主义生产方式为历史前提的,俄国有可能走一条与西方国家不同的特殊发展道路,这绝不是说没有资本主义所创造的积极成果,经济文化比较落后国家可以"跨越"资本主义制度阶段而直接进入社会主义社会。恰恰相反,经济文化比较落后国家可以越过资本主义制度的阶段,却避不开发达的社会生产力,它一定要吸收资本主义所创造的有益成果。如果没有这一切,脱离由生产力发展而奠定的物质基础与社会化条件,俄国等东方落后国家的"跨越"就无从谈起,即使跨越了,社会主义也会因缺少坚实的基础而成为空想。

马克思主义创始人的"跨越"设想带有探索的性质,是在严格设定的条件下的一种可能性,它并没有给经济文化落后国家指出一条确定不移的社会发展道路,而是为世界社会主义运动提供了一个新的思路。其意义不在于跨越"卡夫丁峡谷"的理论构想本身,而在于其提供的考察经济文化落后国家社会发展的理论视角或理论方法。即在历史已经转变为世界历史的条件下,一个经济文化比较落后的国家在"跨越"资本主义制度阶段直接进入社会主义的制度创新中,社会生产力的必经阶段是绝不可能跨越的。正如胡绳所说,不是每个国家都必须经过资本主义社会的全过程,在这一意义上,"不通过资本主义的卡夫丁峡谷"已有事实可证明。但事实也证明,不通过这个峡谷,代替资本主义的一切可怕的波折,新社会必须经历一些过渡阶段,不可能径直走向社会主义制度的胜利和成熟。"按照马克思当时关于这个问题的论述,如果不能保证社会劳动生产力极高度的发展,不能享受资本主义制度的一切肯定的成果,其中显然首先包括现代生产力,那么就谈不到越过'资本主义制度的卡夫丁峡谷'。"②

十月革命成功后不久,列宁从俄国是一个小农占优势的国家这一客

---

① 马克思、恩格斯:《德意志意识形态》(1845—1846),《马克思恩格斯选集》第1卷,人民出版社1995年版,第92页。

② 胡绳:《马克思主义是发展的理论》,载《人民日报》,1994年12月27日第1版。

观实际出发，继承和发展了马克思上述思想，特别强调了发展现代大工业是建立社会主义必不可缺的物质基础。他认为，比较落后国家在无产阶级夺取政权之后，应该大力发展社会生产力，为社会主义奠定物质基础。而"社会主义的物质基础只能同时也是改造农业的大机器工业"。尤其那个时代"适应最新技术水平并能改造农业的大工业就是全国电气化"。① 同时，列宁认为，比较落后国家生产力水平低下，要实现工业化和电气化，奠定社会主义的物质技术基础，是一个相当困难和长期的任务。他指出："大生产是不可能在旧的基础上恢复起来的，这需要很多年，至少要几十年，在我们这种遭受破坏的情况下，可能还要更长一些的时间。"②

马克思、列宁关于俄国社会跨越式发展的研究，为经济文化落后国家探索如何走向社会主义的工业化道路提供了理论指导。

近代中国的国情既不同于西欧发达的资本主义国家，也不同于资本主义发展比较落后的俄国，向社会主义过渡就更为复杂。由于外国资本主义和本国封建主义的压迫，资本主义不可能发展起来，当时中国演化为半殖民地半封建的落后农业国，最明显地表现为二元社会经济格局："微弱的资本主义经济和严重的半封建经济同时存在，近代式的若干工商业都市和停滞着的广大农村同时存在，几百万产业工人和几万万旧制度统治下的农民和手工业工人同时存在，……若干的铁路航路汽车路和普遍的独轮车路、只能用脚走的路和用脚还不好走的路同时存在。"③ 这种特殊的社会历史环境和条件，意味着完成中国工业化的任务，既不能走西方发达工业国的老路，也不能照搬俄国十月革命开辟的社会主义工业化道路。以毛泽东为主要代表的中国共产党人基于对中国国情的清醒认识，经过不断的概括和总结，创造性地提出了中国"只有经过民主主

---

① 列宁：《共产国际第三次代表大会文献》（1921.6—7），《列宁全集》第42卷，人民出版社1987年版，第7页。

② 列宁：《俄共（布）第十次代表大会文献》（1921.3），《列宁全集》第41卷，人民出版社1986年版，第22页。

③ 毛泽东：《中国革命战争的战略问题》（1936.12），《毛泽东选集》第1卷，人民出版社1991年版，第188页。

义，才能到达社会主义"的跨越发展模式和路径。

这一中国特色跨越理论的突出特点，是把对中国工业化道路的探索同新民主主义制度的构想紧密联系起来，探索在中国这样一个半殖民地半封建的落后农业大国如何变成为先进工业国的重大课题，创造性地提出了走中国特色的新民主主义工业化道路，实现了中国社会的跨越式发展。简言之，就是用新民主主义的办法搞工业化。概括前述的内容，主要包括以下三层含义：

第一，通过新民主主义革命，建立新民主主义社会而跨越资本主义"卡夫丁峡谷"，为中国工业化创造必要的社会制度条件。

中国实现工业化应与何种制度相结合，这是实现中国工业化的一个首要问题。毛泽东认为，在外有帝国主义列强侵略、内有封建主义和官僚资本主义压迫的半殖民地半封建社会的客观历史环境中，中国民族资本主义工商业没有也不可能得到充分的发展，当然在半殖民地半封建社会制度下也就不可能完成工业化的任务，换句话说，半殖民地半封建的工业化道路和资本主义工业化道路在中国行不通。另一方面，由于近代中国经济极端落后，也决定了不可能直接走社会主义工业化道路。唯一的路是经过工人阶级领导的民主革命，建立中国特色的新民主主义社会制度，走中国特色的新民主主义工业化道路，逾越资本主义社会阶段走向社会主义。

第二，通过新民主主义工业化建设，实现由农业国向工业国的转变，奠定过渡到社会主义的物质基础。

在人类社会发展过程中，一定的社会形态都有与其相适应的物质基础。毛泽东为主要代表的中国共产党人认为，中国可以不经过资本主义社会制度的"卡夫丁峡谷"，但旧中国的生产力水平极其低下，工业化的历史阶段不能跨越。马克思曾形象地指出："手推磨产生的是封建主的社会，蒸汽磨产生的是工业资本家的社会。"[①] 列宁认为社会主义的物质基础是大机器工业。那么，新民主主义社会的物质基础是什么呢？马

---

① 马克思：《哲学的贫困》（1847），《马克思恩格斯选集》第 1 卷，人民出版社 1995 年版，第 142 页。

克思、恩格斯、列宁没有讲过,毛泽东指出新民主主义社会的物质技术基础是现代性大机器工业,而不是手工。新民主主义社会就是要通过新民主主义工业化来发展现代性大机器工业,实现国家工业化,"使中国稳步地由农业国转变为工业国",完成奠定社会主义工业化基础的任务。这是对马克思主义工业化理论的重要补充和发展。

第三,吸收资本主义和社会主义的积极成果,创造独具特色的新民主主义发展模式推动中国工业化。

新民主主义工业经济是介于半殖民地半封建经济与社会主义经济之间的一种过渡型经济形态。新民主主义工业化道路,是中国共产党把马克思主义工业化理论和近代中国具体国情相结合,吸收了资本主义和社会主义发展社会化大生产的有效方式,加以创造性发展的结合物。其创造性主要在于:实行国营经济领导下的包括社会主义和非社会主义多种所有制并存的多元性多层次的经济结构,采取公私兼顾、劳资两利、城乡互助、内外交流的照顾"四面八方"的经济政策,以便调节内部矛盾,使各种经济成分在国有经济的领导下"分工合作",共同推动工业化建设;实行政府计划指导和市场调节相结合的经济运行和开放机制,市场是经济联系的主要中介与资源配置的基础,国民经济总体又有一定计划性,本质上是新民主主义国家主导下的新型市场经济;以工业为领导、农业为基础、农轻重相互促进;以城市为重心,城市领导乡村,城乡兼顾,互助发展,等等。

这一适合近代中国国情的工业化道路新模式,既不同于西方资本主义和苏联社会主义工业化道路模式,与列宁主张实行的苏联新经济政策相比,也有其自身的显著特点。新经济政策的指导思想是:"不摧毁旧的社会经济结构——商业、小经济、小企业、资本主义,而是活跃商业、小企业、资本主义,审慎地逐渐掌握它们,或者说,做到有可能只在使它们活跃起来的范围内对它们实行国家调节。"① 这里说的也就是在

---

① 列宁:《论黄金在目前和在社会主义完全胜利后的作用》(1921.11.5),《列宁全集》第42卷,人民出版社1987年版,第245页。

一段时间内"我们容许资本主义存在，必须容许其存在"①，实行多种经济成分并存和利用市场机制。但苏联政府在经营范围、信贷、税收、供销等政策方面又对私人资本有许多严格的限制和排挤。当时私人资本在工业企业方面的发展"无论是绝对量或相对量都是微不足道的"②，私营工业在国家全部产值中所占的比重1924/1925年度约为3%，1925/1926年度约为3.5%③，此后其所占比重逐年下降。苏联新经济政策的宽松度远没有达到中国新民主主义模式的公私兼顾、劳资两利的程度。市场机制的利用也十分有限，大部分工农业产品要由国家计划定价和配置，市场度远低于中国新民主主义有计划的市场经济。中国这种新式的工业化道路模式的实行，有力地促进了新中国成立初期工业经济奇迹般的恢复和发展。1949年10月至1952年底，工业总产值由140亿元增长到349亿元，同比增长145.1%，年均增长34.8%④，达到或超过历史最高水平。

上述以毛泽东为主要代表的中国共产党人对新民主主义工业化道路的构想是极富创造性的。诚如马克思所说，不通过资本主义生产的一切可怕的波折而吸收它的一切积极成果，经过新民主主义社会的发展，中国就可以跨越资本主义生产关系的"卡夫丁峡谷"，在工业化充分发展的基础上进入社会主义社会。

从马克思的俄国跨越式发展设想到列宁的新经济政策再到毛泽东的新民主主义工业化理论，可以清晰地看到中国新民主主义工业化道路构想呈现出一条较为独特的历史轨迹。它既坚持了马克思和列宁提出的吸收资本主义社会一切积极成果的原则，又是从中国半封建半殖民地的国情出发而得出的理论创造，是对科学社会主义工业化理论的重大发展，为半封建半殖民地的落后中国实现工业化并向社会主义的成功跨越提供

---

① 列宁：《俄共（布）第十一次代表大会文献》（1922.3），《列宁全集》第43卷，人民出版社1987年版，第115页。

② 《苏联共产党决议汇编》（中译本）第2分册，人民出版社1964年版，第381、382页。

③ 苏联科学院经济研究所编：《苏联社会主义经济史》（中译本）第2卷，三联书店1980年版，第323—325页。

④ 《中国统计年鉴（1983）》，中国统计出版社1983年版，第17页。

了具体途径。

当然，中国共产党对新民主主义工业化道路的创新探索和认识，限于历史条件和受实践经验的制约，那时的认识只能是初步的，大体上只是轮廓性的设想，而且实践的过程极为短暂，许多设想还未完全展开和不完备。譬如，如何在多种所有制经济结构下协调好多种经济成分的发展，特别是如何正确处理好社会主义与资本主义经济的矛盾和竞争；在经济落后的农业国如何提高农业积累率来支持工业化发展，正确处理好农业积累与工业化发展之间的关系；面对新中国成立初期国际环境的剧变，如何正确处理好中国工业化建设中农轻重的关系，以及中国同西方国家经济技术交流和合作关系，等等。而且，从当时的实践来看，这些重大问题影响到中国共产党人尤其是毛泽东对中国新民主主义工业化道路的重新审视。加之整个新民主主义理论本身固有的一些罅漏，如关于两个革命阶段转变时间衔接的模糊性；关于新民主主义社会的主要矛盾与中心任务的二元论；关于新民主主义社会性质认定的不确定性；关于新民主主义社会形态的短暂性等①，终于使得新民主主义工业化道路陷入了困境，不久便为优先发展重工业和单一计划调节的苏联社会主义工业化模式所替代。

尽管如此，新民主主义工业化道路的基本思想和观点无疑是正确的，在中国工业化乃至世界工业化发展史上仍占有重要的地位。这些可贵探索，成为中国共产党探索中国工业化道路的最初起点。由于新民主主义社会实践的短暂性，使新民主主义社会大量遗留的任务亟待在社会主义初级阶段中完成，当今中国共产党在社会主义初级阶段的工业化道路理论和实践，便呈现着诸多与新民主主义工业化道路理论和实践的相似之处。这表明，新民主主义工业化道路的基本思想对之后特别是改革开放以来中国特色社会主义工业化道路的探索，有着极为宝贵的历史借鉴和启迪意义。我们不能因为新民主主义工业化道路构想的某些缺陷及实践的中断，就贬低它的理论和实践价值。

---

① 石仲泉：《中国革命的胜利和关于革命转变的理论》，载《党的文献》，1989年第5期，第66、67页。

第二章 仿效苏联社会主义工业化道路模式

经过三年国民经济的恢复和发展,1952年底中共中央按照毛泽东的建议,提出了以社会主义工业化为主体的过渡时期总路线。过渡时期总路线的提出和实施,使原先设想经过一个相当长的新民主主义工业化建设阶段,变落后的农业国为先进的工业国,之后再向社会主义过渡,改变为从1953年起用三个五年计划的时间进行大规模的社会主义工业化建设,并与生产资料私有制的社会主义改造同时推进,直接建立起社会主义社会的物质基础和基本完成向社会主义的过渡。这一转轨并不是从新民主主义走向有中国特色的社会主义工业化道路,而是参照苏联的经验,转向了以单一公有制和高度集中计划体制为基础、优先发展重工业的社会主义工业化道路模式。

这种传统社会主义工业化道路模式的选择,尽管全面仿效苏联社会主义工业化的经验,但总体上适应了当时大规模启动中国工业化发展的要求,开始时在处理农轻重关系、工业化与制度变革等方面也形成了中国自己的某些特色,呈现出一定程度的两重性特征。因此,这种道路模式既不完全等同于苏联工业化道路模式,也不同于1957年之后的僵化模式。虽然它存在和孕育了社会主义工业化发展的内在矛盾和弊端,但在当时的历史条件下,成为"一五"时期加速中国工业化进程的重要因素。

2.1 过渡时期总路线的提出与工业化发展道路的转轨

如上所述，按照毛泽东的新民主主义理论，新民主主义社会是半殖民地半封建社会向社会主义社会转变的中介，中国革命取得全国胜利后，还要经过一个相当长的以工业化为中心的新民主主义建设阶段，以建立社会主义的物质基础。《中国人民政治协商会议共同纲领》明确提出把开展新民主主义工业化建设，使中国"稳步地变农业国为工业国"，作为发展新民主主义经济的主要任务。毛泽东、刘少奇和周恩来等中共中央领导人预计，这个时期大约需要10年、15年甚至二三十年的时间。

新中国成立后头三年是遵循《共同纲领》来建设新民主主义社会的，毛泽东在这个问题上的思路与《共同纲领》的精神是相吻合的。从现有的文献资料来看，他的基本想法就是先实现工业化，然后稳步地、从容地进入社会主义。1949年7月，毛泽东向中央团校毕业生讲话时说："二十年后，我们工业发展到一定程度，看其情形即转入社会主义。"① 1951年12月，毛泽东在修改中共中央关于开展增产节约和三反运动的决定时还说，"准备以二十年时间完成中国的工业化"②。就是说，大约20年内还是新民主主义工业化建设时期，这成为当时中共中央领导人的共识。

然而，1952年底，随着国民经济的顺利恢复和发展，毛泽东不再坚持新民主主义社会的构想，开始思考尽快向社会主义过渡的问题，并认为"十年到十五年内在中国有可能基本上实现社会主义的转变"③。此后，其他中共中央领导人的认识也逐渐发生了变化。1953年中共中央按照毛泽东的建议，正式提出过渡时期的总路线，要经过三个五年计划，

---

① 参见《龚育之论中共党史》（上），湖南人民出版社1999年版，第203页。
② 毛泽东：《实行开展增产节约，反对贪污、浪费和官僚主义》（1951.12），《毛泽东文集》第6卷，人民出版社1999年版，第207页。
③ 引自1952年9月下旬毛泽东在中央书记处会议上的讲话，《建国以来毛泽东文稿》第3册，中央文献出版社1989年版，第609页注释（3）。

逐步实现国家的社会主义工业化,并逐步实现国家对农业、对手工业和对资本主义工商业的社会主义改造,实现中国社会从新民主主义到社会主义的过渡。

把实现"一化三改"作为基本实现向社会主义过渡的双重任务,并把实现国家社会主义工业化确立为过渡时期总路线的"主体",标志着中国共产党不仅要加快向社会主义过渡的步伐,而且对中国工业化道路的设想发生了重大的变化。

一是从原先通过实现新民主主义工业化来奠定社会主义物质前提的设想,改变为通过直接推进社会主义工业化来建立社会主义的物质基础。1953年之前,毛泽东和其他中共中央领导人在阐述新中国工业化问题时,所使用的概念是实现"国家的工业化"。由于所要建立的新中国是新民主主义国家,因而实现"国家工业化",指的就是实现新民主主义国家的工业化。在酝酿和提出过渡时期总路线的过程中,毛泽东先是改为"社会主义工业化"①,不久又改为"国家的社会主义工业化"②,过渡时期总路线正式使用了这一提法,表明了中国共产党开始舍弃新民主主义工业化道路而选择了社会主义工业化道路。

二是从新民主主义工业化道路到社会主义工业化道路的转轨,并不是从中国特色的新民主主义走向中国特色的社会主义工业化道路,而是走向了以单一公有制为基础的优先发展重工业的苏联社会主义工业化道路模式。1953年12月党在过渡时期总路线学习和宣传提纲提出中国要实行的是"社会主义工业化"时,解释了其含义,指出有两个方面的重要特点:一方面,"实现国家的社会主义工业化的中心环节是发展国家的重工业",以建立国家工业化和国防现代化的基础;另一方面,把现有的资本主义工业改造为社会主义性质的工业,"使社会主义工业成为

---

① 引自1953年6月30日毛泽东在接见中国新民主主义青年团第二次全国代表大会主席团时的讲话,《建国以来毛泽东文稿》第4册,中央文献出版社1990年版,第262页。

② 毛泽东:《关于农业互助合作的两次谈话》(1953.10.11),《毛泽东文集》第6卷,人民出版社1999年版,第304页。

我国唯一的工业"。①

为什么中国共产党对中国工业化道路的认识和选择会发生这种重大变化呢？显然与过渡时期总路线的提出背景密切相关，有其深刻复杂的国际和国内、客观和主观等多方面的因素。在这方面，学术界已作了较多的探讨。从工业化发展的视角，考察党的文献，我们可以梳理出如下主要原因：

（一）建国初期极端落后和薄弱的工业基础与建立社会主义物质基础的矛盾

1949 年，全国使用机器的工业产值约占工农业生产总产值的 17% 左右；在全部制造业产值中，机器大工业仅占 27%，其余 73% 均为独立的手工业和家庭手工业。② 而在仅有的工业当中，主要是一些轻工业，即使有某些重工业，也是门类残缺不全，设备落后。从一些主要的工业产品产量来看，1949 年全国的钢产量只有 15.8 万吨，为新中国成立前最高年产量的 17%；生铁产量 25.2 万吨，为新中国成立前最高年产量的 13.9%；电力的发电量 43 亿度，为新中国成立前最高年产量的 72%；原油 12 万吨，为新中国成立前最高年产量的 38%；水泥 66 万吨，仅为新中国成立前最高年产量的 31%。③ 当时中国这种极其低下的生产水平，不仅远比不上先进的资本主义国家，甚至比刚独立不久的原英国殖民地印度的发展水平还低。1949 年印度发电量是中国的 1.14 倍，原油是 2.08 倍，水泥是 2.82 倍，生铁是 6.56 倍，钢则是 8.67 倍。如果考虑到当时印度人口比中国少（1949 年中国人口为 5.4 亿，而印度人口只有 3.5 亿），中国的人均占有水平比印度就更低了。④

---

① 《为动员一切力量把我国建设成为一个伟大的社会主义国家而斗争》(1953.12)，《建国以来重要文献选编》第 4 册，中央文献出版社 1993 年版，第 704、705 页。

② 巫宝山主编：《中国国民所得》（上），中华书局 1949 年版，第 59、76 页。

③ 褚葆一、唐雄俊等编著：《十年赶上英国》，上海人民出版社 1959 年版，第 49 页。

④ 汪海波主编：《新中国工业经济史》，经济管理出版社 1986 年版，第 26 页。

经过三年国民经济恢复，虽然现代工业有了显著增长，但是新中国的工业基础仍十分落后和薄弱。其有两个方面的突出特点：

第一，现代工业尤其是重工业在整个国民经济中的比重仍然很小。1949年工业总产值140亿元中，轻工业产值为103亿元，占73.6%，重工业产值37亿元，仅占26.4%。就是在比重很低的重工业中，采矿业占了很大比重，机器制造业的产值所占无几①。1952年使用机器的现代工业产值，仍仅约占工农业生产总值的28%左右，不及3/10。② 中国在国民经济发展水平上，还是落后的贫穷的农业国，还不能自己制造汽车、拖拉机、飞机，不能自己制造重型的和精密的机器，没有现代国防工业的国家。1954年6月，毛泽东在中央人民政府委员会第30次会议上谈到发展重工业的必要性和重要性时，形象地说："现在我们能造什么？能造桌子椅子，能造茶碗茶壶，能种粮食，还能磨成面粉，还能造纸，但是，一辆汽车、一架飞机、一辆坦克、一辆拖拉机都不能造。"③ 不久又说："中国是一个庞然大国，但工业不如荷兰、比利时，汽车制造不如丹麦。"④ 与其他相同发展阶段的社会主义国家的工业水平相比，发展差距也很大。1952年中国现代大工业在工农业总产值中的比重只有26.7%，而苏联在其第一个五年计划开始前的1928年这一比重已达到45.2%，波兰在其第一个五年计划开始前的1949年已达到65%，捷克斯洛伐克1948年更高达75%。⑤

第二，现代工业中资本主义工业占很大比重。1949年，国营工业只占工业总产值的34%左右，私营工业则占63%左右（此外，合作社经

---

① 曾培炎主编：《新中国经济50年》，中国计划出版社1999年版，第265页。
② 《为动员一切力量把我国建设成为一个伟大的社会主义国家而斗争》（1953.12），《建国以来重要文献选编》第4册，中央文献出版社1993年版，第703、704页。
③ 毛泽东：《关于中华人民共和国宪法草案》（1954.6.14），《毛泽东文集》第6卷，人民出版社1999年版，第329页。
④ 毛泽东：《在国防委员会第一次会议上的讲话》（1954.10.18），《毛泽东文集》第6卷，人民出版社1999年版，第358页。
⑤ 邓力群、马洪、武衡主编：《当代中国经济》，中国社会科学出版社1987年版，第307页。

营的和公私合营的工业约共占3%）。1952年，国营工业在工业总产值中上升到51%左右，已占居优势，资本主义工业只占40%左右（此外，合作社经营和公私合营的工业共约占9%），但仍有相当大的比重。①

这种极端落后和薄弱的工业基础与建立社会主义物质基础的矛盾，是1953年中国工业化道路转轨的深层次原因。过渡时期总路线学习和宣传提纲引用列宁的话说，"如果没有高度发达的大工业，那就根本谈不上社会主义，而对于一个农民国家来说就更谈不上社会主义了"。② 要在我国建设社会主义，就必须实现以重工业为中心的社会主义工业化，"使我国有强大的重工业可以自己制造各种必要的工业装备，使现代化工业能够完全领导整个国民经济而在工农业生产总值中占据绝对优势"③，才能建立起社会主义社会的物质技术基础。

（二）新中国工业化的国际环境重大变化的影响

在世界工业化进程中，任何一个国家的发展道路和战略选择，都将程度不同地受到国际经济政治等方面因素及其变化的影响。

第一章里已经提及，新民主主义工业化道路的设想，形成于第二次世界大战的后期。中国共产党依据当时的世界情势，特别根据当时与美国、英国等西方国家保持着一定程度的友好关系，希望战后中国的工业化能够得到包括美国等西方国家的帮助和合作。然而二战结束后，世界局势急遽变化，形成了资本主义和社会主义相互对峙的两大阵营，以美国为首的西方国家对新中国采取敌视、封锁和孤立政策。1950年6月朝鲜战争爆发，美国派遣第七舰队进驻台湾地区，1952年开始重新武装日

---

① 《为动员一切力量把我国建设成为一个伟大的社会主义国家而斗争》（1953.12），《建国以来重要文献选编》第4册，中央文献出版社1993年版，第703、704页。

② 列宁：《俄共（布）第十次全国代表会议》（1921.5），《列宁全集》第32卷，人民出版社1985年版，第399页。

③ 《为动员一切力量把我国建设成为一个伟大的社会主义国家而斗争》（1953.12），《建国以来重要文献选编》第4册，中央文献出版社1993年版，第704页。

本，从韩国经日本、台湾地区、菲律宾、印度支那到泰国，对中国实行半月形的军事包围，中国的国家安全受到严重的威胁。

严峻的国际形势，使一向非常重视中国的主权独立、领土完整的中国共产党人迫切希望建立起门类齐全的比较独立完整的工业体系，而重工业则是其中的关键。如前所述，1951年底，毛泽东就认为，完成工业化，虽然必须发展农业，必须建设一切必要的轻工业，但是首先重要并能带动轻工业和农业向前发展的是建设重工业和国防工业。

在这种特定的历史条件下，毛泽东以重工业为重点进行工业化建设的主张为全党所接受，成为过渡时期总路线的主要内容。1953年9月11日，周恩来在全国政协第49次扩大常务委员会议上的总结发言中，通过对国内外形势的分析，阐明了实现以重工业为重点的国家工业化的紧迫性。他引用毛泽东的话说："我们的国家在政治上已经独立，但要做到完全的独立，还必须实现国家工业化。如果工业不发达，国家甚至还有可能变成人家的附庸。"他针对有些人过分依赖苏联，认为由苏联搞重工业和国防工业，中国搞轻工业的想法，指出："我国是一个近六亿人口的大国，地下资源很丰富，如果不努力建设自己的工业，特别是建设重工业，那就不能立足于世界。"鉴于朝鲜战争的严酷现实，他还引用孙中山的话说："我们要迎头赶上。现在我们有机会，要加紧赶，不赶就要全盘皆输，就站不住脚。"我们必须在发展重工业的同时建设国防工业，这是不能推迟的。① 关于这方面的紧迫性，过渡时期总路线学习和宣传提纲强调指出："因为我国过去重工业的基础极为薄弱，经济上不能独立，国防不能巩固，帝国主义国家都来欺侮我们，这种痛苦我们中国人民已经受够了。如果现在我们还不建立重工业，帝国主义是一定还要来欺侮我们的。"②

另一方面，作为一个落后的农业国，要以较快的速度实现工业化，

---

① 周恩来：《社会主义改造与国家资本主义》（1953.9.11），《周恩来经济文选》，人民出版社1993年版，第151、152页。

② 《为动员一切力量把我国建设成为一个伟大的社会主义国家而斗争》（1953.12），《建国以来重要文献选编》第4册，中央文献出版社1993年版，第705页。

需要较好的国际市场环境，通过国际经济交往，引进国外的资金、先进的技术、设备、专业人才，借鉴先进的经济管理经验。但是，美国政府组织、策动西方国家政治上孤立中国的同时，还对新中国实行全面的经济封锁和禁运。美国操纵的联合国大会还通过了对中国实行禁运的提案；由此大西洋公约组织和日本等参加的巴黎统筹委员会另外组织了一个中国委员会，定期公布对新中国禁运的战略物资清单。虽然1950年中国便与瑞典、丹麦、瑞士、芬兰建立了外交和贸易关系，并于1952年与芬兰签订了政府间贸易协定，为打开西方的大门提供了一些条件，但还是中断了与绝大多数西方国家直接的正常经济交往与贸易关系。1954年日内瓦会议后，国际关系有了一些缓和，中国同一些西方国家的贸易有了恢复和发展，但是仍旧有限。后来邓小平会见外国客人时说：中华人民共和国"是在被封锁、制裁、孤立中成长起来的"①。

正常的国际经济交往被西方切断之后，新中国只能主要从各社会主义国家特别是苏联获得工业化发展所需的资金、技术和机器设备，其中苏联政府提供贷款和成套设备帮助中国建设的156个大型工业项目，对新中国社会主义工业化的顺利启动起着举足轻重的作用。

今天看来，新中国工业化的国际经济环境重大变化，不仅制约着中国工业化的进程，而且影响着中国工业化道路的重新选择。在当时历史条件下，苏联愿意提供大批成套设备和技术，抓住这一机遇，尽快建立起重工业为基础的工业体系，似乎也很难有其他更明智的选择。而且，随着苏联对中国的经济援助，苏联派来大量专家、技术员帮助中国搞工业建设，带来苏联的经济管理方法和经验。这样，中国工业化建设模仿苏联模式，也就顺理成章了。

从另一角度看，苏联政府的援助是真诚的，但斯大林一直把苏联模式看成是社会主义国家的唯一正确的模式，对中国共产党所走的新民主主义道路并不认同。1956年10月，刘少奇同苏共中央领导人谈到1950年中苏谈判时指出："当时为了共同反对帝国主义，中国在某些问题上

---

① 邓小平：《振兴中华民族》（1990.4.7），《邓小平文选》第3卷，人民出版社1993年版，第357页。

作了让步。"① 应该说，这些让步，除了中国在经济、军事利益上给予苏联政府一定的照顾外（如同意苏方推迟放弃根据1945年同国民党政府签订的协定而在中国长春铁路、旅顺口和大连港的使用上获得的特权，同意在中国境内开办中苏合营合股公司，同意用支付黄金和外汇，出口锑、钨、锡等战略物资偿还苏联贷款本息等），还包括在工业化道路的选择上，苏联的援助是有前提的，那就是中国的工业化坚持社会主义价值取向，站在社会主义阵营一边，仿效苏联的模式。薄一波回顾说，1952年8月，以周恩来为团长、陈云和李富春为副团长的政府代表团赴苏，征询苏联政府对我国"一五"计划的意见，商谈苏联援助我国进行经济建设的具体方案。1953年4月4日，米高扬通过李富春通报了苏共中央、苏联国家计委对中国"一五"计划的意见，其中第一条就是认为"从中国和社会主义阵营的利益考虑，'一五'计划的基础是工业化，首先建设重工业这个方针任务是正确的"②。这种意见，既是苏联经验的总结，但也是要中国共产党遵循的。

对此，一些国外学者也有评述。莫里斯·迈斯纳说："无论毛泽东主义者在革命战争年代在政治上对俄国人多么不信任，但一个共产党统治下的中国将倒向苏联一边则是毫无疑问的。美国人在内战期间支持蒋介石，特别是美国出兵朝鲜和台湾地区，更加强了中国在一个充满敌意的国际环境中与苏联在政治上结成同盟的必要性。而这种政治联系是服务于强化那种已经极为强烈的倾向的，即仿效苏联革命后的社会经济的发展模式。"③ 弗雷德里克·C. 泰维斯说："如果美国的外交政策在内战中对中共少一点敌意的话，中国也许会表现出一种更平衡的国际姿态。但不管怎么说，1949年时，中华人民共和国发现，只有苏联是其可能得到的军事和经济援助的唯一来源。要想确保得到这些援助，按苏联的办

---

① 韩念龙：《当代中国外交》，中国社会科学出版社1987年版，第30、31页。
② 薄一波：《若干重大决策与事件的回顾》上卷，中共中央党校出版社1991年版，第287页。
③ [美] 莫里斯·迈斯纳：《毛泽东的中国及后毛泽东的中国》（中译本）上册，四川人民出版社1989年版，第159页。

法行事至少是其必须付出的一部分代价。"①

不难看出，1953年中国工业化道路的转轨，同争取苏联对中国工业化提供尽可能多的援助，有着内在的联系。在当时严峻的国际环境下，争取苏联的支持和援助，是中国共产党和中国人民所能进行的最佳选择，是顺利开展"一五"计划建设的保证。如果中国共产党仍坚持在新民主主义制度下实现工业化的原先设想，要想得到苏联的大规模援助是很难想象的。

（三）中国共产党对世界工业化路径的认识和比较

从认识上看，推动新中国工业化发展道路转向苏联模式的原因，除了苏联对华援助的影响之外，还在于当时中国共产党人对世界历史上工业化发展路径的认识和选择，尤其是对苏联社会主义工业化建设经验的认识和借鉴。

这种借鉴在当时是不可避免的。首先是列宁逝世后，苏联的经济建设走的是优先发展重工业的道路，工业一度表现出高速增长，迅速建立了强大的重工业体系。到1936年苏联"二五"计划完成时，苏联从工业相对落后的国家成为工业产值跃居欧洲第一位、世界第二位的强国。而且，在第二次世界大战结束以后到50年代中国提出过渡时期总路线时，正是社会主义国家和经济建设蓬勃发展的时期，受到世界瞩目。

虽然以毛泽东为主要代表的中国共产党人长期创造性地把马克思主义应用于中国实际，坚持走自己的革命道路，但刚从革命党转向执政党，对大规模经济建设，特别是工业化建设缺乏经验。1949年3月中共七届二中全会上毛泽东就提醒说："我们熟习的东西有些快要闲起来了，我们不熟习的东西正在强迫我们去做"。② 同时，在1956年苏联国内问

---

① 费正清、罗德里克·麦克法夸尔主编：《剑桥中华人民共和国史（1949—1965）》（中译本），上海人民出版社1990年版，第68页。
② 毛泽东：《在中国共产党第七届中央委员会第二次全体会议上的报告》（1949.3.5），《毛泽东选集》第4卷，人民出版社1991年版，第1480页。

题"揭盖子"之前,由于苏联社会主义建设经验被神圣化和绝对化,斯大林模式被视为社会主义的唯一选择。虽然苏联工业高速增长是以牺牲农业、轻工业,以人民生活长期得不到应有的改善为代价,可是当时很少人意识到这种模式的弊端,而其国防力量和综合国力的迅速增强,某种程度上又掩盖了斯大林模式的消极面,使人们更多看到的是它的积极作用。在这样的历史条件下,苏联以发展重工业为中心的社会主义工业化道路和建设经验,自然对新中国产生了强大的吸引力,成为新中国领导人心目中所追求和仿效的样板。

早在建国前夕,毛泽东在《论人民民主专政》一文中就说,我们必须学会自己不懂的东西。苏联已经建立起来一个伟大的光辉灿烂的社会主义国家,"苏联共产党就是我们的最好先生,我们必须向他们学习"①。新中国刚成立不久,刘少奇进一步提到建设"道路"的层次,指出:"苏联人民所走过的道路,正是我们中国人民将要走的道路。"中国人民的革命,在过去是学习苏联,"以俄为师",在今后我们要建国,同样也必须"以俄为师"。② 1950 年 2 月,毛泽东在访问苏联期间又表示,"苏联经济文化及其他各项重要的建设经验,将成为新中国建设的榜样"。③

如果说新中国成立前后提出学习苏联建设经验的口号,更多的是政治上的需要和一般的号召,那么,在酝酿和提出过渡时期总路线的过程中,便明确提出要借鉴苏联的工业化道路并付诸实践。

1953 年 1 月 29 日,《人民日报》发表题为《苏联国民经济新的强大发展》的社论,指出:"在已经开始的大规模经济建设中,我们必须精心地学习苏联发展国民经济的先进经验和先进技术,使我们的国家加速

---

① 毛泽东:《论人民民主专政》(1949.6.30),《毛泽东选集》第 4 卷,人民出版社 1991 年版,第 1481 页。
② 刘少奇:《在中苏友好协会成立大会上的报告》(1949.10.5),载《人民日报》,1949 年 10 月 8 日第 1 版。
③ 毛泽东:《在莫斯科车站的临别演说》(1950.2.17),载《人民日报》,1950 年 2 月 20 日第 1 版。

走上工业化的道路。"①

　　同年2月,当第一个五年计划开始执行的时候,毛泽东在全国政协一届四次会议上发出了"在全国范围内掀起学习苏联的高潮"的号召,要求党员、干部、各阶层人民都"必须诚心诚意地向苏联学习"先进的经验。②随即,4月23日中共中央做出关于1953—1954年干部理论教育的指示规定,从1953年7月到1954年12月这段时间里,全党领导干部都要学习《联共(布)党史》第9章到第12章和列宁、斯大林论社会主义经济建设的一部分著作。要求通过学习系统地了解苏联实现国家工业化、农业合作化和完成社会主义建设的基本规律。与过去相比,这时提出学习苏联经验,不仅声势更加浩大,而且在内容上着重强调学习苏联社会主义建设的理论和经验。

　　新中国第一个五年计划就是请苏联帮助而编制出来的,不仅周恩来等中共中央领导人多次赴苏向斯大林和苏共中央征询,而且请来大量苏联专家具体指导。薄一波回忆说,在国民经济恢复时期,中财委和后来成立的国家计划委员会,曾经编制过几个粗线条的年度计划纲要,也曾试行编制十年或十五年的远景发展规划。但都因没有经验、地质资源情况不清、可供使用的统计资料极少、人才不足、知识不足等因素,没有搞出成型的东西来。后来,向苏联学习,并得到苏联政府的具体援助,计划的编制工作就比较顺利。③

　　值得指出的是,新中国领导人选择苏联优先发展重工业的工业化道路,不仅是对苏联工业化成就和经验的认识,也是对当时世界工业化道路模式的认识和比较。薄一波说:把一个经济落后的农业大国逐步建设成为工业国,从何起步?这是编制"一五"计划之初就苦苦思索的一个问题。有关部门的同志也曾引经据典地进行过探讨,把苏联同资本主义

---

①《人民日报》社论:《苏联国民经济新的强大发展》,载《人民日报》,1953年1月29日第1版。

② 毛泽东:《在政协一届四次会议上的讲话》(1953.2.7),《建国以来毛泽东文稿》第4册,中央文献出版社1990年版,第45、46页。

③ 薄一波:《若干重大决策与事件的回顾》上卷,中共中央党校出版社1991年版,第285、286页。

国家工业化的道路作过比较，认为必须从发展原材料、能源、机械制造等重工业入手。① 从历史上看，当时可供选择的工业化模式有三种：一是由私人和市场推动的工业化，以英、美、法为典型；二是由私人和政府共同推动的工业化，以德、日为典型；三是由政府推动的工业化，以苏联、东欧国家为典型。由于选择前两种工业化途径的国家，都曾走上对外侵略和掠夺的帝国主义道路，选择第三种的则都是靠国内积累资金的社会主义国家，因此，中国共产党人认为，新中国成立后在如何实现工业化问题上，价值理念和所面临的情况与当时苏联有许多类似之处，如面临西方国家的经济封锁和军事威胁，不能靠对外侵略和掠夺来积聚工业化资金等。这样，苏联所走过的工业化道路，对中国共产党人来说当然会产生巨大的影响。1949年6月，刘少奇在论述新中国的财政经济政策时就指出："中国要工业化，路只有两条：一是帝国主义；一是社会主义。历史证明，很多工业化的国家走上帝国主义的路。如果在没有工业化的时候，专门想工业化，而不往以后想，那是很危险的，过去日本和德国就是个例子。"② 当然，刘少奇也指出，假如能找到第三条更好的路，我们共产党一定拥护。

经毛泽东审定的关于党在过渡时期总路线的学习和宣传提纲，比较和总结了世界工业化道路模式的历史经验，指出："资本主义国家从发展轻工业开始，一般是花了五十年到一百年的时间才能实现工业化，而苏联采用了社会主义工业化的方针，从重工业建设开始，在十多年中（从1921年开始到1932年第一个五年计划完成）就实现了国家的工业化。"所以，苏联"在1941年到1945年的卫国战争中，能够击败德日法西斯主义的侵略，成为世界上第一个强大的社会主义国家。苏联因为建立了重工业，就有了机器制造工业，有了汽车、飞机、拖拉机等工业，就有了现代国防工业，就能使交通运输业、轻工业获得不断的有利

---

① 薄一波：《若干重大决策与事件的回顾》上卷，中共中央党校出版社1991年版，第290页。
② 刘少奇：《新中国的财政经济政策》（1949.6.4），《刘少奇论新中国经济建设》，中央文献出版社1993年版，第139页。

的发展,就能使农业获得各种新式机器和化学肥料,迅速地实现农业的集体化。"基于这种历史比较分析,学习和宣传提纲强调,"苏联过去所走的道路正是我们今天要学习的榜样","我国实现国家的社会主义工业化,正是依据苏联的经验从建立重工业开始"。①

通过上述分析,我们可以看到,20世纪50年代初期的国内外时势与当时的认知水平,都决定了这样一个发展思路:中国要实现工业化,必须超越通常那种由农业、轻工业再到重工业的发展范式,选择以重工业为中心的苏联工业化发展范式。尽管优先发展重工业未必是社会主义国家工业化的一般规律,但我们仍然认同了这一发展模式。尽管后来的历史证明当时结束新民主主义工业化道路未免过早,但这种重新选择和转轨也有其历史的合理性和必然性。

2.2 优先发展重工业的战略

优先发展重工业作为实现向社会主义过渡目标的工业化战略,是在提出过渡时期总路线和编制国家第一个五年计划过程中逐步形成的。

1951年2月毛泽东提出"三年恢复,十年计划经济建设"的设想后,中共中央就开始酝酿制定"一五"计划,并成立了周恩来、陈云等组成的第一个五年计划编制领导小组。在酝酿和提出过渡时期总路线的过程中,随着向社会主义过渡目标的确立,逐步明确了实现工业化建设应以发展重工业为中心。

1952年9月,中央人民政府政务院财政经济委员会(简称中财委)提出编制第一个五年计划轮廓的方针,认为五年建设的重点是工业,而工业中决定性的环节是重工业。因此,五年建设应"以重工业为主,轻工业为辅",重工业中特别是钢铁、煤、电力、石油、机器制造、军事

---

① 《为动员一切力量把我国建设成为一个伟大的社会主义国家而斗争》(1953.12),《建国以来重要文献选编》第4册,中央文献出版社1993年版,第706页。

工业、有色金属、基本化学等工业。① 12 月 22 日,《中共中央关于编制 1953 年计划及五年建设计划纲要的指示》指出:"我们必须以发展重工业为大规模经济建设的重点",集中有限的资金和建设力量,"首先保证重工业和国防工业的基本建设,特别是确保那些对国家起决定作用的,能迅速增强国家工业基础与国防力量的主要工程的完成"。② 1953 年 9 月,周恩来在向全国政协常务委员会所作的《过渡时期的总路线》的报告中,在概述"一五"计划的基本任务时,强调"首先集中主要力量发展重工业,建立国家工业化和国防现代化的基础"③。

这表明 1953 年前后,中共中央已基本确立了重工业优先增长的工业化战略思想。党在过渡时期的总路线的提出,标志着这一工业化战略的正式确立。1953 年 12 月,党在过渡时期总路线的学习和宣传提纲具体阐述了这一发展战略的基本内容。

优先发展重工业的工业化战略,被 1954 年 9 月召开的第一届全国人民代表大会第一次会议所接受。周恩来在会上所作的《政府工作报告》中说明,第一个五年计划要集中力量发展重工业,即冶金工业、燃料工业、化学工业、动力工业、机械制造工业,因为旧中国的工业基础很脆弱,"为了实现我国的工业化,就必须主要地依靠新的工业特别是重工业的建设"。④

1955 年 7 月,一届全国人大二次会议通过的《中华人民共和国发展国民经济的第一个五年计划(1953—1957)》,明确规定了五年中工业化的主要任务:集中主要力量进行以苏联帮助我国设计的 156 项建设单位

---

① 中财委:《关于编制五年计划轮廓的方针》(1952.9),中国社会科学院、中央档案馆编:《中华人民共和国经济档案资料选编(1953—1957)》(综合卷),中国物价出版社 2000 年版,第 390 页。

② 《中共中央关于编制 1953 年计划及五年建设计划纲要的指示》(1952.12.22),《建国以来重要文献选编》第 3 册,中央文献出版社 1992 年版,第 449 页。

③ 周恩来:《过渡时期的总路线》(1953.9.8),《周恩来选集》下卷,人民出版社 1984 年版,第 109 页。

④ 周恩来:《把我国建设成为强大的社会主义的现代化的工业国家》(1954.9.23),《周恩来选集》下卷,人民出版社 1984 年版,第 135 页。

为中心的、由限额以上的 694 个单位组成的工业建设，建立我国社会主义工业化的初步基础。并具体规定 5 年内，全国基本建设投资为 427.4 亿元。农林水利为 32.6 亿元，占 7.6%；运输邮电为 82.1 亿元，占 19.2%；工业是建设的重点，为 248.5 亿元，占总投资的 58.2%。其中轻工业占工业总额的 11.2%，重工业占 88.8%；在经济发展速度上，农业总产值年均增长 4.3%，工业平均增长 14.7%，其中轻工业年均增长 12.4%，重工业年均增长 17.8%。① 从苏联援建实际实施的 150 个大型项目（原 156 项中有 4 项在"一五"期间没有施工，2 项重复计算，故实际施工建设 150 项）来看，其中由能源工业、原材料工业和机器制造工业（包括军用机器制造工业和民用机器制造工业）组成的重工业就占了 147 项，而轻工业只有 3 项。② "一五"计划工业化任务的规定和实施，反映了以重工业优先增长为中心的工业化战略思想。

中国共产党把重工业优先增长作为实现向社会主义过渡目标的发展战略，主要是基于以下两个方面的思考。

（一）以重工业为中心建立社会主义社会的经济基础

旧中国工业基础薄弱，特别是重工业十分落后，要过渡到社会主义社会，没有一定的重工业的发展是不可能的。列宁指出："大机器工业是社会主义唯一可能的经济基础"。③ 民主革命时期毛泽东指出新民主主义社会的基础是机器，必须首先实现中国的工业化，尔后才能向社会主义转变。毛泽东在修改和审定的党在过渡时期总路线学习和宣传提纲中，提出"实现国家的社会主义工业化的中心环节是发展国家的重工业"，进一步明确了社会主义社会的基础是大机器工业（重工业）。

从整个工业化来看，重工业是生产生产资料的工业部门，是工业化

---

① 《中华人民共和国发展国民经济的第一个五年计划（1953—1957）》，《建国以来重要文献选编》第 6 册，中央文献出版社 1993 年版，第 410、415—418 页。
② 薄一波：《若干重大决策与事件的回顾》上卷，中共中央党校出版社 1991 年版，第 297 页。
③ 列宁：《关于俄共策略的报告》（1921.7.5），《列宁全集》第 42 卷，人民出版社 1987 年版，第 52 页。

的基础。社会主义工业和整个国民经济的发展，需要重工业提供足够的原材料、能源和技术装备。从当时情况看，为了改变中国工业的落后状况，优先发展重工业，建立必要的重工业基础，对于实现社会主义工业化，提高经济建设的自力更生能力，具有决定性的意义。过渡时期总路线学习和宣传提纲引用斯大林的话说："不是说随便怎样发展工业都是工业化。工业化的中心、它的基础，就是发展重工业（燃料、冶金等等），归根到底，就是发展生产资料的生产，发展本国的机器制造业。"因为中国过去几乎没有重工业，"只有建立了重工业，才能使全部工业、运输业以及农业获得为发展和改造所必需的装备"。① 从某种意义上讲，中国"一五"时期以重工业为中心的社会主义工业化，实际上就是重工业化。

从世界工业发展历史来看，尽管资本主义工业化是从轻工业开始的，但其工业的迅速发展，还是在机器制造的近代工业产生之后，而不是之前。根据马克思主义再生产理论，生产资料生产的增长，是实现扩大再生产的重要物质基础。要不断扩大再生产，必然要求发展重工业，扩大生产资料的生产。国民经济各部门的技术改造，在很大程度上依赖重工业的发展。因此，过渡时期总路线学习和宣传提纲又指出："因为我国没有重工业，许多轻工业的机器，尤其是精密的机器不能制造；如果我们不建立重工业，我们现有的轻工业就会一天一天破旧，而得不到新的装备的补充和改造，要扩大轻工业和建立新的轻工业也会困难。"② 对此，薄一波回顾说，在"一五"计划执行过程中，优先发展重工业的重要性日益显现出来。由于我国原有工业基础十分落后，在国民经济建设全面展开的情况下，各工业部门在供需和生产协作配合上呈现一种日益紧张的形势。可以肯定地说，在"一五"时期，乃至在以后一个相当长的时期内，如果没有钢铁、有色金属、机械制造、能源、交通等重工

---

① 《为动员一切力量把我国建设成为一个伟大的社会主义国家而斗争》（1953.12），《建国以来重要文献选编》第4册，中央文献出版社1993年版，第705页。

② 同上，第706页。

业的建立和发展，要想大力发展轻工业，要使工业给农业以更大的支持，是办不到的。①

（二）以重工业为中心促进工业化的高速度发展

重工业优先发展模式是一种以高速度经济增长为主要目标的赶超发展模式。世界工业化的历史经验表明，自第二次工业革命以来，一般而言，一国工业化的发展程度与其重工业在工业结构中的比重上升往往是正相关的。瓦尔特·霍夫曼对一些国家的工业结构的研究表明，工业化水平越高的国家，重工业的比重就越高，即"霍夫曼系数"。因此，对于后起工业化国家而言，由于其在落后的经济基础上起步，并在国际市场竞争中处于不利的地位，为了尽快赶上先进工业国，一般表现出以下比较明显的特点："一个国家的经济越是落后，则其工业化起步就越可能像一个非常突然的冲刺一样缺乏连续性，并按一种制造业生产的增长率向前发展；一个国家经济越落后，在其工业化进程中强调大工厂和大企业的倾向就越是明显。"②工业化成功的后起国苏联和德、日，尽管制度不同，却都采取了优先发展重工业的发展战略。二战后取得政治独立并走上自主发展的发展中国家，希望迅速改变贫穷落后的面貌，也大多以发展重工业或进口替代工业为中心，企图跨越经济发展阶段而走一条快捷的工业化道路，直接进入较高的工业化阶段。

中国大规模社会主义工业化建设是在一个比苏联更为落后的基础上启动的。如何尽快地摆脱贫穷落后的面貌，在一个相对短的时间内奠定社会主义工业化基础，早日自立于世界民族之林，是中国人民的迫切愿望。中共中央领导人在当时提出过渡时期总路线和编制"一五"计划过程中，就有强烈的赶超追求。1955年3月，毛泽东更明确提出要在大约三个五年计划期间内实现"一化三改"，"要在大约几十年内追上或超过

---

① 薄一波：《若干重大决策与事件的回顾》上卷，中共中央党校出版社1991年版，第292、293页。

② ［以］S. N. 艾森斯塔德：《现代化：抗拒与变迁》（中译本），中国人民大学出版社1988年版，第53、54页。

世界上最强大的资本主义国家"①。同年10月，他指出中国还是一个贫穷落后的农业国，目标是要建设成为一个富强的社会主义国家，大约在50年到75年的时间内赶上并超过美国。②

中国共产党人的这种经济理想观与发展观，当然希望超越由农业、轻工业再到重工业的自然演进的传统发展模式，在现实中选择一种快速实现工业化的新发展模式。在毛泽东等中共中央领导人看来，优先发展重工业的发展战略，无疑是推动工业高速增长，实现赶超世界发达国家的捷径。1952年12月《中共中央关于编制1953年计划及五年建设计划纲要的指示》明确指出："工业化的速度首先决定于重工业的发展，因此我们必须以发展重工业为大规模建设的重点"。③

确立优先发展重工业这样的工业化战略，基本上是苏联工业化道路模式，也是20世纪50年代世界上大多数后发展国家普遍选择的工业化战略。但是，新中国"一五"时期以重工业为中心的工业化发展战略，并不是简单地照抄照搬苏联经验，而是在一定程度上从中国当时的实际出发，经过对国内国际环境诸多方面利弊得失的反复权衡之后作出的抉择，与苏联工业化道路模式不完全相同。这一战略突出地体现在把重点建设和全面安排结合起来，注意到农业、轻工业的发展和国民经济各部门大体上的协调发展。对此，中共中央文件作了明确阐述。

1952年12月中共中央《关于编制一九五三年计划及长期计划纲要的指示》指出：要"集中力量保证重工业的建设"，但"决不能理解为可以忽视轻工业的发展、农业和地方工业的发展、贸易合作事业和运输事业的发展及文化教育卫生事业的发展，以至放松对这些事业的领导。

---

① 毛泽东：《在中国共产党全国代表会议上的讲话》（1955.3），《毛泽东文集》第6卷，人民出版社1999年版，第392页。
② 毛泽东：《在资本主义工商业社会主义改造问题座谈会上的讲话》（1955.10.29），《毛泽东文集》第6卷，人民出版社1999年版，第500页。
③ 《中共中央关于编制1953年计划及五年建设计划纲要的指示》（1952.12.22），《建国以来重要文献选编》第3册，中央文献出版社1992年版，第449页。

如果那样，显然也是错误的"。①

过渡时期总路线学习和宣传提纲指出："当然，在集中力量发展重工业的同时，必须相应地、有计划地发展交通运输业、轻工业、农业、商业和文化教育事业。如果没有这些事业的相应发展，不但人民的生活不能够改善，人民的许多需要不能够满足，就是重工业的发展和工业化的实现也是不可能的。"②

"一五"计划强调："在优先发展重工业的条件下，力求使各个经济部门——特别是工业和农业、重工业和轻工业——之间的发展保持适当的比例，避免彼此脱节。"③

根据中共中央的精神，"一五"期间国家基本建设投资用于重工业的占36.2%，用于轻工业的占6.4%，用于农业的占7.1%，三项相加共占49.7%。其余一半，用于国防建设、运输邮电、商业、文教卫生、科研、城市建设和购置车船，以及现有企业的改建和扩建。薄一波认为，"这样的安排，在当时的条件下，大体是合适的"④。

从计划执行结果看，基本上也是协调的。"一五"期间，农业总产值平均每年增长4.5%，工业总产值平均每年增长18%，二者增长速度之比为1∶4。工业总产值增长了128.6%，其中重工业产值增长210.7%，轻工业产值增长83.3%；平均每年增长速度前者为25.4%，后者为12.9%。⑤ 这种发展状况大体上体现了重点发展重工业的要求，又使得农业、轻工业的发展基本上适应了重工业和整个国民经济发展以及人民生活改善的需要，没有发生像苏联粮食产量长期达不到十月革命

---

① 《中共中央关于编制1953年计划及长期计划纲要的指示》（1952.12.22），《建国以来重要文献选编》第3册，中央文献出版社1992年版，第450页。

② 《为动员一切力量把我国建设成为一个伟大的社会主义国家而斗争》（1953.12），《建国以来重要文献选编》第4册，中央文献出版社1993年版，第707页。

③ 《中华人民共和国发展国民经济的第一个五年计划（1953—1957）》，《建国以来重要文献选编》第6册，中央文献出版社1993年版，第408页。

④ 薄一波：《若干重大决策与事件的回顾》上卷，中共中央党校出版社1991年版，第293页。

⑤ 《中国统计年鉴（1984）》，中国统计出版社1984年版，第23—27页。

前最高水平的问题,也没有发生像苏联、东欧国家片面地注重重工业,忽视农业和轻工业,因而市场上的货物严重不足、货币极不稳定的问题。毛泽东后来总结"一五"时期工业化建设的经验时说,当时我们搞经济建设没有经验,不得不学习苏联的经济发展模式,但"在处理重工业和轻工业、农业的关系上,我们没有犯原则性的错误。我们比苏联和一些东欧国家做得好些"。[①]

当然,上述数字也表明,"一五"时期农业和轻工业基本建设投资还是偏低的,重工业和农业、轻工业的增长速度的对比关系差距也大一些。"一五"后期,随着重工业的高速发展、人民生活的改善和扩大出口的需要,农业和轻工业不相适应的情况逐步暴露出来。因此,在肯定"一五"时期选择优先发展重工业战略合理性的同时,也要清醒地看到实施这一战略的特定历史条件及其局限性,必须根据条件的变化及时处理好农轻重的关系,避免出现畸轻畸重的现象,以保证社会主义工业化的顺利进行和整个国民经济的协调发展。

2.3 工业化建设与制度变革并举

经济发展模式与制度模式之间存在着一种互为条件、互相制约的关系。一般说来,确定了一定的经济发展模式,必然要求建立与之相适应的制度模式;而一种制度模式一经确定,又会反作用于发展模式,使特定经济发展战略的实现有了可靠的制度保障。"一五"时期向传统社会主义工业化道路模式的转轨,是使以重工业为中心的工业化战略,与相应的社会经济制度和体制变革相辅相成,推动着社会主义工业化基础的初步建立。

1953年党在过渡时期的总路线提出了实现国家社会主义工业化与对生产资料私有制社会主义改造的双重任务。过渡时期总路线学习和宣传

[①] 毛泽东:《论十大关系》(1956.4.25),《毛泽东文集》第7卷,人民出版社1999年版,第24页。

提纲指出上述双重任务"是相互关联不可分离的"①。一方面，社会主义工业化建设将提供改造非社会主义经济成分的物质技术基础；另一方面，只有实行社会主义改造，才能保证国民经济中社会主义经济的比重不断地增长，支持和促进社会主义工业的发展。

从这段话中我们可以清晰地看到，中国共产党当时对以重工业为中心的工业化战略与经济制度变革之间的关联的认识，即认为实现社会主义工业化和实现社会主义改造是互为条件、相互促进的；设想以工业化建设与制度变革并举的方法，推动中国社会主义工业化的高速发展和社会主义经济制度的建立。1953年10月15日毛泽东在关于农业互助合作的谈话中讲了这个问题。他说："总路线也可以说就是解决所有制问题。国有制扩大——国营企业的新建、改建、扩建。私人所有制有两种，劳动人民的和资产阶级的，改变为集体所有制和国营（经过公私合营，统一于社会主义），这才能提高生产力，完成国家工业化"。② 这里，毛泽东是把发展生产力和解放生产力，即以重工业为中心的社会主义工业化和社会主义改造有机地结合在一起，同时并举推进国家工业化，建立社会主义的经济基础，作为总路线的实质的。并不是像有的学者所说的，总路线的实质就是一个私有制的社会主义改造问题。

可以说，工业化建设和制度变革并举，既是过渡时期总路线的突出特点，也是"一五"时期工业化道路模式的突出特点。

（一）依靠国家的整体力量开展以重工业为中心的工业化建设，奠定社会主义工业化的主要基础，为经济制度变革创造前提和条件

以重工业为中心的工业化建设大体上有两个基本特征：一是一般集

---

① 《为动员一切力量把我国建设成为一个伟大的社会主义国家而斗争》(1953.12)，《建国以来重要文献选编》第4册，中央文献出版社1993年版，第701页。

② 毛泽东：《关于农业互助合作的两次谈话》(1953.10、11)，《毛泽东文集》第6卷，人民出版社1999年版，第301页。

中于周期长，且见效慢的产业和部门，如铁路、交通、原材料、能源、机械制造、国防工业等。通常，这是私人资本几乎不投资的产业和部门，而这些又是经济起飞必不可少的、至关重要的基础性产业和部门。二是经营资本的投入数额巨大，且资本有机构成（即技术含量）较高，需要大规模的资本积累。"一五"计划以156项为中心的，由限额以上的694项为重点的工业基本建设项目，均为关系国民经济命脉的大型建设项目。5年内全国经济和文化建设投资总额高达766.4亿元，折合黄金7亿多两。而当时中国是一个资金短缺、技术落后的国家，私营经济力量更为弱小，且主要投资于轻纺工业，它们根本没有能力担负起实现以重工业为中心的工业化的重任。可以说，特殊的国情和工业化面临的难题，除了国家几乎没有任何力量能够启动、组织中国整个工业化的进程。

第一，国家运用政权的力量，动员集中全国财力、物力和技术力量，直接投资兴建规模巨大、技术先进的新工业部门和工业设施。中国经济虽然落后，却是一个大国，国家可以凭借行政和经济手段把有限的资源集中起来，用于最需要的地方。为适应大规模经济建设的要求，1952年11月中央人民政府成立了建筑工程部，1954年11月成立了由薄一波为主任的国家建设委员会，直接组织以重工业为重点的基本建设计划的实施。"一五"期间，国家财政除集中了全国企业上缴的利润、税收乃至基本折旧金和相当大的一部分农业收入外，还通过债务收入和发行国家经济建设公债等，聚集了庞大的基本建设资金。5年中国家财政收入总计为1354.9亿元，约占同期国民收入的1/3，用于基本建设投资506.4亿元，占同期财政收入的40%。[①] 同时，对于重要生产资源，实行中央、部门、地方三级物资统配制度，国家掌握统配和部管物资，占这些物资总资源的比重，逐步达到70—90%，保证了全国有限的物力能够集中用于重点建设。另外，"一五"时期科技人员供需之间存在较大的缺口，据国家计委1953年统计，5年中，至少需增加约30万工程技

---

① 《当代中国》丛书编辑部：《当代中国的基本建设》（上），中国社会科学出版社1989年版，第60页。

术人员和110万技术工人。为保证基本建设的急需，国家从各条战线抽调上万名优秀干部和集中分散的技术人员，加强工业部门和重点建设项目，并通过高等院校和依托现有企业为重点工程建设培养和输送了大批专业人才。

第二，国家主要依靠和发展现有相对强大的社会主义国营经济，承担工业化建设的主要任务。发展工业，一方面是建设新的工业，另一方面要充分利用原有的工业。"一五"计划规定："在建设新工业的同时，必须充分地和合理地利用原有的工业企业，发挥它们的潜在生产力量。"① 建国初期，通过没收官僚资本，新中国成立前全国工矿业和交通运输业固定资产的80%成为国营资产，全国银行也基本上由国家经营。到1952年，国营工业产值在全国现代工业总产值中的比重已达56%，这是现有基础工业的主体，是国家基本建设和这些企业扩大再生产的主要物质基础。按照"一五"计划规定，为保证国家基本建设的需要，1957年将比1952年工业总产值增长98.3%，即年均递增14.7%。其中，现代工业增长104.1%，即年均递增15.3%。这些现代工业增长约70%的繁重任务，主要是依靠现有国营企业完成的。② 因此，所谓充分利用现有工业企业，主要就是充分利用原有的国营工业基础，并依照可能和需要用现代先进技术改建和扩建这些企业。"一五"时期国家新建项目投资271.62亿元，改建、扩建项目投资309.24亿元，前者占基本建设投资总额的46.2%，后者占52.6%。国家还逐年增加对现有企业更新改造和扩大再生产的投资，1953年为1.15亿元，占固定资产投资总额的1.3%，1957年增至7.91亿元，占5.2%③，这就为支撑重点基本建设和挖掘现有企业潜力提供了有力保证。

这就是说，依靠国家的整体力量开展以重工业为中心的工业化建设，首先意味着社会主义国营企业的迅速发展和全民所有制本身绝对值

---

① 《中华人民共和国发展国民经济的第一个五年计划（1953—1957）》，《建国以来重要文献选编》第6册，中央文献出版社1993年版，第411页。

② 江海波：《新中国工业经济史（1949.10—1957）》，经济管理出版社1994年版，第456—459页。

③ 《中国统计年鉴（1984）》，中国统计出版社1984年版，第301、305页。

的大幅度增殖,即"国有制扩大——国营企业的新建、改建、扩建",从而使国家工业化自身的发展成为奠定社会主义物质基础的中心环节。

一是"一五"期间以 156 项为中心的国民经济骨干企业和重点工程的兴建,在短期内初步形成了社会主义独立工业体系的基础。1957 年现代工业产值占工业总产值的比重,达到 70.9%,主要生产资料的重工业在全部工业中的比重达到 45%。[1]

二是形成了巨额的全民所有制资产。国营单位的固定资产投资额 1952—1956 年连续 5 年大幅度增长,其中 1953 年比 1952 年增长 110.3%,1956 年比 1952 年增长 269.2%。5 年间,全国实际完成基本建设投资总额达 588 亿元,其中国家投资 493 亿元,超过原计划的 15.3%,形成了数以亿计的社会主义全民所有制资产。到 1957 年底,新增固定资产 492 亿元,相当于 1952 年全国拥有固定资产的 1.9 倍。社会主义工业总产值占全国工农业总产值的比重,由 1952 年的 41.5% 上升到 1957 年的 53.8%。国营企业各项收入在国家财政收入中的比重,由 1952 年的 26.6% 上升到 1957 年的 46.5%,接近了半数,其绝对额由 1952 年的 53.22 亿元上升到 1957 年的 144.18 亿元。在 1953—1957 年国家财政收入增加的 96.8 亿元中,全民所有制经济也占 72 亿元,达 74.4%。[2] 其结果就是国有制经济比重的大幅度增加,为推进非公有制经济制度变革创造了有利条件。

(二)通过非公有制经济制度变革,为发展重工业提供必要的资金积累

资金是工业化的首要条件,优先发展重工业更需要大规模的资本原始积累,这对于中国这样一个资金严重短缺的落后大国来说,是工业化的一大难题,意味着必须以自己独特的方式创造和形成资

---

[1] 《中国统计年鉴(1984)》,中国统计出版社 1984 年版,第 27 页。
[2] 转引自董志凯:《国营企业对我国工业化资金积累作出的贡献和牺牲》,载《当代中国史研究》,1998 年第 1 期,第 2、3 页。

本原始积累。

当时由于受种种条件的制约，社会主义工业化只能主要依靠国内资本积累。社会主义性质的经济虽已在国民经济中居于领导地位，但所占比重不大，所能提供的资金积累有限，大部分资金只能从占大量比重的非公有制经济中积累。由于个体农业和以轻工业为主的私人资本主义经济十分落后，实施统购统销等政策，虽缓解了市场紧张状况，却无法根本解决工业化的资金、原料和市场需求。而在多种经济成分并存的所有制结构中，国家也难以对私有制经济的利润分配和投资方向进行控制，从而不能保证将全社会的资源集中投放到重工业部门。另外，国家的指令性计划指标也不可能得到最大程度的贯彻与执行。因此，对个体经济和私人资本主义经济进行全面的社会改造和改组，便成为当时解决工业化资金需求矛盾的必要选择。

农业是中国为工业化提供资金积累的最主要的部门，资金积累不能不首先从农村打主意，但这在一家一户分散的农业经营基础上是难以顺利、迅速实现的。当时的实际情况是，土地改革后农民刚从旧的生产关系中解放出来，尚有很大的个体积极性，需要在一定时期内稳定这种新的生产关系。另一方面，小农经济潜力很小，互助合作也确有较大的优越性。据新中国成立初期23个省的调查，土改后，贫农平均每户只有耕畜 0.47 头，犁 0.41 部，小车 0.7 部，每户每年可拿出购买生产工具的资金平均仅有 3.5 元。这种分散、脆弱的个体经济维持生产尚不易，扩大再生产更困难。而"现有的农业合作社在其初建的一、二年，一般可以增产百分之二十至三十"[①]。走出这种困境，需要有一种新的制度安排。毛泽东认为："社会主义的工业化和社会主义的农业改造这样两件事，决不可以分割起来和互相对立起来去看"。完成国家工业化和农业技术改造所需要的相当大一部分资金，要直接或间接从农民方

---

① 中共中央批转《中央农村工作部关于第二次全国农村工作会议的报告》(1954.5.10)，《建国以来重要文献选编》第 4 册，中央文献出版社 1993 年版，第 265 页。

面积累，这必须通过农村经济制度的根本变革即农业的合作化来解决。①

这样，中国共产党从中国实际情况出发，借鉴苏联的经验，摸索出了一条通过逐步走互助合作以增加资金积累的道路。这种引导个体农民走从低级到高级形式的互助合作道路的选择，固然有避免农村两极分化的考虑，但其主要着眼点在于兼顾农民个体积极性和合作化的优越性，发展生产，保证工业化的需求。1953年12月中共中央《关于农业生产合作社的决议》明确强调了这一基本动因，指出："孤立的、分散的、守旧的、落后的个体经济限制着农业生产力的发展，它与社会主义工业化之间日益暴露出很大的矛盾"，"为着进一步提高农业生产力，党在农村中的最根本的任务，就是要善于用明白易懂而为农民所能够接受的道路和办法去教育和促进农民群众逐步联合起来，逐步实行农业的社会主义改造"。② 因此，这些从低级到高级的互助合作，既是改造个体经济的手段，又主要是作为通过改造和改组以增加工业化资金积累的生产组织形式。"一五"期间的农业总产值在高积累下一直保持上升的趋势，1957年比1952年增长了24.8%，工业化所需资金主要靠农业积累。在工业总产值中，以农产品为主要原料的产值约占50%，农副产品和利用农业原料制成的工业品，在国内市场主要商品供应量中约占90%，在出口总额中约占75%。农民每年不仅把自己净收入的约7%作为农业税上交国家，而且由于国家采取扩大工农产品价格"剪刀差"的办法来帮助工业提供积累，农民又把相当于自己净收入的约5%奉献给国家积累，两项合计为12%。而1957年全国农民的收入比1952年提高了27.9%。③

私人资本主义经济虽然弱小，但在中国工业化资本积累中也是一支

---

① 毛泽东：《关于农业合作化问题》（1955.7.31），《毛泽东文集》第6卷，人民出版社1999年版，第432页。
② 《中国共产党中央委员会关于农业生产合作社的决议》（1953.12.16），《建国以来重要文献选编》第4册，中央文献出版社1993年版，第661、662页。
③ 国家统计局编：《伟大的十年（中华人民共和国经济和文化建设成就的统计）》，人民出版社1959年版，第191页。

不可忽视的力量。到1952年底，私营工业占工业总产值的比重仍有40%左右，商业零售中私营约占60%，但私营企业大多数设备陈旧，经营落后，就是当时发展水平较高的私营纺织业，劳动生产率也只及国营纺织业的3/4，加上原料、市场等方面的限制，使得不少私营企业生产日渐艰难。而当时试点证明："私营企业在改为合营之后大部都获得很大进步，产量增加，质量提高，成本降低。"① 这种状况，促使中共中央进一步认为："一方面国营工业满足不了社会的需要，另一方面私营工业有很大潜力没有发挥出来，需要抓紧对私营企业的利用和改造工作"。② 于是，从1954年起扩大了个别企业的公私合营，并逐步向全行业公私合营扩展。显然，同农业合作化的基本思路一样，对资本主义工商业的社会主义改造，既出于改造私有制，消灭剥削阶级的需要，又首先是为了进一步解决工业化资金需求与落后的私营企业生产之间的矛盾；这些从个别企业到全行业的公私合营形式，既是私有制改造的手段，又是企业改组发展生产的重要形式。一是国营企业注入了优质的资产，并投资帮助其改建、扩建和新建；二是各个行业以大带小，以先进带落后，进行"裁、并、改、合"，改善企业的规模结构和技术构成及改进企业管理。这些变化还有利于发挥工人群众和资本家两方面的积极性，从而有利于提高劳动生产率，有利于节约原材料和降低生产成本，有利于增加生产，有利于增加积累和扩大再生产。公私合营企业工人平均劳动生产率，1952年比1950年增长118%，1955年比1950年增长214%，比一般私营企业高出一倍。（见表2—1）当时这些企业利润实行"四马分肥"，大部分以国家所得税和企业公积金的形式转化为工业化的资金积累。

---

① 李维汉：《关于〈资本主义工业的公私关系问题〉给中央并主席的报告》(1953.5.27)，《建国以来重要文献选编》第4册，中央文献出版社1993年版，第218页。

② 薄一波：《若干重大决策与事件的回顾》上卷，中共中央党校出版社1991年版，第415页。

表 2—1　1950—1955 年公私合营工业和私营工业平均每一工人劳动生产率比较

	1950	1951	1952	1953	1954	1955
公私合营工业平均每一工人劳动生产率（元）	4267	6553	9297	10880	13401	13358
指数（%）	100	154	218	255	315	314
私营工业平均每一工人劳动生产率（元）	4357	5928	6801	7848	7222	6879
指数（%）	100	136	156	180	166	158

资料来源：国家统计局编：《我国的国民经济建设和人民生活（国民经济统计报告资料选编）》，中国统计出版社 1958 年版，第 84 页。

由此可见，国民经济恢复后优先发展重工业发展战略的确立与实施可能不是改造私有制经济的唯一原因，但中国共产党确实是从更宏观的中国工业化建设的全局，从社会经济制度变革必须与以重工业为中心环节的工业化相适应的角度来思考问题的。改造私有制既有建立社会主义公有制的需要，又首先是优先发展重工业的工业化资本原始积累的当然要求和必然结果。由此产生的一系列从低级到高级的社会主义改造形式，也是中国共产党根据中国当时生产力和工业化发展的要求，在每一阶段上创造出与之相适应和便于继续前进的生产组织形式，有利于保持社会生产力的持续发展，市场的繁荣稳定，满足工业化资金积累和人民生活各方面的需要，从而在实际上开创了一条既不同于西方资本主义国家，也有别于苏联社会主义国家工业化的资本原始积累道路，即国家工业化和经济制度同时并举，边发展、边改造和积累、通过改造和发展进行再积累的新路子。

（三）实行高度集中的计划经济体制，保证资源对重工业的优先配置

工业化建设与经济制度变革并举，还体现在适应优先发展重工业的体制变革上。一般说，经济发展战略对经济体制的选择具有内在的规定性，以重工业为中心的工业化战略一经确立，它便逻辑地要求经济运

行、调控机制上的高度计划化。特别是对当时处于资源相对匮乏和对外半封闭状态下的中国来说,更需要建立起突出国家计划作用的体制模式,为重工业优先发展战略的实施提供体制保障。

这是因为,这种高度集中的计划经济体制有一个很大的优点,就是能够充分利用国家所具有的强大动员和整合能力,将极为有限的经济社会资源集中起来,用于国民经济发展中的重点项目、薄弱环节和经济落后地区,从而比较迅速地形成新的生产力,有利于克服国民经济各个部门之间和各个地区之间的发展不平衡状态。这一点,正好适应了实现"一五"计划以重工业为中心的工业化发展战略的需要。以156项为中心的、由限额以上的694项为重点的工业基本建设项目,都是关系国民经济命脉的项目。这些项目不仅是为了满足全国的需要,而且技术复杂,投资量巨大。这就势必需要一个高度集中的体制,集中全国有限的经济社会资源,配置到国家最需要的部门和地区。如《中共中央关于编制1953年计划及五年建设计划纲要的指示》中所指出:"这一建设规模之大,投资之巨,在中国历史上都是空前的。为了加速国家建设,除应动员全国力量,集中全国人力和物力以赴外,必须加强国家建设的计划工作,使大规模建设能在正确的计划指导下进行",以集中力量而不是分散力量去进行基本建设,以有限的资金和建设力量(特别是地质勘察、设计和施工的力量),首先保证重工业和国防工业的基本建设,特别是确保那些对国家起决定作用的、能迅速增强国家工业基础与国防力量的主要工程的完成。①

从世界范围来看,当时中国要进行大规模的工业化建设,可供借鉴的体制模式有两种:一是市场经济模式,二是计划经济模式。那时,西方国家自由放任的市场经济模式,已在1873—1895年资本主义经济的大萧条和1929年资本主义经济大危机中,充分暴露了缺乏国家宏观调控带来社会失控的严重缺陷。而苏联通过高度集中的计划经济体制,依靠

---

① 《中共中央关于编制1953年计划及五年建设计划纲要的指示》(1953.12.22),《建国以来重要文献选编》第3册,中央文献出版社1992年版,第448、449页。

国家政权的权威，用计划经济这种新的资本积累和资源调配方式，优先发展重工业和军事工业，开创了迥异于早期工业化国家的创新模式而举世瞩目。这种模式不仅迅速增强了国家经济实力和国防实力，奠定了反法西斯胜利的物质基础，而且工业发展取得了震惊世界的高速增长。即使是按西方的估计，苏联在1928—1940年的工业生产年均增长率达9%，远远超过美国实现工业化时的5.5%（1869—1899）、德国的4.4%（1870—1973）、日本的6.9%（1905/1909—1930/1934），开创了高速经济增长记录。① 英国学者汤姆·肯普对苏联模式的特征及作用作过如下评价："就其规模、速度、史无前例的特性以及所牵涉的高昂的人的代价来说，苏联的工业化作为开创历史的新纪元将流芳史册。这是在中央集权国家指导下，按照预定的计划所进行的工业化的第一个实例。由于其成果是使一个相当落后的农业国转变为一个工业强国，苏联的工业化就成为一个模式了。"②

正由于苏联计划模式显示出活力与生机，与自由放任的市场经济模式的缺陷形成鲜明的对照，二战后无论是发达国家还是发展中国家，在发展中都格外重视国家对经济生活干预的作用。计划经济对新中国政府产生了很大的诱惑力，中国当时在社会主义建设无经验可循的条件下，选择这一工业管理体制就是很自然的了。毛泽东后来说：在国民经济恢复后，"由于我们没有管理全国经济的经验，所以第一个五年计划的建设，不能不基本上照抄苏联的办法"③。

当然，中国借鉴苏联体制模式，根本性的原因还是出于满足自身所选择的经济发展战略需要。从1953年国家开始实施以重工业为中心的工业化战略，就逐步缩小市场经济的作用范围，对重点建设项目实行集中统一管理，包括实行划分收支、分组管理、侧重集中的财政体制，在

---

① 参见罗荣渠：《论现代化的世界进程》，载《中国社会科学》，1990年第5期。

② ［英］汤姆·肯普：《现代工业化模式——苏日及发展中国家》（中译本），中国展望出版社1985年版，第57页。

③ 毛泽东：《读苏联〈政治经济学教科书〉的谈话》（1959.12—1960.2），《毛泽东文集》第8卷，人民出版社1999年版，第117页。

全国范围内实行计划分配物资的制度,以中央各部门为主进行管理基本建设项目,用行政手段通过指令强制配置全国的人力、物力和财力,以利于重点建设项目的实现。同时,农产品统购统销制度的建立,配合了以发展重工业为中心的工业化战略的实施,并由此推动了中国整个国民经济快速走向苏联式的计划经济道路,国家日益成为经济资源的全能配置者,国家计划在资源配置中起着基础性的作用,市场机制发挥作用的空间和范围逐渐式微直至被逐步取消。如中央各部门直接管理的工业企业,从1953年的2800多个增加到1957年的9300多个,户数约占中央和地方管理工业企业总户数的16%,产值占49%。国家计委统一管理和直接下达计划指标的产品,从1953年的115种增加到1956年的380多种,其产值占工业总产值的60%左右。对农产品采购,计划部分一般也占采购总额的70%左右。① 在物资分配供应方面,"一五"前期有中央管理和市场供应两个渠道,相应地也有国家调拨和市场两种价格。1956年以后,在物资管理上绝大部分采用调拨的办法,通过商品流通的部分已微乎其微。1953年计划分配的物资是227种,1957年已增长到532种,非计划分配的重要物资,品种、数量都大为减少。通过商业部门向非申请单位供应的钢材供应总量的比重,1953年为35.9%,1956年下降到8.2%。②

历史经验已经证明,这种制度安排,总体上适应了"一五"计划时期重工业优先发展战略的要求,保证了国家能够集中有限的资源配置到重点建设项目和各项任务的实现。对这种计划经济体制的积极作用,一些外国学者也给予肯定,如20世纪60年代初期,南斯拉夫经济学家威·泽科维奇指出:"唯有这样才能为社会主义的经济建设创造必要的物质基础,唯有这样才能动员现有的一切资金并有计划地使用它们。通过这种管理国家经济的方式,确保了社会主义扩大再生产的进行,从而为消除技术和经济的落后打下了基础,并为全国经济过渡到新的社会主义

---

① 柳随年、吴敢群主编:《中国社会主义经济简史(1949—1983)》,黑龙江人民出版社1985年版,第164页。

② 汪海波:《新中国工业经济史(1949.10—1957)》,经济管理出版社1994年版,第407页。

的管理形式创造了条件。"①

由上可知,工业化建设和经济制度变革同时并举,既反映了经济落后的中国进行社会主义革命的特殊性,也体现了从新民主主义工业化模式向社会主义工业化模式转轨的鲜明特点。马克思、恩格斯设想的社会主义革命,首先是在已经完成工业化的较发达资本主义国家发生的,社会主义革命胜利后面临的主要任务是"利用自己的政治统治,一步一步地夺取资产阶级的全部资本,把一切生产工具集中在国家即组织成统治阶级的无产阶级手里,并且尽可能快地增加生产力的总量"②,一般说不存在"并举"的问题。20世纪初俄国工业产值占工农业总产值的42%,十月革命后列宁很强调发展大机器工业对实现工业化的重要意义。但苏联社会主义工业化是在完成对资本家资产剥夺之后,于1926年实施"一五"计划才开始的,不存在同时处理资本主义所有制问题,而是如何处理同农民个体所有制的关系问题。而实行工业化后,一段时间里农业合作化没有跟上(先机械化后集体化),1928年暴露出粮食收购危机,1929年才全盘集体化,把工业化和农村经济制度变革结合起来。斯大林总结这方面的教训说,苏维埃社会主义建设事业,不能长时期内建立在不同基础上,即最巨大的社会主义工业和最分散落后的小农经济上,不然的话,"这样下去,总有一天会使整个国民经济全部崩溃"③。在经济文化落后的中国则不同,工人阶级取得政权并恢复国民经济之后,面临着实现国家社会主义工业化和社会经济制度变革的双重任务,毛泽东等中国共产党人把实现国家工业化与解决所有制和经济体制问题紧密联系在一起,同时并举,相互促进,不仅创造了具有中国特点的社会改造模式,而且在仿效苏联工业化道路模式的同时,又有自己的特色。这一双重模式虽然都存在着"主体"与"两翼"脱节(主要是

---

① 转引自胡代光等:《现代外国经济思潮评论讲座》,军事译文出版社1985年版,第347页。
② 马克思、恩格斯:《共产党宣言》(1847.12—1848.1),《马克思恩格斯选集》第1卷,人民出版社1995年版,第293页。
③ 斯大林:《论苏联土地政策的几个问题》(1929.12.27),《斯大林选集》下卷,人民出版社1979年版,第213页。

"一五"后期)、所有制形式过分单一、忽视市场机制等问题(这些缺陷下面还将论述),但否认其独创意义及价值却是不符合历史实际的。

2.4 平衡沿海与内地的工业布局

工业布局是国家工业化建设的一个关键性问题。正如陈云指出:工业布局合理了,就可以更加充分地利用我国国土广大、资源丰富、气候良好、人口众多等有利条件,使工业能够更多、更好、更快、更省地发展,就可以使全国的工业体系能够很快地建立起来;并且逐步地改变我国工业生产力不平衡的状态,促进全国各地区经济的普遍发展,促进工业和农业、城市和乡村更好的结合。因此,"在全国范围内有计划地合理地布置工业生产力,是基本建设中具有长远性质和全国性质的问题,是一个带有战略意义的问题"。①

平衡布局生产力,是马克思主义经典著作家所设想的未来社会主义社会资源配置的主要模式,并且认为各区域有计划地发展是实现生产力平衡布局的主要手段。地区经济的不平衡发展是资本主义经济不平衡发展规律的空间形式,而社会主义应当和可能由国家有计划地均衡配置生产力,逐步消灭地区差异。恩格斯在《反杜林论》中论述"大工业在全国的尽可能平衡的分布"这个原则的同时,明确指出:"只有按照一个统一的大的计划协调地配置自己的生产力的社会,才能使工业在全国分布最适合于它自身的发展和其他生产要素的保持或发展"。② 斯大林在推动苏联工业化进程中,根据马克思主义经典著作家关于社会主义生产力平衡布局理论,尽可能合理地利用全国的自然资源、人力资源和经济资源,在比较短的时期内改变了原有不合理的生产力布局,促进了工业化的迅速发展。

旧中国遗留下来的工业生产力极度薄弱和不合理布局是近代中国国

---

① 陈云:《当前基本建设工作中的几个重大问题》(1959.3.1),载《红旗》,1959年第5期。

② 恩格斯:《反杜林论》(1876.9—1878.6),《马克思恩格斯选集》第3卷,人民出版社1995年版,第646页。

情的基本特征之一,集中表现为沿海工业和内地工业发展的极端不平衡。1949年现代工业在国民经济中仅占10%左右,而这些现代工业70%以上又集中在面积不到全国12%的东部沿海地带,广大内陆地带特别是边疆少数民族地区,除了四川、湖北、山西等省有些工业外,大部分几乎是工业的空白区,形成了中国城乡之间、地区之间经济畸形发展的格局。

这种半殖民地化工业分布的状况,对国家工业化起步造成了巨大的障碍。中华人民共和国成立后,随着国民经济恢复和建设的展开,中国共产党即开始着手逐步改变历史上形成的畸形工业布局的状况。1950年8月下旬,中财委召开计划会议,讨论编制1951年计划和三年奋斗目标。会议着重研究了全国经济形势,采取了两方面恢复和调整国民经济的重大措施:一是确定在二三年内不可能立即进行大规模的经济建设,主要任务是要搞好经济的调整与恢复,为将来大规模的经济建设做好准备。二是要求逐步"改变工业生产过分集中于沿海地区的不合理现象"①,决定在恢复老工业基地基础上,逐步有重点地加强内地工业尤其是国防工业建设。之后,中共中央在编制第一个五年计划时,进一步明确地提出在全国各地区适当地分布工业的生产力,以"逐步地改变旧中国遗留下来的这种不合理的状态"②。

"一五"计划把平衡沿海与内地工业布局确立为实施优先发展重工业战略的重要指导方针。李富春在《关于发展国民经济的第一个五年计划的报告》中指出:我国工业原来畸形地偏集于一方和沿海的状态,在经济上和国防上都是不合理的。我们的工业基本建设的地区分布,必须从国家的长远利益出发,"在全国各地区适当地分布工业的生产力,使工业接近原料、燃料的产区和消费地区,并使工业的分布适合于巩固国防的条件,逐步地提高落后地区的经济水平,这是有计划地发展我国国民经济中的重要任务之一"③。1956年9月,周恩来在中共八大上进一

---

① 中央财经领导小组办公室编:《中国经济发展五十年大事记(1949.10—1999.10)》,人民出版社、中共中央党校出版社1999年版,第20页。

② 李富春:《关于发展国民经济的第一个五年计划的报告》(1955.7.5),《建国以来重要文献选编》第6册,中央文献出版社1993年版,第311页。

③ 同上。

步指出：为了使我国的生产力合理地分布，促进全国各个地区经济的共同发展，同时考虑我国内地资源比较丰富和国防的需要，必须加强内地的工业建设。这是"我们必须坚持的不可动摇的方针"①。显然，平衡工业布局既是当时中共中央对社会主义生产力布局理论和苏联经验的认识，也反映了新中国以重工业为中心的大规模工业建设展开之后的客观要求。

（一）虽然经过三年国民经济的恢复，但旧中国沿海和内地生产力畸形布局状况并没有根本改观。1952年，在全国343亿元的工业总产值中，国土面积为12%的沿海所占比重仍然高达69.4%，而国土面积达80%的内地却仅占30.6%；工业固定资产原值沿海所占比重72%，内地仅占28%；发电量沿海所占比重63.6%，内地仅占36.4%；钢产量沿海所占比重85.8%，内地仅占14.2%；棉纱沿海所占比重82%，内地仅占18%；机械工业产值沿海所占比重75.9%，内地仅占24.1%；轻工业产值沿海所占比重71.5%，内地仅占28.5%。② 这种状况，要求加快内地工业特别是重工业的发展，以适应"一五"计划建立中国比较完整和独立工业体系的需要。

（二）优先发展重工业的内向型发展战略的实施，对工业布局的平衡化和国防建设也有一种内在的要求。"一五"计划的首要任务，是集中主要力量保证苏联帮助设计的重点工程及其直接配合的工程建设，在当时国力十分有限的情况下，如何安排好基本建设投资和项目的区域分配，集中力量建设若干个重工业发展基地，是关系新中国长远发展的重大问题。内陆地区相对于沿海地区而言，既是能源、原材料产地，又是沿海工业的重要消费区；既是少数民族主要聚居区，又是从传统的战争观点来看最为安全的地带。因此，在我国当时实际情况下，生产力布局尽可能接近原料、燃料地、消费区原则和改变经济落后地区面貌原则、

---

① 周恩来：《关于发展国民经济的第二个五年计划的建议的报告》(1956.9.16)，《建国以来重要文献选编》第9册，中央文献出版社1994年版，第190页。

② 国家统计局工业交通物资统计司：《中国工业经济统计资料1949—1984》，中国统计出版社1985年版，第137、138页。

国防安全、民族原则以及集中与分散原则等，实质上是一致的。从而内地得以成为这次国家工业化进程的主要载体。同时，"一五"时期实行高度集中的计划经济体制，政府替代市场直接进行资源配置，这种内在的要求反映到政府进行资源配置的规则和政策上，必然表现为与此相适应的工业布局的平衡战略。

对此，薄一波回忆说，新建工业在地区上所作的部署，是费了心思的。当时着重考虑了以下几个因素：（1）靠近资源。钢铁厂、有色金属冶炼厂、化工企业，主要摆在矿产资源丰富或能源供应充足的地区；机械加工企业，要摆在原材料生产基地的附近。如，在建设鞍山钢铁公司的同时，把一大批机械加工企业摆在了东北地区。长春汽车城、沈阳飞机城、富拉尔基重型机械加工基地就是按上述要求建起来的；（2）有利于经济落后地区改变面貌。在落后地区摆点儿大项目，可以带动那里的工业、交通运输、商业、服务业和城市建设的发展，也便于城镇人口就业；（3）军事上的需要。开始编制计划时，朝鲜战争还没有结束，蒋介石集团还在妄图反攻大陆，这就迫使我们不得不把新建的工业企业布置在后方地区。特别是国防工业企业，除有些造船厂必须摆在海边外，其他都没有摆在敌人飞机可以轰炸到的沿海地区。①

按照平衡工业布局方针，"一五"计划对沿海搞新的基本建设控制较严格，要求新建项目主要放在内地。五年基本建设计划规定，要在第一个五年计划期间基本上完成以鞍山钢铁联合企业为中心的东北工业基地的建设；积极地进行华北、西北、华中等地新的工业地区的建设，以便第二个五年计划期间在这些地区分别组成以包头钢铁联合企业和武汉钢铁联合企业为中心的两个新的工业基地；同时在西南开始部分工业建设，并积极地准备新工业基地建设的各种条件。根据内地的需要，逐步地把沿海城市的某些可能迁移的工业企业向内地迁移；部分地改变轻工业过去集中在沿海的现象，而移向接近主要原料产区和广大消费地区的内地。重点建设兰新、宝成等西南、西北铁路干线，使西部地区与全国

---

① 薄一波：《若干重大决策与事件的回顾》上卷，中共中央党校出版社1991年版，第298页。

各地区、原有工业基地和新工业基地连接起来，以适合工业建设和整个国民经济发展的需要。

从重点项目投资布局看，投资额在1000万元以上的694个重点项目中，有472个分布在内地，占总数的68%；222个分布在沿海地区，占32%。尤其是其中苏联援建实际开工的150个大型项目，主要配置在东北地区和内陆地区，沿海32项，只占全部项目的1/5。

以投资额来计算，苏联援建的150个项目共耗资196.1亿元，其中东北投资87亿元，占投资总额的44.3%，其余绝大多数资金都投到了中西部地区，即中部地区64.6亿元，占32.9%；西部地区39.2亿元，占20%。①

如果按照当时六大区计，150项重点工程安排在东北地区最多，有56项，占全部项目的37.3%；西北和西南地区共有44项，占全部项目的29.3%。而当时一项都没有的省（区）市有上海、江苏、浙江、福建、山东、天津、广东、广西、贵州、青海、宁夏、西藏共12个，其中除交通等条件太差的边远地区外，条件较好的沿海11个省（区）市中，有8个一项也没有。

从全国基本建设投资总额的分配比重的变化看，1952年，内地的投资占全国投资总额仅为39.3%，沿海地区则占43.4%（两项相加不等于100，是扣除了全国统一购置的机车车辆、船舶、飞机的费用）。到1957年，内地的投资比重上升到49.7%，而沿海地区则下降到41.6%。②

这表明，"一五"计划工业平衡发展的方针，工业投资与布局明显向内地倾斜，以适应优先发展重工业战略的需要，并促成全国生产力布局的相对平衡和经济建设的全面高涨。但这种倾斜还是比较适度的。五年中，全国基建投资计580多亿元，其中沿海占36.9%，内地占

---

① 董志凯：《关于"156"项的确立》，载《中国经济史研究》，1999年第4期第103—106页。

② 薄一波：《若干重大决策与事件的回顾》上卷，中共中央党校出版社1991年版，第299页。

46.8%，(不分地区的占16.3%)，内地所占比重仅比沿海大9.9个百分点。如按三大地带分，沿海所占的比重仍然最大，分别比中、西部大8.1和18.9个百分点。按省分，当时基建投资占全国3%以上的11个省市区中，分布在沿海的有京、辽、冀3个；中部有晋、吉、黑、豫、鄂5个；西部有川、陕、甘3个。① 这样投资地区分配的格局，既有重点倾斜，也照顾到地区之间的总体协调。薄一波也认为，"这样布局是符合我国当时条件的"②。因而实践结果，基本上达到了预期目标，取得了速度、效益、地区差距缩小三者的较好统一。"一五"期间，沿海地区工业产值增长了1.19倍，内地工业总产值增长了1.51倍。③ 它对新中国在内部经济困难重重、西方国家军事经济严密封锁的情况下，尽快形成独立自主的工业体系，促进社会主义工业化的大规模推进和经济建设的全面展开，起到了重要的作用。

2.5 以重工业为中心的工业化道路模式的两重性

1953年中国开始大规模的社会主义工业化建设，在工业化道路选择上的重大转轨，从整体和根本上说，是以苏联模式为样板的。对此，国内外学者基本持一致的看法。如美国学者莫里斯·迈斯纳认为："至少在整个1955年，第一个五年计划的实质是加强迅速实现城市工业化的进程以建立社会主义的经济基础。而这个工业化进程的最重要特征，是全盘采用斯大林主义的方法、措施和理论设想。"④ 悉尼大学学者弗雷德里克·C.泰维斯也认为："在1949—1957年期间，中共领导集团普遍赞

---

① 刘再兴：《中国区域经济：数量分析与对比研究》，中国物价出版社1993年版，第2页。

② 薄一波：《若干重大决策与事件的回顾》上卷，中共中央党校出版社1991年版，第476页。

③ 汪海波：《中华人民共和国工业经济史》，山西经济出版社1998版，第223、224页。

④ [美]莫里斯·迈斯纳：《毛泽东的中国及后毛泽东的中国》(中译本)上册，四川人民出版社1989年版，第157页。

成接受苏联社会主义模式",由于一致同意走苏联道路,所以"中国的政策争论通常是非本质的,只有细微的差别和程度的不同"。① 这里虽然没有把中国国民经济恢复时期加以区别,但不可否认,这些评述大体上反映了当时的客观事实。

对此,中国共产党自己也有清楚的认识。如前已述,在"一五"时期毛泽东等中共中央领导人和中央文件就反复强调工业化建设没有经验,要以苏联为榜样,走苏联工业化道路。"一五"计划明确指出:编制第一个五年计划,是"根据我国的具体情况并参照苏联和各人民民主国家的经验"的。② 后来毛泽东在总结建国初期的工作经验时,又多次指出:那时由于缺乏经验,"在经济建设方面,我们只得照抄苏联,特别是在重工业方面,几乎一切都抄苏联,自己的创造性很少。这在当时是完全必要的,同时又是一个缺点,缺乏创造性,缺乏独立自主的能力。"③ 这里毛泽东的论述,有两点值得注意,一是照抄苏联,主要体现在优先发展重工业的工业化道路方面,"这在当时是完全必要的",就是说,不仅有其历史必然性,而且有其正确性。二是"自己的创造性很少",表明当时总体上照抄苏联工业化道路模式,但毕竟有自己的一些创新,开始形成了某些中国特色。

(一)以重工业为中心的工业化战略的选择,除了前面所分析的有其特定的国内外宏观背景和有自己的某些特色,还有以下依据新中国成立初期的实际进行的某些思考和创新

由于苏联首创优先发展重工业,走出了一条与资本主义优先发展轻工业不同的工业化道路,战后各社会主义国家纷纷仿效,因之在相当长的一段时间里,流行着斯大林曾经提出的观点,认为优先发展轻工业是

---

① [美]费正清、罗德里克·麦克法夸尔主编:《剑桥中华人民共和国史(1949—1965)》(中译本),上海人民出版社1990年版,第67页。
② 《中华人民共和国发展国民经济的第一个五年计划(1953—1957)》,《建国以来重要文献选编》第6册,中央文献出版社1993年版,第408页。
③ 毛泽东:《在扩大的中央工作会议上的讲话》(1962.1.30),《毛泽东文集》第8卷,人民出版社1999年版,第305页。

资本主义工业化的道路，优先发展重工业是社会主义工业化的道路。对这种将工业化道路与社会制度简单等同起来的看法，改革开放之后，不少学者提出了疑义，认为资本主义工业化从轻工业开始与其社会制度无关，是由当时的生产、技术条件造成的。不应以优先发展重工业或优先发展轻工业来划分是社会主义道路还是资本主义道路的标志。① 也有学者对优先发展重工业战略提出了完全否定的看法，认为这一经济战略作为迅速实现国家工业化的基本途径，在逻辑上便导致高度集中的资源计划配置与当时中国资本稀缺的资源禀赋状况形成矛盾，造成了产业结构扭曲和劳动激励不足，表现出抑制经济发展和阻碍人民生活水平改善的效果。不仅改革开放前的中国经济发展绩效确凿地证实了重工业优先发展战略不能成功实现经济发展的赶超目标，从其他实行类似发展战略的国家的经验，也得出了同样的结论。② 或认为社会主义工业化的道路应该优先发展轻工业，既可以直接满足人民生活的需要，又可以为重工业建设积累大量资金，从而有利于国民经济的技术改造和中国工业化的发展。③

显然，世界工业化的进程表明，工业化道路与社会制度并无必然的联系，然而对"一五"时期中国选择以重工业为中心的工业化道路，简单肯定或否定都是不符合历史实际的。其实，当年中国共产党酝酿制定重工业优先发展的战略时，党内外有些人就提出异议，认为优先发展重工业，会制约轻工业等部门的发展，从而影响到人民生活水平的提高。他们主张"施仁政"，多发展一些轻工业，多改善一些人民生活。有的甚至提出，工商业者可专搞轻工业，国家专搞重工业，这样分工合作，于国于民两利。针对这种主张，毛泽东称之为"小仁政"，把发展重工业称为"大仁政"。认为前一种小仁政，是为人民的当前利益，后一种

---

① 参见杨坚白、李学曾：《论我国农轻重关系的历史经验》，载《中国社会科学》，1980年第3期。

② 参见林毅夫：《中国的奇迹——发展战略与经济改革》，三联书店、上海人民出版社1994年版，第3、4页。

③ 参见冯宝兴等：《在一定时期内优先发展轻工业的客观必然性》，载《经济研究》，1980年第1期。

是大仁政,是为人民的长远利益。"两者必须兼顾,不兼顾是错误的。那末重点放在什么地方呢?重点应放在大仁政上。现在,我们施仁政的重点应当是放在建设重工业上。"①这里,毛泽东对"小仁政"的批评尽管有片面之处,但中共中央当时选择以重工业为中心的工业化战略,确实不仅着重追求国家的根本利益,而且将之看做是从根本上提高人民生活水平的长远之策,已涉及了探索社会主义工业化道路"以民为本"的根本目标价值。

从当时中国的工业结构看,这一战略也是必要的,并不是对苏联片面优先发展工业化战略的盲目照搬。如有些学者认为,旧中国遗留下来的现代工业在产业结构上呈现出两个突出特点,一是缺乏独立性、完整性;二是重工业与轻工业相比,过于薄弱,成为工业发展的瓶颈。"一五"计划时期,尽管轻工业的利润高,投资回收快,但是它的发展却受到原料和能源不足的制约,如果把公私企业和手工业加在一起,其生产能力是过剩的,它的发展必须依赖于农业和重工业的进一步发展。因此,"一五"计划的投资结构就当时来说,是完全正确的,它不同于后来的过度僵化地优先发展重工业。②薄一波也指出,设想多发展轻工业,按一般常识讲,一定是投资省、见效快,又能改善人民的物质生活条件,为国家多积累建设资金。但当时中国工业基础,特别是重工业基础极其薄弱,没有机器制造,发展轻工业的装备从哪里来?没有钢铁等基础工业,机械制造的原材料从哪里来?没有能源和交通运输,整个经济又怎么运转?仰赖进口么?办不到。一是我们没有钱。二是西方资本主义国家对我们实行禁运和封锁。全靠苏联等社会主义国家支援也不现实。这些因素是客观的现实,不是我们的主观意志可以改变的。由此,我们的"一五"计划不能不采取优先发展重工业的指导方针。③

---

① 毛泽东:《抗美援朝的伟大胜利和今后的任务》(1953.9.12),《毛泽东选集》第5卷,人民出版社1977年版,第105页。
② 刘国光主编:《中国十个五年计划研究报告》,人民出版社2006年版,第63页。
③ 薄一波:《若干重大决策与事件的回顾》上卷,中共中央党校出版社1991年版,第290、291页。

正基于这些思考，如前面所论述的，"一五"时期在重点安排重工业项目的同时，适当地注意到轻工业和农业的发展。

（二）在工业化的制度安排方面，除了实行工业化与制度变革并举之外，由于采取逐步社会主义改造的政策，一定程度上利用了多种经济成分和市场调节，与苏联实行单一公有化和指令性计划即直接计划有所区别

"一五"时期工业化建设与制度变革有机地结合在一起，以重工业发展为中心的工业化战略为逻辑起点，促成中国共产党人选择了使主要生产资料公有化和突出国家计划作用的苏联模式。国民经济恢复时期结束时，社会主义经济成分的比重大大增长了，但各种私有制经济还占大部分。1952年，公私合营工业、私人资本主义工业和个体工业产值占工业总产值的55.2%，直到1955年还占到41%。[①] 按照过渡时期总路线的设想，实行社会主义改造的目标是建立单一的社会主义公有制，即"使社会主义公有制成为我国唯一的经济基础"。但这一目标，是准备在三个五年计划时间里，与初步建立社会主义工业化基础同步实现的。因此，不同于苏联直接实行单一公有制，中国是在工业化进程中逐步实行经济制度变革，在不同程度上利用了各种经济成分的积极作用。当然，"一五"后期过早地急于消灭了非公有制经济成分，限制了这种积极作用的发挥。

重工业资本密集、技术密集的经济特征与中国传统经济资本稀缺、技术稀缺状况之间的矛盾，决定了中国不可能像西方国家那样主要依靠市场机制配置资源来推动工业化。它必须借助政府的行政强制力量，以保证稀缺资源和积累资金用于国家重点建设领域，由此逐步形成了高度集中的计划经济体制。但考虑到经济结构中还有多种经济成分并存，中国在"一五"前期实行计划经济制度，与苏联实行的单一指令性计划即直接计划也有一定的区别，实际上采取直接计划与间接计划和市场调节

[①] 《中国统计年鉴（1984）》，中国统计出版社1984年版，第194页。

相结合的办法，对不同所有制和不同的产业实行不同的计划。

对国营企业，包括由国家安排产品的一部分公私合营企业，实行直接计划，由国家向这些企业下达指令性生产指标。对多数公私合营企业和私营工商业以及一部分手工业实行间接计划，主要由国家采用各种经济政策、经济合同和经济措施，把它们的经济活动间接地引导到国家的计划轨道上来。至于对各类花色品种繁多的小商品生产和家庭副业生产，一般不列入国家计划，国家通过控制原材料销售等，由市场进行调节。对此，长期协助毛泽东、周恩来主持经济工作的陈云早在开始酝酿制订"一五"计划的过程中就指出："苏联专家搞的表太复杂，不能完全照办，必须和我们的现状结合起来。中国是农业国，不可能把每家有几个鸡、几头猪都统计起来。"① 在农业方面，国家主要通过采用价格政策、农贷政策、预购合同、税收政策等方式进行调节，引导农民按照国家计划的要求安排生产。在"一五"前期，工农业生产中间接计划和市场调节部分仍占很大的比重，如工业生产中上海市1955年实行间接计划的产值占全市工业总产值的70%左右。

对于这种计划管理制度不同于苏联的特点，毛泽东针对农业生产问题时分析说："目前我国的农业，基本上还是使用旧式工具的分散的小农经济，这和苏联使用机器的集体化的农业，大不相同。因此，我国在目前过渡时期，在农业方面，除国营农场外，还不可能施行统一的有计划的生产，不能对农民施以过多的干涉，还只能用价格政策以及必要和可行的经济工作和政治工作去指导农业生产，并使之和工业相协调而纳入国家经济计划之中。超过这种限度的所谓农业'计划'、所谓农村中的'任务'是必然行不通的。"②

---

① 陈云：《一九五一年财经工作要点》（1951.4.4），《陈云文选》第2卷，人民出版社1995年版，第137页。

② 毛泽东：《解决区乡工作中的"五多"问题》（1953.3.19），《毛泽东文集》第6卷，人民出版社1999年版，第273页。

（三）区域工业化道路选择上，虽然基本上还是仿照苏联生产力平衡布局模式，但根据中国的实际情况，开始注意处理重点建设内地工业与利用沿海原有工业的关系

第一，比较注意合理利用东北、沿海等老工业基地以支持内地新工业基地的建设。

旧中国遗留的沿海工业虽然薄弱，但原有工业技术、经营管理经验、工业协作条件等有一定的基础，充分利用和合理发展沿海工业，对加快内地工业建设和全国工业发展有重要意义。"一五"计划指出："为着改变原来工业地区分布的不合理状态，必须建设新的工业基地，而首先利用、改建和扩建原有的工业基地，则是创造新工业基地的一种必要条件。"为此，必须"在建设中采取合理地利用原有的工业基地和积极地着手创设新的工业基地——这两个方面互相结合的步骤"，"合理地利用东北、上海和其他城市已有的工业基础，发挥它们的作用，以加速工业的建设"。①

为发挥老工业基地的作用，"一五"计划较合理地安排新建和改扩建的基本建设投资。五年中，新建项目投资为271.62亿元，改建、扩建项目投资为309.24亿元，前者占基本建设投资总额的46.2%，后者占52.6%。②尤其是东北地区原有重工业比较发达，作为"一五"时期改建、扩建的重点，集中了全国基本建设投资的1/4，在原有基础上进行以冶金、煤炭、电力、机械制造工业为中心的大规模扩建和新建。五年内，东北地区建成了160个限额以上的工业企业；鞍山钢铁公司有几十项重点工程投入了生产，其中包括无缝、大型、薄板等5座轧钢厂，6座自动化高炉、10座炼焦炉、3座炼钢炉、6座轧钢厂、7座选矿厂和

---

① 《中华人民共和国发展国民经济的第一个五年计划（1953—1957）》，《建国以来重要文献选编》第6册，中央文献出版社1993年版，第408、423、424页。

② 曹尔阶等：《新中国投资史纲》，中国财政经济出版社1992年版，第114页。

烧结厂,2座炼钢厂,9座新式焦炉和2个耐火车间①,较快地形成了支撑全国经济建设的重要生产资料供应基地。

第二,在把基本建设放在首要地位的同时,注意发挥现有企业的生产潜力。

1952年12月,《中共中央关于编制1953年计划及五年建设计划纲要的指示》指出:在编制五年计划中应突出重点,把有限的资金用于增强国家工业基础和国防基础工程的建设上,同时"合理地利用现有工业基础和现有设备,充分发挥现有企业的潜在力量,就成为制订生产计划时最为重要的问题"②。1954年9月,周恩来在一届全国人大一次会议上所作的《政府工作报告》也强调:"我国原有工业的基础虽然薄弱,却是目前我国工业产品、工业利润和工业人才的主要来源,忽视这个基础是完全错误的。我们必须充分利用原有的工业基地和工业企业,发挥它们的潜在力量,增加生产品的产量和品种,使它们在国家建设中发挥重大的作用,为国家建设积累资金、培养人才和工业设备,并且供应人民的需要。"③"一五"计划更明确规定,由于在第一个五年计划期间,重工业和轻工业生产任务的完成,主要地还是依靠原有的企业。因此,"在建设新工业的同时,必须充分地和合理地利用原有的工业企业,发挥它们的潜在的生产力量"。④

"一五"期间尽管固定资产投资的绝大部分资金投入基本建设中,但也为现有企业安排了为数不少的更新改造资金,而且这部分资金是逐年大幅度增长的。这期间的更新改造和其他措施投资由1953年1.15亿

---

① 王崇伦:《鞍钢每项成就都是中苏友谊的结晶》,载《人民日报》,1957年10月23日第3版。

② 《中共中央关于编制1953年计划及五年建设计划纲要的指示》(1952.12.22),《建国以来重要文献选编》第3册,中央文献出版社1992年版,第450页。

③ 周恩来:《把我国建设成为强大的社会主义的现代化的工业国家》(1954.9.23),《周恩来选集》下卷,人民出版社1984年版,第135页。

④ 《中华人民共和国发展国民经济的第一个五年计划(1953—1957)》,《建国以来重要文献选编》第6册,中央文献出版社1993年版,第411页。

元增加到 1957 年的 7.91 亿元，占固定资产投资的比重由 1.3% 提高到 5.2%。① 对实现"一五"期间工业的发展来说，这是一条很重要的措施。按照"一五"时期原定的计划，全国 1957 年比 1952 年增加的工业产值中，由原有企业所生产的约占 70% 左右，由于新建和重大改建的企业大都尚未投产，其所生产的仅约占 30% 左右。② 据统计，当时国内供应的设备、材料和绝大部分轻工业品都是东北和沿海原有企业生产的。鞍钢 1955 年生产的钢材就供应了全国 2000 多个生产、建设单位的需要。其试制成功的 370 多种新产品，有力地加快了包钢、武钢、"一汽"、"洛施"等重点工程建设的进度。沿海省市还向内地输送了大量技术员和技术工人。

所以，虽然当时中共中央在指导思想上认为，工业的平衡布局是社会主义生产力布局区别于资本主义生产力布局的根本标志，使得工业平衡布局实践中出现了某些为平衡而平衡的倾向。这集中表现在"一五"期间实际工作中，"重视了内地建设事业的发展，而对近海地区建设事业的发展注意不够"。③ 但总体而言，正如 1956 年毛泽东所说："在这两者的关系问题上，我们也没有犯大的错误"。④

实践证明，"一五"时期中国工业化道路的选择，尽管全面模仿了苏联传统社会主义工业化模式，但总体上适应了当时中国工业化发展的要求，在某些方面又有自己的创新和特色，从而成为这个时期推动工业化发展的重要因素。

第一，工业尤其是重工业得到了迅速的发展，初步改变了畸形的工

---

① 国家统计局：《中国统计年鉴（1984）》，中国统计出版社 1984 年版，第 301 页。

② 李富春：《发展经济必须处理好三大关系》（1956.6.18），《李富春选集》，中国计划出版社 1992 年版，第 167 页。

③ 周恩来：《关于发展国民经济的第二个五年计划的建议的报告》（1956.9.16），《建国以来重要文献选编》第 9 册，中央文献出版社 1994 年版，第 178 页。

④ 毛泽东：《论十大关系》（1956.4.25），《毛泽东文集》第 7 卷，人民出版社 1999 年版，第 26 页。

业结构。

5年中，工业发展的速度大大高于农业和整个国民经济的发展，重工业的速度高于轻工业，工业总产值占工农业总产值的比重从1952年的43.1%上升到1957年的56.7%，超过了50%，1957年重工业产值占工业产值的比重占到近1/2。[①] 主要工业品环比增长速度，就是与同期世界主要工业化国家相比，除1955年外也是较快的。（见表2—2）

表2—2 "一五"时期中国工业增长速度与主要国家比较

年均增长速度（%） 1953—1957年环比增长速度	中国 18.0	苏联 11.6	美国 3.6	英国 3.8	西德 10.1	法国 7.9	日本 15.0
1953年	130.2	111.9	108.1	105.7	108.7	101.0	122.5
1954年	116.3	113.2	93.3	106.0	112.0	110.0	108.0
1955年	105.6	112.4	112.9	105.1	115.1	109.1	108.1
1956年	128.2	110.6	103.1	100.5	107.7	110.8	123.3
1957年	111.4	110.0	100.0	101.8	105.8	109.0	116.1

资料来源：中国社会科学院经济研究所和中央档案馆：《中华人民共和国经济档案资料选编（1953—1957）》（工业卷），中国物价出版社1998年版，第1147页。

如中国在"一五"期间用5年时间使钢的产量增长400万吨，而美国用了15年，英国用了24年。同中国条件相当的印度，在1952—1957年间，钢的产量只增加14万吨，煤的产量增加731万吨，原油产量增加18万吨，而同期中国则分别增加400万吨、6500万吨和102万吨。[②] 由于发展速度快，中国一些重要工业产品产量在世界所占的比重和位次开始提高。1957年，中国原煤产量已占世界第5位，生铁产量占第8位，

[①] 《中国统计年鉴（1983）》，中国统计出版社1983年版，第20页。
[②] 本书编辑小组：《国外经济统计资料（1949—1976）》，中国财政经济出版社1979年版，第145、188、195页。

钢产量占第9位,发电量占第13位。①

随着工业尤其是重工业的快速发展,"一五"期间,一批为国家工业化所必需而过去又十分薄弱甚至是空白的基础工业开始建立起来,包括电力工业、煤炭工业、石油工业、钢铁工业、有色金属工业、基础化学工业、大型金属切削机床、发电设备、冶金设备、采矿设备和汽车、拖拉机、飞机的机器制造工业等。这些基础工业的建立,引起工业结构和国民经济结构的明显变化,改变了旧中国工业部门残缺不全的状况,奠定了新中国社会主义工业化的初步基础。

第二,相当数量的重点工业建设项目在内地的兴建,初步改变了旧中国极端不合理的工业布局。

"一五"时期重工业为中心的工业化建设,在空间上的表现就是致力于解决历史上遗留下来的地区工业发展极不平衡的问题。因此,优先发展重工业的工业化战略确立之后,国家经济建设的安排都围绕着这一战略进行。"一五"时期,国民经济总投资有53.5%投入内地,46.5%投入沿海地区。其中,东北地区建设的重点是以鞍钢为中心的辽南工业基地,内地建设的重点是以武钢、包钢为中心的华中和华北工业基地。围绕上述工业基地的建设,在内地逐步形成了若干以重工业为主的经济区,形成了以西安、兰州、成都为中心的一批新兴工业基地和新兴工业城市;在新疆克拉玛依和阿尔泰地区分别新建了石油和有色金属采选企业,位于内蒙古的包头钢铁基地在迅速兴建;在华中,以武钢为中心也建成了一系列的机器制造业及其他重工业部门;在华南和其他少数民族地区等,也开始了新工业企业的建设。与此同时,为创造西部工业发展的条件,国家投巨资修通了集宁到二连、宝鸡到成都等重要铁路干线和青藏与川藏等重要公路。

在新中国成立初期,把一大批比较现代化的工业企业建设在经济发展水平还很低的内陆地区,无疑对中国空间经济格局产生了重大的影响,全国工业布局有了明显的改善。内地新建项目的大幅度增加和投资

---

① 刘国平:《中国与世界经济发展的比较》,湖南人民出版社1991年版,第81页。

比重的迅速上升，使沿海与内地经济发展速度上的差距和工业总产值比重开始发生变化。在 1952 年到 1957 年间，沿海地区工业平均每年增长 17%，而内地工业为 20.2%。内地工业产值在工业总产值中的比重，由 1952 年的 29.2%，上升到 1957 年的 32.1%；而沿海地区则由 1952 年的 70.8%，下降到 1957 年的 67.9%①，内地落后面貌得到了极大的改变。"一五"计划明确指出："这种工业的地区分布是建立在发展重工业的基础上的，因此也就开始改变了过去工业分布的性质"。②

优先发展重工业的为中心内容的工业化道路对推动中国"一五"时期工业化发展的巨大作用，不少西方学者给予了肯定的评述。如美国学者罗兹曼认为，中国的第一个五年计划实现了许多经济发展目标，尤其重工业速度得到迅速发展。"在现代化的跑道上长期落伍于日俄两国之后，中国终于在 20 世纪 50 年代开始缩短它与这两个先进邻国的距离。"③ 美国学者迈斯纳认为："第一个五个计划为中国提供了重要和稳定的现代工业基础"，"不管用什么标准来判断，50 年代的工业化都是杰出的经济成就"。④ 英国记者费里克斯·格林认为，1949 年的中国，既使按照印度的标准，也是一个工业上极端落后的国家。然而，"中国工业发展的速度仍然是超出人们预料的，也是史无前例的"。⑤

另一方面，选择传统社会主义工业化道路模式，虽然开始形成了某些中国特色，但从整体和根本上说，是全面仿效苏联模式的。这种发展模式在加速中国工业化进程的同时，也孕育了社会主义工业化发展的内在矛盾，产生了许多弊端。

---

① 汪海波：《新中国工业经济史》，经济管理出版社 1986 年版，第 193 页。
② 《中华人民共和国发展国民经济的第一个五年计划（1953—1957）》，《建国以来重要文献选编》第 6 册，中央文献出版社 1993 年版，第 424 页。
③ [美] 吉尔伯特·罗兹曼主编：《中国的现代化》（中译本），江苏人民出版社 1995 年版，第 641、642 页。
④ [美] 莫里斯·迈斯纳：《毛泽东的中国及后毛泽东的中国》（中译本）上册，四川人民出版社 1989 年版，第 164 页。
⑤ [英] 费里克斯·格林：《觉醒了的中国——美国人不了解的国家》（中译本），北京出版社 1981 年版，第 94、95 页。

以重工业为中心的工业化战略基本上符合当时中国工业化发展的实际，然而在向重工业大幅度倾斜的模式下，尽管决策者也提出要兼顾农业和轻工业的发展，在计划中也确定了适当的轻工业和农业发展速度，但在实际执行过程中，农业和轻工业发展处于相对滞后状态，并且随着人民生活的改善和扩大出口的需要，农业和轻工业不相适应的情况也逐步显现。

工业化建设与制度变革并举的思路，在理论与逻辑上并没有什么问题，但在实施过程中过早地消灭了非公有制经济成分，形成单一的公有制模式，违背了中国生产力多层次的复杂结构的现实，忽视了资本主义经济在推动国家工业化进程中仍具有积极作用一面。

非公有制经济的消灭，也使市场调节手段逐步失去了所有制基础。"一五"后期，间接计划和市场调节急遽式微，国家完全通过直接计划和行政命令调节工业化的运行和资源的配置，无论在宏观经济，还是企业微观经济活动中，都不可避免地排斥市场机制作用，高度集中的计划经济体制对工业化发展的负面作用日益增大。

上面分析的"一五"时期以重工业为中心的工业化道路模式的两重性，总的说来，在当时的历史条件下，其积极作用得到了较充分的发挥，是主要的方面；其消极作用受到了限制，是次要的方面；由于实施过程中的情况不同，在"一五"前期积极作用更大些，消极作用要小些，而在后期，虽然还有主要的积极作用，但消极作用明显地增长了。正是当时这种工业化道路模式的积极作用是主要方面，成为"一五"期间推动工业化高速发展的重要原因。

值得提出的是，从长远看，这种传统社会主义工业化道路模式在推动工业化飞速发展的背后，隐藏着一些潜在的制度性危机。

首先，重工业为中心的突进式的工业化战略的实施，使中国在较短时期内迅速形成了巨额的国有资产。然而，与马克思设想的未来社会的社会占有制及社会资本不同，这些公有制及资产不是建立在商品经济高度发展的基础上，而是在生产力仍很低下的落后农业大国，依靠国家政权的力量集中和积累起来的。因此，庞大的国有资产的形成，没有也不可能同时创造出由全体劳动人民共同占有和使用这些财产的条件。实践中的社会主义国有制，自其形成之日起，就孕育了自身发展的这个内在矛盾，并且由这个内在矛盾引起了日后经济发展一系列矛盾。如国家作为整个工业化的发动者、组织者和领导者，全民所有制不能不采取国有经营的形式，企业的人、财、物和产、供、销等几乎全部的经济活动都要依靠国家直接组织和协调。这种大一统的所有权与经营权集中于国家一身的公有制形式，在适应特殊的工业化建设要求的同时，也与经济发展尤其是商品经济发展形成新的矛盾。实际上，与经济落后国家初始发展时期的特殊任务相联系的国有制形式，并不是公有制得以实现的唯一形式。一旦把其在特定时期存在的合理性看成是一成不变的，适应于社会主义经济发展一切阶段的公有制形式，它本身的合理性便会转化为非合理性的东西，成为经济发展的阻碍和消极因素。但之后相当长一段时期的发展表明，人们一直把公有制与公有制实现形式混为一谈，国有企业长期未能走出困境，不是这种所有制本身没有优越性，而在于过去我们没有寻找到能使其得以实现，并能反映其优越性的公有制形式。

其次，高度集中的计划经济体制适应了启动重工业为中心的工业化战略的要求，但其固有的缺陷与工业化发展需要市场机制的矛盾日益尖锐。应该说，"一五"计划超额完成之后，中国工业尤其是重工业发展已有了初步的基础，应对重工业优先发展战略及与之相配合的高度集中管理体制作相应的调整。但是，由于这种体制形成的特殊性强化了人们对社会主义的误解。其一，这种体制的积极作用在"一五"时期得到了较充分的发挥，消极作用受到了限制，因此人们确信高度集中计划经济体制是"社会主义的优越性"。其二，适应启动工业化的需要，高度集中计划经济体制的形成又是同社会主义基本制度的建立同步的，使人们容易视其为"社会主义的基本特征"之一，把本属体制范畴变成了基本制度问题，且长期处于难以区分二者关系的迷误中。虽然社会主义制度建立后进行了多次经济体制改革探索，但在相当长的时间里，始终未能跳出计划体制模式的框框。

第三章 "中国工业化的道路"命题的提出和初步探索

1956年前后,随着社会主义制度的确立,中国共产党开始全面探索适合中国情况的以社会主义工业化为中心的建设道路。根据中国"一五"时期工业化的经验以及反思苏联工业化的教训,毛泽东明确提出了要走"中国工业化的道路"的命题,意味着对苏联模式的扬弃,由模仿苏联工业化道路转向选择中国自己的社会主义工业化道路。

毛泽东为主要代表的中国共产党人围绕这一命题的创新探索,以农轻重协调发展为主要内容,涵盖了中国工业化道路的指导思想、战略目标、发展路径,以及制度安排和与此相适应的一系列方针政策,初步构建了一条具有中国特点的社会主义工业化新路。

限于历史条件和理论建设本身难以超越的局限性,这条"中国工业化的道路"构想,没有也不可能完全摆脱苏联"以重工业为中心"的传统社会主义工业化发展模式的影响,使之在当时的实践中未能进一步完善和坚持下去,但它对于片面发展重工业,忽视甚至牺牲农业和轻工业的苏联传统社会主义工业化道路模式,毕竟是一种突破,为中国社会主义工业化发展指明了方向,成为中共十一届三中全会之后探索中国特色社会主义工业化道路的先声,并奠定了初步的思想基础。

3.1 对苏联工业化道路模式的反思与中国工业化道路命题的提出

1956年前后,中国共产党对中国社会主义工业化道路的新思考,是从反思"一五"期间基本照搬苏联模式开始的。这种反思,既有"一五"计划工业化建设实践经验的总结,又有对国际背景深刻变化的判断与考察。对此,不少研究成果已有了较多的阐发,这里主要就当时的国内外宏观背景对中国共产党探索中国工业化道路的影响作些论析。

在国际上,到 20 世纪 50 年代中期,世界政治经济形势的变化出现了一些新的特点。

(一) 国际政治局势由紧张开始趋向缓和

1954 年 4 月至 7 月在日内瓦召开的国际会议,实现了印度支那停战,再加上朝鲜战场上的停战,世界和平与合作力量的影响逐步增强。1955 年 4 月间在印尼万隆举行的亚非会议,由中印、中缅共同倡导,提出了促进世界和平与合作的十项原则,表明亚非发展中国家作为一支争取世界和平的独立政治力量的崛起。同年 7 月在日内瓦举行了苏、美、英、法四国首脑高峰会议,开始出现了社会主义与资本主义两大阵营自二战之后的冷战转向某些缓和的氛围。

在这种趋向缓和的新的国际形势下,必然要求根据新的情况来认识中国工业化发展道路问题。中国共产党对此作出了正确的判断和及时的反应,1956 年 4 月,毛泽东在《论十大关系》讲话中专门讲了国际形势的变化与中国工业化发展战略的调整问题。他说:"过去朝鲜还在打仗,国际形势还很紧张,不能不影响我们对沿海工业的看法。现在,新的侵华战争和新的世界大战,估计短时期内打不起来,可能有十年或者更长一点的和平时期。"[①] 并指出对战争形势的过分估计是不符合事实的,提出要最大限度地利用已赢得的和平时间,充分利用和发展沿海工业,更好地促进全国工业的发展。周恩来在中共八届二中全会上所作的关于 1957 年国民经济计划的说明也指出:现在看来,第一个五年计划中的一些变化,有的是由于形势的变化而需要修改,"首先是形势的变化。当我们开始订第一个五年计划的时候,朝鲜战争还在进行,那时候设想,

---

① 毛泽东:《论十大关系》(1956.4.25),《毛泽东文集》第 7 卷,人民出版社 1999 年版,第 26 页。

应该加紧发展的不仅是重工业,国防工业也要平行发展。一九五三年停战以后,一九五四年、一九五五年又出现台湾海峡局势的紧张,整个世界局势怎样还要看一看。直到日内瓦会议、万隆会议以后,到去年年终和今年年初,才慢慢感到国际局势是缓和下来了。在这样的情况下,我们才设想今年、明年把国防工业步子放慢,有些生产规模可以缩小。这也是很自然的"。①

(二)世界范围内的科学技术发展进入了一个新的阶段

二战后开始出现了以电子、原子能、航天技术的发展和应用为主要标志的新的全球范围的科技革命(或称第三次世界科技革命),新的科学技术的广泛应用,为生产力的飞跃创造了以往不能想象的空间。这时期每10年新增的发明和创造比以往200多年的总和还要多。依靠科学技术,20世纪新发展起来的国家往往能达到上个世纪所无法企及的经济增长率而赶上本来居于前列的国家。

现代科技革命兴起,为中国工业化的发展提供了新的历史机遇,引起了中国共产党对中国工业化道路的新思考。毛泽东等新中国领导人以放眼世界的敏锐眼光,迅速捕捉着悄然兴起的世界新科技革命的发展趋势,力求探寻更好地适应现代科技革命浪潮的中国工业化新路。1955年3月31日,毛泽东在中国共产党全国代表会议上的讲话中,提出了"钻原子能"的新时代课题:"我们进入了这样一个时期,就是我们现在所从事的、所思考的、所钻研的,是钻社会主义工业化,钻社会主义改造,钻现代化的国防,并且开始要钻原子能这样的历史新时期。"②

1956年1月中共中央召开知识分子问题会议,集中讨论了新的科技革命与中国工业化为中心的社会主义建设的关系。周恩来在主题报告中敏锐地觉察到,现在"人类面临着一个新的科学技术和工业革命的前

---

① 周恩来:《经济建设的几个方针性问题》(1956.11.10),《周恩来选集》下卷,人民出版社1984年版,第236页。
② 毛泽东:《中国共产党全国代表会议上的讲话》(1955.3.31),《毛泽东文集》第6卷,人民出版社1999年版,第395页。

夕",这个革命,"就它的意义来说,远远超过蒸气和电的出现而产生的工业革命"。并深刻分析了现代科技革命对中国发展提出的新机遇和新挑战,指出:"我想在这里稍微多说一点科学方面的事情,这不但因为科学是关系我们的国防、经济和文化各方面的有决定性的因素,而且因为世界科学在最近二三十年中,有了特别巨大和迅速的进步,这些进步把我们抛在科学发展的后面很远。""我们必须赶上这个世界先进科学水平"。[①] 为此,会议发出"向现代科学进军"的号召。之后,相继成立了国家科学规划委员会和国家技术委员会(简称"两委"),并集中了全国一大批科学家编制成《1956—1967年科学技术发展远景规划纲要(草案)》,开始把现代科学技术作为关键性的因素有机地融入中国工业化、现代化的目标和途径之中。

(三)最突出的新变化是苏联工业化模式弊端的暴露,由此引发的各国共产党的思想解放与战后社会主义国家的最初改革

随着时代主题向和平与发展转变的逐渐显现和世界新科技革命的兴起,以单一公有制、高度集中计划体制和片面发展重工业为典型特征的苏联工业化模式的矛盾和弊端,日益突出。以1956年2月苏共二十大集中暴露斯大林模式弊端为契机,开启了国际共产主义运动中思想解放的闸门,各国共产党开始了对传统社会主义工业化模式的重新认识,并继南斯拉夫自治社会主义改革之后,匈牙利、东德、波兰等一些国家也纷纷萌动了社会主义改革的尝试。

坚持马克思主义普遍原理与中国实际相结合,走自己的路,是毛泽东思想的真谛之所在。但对于经济建设,中国共产党人缺乏经验,在新中国成立初期学习苏联工业化道路模式,既有必要的一面,又有不得不模仿的一面。对此中国共产党人是不完全满意的。毛泽东后来回忆这段历史时说:"解放后,三年恢复时期,对搞建设,我们是懵懵懂懂的。

---

① 周恩来:《关于知识分子的报告》(1956.1.14),《周恩来选集》下卷,人民出版社1984年版,第181页。

接着搞第一个五年计划,对建设还是懵懵懂懂的,只能基本上照抄苏联的办法,但总觉得不满意,心情不舒畅。"① 因此,"一五"计划后期,中国共产党积累了一定的社会主义经济建设经验,陆续发现苏联的某些经验并不适合中国国情,1955年底毛泽东便提出了"以苏为戒"的问题。苏共二十大以后,毛泽东的这一思想就更加明确了。以同年底至次年初毛泽东、刘少奇等开展的调查研究及其最初成果《论十大关系》为起点和主要标志,开始联系中国"一五"计划的实践,对苏联经验进行全方位的深刻反思。《论十大关系》一开头,毛泽东就明确地指出了这种思想主旨:"特别值得注意的是,最近苏联方面暴露了他们在建设社会主义过程中的一些缺点和错误,他们走过的弯路,你还想走?过去我们就是鉴于他们的经验教训,少走了一些弯路,现在当然更要引以为戒。"②

如在处理重工业、轻工业和农业的关系上,认为苏联"片面地注重重工业,忽视农业和轻工业,因而市场上的货物不够,货币不稳定"。"我们比苏联和一些东欧国家作得好些。像苏联的粮食产量长期达不到革命前最高水平的问题,像一些东欧国家由于轻重工业发展太不平衡而产生的严重问题,我们这里是不存在的。"

在工业化资金积累问题上,认为"苏联的办法把农民挖得很苦。他们采取所谓义务交售制等项办法,把农民生产的东西拿走太多,给的代价又极低。他们这样来积累资金,使农民的生产积极性受到极大的损害。""鉴于苏联在这个问题上犯了严重错误,我们必须更多地注意处理好国家同农民的关系。"

在中央和地方的关系上,认为"我们不能像苏联那样,把什么都集中到中央,把地方卡得死死的,一点机动权也没有"③。

这种中苏建设经验的比较分析,就是对传统社会主义建设模式的再认识。毛泽东的这些论述,进一步证明了他对中国社会主义建设道路的

---

① 毛泽东:《读苏联〈政治经济学教科书〉谈话》(1959.2—1960.2),《毛泽东文集》第8卷,人民出版社1999年版,第117页。

② 毛泽东:《论十大关系》(1956.4.25),《毛泽东文集》第7卷,人民出版社1999年版,第23页。

③ 同上,第24、29—31页。

探索是从总结中国自己的经验和重新认识苏联建设的经验开始的，这也是1956年前后中国共产党探索中国工业化道路的最直接、最主要的历史背景。1958年5月18日毛泽东在中共八大二次会议各代表团团长会议上说，十大关系的基本观点就是拿中国同苏联作比较。除了苏联的办法以外，是否还可以找到别的办法比苏联、东欧各国搞得更快更好。①

正是在这样国际国内多重背景下，在总结中国社会主义建设经验和反思苏联建设模式的过程中，中国共产党人初步提出了要走出一条不同于苏联模式的适合中国情况的社会主义工业化新路的指导思想，主要表现在如下相互联系的两个方面：

第一，主张结合中国的情况学习外国建设经验，反对盲目照搬的教条主义。

毛泽东认为，中国具有自己的特殊性，学习外国，包括马克思列宁主义和苏联的经验，不论革命还是建设，都应注意一般与特殊的关系。他在《论十大关系》讲话中，批评了盲目学习外国经验的教条主义倾向，指出学习马克思主义理论，要学的是属于普遍真理的东西，并且学习一定要与中国实际相结合。对待外国经验，也"不能一切照抄，机械搬用"。"对于苏联和其他社会主义国家的经验，也应当采取这样的态度。"② 1956年9月，他在同拉丁美洲一些党的代表谈话时又说："任何外国的经验，只能作参考，不能当作教条。一定要把马克思列宁主义的普遍真理和本国的具体情况这两个方面结合起来。"③ 随后，在1957年2月《关于正确处理人民内部矛盾的问题》的讲话中，更把学习外国经验与探索"中国工业化的道路"直接联系起来，指出：在中国工业化建设中，学习外国经验，主要是苏联的经验，"有两种态度。一种是教条主义的态度，不管我国情况，适用的和不适用的，一起搬来。这种态度不

---

① 转引自薄一波：《若干重大决策与事件的回顾》下卷，中共中央党校出版社1991年版，第471页。

② 毛泽东：《论十大关系》（1956.4.25），《毛泽东文集》第7卷，人民出版社1999年版，第42、41页。

③ 毛泽东：《我们党的一些历史经验》（1956.9.25），《毛泽东文集》第7卷，人民出版社1999年版，第133页。

好。另一种态度,学习的时候用脑筋想一下,学那些和我国情况相适合的东西,即吸取对我们有益的经验,我们需要的是这样一种态度"。①

第二,强调要研究中国社会主义建设的特点和规律,探索适合中国自己情况的社会主义建设的形式和方法,并明确提出要走"中国工业化的道路"的思想。

在总结苏联经验,提出反对教条主义的基础上,中国共产党人强调在社会主义建设问题上,要研究中国社会主义建设"特殊的规律",要有独立的思考。1956年8月,毛泽东在对中共八大政治报告稿的批语和修改中指出:"不可能设想,社会主义制度在各国的具体发展过程和表现形式,只能有一个千篇一律的格式。我国是一个东方国家,又是一个大国。因此,我们不但在民主革命过程中有自己的许多特点,在社会主义改造和社会主义建设的过程中也带有自己的许多特点,而且在将来建成社会主义社会以后还会继续存在自己的许多特点。"② 正因为中国在社会主义建设中也有自己特殊的国情和特点,所以,毛泽东在1959年底至1960年初读苏联《政治经济学教科书》谈话中,要求全党从指导思想上一定要坚持实事求是,从中国实际出发。他赞成教科书上的一个提法,即"每一个国家都有自己特别的具体的社会主义建设的形式和方法"。他认为"这个提法好"。③

其他中共中央领导人也都强调要善于根据中国的实际创造自己社会主义建设的经验。如后来刘少奇在1962年初"七千人大会"上的讲话中,在谈到中国经济建设经验教训时还说,我们不能照抄美国,也不能照抄苏联,我们有我们中国的特殊情况,应该创造我们中国的经验,"应该学会自己走路,应该根据中国的特点,采取适合中国情况的方法来进行建设"。并指出"这是一个长期的、头等重要的工作,值得我们

---

① 毛泽东:《关于正确处理人民内部矛盾的问题》(1957.2.27),《毛泽东文集》第7卷,人民出版社1999年版,第242页。
② 毛泽东:《对中共八大政治报告稿的批语和修改》(1956.8.31),《建国以来毛泽东文稿》第6册,中央文献出版社1992年版,第143页。
③ 毛泽东:《读苏联〈政治经济学教科书〉谈话》(1959.12—1960.2),《毛泽东文集》第8卷,人民出版社1999年版,第116页。

共产党花很大的力量，值得我们国家花很大的力量，来做这件事"。①

本着根据本国国情走自己的道路这一指导思想，毛泽东明确提出要探索适合中国情况的社会主义工业化道路。《论十大关系》主要讨论经济问题，对此，1958年初毛泽东作了说明："在十大关系中，工业和农业，沿海和内地，中央和地方，国家、集体和个人，国防建设和经济建设，这五条是主要的。"② 其中"重工业和轻工业、农业的关系"又被作为第一大关系提出来，成为中国工业化道路的中心内容，而其他如沿海工业与内地工业的关系，经济建设和国防建设的关系，汉族和少数民族的关系，中央和地方的关系，国家、集体和个人的关系等，都涉及中国工业化道路的重要问题。因此，这就实际上已经提出要开辟一条与苏联不同的中国工业化道路。1957年2月在《关于正确处理人民内部矛盾的问题》的讲话中，毛泽东更明确地提出了要探索"中国工业化的道路"的命题。这意味着对苏联模式的正式扬弃，由模仿苏联工业化道路转向选择中国自己的社会主义工业化道路。

围绕这一命题，以毛泽东为主要代表的中国共产党人在总结社会主义建设经验，反思苏联建设模式的过程中，较全面地探索了中国工业化道路的基本内涵，初步形成了一系列实现中国社会主义工业化的基本途径和方法。

3.2　建立独立、比较完整、现代的工业化目标体系

工业化不仅是一个发展过程，也是一个发展目标。确立中国社会主义工业化目标体系，是探索中国工业化道路的首要问题。

社会主义工业化的目标和实现的衡量标准首先是苏联提出来的。1933年，斯大林在对苏联第一个五年计划作总结报告时认为，苏联由农

---

① 刘少奇：《在扩大的中央工作会议上的讲话》（1962.1.27），《刘少奇选集》下卷，人民出版社1985年版，第423、462、463页。

② 毛泽东：《在成都会议上的讲话》（1958.3），《毛泽东文集》第7卷，人民出版社1999年版，第370页。

业国变成了工业国,是"因为工业产值在国民经济全部生产的比重已增长到百分之七十"①。这就是说,在斯大林看来,实现社会主义工业化的衡量标准是工业产值在国民经济全部生产总值的比重达到70%以上。

世界工业化发展的进程表明,实现工业化的标准是一个随着科学技术的发展而发展的动态概念。而且,工业总产值超过农业总产值虽然是一个国家实现工业化的重要标志,但以工业产值在工农业总产值中比重作为实现工业化的唯一标准,从理论上说并不科学。因为工业产值在工农业总产值中比重的变化,既与工业增长速度有关,也与农业增长速度有关。如果农业生产没有与工业生产同步增长甚至下降,工业产值的比重就可能上升,这并不能真实反映工业化发展进程。从当时苏联和中国"大跃进"时期的实践来看,这一标准的认定也容易引起片面发展工业尤其是重工业,忽视农业的弊端。中国共产党是不认同斯大林的这个提法的。1959年底至1960年初毛泽东在读苏联《政治经济学教科书》的谈话时说:"苏联在第一个五年计划完成以后,大工业总产值占工农业总产值的70%,就宣布实现了工业化。根据统计,我国1958年工业总产值占工农业总产值的66.6%;1959年计划完成后,估计一定会超过70%。即使这样,我们还可以不宣布实现了工业化。我们还有5亿多农民从事农业生产。如果现在就宣布实现了工业化,不仅不能确切地反映我国国民经济的实际状况,而且可能由此产生松劲情绪。"并说,"长时期内,我们这个国家应该叫做工农业国"②。

当然,毛泽东等中共中央领导人对中国社会主义工业化目标体系的认识,有一个根据中国的具体情况和实践的发展而逐步深化的过程,大致确立于1956年前后,丰富和发展于20世纪60年代中期。它的整体构思主要体现在两个方面:

---

① 联共(布)中央特设委员会:《联共(布)党史简明教程》(中译本),人民出版社1975年版,第351、352页。

② 中华人民共和国国史学会编:《毛泽东读社会主义政治经济学批注和谈话》,1997年印,第108、202页。

（一）建立独立、完整的社会主义工业体系

"建立独立的完整的工业体系"和"由落后的农业国变成先进的工业国"①的思想，最早出现在1949年3月毛泽东在中共七届二中全会的报告中，但当时缺乏工业化建设的实践，并没有作为明确的政策目标提出来。"一五"计划把这一思想付诸实践，薄一波回忆说，苏联帮助我国实际施工的150个大型建设项目涵盖了各个工业部门，其目的就是"帮助我国建立比较完整的基础工业体系和国防工业体系的骨架"②，但在当时的中共中央文献中还没有这样的认识。

经过几年工业化建设的实践，中共八大的认识大大前进了一步。1956年8月31日毛泽东在修改中共八大政治报告时，把国家工业化的目标具体化为建设"一个独立的、完整的工业体系"③。这一新的思想观点，经中共八大正式确定为中国社会主义工业化的战略目标和标准。大会决议明确规定："为了把我国由落后的农业国变为先进的社会主义工业国，我们必须在三个五年计划或者再多一点的时间内，建成一个基本上完整的工业体系。"④

什么是国家独立的完整的工业体系？周恩来在中共八届二中全会上关于1957年国民经济计划的报告中作了具体的阐释："我们所说的在我国建立一个独立的完整的工业体系，主要是说：自己能够生产足够的主要的原材料；能够独立地制造机器，不仅能够制造一般的机器，还要能够制造重型机器和精密机器，能够制造新式的保卫自己的武器，像国防方面的原子弹、导弹、远程飞机；还要有相应的化学工业、动力工业、

---

① 毛泽东：《在中国共产党第七届中央委员会第二次全体会议上的报告》（1949.3.5），《毛泽东选集》第4卷，人民出版社1991年版，第1433页。

② 薄一波：《若干重大决策与事件的回顾》上卷，中共中央党校出版社1991年版，第297页。

③ 毛泽东：《对中共八大政治报告稿的批语和修改》（1956.8.31），《建国以来毛泽东文稿》第6册，中央文献出版社1992年版，第150页。

④ 《中国共产党第八次全国代表大会关于政治报告的决议》（1956.9.27），《建国以来重要文献选编》第9册，中央文献出版社1994年版，第342页。

运输业、轻工业、农业等等。"这就是说,这样的工业体系,是既能够生产各种主要的机器设备和原材料,基本上满足我国扩大再生产和国民经济技术改造的需要,又能够生产各种消费品,适当地满足人民生活水平不断提高的需要。另一方面,周恩来又认为,在我国建立一个基本上完整的工业体系,是相对的,而不是绝对的。"基本上完整并不是说一切都完全自足。就是大国也不可能什么都有。美国算是一个有完整工业体系的大国吧,但是有的东西它也没有,橡胶就没有。苏联也有它没有的东西。"①

对建立国家独立的完整的工业体系的必要性,许多中共中央领导人从中国国情出发作过多方面的说明。1956年8月毛泽东在修改中共八大政治报告中,从国民经济持续快速发展和平等对外经济交往的需要,指出:"根据我国人口众多、资源丰富的情况,要求我们建设一个独立的、完整的工业体系,对内能够依靠它满足社会主义扩大再生产和国民经济技术改造的需要,对外也可以在社会主义阵营各国之间发展充分有效的国际协作,并且只要有可能,就发展同世界上任何愿意和我们往来的国家的通商贸易关系。"②周恩来在中共八届二中全会上所作的关于1957年国民经济计划的报告中,还从国家独立自主和国家安全的角度,指出:"任何一个国家建设社会主义总要有一点独立的能力,更不用说像我们这样一个大国。太小的国家,原料很缺,不可能不靠旁的国家。而我们这样的大国,就必须建立自己的完整的工业体系,不然一旦风吹草动,没有任何一个国家能够支援我们完全解决问题。"③

当时国内有些人认为苏联实现了工业化,社会主义各国也出现了广泛合作的可能性,因之对中国建立独立完整的工业体系的必要性提出疑义。针对这种错误认识,周恩来在中共八大强调指出:"那种以为不必

---

① 周恩来:《经济建设的几个方针性问题》(1956.11.10),《周恩来选集》下卷,人民出版社1984年版,第232页。
② 毛泽东:《对中共八大政治报告稿的批语和修改》(1956.8.31),《建国以来毛泽东文稿》第6册,中央文献出版社1992年版,第150页。
③ 周恩来:《经济建设的几个方针性问题》(1956.11.10),《周恩来选集》下卷,人民出版社1984年版,第232页。

建立我国自己的完整的工业体系而专门靠国际援助的依赖思想",是不符合"像我们这样一个人口众多、资源丰富、需要很大的国家"①的国情的。

在建立独立完整的工业体系上,当时社会主义阵营内部出现了所谓"国际分工论",苏联及东欧一些国家要求中国不要搞完整的工业体系,而是通过社会主义阵营内的国际分工解决问题。中国曾同苏联有过争论,毛泽东不能同意这种受制于人的主张。1959年底至1960年初毛泽东在谈苏联《政治经济学教科书》时,当读到教科书说中国"是一个大国,人口居世界第一,拥有丰富的种类繁多的自然资源。因此它自然给自己提出建立完整的工业体系的任务"时,感慨地说:"这段写法可以。要知道这是经过我们同他们争论才这样写下来的。过去,他们和东欧的一些国家都曾经要我们不搞完整的工业体系。像捷克、日本这些国家,铁矿等资源靠外国,还发展钢铁工业,我们资源多,怎么能不搞呢?"②

(二)建立独立的完整的工业体系是与现代化联系在一起的

工业化与现代化有着密切的联系。工业化是现代化的基础、主体和骨干,经济现代化,是指以工业化为主体和骨干的整个国民经济的现代化。中国共产党在较长的一段时期里,认为工业化即现代化。新中国成立后,国家首先将现代化的重点,放在大规模开展工业化建设上。这种认识,在当时工业极端落后的中国,应该说是抓住了主要之点。然而,工业化毕竟不能等同于现代化,虽然把建立国家社会主义工业化体系作为发展目标的提法,对斯大林的工业化标准是极大的创新,但显然还不够全面和落后于时代发展。随着中国"一五"计划大规模经济建设的展开和认识的深化,中国共产党人逐步把单一的工业化目标与工业现代化乃至整个国民经济的现代化紧密地联系起来。

---

① 周恩来:《关于发展国民经济的第二个五年计划的建议的报告》(1956.9.16),《建国以来重要文献选编》第9册,中央文献出版社1994年版,第183页。

② 中华人民共和国国史学会编:《毛泽东读社会主义政治经济学批注和谈话》,1997年印,第766页。

第三章 "中国工业化的道路"命题的提出和初步探索

1953年12月经毛泽东修改定稿的党在过渡时期总路线的学习和宣传提纲中，提到了"现代化"，并且讲了工业化同现代化的关系："实现国家的工业化，就可以促进农业和交通运输业的现代化，就可以建立和巩固现代化的国防，就可以保证逐步完成非社会主义经济成分的改造。"① 这说明当时的认识是，现代化由工业化发展而来的，工业化是现代化的基础，要以实现工业化来促进现代化。

此后，毛泽东、周恩来的讲话和党的文献中，用不同的言语和方式，把实现中国工业化的目标，有机地融入探索实现中国社会主义四个现代化的战略目标体系之中。

1954年9月，毛泽东在一届全国人大一次会议开幕词中，提出"准备在几个五年计划之内，将我国现在这样一个经济上文化上落后的国家，建设成为一个工业化的具有高度现代文明程度的伟大的国家"②。周恩来受党中央委托，在大会上所作的政府工作报告中提出要"建设起强大的现代化的工业、现代化的农业、现代化的交通运输业和现代化的国防"的现代化目标。虽然这里强调的还是要把一个落后的农业国"建设成为一个强大的社会主义的现代化的工业国家"③，但"现代化的工业"概念和四个现代化目标的提出，表明这时已认识到现代化工业与传统工业的区别，认识到要实现工业化目标，离不开其他现代化目标的实现。

1956年中共八大前后，中国共产党对实现工业化与现代化目标关系的认识进一步深化。

第一，由于党的工作重点转向经济建设，科学文化更加受到重视，1957年2月，毛泽东在《关于正确处理人民内部矛盾的问题》讲话中，对现代化的目标作了修改，提出要"将我国建设成为一个具有现代工

---

① 《为动员一切力量把我国建设成为一个伟大的社会主义国家而斗争》(1953.12)，《建国以来重要文献选编》第4册，中央文献出版社1993年版，第704页。

② 毛泽东：《为建设一个伟大的社会主义国家而奋斗》(1954.9.15)，《毛泽东文集》第6卷，人民出版社1999年版，第350页。

③ 周恩来：《把我国建设成为强大的社会主义的现代化的工业国家》(1954.9.23)，《周恩来选集》下卷，人民出版社1984年版，第132页。

业、现代农业和现代科学文化的社会主义国家"①。其中"现代科学文化"目标的提出，表明中国共产党人已初步认识到现代科学技术在实现工业化目标中的重要地位和作用。实现"现代化的工业"目标，即要用现代科学技术装备中国工业，在生产工艺上尽量采用先进的科学技术，使整个工业的科学技术水平能够达到和赶上世界先进水平。

第二，按照上述周恩来在中共八届二中全会上对独立的完整的工业体系的具体阐释，工业化目标体系已包含了现代化的农业、现代化的交通运输业和现代化的国防的内容，说明中共中央已认识到工业化与现代化的内在统一关系。1957年10月，毛泽东在中共八届三中全会上讲到农业和工业的关系时，也指出：工业化建设必须以重工业为中心，"但是在这个条件下，必须实行工业与农业同时并举，逐步建立现代化的工业和现代化的农业。过去我们经常讲把我国建成一个工业国，其实也包括了农业的现代化"。②

可以说，这时中共中央已初步弄清了中国工业化的目标体系了。

1959年底至1960年初毛泽东在读苏联《政治经济学教科书》时，完整地表述了关于实现四个现代化的战略目标。他说："建设社会主义，原来要求是工业现代化，农业现代化，科学文化现代化，现在要加上国防现代化。"③ 根据毛泽东的提议，1964年12月，周恩来在三届全国人大一次会议上正式宣布了四个现代化的目标："要在不太长的历史时期内，把我国建设成为一个具有现代农业、现代工业、现代国防和现代科学技术的社会主义强国，赶上和超过世界先进水平。"并提出了两步走的设想："第一步，建立一个独立的比较完整的工业体系和国民经济体系；第二步，全面实现农业、工业、国防和科学技术的现代化，使我国

---

① 毛泽东：《关于正确处理人民内部矛盾的问题》（1957.2.27），《毛泽东文集》第7卷，人民出版社1999年版，第207页。

② 毛泽东：《关于农业问题》（1957.10.9），《毛泽东文集》第7卷，人民出版社1999年版，第310页。

③ 毛泽东：《读苏联〈政治经济学教科书〉谈话》（1959.12—1960.2），《毛泽东文集》第8卷，人民出版社1999年版，第116页。

经济走在世界的前列。"①

至此，随着四个现代化战略目标和发展步骤的完整提出，中国共产党对中国工业化目标体系的认识也得到了发展和完善。在中国共产党人的心目中，中国工业化已经不是单一的工业化或工业现代化，而是以建立一个独立的比较完整的工业体系和国民经济体系为标准的工业化，是工业化与现代农业、现代国防和现代科学技术融为一体、互相促进的工业化。1963年1月，周恩来在上海市科学技术工作会议上的讲话中强调指出："我们的四个现代化，要同时并进，相互促进，不能等工业现代化以后再来进行农业现代化、国防现代化和科学技术现代化。"② 因为现代工业不仅生产消费品，而且生产机器设备和原材料、燃料、动力，为国民经济各部门的技术改造提供必要的物质技术基础，并在工业化本身发展的水平、规模和速度等方面对四个现代化的进程产生重大的影响，农业和国防的现代化也制约着工业现代化的发展；现代科学技术的发展在很大程度上依赖于工业现代化，又对实现工业现代化起着关键性的作用。1964年12月，周恩来在三届全国人大一次会议上代表党中央正式宣布实现四个现代化历史任务的同时，提出从第三个五年计划开始，经过大约三个五年计划的时间，要在全国建成一个独立的比较完整的工业体系和国民经济体系，表明已把工业化和整个国民经济的现代化融合起来。

这样，建立独立的完整的工业体系与现代化紧密地联系在一起，逐步形成了建立独立、完整、现代化的工业体系目标。这是中国共产党人对中共八大前后正确探索适合中国情况的社会主义工业化道路的继续，既突破了传统社会主义工业化目标理论，合乎当时中国实际和世界工业现代化的潮流，而且对实现中国社会主义工业化基本途径的选择有着重要的意义。

---

① 周恩来：《发展国民经济的主要任务》（1964.12.21），《周恩来选集》下卷，人民出版社1984年版，第439页。
② 周恩来：《建成社会主义强国，关键在于实现科学技术现代化》（1963.1.29），《周恩来经济文选》，中央文献出版社1993年版，第504页。

3.3 "以农业为基础、以工业为主导"的工业化道路模式

在确立社会主义工业化目标体系的同时，毛泽东必然思考中国工业化的道路模式问题，即实现这一目标的基本途径。

毛泽东提出走"中国工业化的道路"，主要指工业化进程中农、轻、重三大经济部门的发展关系问题。其核心内容，就是以农业为基础、以工业为主导，按农、轻、重为序安排国民经济，在重点发展重工业的同时，充分注意发展农业和轻工业，既逐步建立起独立、完整、现代化的工业体系，又能逐步改善人民的生活。

这一中国工业化道路模式的提出，既是对传统社会主义工业化道路模式的深刻反思，又是在中国工业化建设进程中对国民经济各部门的内在联系作深层次考察的结果。

根据中国"一五"时期工业化建设中出现的问题以及苏联工业化的教训，1956年前后毛泽东等中共中央领导人比较集中地探讨了中国工业化发展的农、轻、重关系问题。从《论十大关系》开始，初步意识到农业、轻工业和重工业协调发展的重要性，把农业、轻工业和重工业的发展关系作为一个整体来考察，比较深刻地论述了重点发展重工业和充分注意发展农业、轻工业的辩证关系，并成为中共八大的一个重要指导思想。

随后毛泽东在《关于正确处理人民内部矛盾的问题》讲话中，把重工业和轻工业、农业的发展关系上升为中国工业化道路的具体模式。指出："这里所讲的工业化道路的问题，主要是指重工业、轻工业和农业的发展关系问题。我国的经济建设是以重工业为中心，这一点必须肯定。但是同时必须充分注意发展农业和轻工业。"① 并阐述了正确处理农业、轻工业和重工业发展关系的一系列原则和方针。

---

① 毛泽东：《关于正确处理人民内部矛盾的问题》（1957.2.27），《毛泽东文集》第7卷，人民出版社1999年版，第240、241页。

1958年以大炼钢铁为中心的"大跃进"运动,造成工农业生产严重失调。1959年庐山会议前期在总结"左"的错误教训时,毛泽东提出以农轻重的次序安排国民经济计划的观点。他说:过去安排是重、轻、农,这个次序要反一下,"改为农、轻、重"。并认为"这样提还是优先发展生产资料,并不违反马克思主义。重工业我们是不会放松的,农业中也有生产资料"。① 这就是说,安排国民经济计划,重工业还是重点,但必须以发展农业为出发点。在分配资金、物资与劳力时,先考虑农业,再考虑轻工业,然后根据农业和轻工业的情况去安排重工业。而重工业的安排,又要首先考虑同农业、轻工业有关的那些部门的发展关系。1964年7月16日,毛泽东在接见巴基斯坦商业部长瓦希杜查曼时,把"农轻重为序"作为中国的一条经验向客人介绍。他说:"要逐步来,不要太急。要有资金,要搞地质勘探,先搞农业、轻工业,积累资金,然后搞重工业。这是我们15年的经验。次序应该是农业第一,轻工业第二,重工业第三,叫农、轻、重。"②

这说明毛泽东对农、轻、重三者关系的看法有了质的变化。此前,虽然意识到应重视发展农业和轻工业,但主要是量的方面的认识,要求增加对农业和轻工业的投资比例。而以农、轻、重的次序安排国民经济计划,把重工业与轻工业、农业的位置对调,着重强调了农业、轻工业特别是农业的首要地位及对重工业的服务作用,从质上认定了农业、轻工业在整个国民经济中的重要地位,正确反映了中国农业大国的国情。

在上述认识的基础上,1959年9月21日,毛泽东在听取山东省委和历城县东郊公社领导干部汇报省三、五年经济建设规划和公社情况时,鉴于苏联的教训,结合中国的实际,说:"要以农业为基础,工业为主导,农轻重为序。苏联是优先发展重工业,我们以农业为基础,工

---

① 毛泽东:《庐山会议讨论的十八个问题》(1959.6.29、7.2),《毛泽东文集》第8卷,人民出版社1999年版,第78页。

② 转引自顾龙生:《毛泽东经济年谱》,中共中央党校出版社1993年版,第604页。

业为主导,农轻重为序,一定会比苏联搞得快搞得好。"① 1962年9月,中共八届十中全会把毛泽东的这一思想概括为"以农业为基础,以工业为主导"的发展国民经济总方针。1963年9月,中共中央发出《关于工业发展问题(初稿)》,把这一总方针具体化为:(1)工业和农业密切结合,发展工业和发展农业并举。二者的关系是:以农业为基础,以工业为主导。(2)生产资料和消费资料的生产密切结合,发展重工业和发展轻工业密切结合。二者的关系是:重工业是建设的中心,但是,可用多发展一些轻工业的办法来促进重工业的发展。(3)民用工业和国防工业密切结合,发展基础工业和发展尖端技术同时并举。二者的关系是:基础工业为尖端技术创造广泛发展的条件,反之,尖端技术又为基础工业创造提高的条件。文件还指出,所谓独立的、完整的工业体系,就是要有能力为农业、工业、国防、交通运输业提供成套技术装备的基础工业体系。② 国民经济各部门之间是相互制约、相互影响的,其关系错综复杂,这一总方针从根本上揭示了这个复杂体系的内在联系,为正确处理农、轻、重关系奠定了根本的理论基础,集中概括了毛泽东"中国工业化的道路"思想。

至此,经过十多年的曲折摸索,中国共产党对"中国工业化的道路"基本内涵的思考逐步深化,形成了中国工业化发展进程中正确处理农、轻、重关系的较为完整的思想理论,其特色主要有以下几个方面。

(一)"既要重工业,又要人民"

重工业是生产生产资料的主要部门,轻工业和农业是生产生活资料的主要部门。正确处理重工业、轻工业和农业的关系问题,本质上是正确处理工业发展和人民生活改善的问题。鉴于苏联和东欧一些社会主义国家片面强调发展重工业,忽视农业、轻工业的教训,毛泽东认为,在

---

① 转引自顾龙生:《毛泽东经济年谱》,中共中央党校出版社1993年版,第492页。

② 转引自当代中国计划工作办公室编:《中华人民共和国国民经济和社会发展计划大事辑要(1949—1985)》,红旗出版社1987年版,第206页。

以重工业为中心进行工业化建设时，必须充分注意发展农业和轻工业。这样做，"一可以更好地供给人民生活的需要，二可以更快地增加资金的积累，因而可以更多更好地发展重工业"①。这一"又要重工业、又要人民"的思想，始终贯穿在毛泽东探索中国工业化道路的整个过程中，成为走中国工业化道路的根本出发点和指导思想。它的基本精神、核心就是要把工业建设和人民生活结合起来，实现既建立起独立、完整、现代化的工业体系，又能逐步满足人民生活需要的工业化目标。周恩来在中共八届二中全会上所作的关于1957年国民经济计划报告中指出："毛泽东同志在这几个月常说，我们又要重工业，又要人民。这样结合起来，优先发展重工业才有基础。发展重工业，实现社会主义工业化是为人民谋长远利益。"②

第一，在中国的工业化过程中必须以工业为主导，以重工业为中心。

根据列宁关于在技术进步条件下生产资料生产优先增长的论述，毛泽东认为，在中国的工业化过程中，必须"以工业为主导"，充分发挥工业，特别是重工业对国民经济的领导和改造作用。他强调："以重工业为中心，优先发展重工业，这一条毫无问题，毫不动摇。"③ 因为只有重工业发展了，才能为轻工业、农业、交通运输业及其他部门的现代化提供日益先进的机器设备和技术，逐步建立起较为完整的独立的工业体系和国民经济体系，由落后的农业国转变为先进的工业国。

第二，在重点发展重工业的同时，必须充分注意发展轻工业、农业，逐步满足人民的消费需要。

列宁提出在技术进步条件下生产资料生产优先增长的规律，是一切社会扩大再生产的共同规律。斯大林把生产资料生产优先增长的规律具

---

① 毛泽东：《论十大关系》（1956.4.25），《毛泽东文集》第7卷，人民出版社1999年版，第25页。

② 周恩来：《经济建设的几个方针性问题》（1956.11.10），《周恩来经济文选》，中央文献出版社1993年版，第336页。

③ 毛泽东：《关于农业问题》（1957.10.9），《毛泽东文集》第7卷，人民出版社1999年版，第310页。

体化为优先发展重工业,缺点是过分强调了重工业的优先增长,忽视了农业、轻工业的发展,损害了人民的利益。鉴于东欧一些国家照搬苏联经验的教训,1957年4月25日,毛泽东在接见保加利亚驻华大使时指出:"建设社会主义真不是一件容易事,建设社会主义,丢了人民,建立了重工业,丢了人民,这是不成的"。① 他认为,这种做法既不符合社会主义基本经济规律,也不符合中国的国情。重工业是中国建设的重点,必须优先发展生产资料的生产,但是,"决不可以因此忽视生活资料尤其是粮食的生产。如果没有足够的粮食和其他生活必需品,首先就不能养活工人,还谈什么发展重工业?"② 周恩来在中共八届二中全会上关于1957年国民经济计划报告中也指出:苏联和其他一些社会主义国家都是优先发展重工业,这个原则是对的,但是"在发展中忽视了人民的当前利益。直接与人民利益关系最大的是轻工业、农业,轻视这两者就会带来不好的后果"。③

重工业的发展需要较大的投资,然而社会主义制度刚刚建立,经济基础十分薄弱,应如何发展重工业?毛泽东认为:"我们现在发展重工业可以有两种办法,一种是少发展一些农业、轻工业,一种是多发展一些农业、轻工业。从长远观点来看,前一种办法会使重工业发展得少些和慢些,至少基础不那么稳固,几十年后算总账是划不来的。后一种办法会使重工业发展得多些和快些,而且由于保障了人民生活的需要,会使它发展的基础更加稳固。"他分析说,多发展一些农业、轻工业,从表面上看,重工业的投资似乎少一些,速度似乎慢一些。但从长远和实质上看,虽然"重工业也可以积累,但是,在我们现有的经济条件下,

---

① 转引自顾龙生:《毛泽东经济年谱》,中共中央党校出版社1993年版,第398页。

② 毛泽东:《论十大关系》(1956.4.25),《毛泽东文集》第7卷,人民出版社1999年版,第24页。

③ 周恩来:《经济建设的几个方针性问题》(1956.11.10),《周恩来经济文选》,中央文献出版社1993年版,第336页。

轻工业、农业积累得更多更快些"①。重工业有了市场，有了资金，它就会更快地发展。

毛泽东等中共中央领导人提出多发展农业和轻工业来促进重工业的发展，不仅为中国发展重工业找到了一条稳定可靠的市场和资金途径，而且体现了工业化发展与人民生活水平提高目标的辩证统一。

（二）工业与农业同时并举，相互促进，协调发展

工业和农业是物质生产的两大部门，按照马克思主义再生产原理，这两大部门之间是互为条件、互为市场、互相制约的，必须按比例协调发展，整个社会经济才会更加迅速发展。马克思认为，社会主义社会的工业与农业，将在资本主义创造物质前提的基础上，形成一种新的高级的综合，即"农业和工业的联合"。②俄国十月革命后，列宁多次谈到"社会主义的任务是使工业和农业接近并且统一起来。"③并在指导俄国经济的恢复和发展中，既重视工业特别是重工业的发展，也非常重视农业的发展。斯大林虽然也指出农业就是工业化发展的基础，但并没有解决好工业与农业的关系问题。为了筹集发展重工业的资金，把农民挖得很苦。

毛泽东等中国共产党人从中国国情出发，深刻地分析了中国工业化进程中农、轻、重三大经济部门相互矛盾又相互统一的辩证关系，多方面阐述了在重点发展重工业的条件下，发展工业和发展农业同时并举，发展重工业和轻工业同时并举的思想，进一步发展了马克思主义关于社会生产两大部类均衡发展的理论。

毛泽东从资金、技术、原材料、市场等方面，分析和提出用多发展一些农业和轻工业的方法来发展重工业。他说："我国是一个大农业国，农村人口占全国人口的百分之八十以上，发展工业必须和发展农业同时

---

① 毛泽东：《论十大关系》（1956.4.25），《毛泽东文集》第7卷，人民出版社1999年版，第25页。

② 马克思：《资本论》第1卷，人民出版社1975年版，第552页。

③ 列宁：《关于生产宣传的提纲（草稿）》（1920.11.18），《列宁全集》第40卷，人民出版社1986年版，第17页。

并举，工业才有原料和市场，才有可能为建立强大的重工业积累较多的资金。"① 1959 年底至 1960 年初毛泽东在读苏联《政治经济学教科书》的谈话中，针对"大跃进"运动中破坏农业、轻工业正常发展的状况，进一步对农、轻、重关系和工农业同时并举方针作了具体阐释。他说：在安排计划的时候，工业的发展当然要快于农业，但是，提法要适当，不能把工业强调到不适当的地位，否则一定会发生问题。"我们的提法是在优先发展重工业的条件下，发展工业和发展农业同时并举。所谓并举，并不否认重工业优先增长，不否认工业发展快于农业；同时，并举也并不是要平均使用力量。"②

周恩来从国民经济各部门相互制约、相互促进的角度，指出："以重工业为中心的工业建设，是不能够也不应该孤立地进行的，它必须有各个方面的配合，特别是农业的配合。农业是工业发展以至整个国民经济发展必不可少的条件。"③

刘少奇在总结"大跃进"运动的经验教训时指出："以农业为基础来发展我国国民经济，是我们的一个根本方针。""如果工业和农业的比例关系不协调，既不能比较快地发展工业，也不能比较快地发展农业。"④

毛泽东等中共中央领导人的这些论述，都体现了工业与农业同时并举、互动发展，以促进农、轻、重协调发展的思想。它既反映了工业化发展中重工业更快增长的客观要求，又比较客观地反映了国民经济各部门的内在联系及农业对工业化发展的制约作用，从国民经济整体出发考

---

① 毛泽东：《关于正确处理人民内部矛盾的问题》（1957.2.27），《毛泽东文集》第 7 卷，人民出版社 1999 年版，第 241 页。

② 毛泽东：《读苏联〈政治经济学教科书〉谈话》（1959.12—1960.2），《毛泽东文集》第 8 卷，人民出版社 1999 年版，第 123 页。

③ 周恩来：《关于发展国民经济的第二个五年计划的建议的报告》（1956.9.16），《建国以来重要文献选编》第 9 册，中央文献出版社 1994 年版，第 184 页。

④ 刘少奇：《在扩大的中央工作会议上的报告》（1962.1.27），《刘少奇选集》下卷，人民出版社 1985 年版，第 361、362 页。

虑工业化的发展，以求国民经济整体的协调、稳定发展，符合社会生产两大部类平衡发展的客观规律。实践表明这是一条中国工业化进程中实现农、轻、重协调发展的有效途径。

（三）"农业就是工业"

本书第一章已论述过，中国共产党在探索新民主主义工业化道路时，就提出了农业是国民经济基础的思想，这时在探索中国社会主义工业化道路中，进一步把这一思想丰富与具体化了。在毛泽东等中国共产党人看来，工业化不是一个孤立的进程，而是与国民经济整体现代化的发展进程紧密相关，特别是与农业有着密切的关系。因此，要以农业为基础的国民经济的整体发展推进工业化的发展。1957年1月，毛泽东在省市自治区党委书记会议上的讲话中，把工业化道路置于中国是落后的农业大国的背景之下，全面阐述了工业化与农业的关系，从独特的视角指出："在一定的意义上可以说，农业就是工业。"① 这一创见性的思想，包含了两个方面的重要内涵。

第一，发展工业必须以农业为基础。

毛泽东认为，中国农村人口占全国人口的80%以上，农业不仅关系到5亿农村人口吃饭、吃肉、吃油问题，而且关系到城市和工矿区人口的吃饭问题，农产品发展了，才能满足工业人口增加的需要，才能发展工业；农业是轻工业原料的主要来源和销售产品的重要市场，只有农业发展了，轻工业生产才能得到足够的原料，轻工业产品才能得到广阔的市场；农业又是重工业的重要市场，化学肥料、农业机械等将以农村为销售对象，电力、煤炭、石油等行业的很大一部分产品也将销往农村，铁路、公路和大型水利工程等公共设施中的一部分必须供应农村需要，如此等等；农产品是国家出口创汇的主要物资，农产品变成外汇，就可以进口各种工业设备；农业是积累的重要来源。农业发展起来了，就可

---

① 毛泽东：《省市自治区党委书记会议上的讲话》（1957.1.27），《毛泽东文集》第7卷，人民出版社1999年版，第200页。

以为发展工业提供更多的资金。①因此,农业是国民经济的基础,更是工业发展的基础。这实际上已蕴含着农业哺育工业的观点。国民经济调整时期,刘少奇也强调指出,"要使我们国家的经济好转,要使中国发展起来,实现工业化,就要抓农业。农业不发展,国家工业化没有希望"。②

第二,工业化"包括了农业的现代化"。

世界经济发展史表明,工业化必然促使农业实现现代化。但在工业化与农业现代化的关系上,到20世纪70年代,世界工业化理论界才开始认识到农业发展本身也是工业化发展的重要目标,工业化不仅是工业的发展,还包括农业生产的现代化。而在此之前,人们虽然在不同程度上看到农业对工业化发展的重要作用,但没有注意到工业化过程中农业本身的这种变革。因此,资本主义农业现代化的一般发展过程是:在工业化发展中,小生产是通过资本原始积累的方式,在被消灭的基础上转变为大土地经营和实行农业机械化。就是说,西方发达国家的工业现代化与农业机械化有一个时差,农业现代化的发展是在工业化的后期开始的,一般是工业先发展到相当的水平,再开始着手农业机械化。

而如前已述及的,1953年8月,毛泽东在修改、审定关于党在过渡时期总路线的学习和宣传提纲时,提出在实现社会主义工业化的同时,要"促进农业和交通运输业的现代化",就初步把工业化与农业现代化联系起来。1957年初提出"农业就是工业"的命题后不久,毛泽东在同年10月中共扩大的八届三中全会上更明确提出工业化"也包括了农业的现代化"的思想,把农业现代化融入工业化的范畴,视为工业化的一个有机组成部分。在战略规划上,实行工业和农业发展同时并举,要求农业机械化与国家工业化的发展相适应,要在农业合作化的基础上,在逐步实现工业化的过程中,用发展起来的重工业对农业进行技术改

---

① 毛泽东:《省市自治区党委书记会议上的讲话》(1957.1.27),《毛泽东文集》第7卷,人民出版社1999年版,第199、200页。

② 刘少奇:《加强基层领导,改进工作作风》(1962.7.8),《刘少奇选集》下卷,人民出版社1985年版,第464页。

造，用现代化的技术和工具装备农业，逐步实现农业机械化和电气化，并大力发展农村工业，将我国的传统农业改造成现代化的社会主义大农业。为此，毛泽东强调，农业关系国计民生极大，全党一定要重视农业。"农业就是工业，要说服工业部门面向农村，支援农业。要搞好工业化，就应当这样做。"① 这实际上又蕴含着工业反哺农业的思想。

"农业就是工业"，这是前人不曾提出的工业化命题、理论和实践。在社会生产两大主要部门中，毛泽东把中国农业在工业化建设中的作用提升到前所未有的高度。农业不仅支撑和哺育着工业，而且转化为工业。这种将农业现代化和工业化有机结合在一起的工业化道路思想，构成了20世纪50年代中期至70年代中国工业和农业发展的指导方针。毛泽东由此倡导的农村工业化，进一步加速了中国农业向工业的转化过程，推动了国家工业化建设和农村工业化的发展。尽管这一过程艰难曲折，这一思想观点并不成熟，且有一些误区，但把农业现代化有机地融入国家工业化进程中，相互促进，协调发展，并孕育了"农业哺育工业"、"工业反哺农业"的观点，无疑极大地充实了中国工业化道路的内涵，并在理论上和实践中都产生了深远的影响。这一思想，无论是与当时苏联、东欧社会主义国家还是西方国家工业化理论相比，都具有超前的意识和相当卓越的见解。

毛泽东等中国共产党人在上述三个方面对正确处理农轻重发展关系的探索，从指导思想上正确解决了中国工业化道路的核心问题。中国社会主义工业化建设正反两方面的实践证明，这条工业化道路是符合中国国情的，反映了整个国民经济和工业化发展的内在的客观经济规律，有比较鲜明的中国特色。当然，这条中国工业化道路没有也不可能完全摆脱苏联"以重工业为中心"的工业化发展模式的影响，也没能制定出比较完整的具体政策和相应措施，使其在当时的实践中未能得到正确的贯彻和完善，但它对于传统的片面发展重工业，忽视甚至牺牲轻工业和农业的发展模式，毕竟是一种突破。

---

① 毛泽东：《省市自治区党委书记会议上的讲话》（1957.1.27），《毛泽东文集》第7卷，人民出版社1999年版，第200页。

3.4 统筹兼顾，调动一切积极因素的工业化指导方针

为实现中国工业化的战略目标，毛泽东等中国共产党人在反思苏联建设模式和总结中国社会主义建设经验的基础上，还提出了统筹兼顾，调动一切积极因素的工业化基本方针。

1956年4月毛泽东《论十大关系》讲话中，围绕着中国社会主义建设中的各种关系，运用唯物辩证法的基本原理，系统地阐发了统筹兼顾的思想。指出不同部门、行业、地区和群体之间"都必须兼顾，不能只顾一头"①。随后，他在《省市自治区党委书记会议上的讲话》和《关于正确处理人民内部矛盾的问题》讲话中明确使用了"统筹兼顾"的概念，并作为社会主义建设的基本方针提了出来。指出："统筹兼顾，各得其所，这是我们历来的方针"。② "我们的方针是统筹兼顾、适当安排。"③

围绕以探索中国工业化为中心的社会主义建设道路的主线，毛泽东等中共中央领导人对"统筹兼顾"从不同的角度展开论述，其基本思想有两个方面紧密联系的显著特点：

一是统筹兼顾以正确解决和处理社会主义建设中的各种矛盾为主题。在毛泽东看来，十大关系，都是矛盾，要正确处理这些矛盾，必须从全局上考虑各方面的因素，统筹兼顾，合理安排。《关于正确处理人民内部矛盾的问题》讲话中提出"统筹兼顾"，更是明确与正确处理社会主义建设中的各种矛盾紧密联系在一起。这就表明，统筹兼顾是解决社会主义社会矛盾特别是经济建设中各种矛盾的重要观点和方法。

二是统筹兼顾的根本目的是要调动一切积极力量，建设社会主义。

---

① 毛泽东：《论十大关系》（1956.年4.25），《毛泽东文集》第7卷，人民出版社1999年版，第30、31页。

② 毛泽东：《省市自治区党委书记会议上的讲话》（1957.1.27），《毛泽东文集》第7卷，人民出版社1999年版，第186页。

③ 毛泽东：《关于正确处理人民内部矛盾的问题》（1957.2.27），《毛泽东文集》第7卷，人民出版社1999年版，第228页。

中国社会主义建设是一项艰巨而复杂的系统工程，仅靠哪一方面的积极性是不够的，必须统筹兼顾各种利益，处理好各方面的矛盾，以调动各方面的积极性。毛泽东开宗明义地说，提出十大关系的目的，"都是围绕着一个基本方针，就是要把国内外一切积极因素调动起来，为社会主义服务"①。因此，统筹兼顾也是社会主义建设中调动一切积极因素的重要方针。

统筹兼顾，调动一切积极因素的方针涉及中国工业化道路的方方面面，内容十分丰富，可以概括为以下几个主要方面。

（一）统筹解决和处理中国工业化建设中的各种重大关系，促进国民经济各个部门、各个方面的协调发展

要搞好中国工业化建设，首先必须对关系国民经济发展全局的重大问题统筹解决，合理配置各种经济资源，发挥现有经济力量的整体合力。周恩来在中共八届二中全会上关于1957年国民经济计划的报告中说："为了使国民经济的各个部门和各个方面按比例地互相协调地发展，我们又应该妥善地安排重工业和轻工业之间的关系，工农业生产和运输、商品流转之间的关系，经济建设和文化建设之间的关系，国家建设和人民生活之间的关系；同时，还应该进一步地安排中央和地方之间的关系，近海地区和内地之间的关系，各个民族之间的关系，以便把一切积极的因素和有用的力量都组织到建设社会主义的伟大事业中来。"②

统筹兼顾，适当安排这些国民经济发展全局的重大关系，体现了要正确处理好全局与局部的关系，这就是照顾全局的观点。在顾全大局、局部服从全局的基础上，又兼顾到局部，把全局与局部统一起来。1955年底陈云在中共中央召开的各省、市、自治区党委代表会议上指出：统筹安排的范围是很广的。国营与私营之间，私营与私营之间，工业与手

---

① 毛泽东：《论十大关系》（1956.4.25），《毛泽东文集》第7卷，人民出版社1999年版，第23页。

② 周恩来：《关于发展国民经济的第二个五年计划的建议的报告》（1956.9.16），《建国以来重要文献选编》第9册，中央文献出版社1994年版，第185页。

工业之间，地区之间，行业之间，今天与明天之间，都需要统筹安排。要进行统筹安排，就要看大局，纠正各式各样的本位主义和局部观点。如"有一种本位主义和局部观点，就是只注意本地，不注意别的地区。这在工业中是个内地与沿海的关系问题"。① 毛泽东在《论十大关系》中提出必须正确处理沿海工业与内地工业的发展关系，就是强调要把内地和沿海的发展有机地统一起来。为了改变旧中国工业集中在沿海的不合理状况，沿海要顾全大力发展内地工业这个大局；但离开了沿海工业的发展，孤立地发展内地工业，反而会延缓内地工业发展的速度。因此，同时要兼顾沿海工业的发展。又如在经济权益的层面上，中央和地方关系，国家、集体和个人三者关系等都要统筹兼顾，正确处理整体利益和局部利益的关系。

统筹兼顾不仅坚持全局与局部的统一，而且体现了重点与非重点的统一。统筹兼顾是有重点的，而要保证重点，就必须兼顾其他方面，以充分发挥各方面的积极性。只顾重点，忽视非重点，离开了各个方面的支持，重点无法保证；也只有保证重点，才能带动其他各方面更好地发展。如关于国防建设与经济建设的关系，毛泽东指出："国防不可不有"，但经济是国防建设的物质技术基础，"只有经济建设发展得更快了，国防建设才能够有更大的进步"。② 因此，要合理处理好二者的关系，既要加强国防建设，又要首先加强经济建设。朱德在1956年4月中央政治局扩大会议上讨论《论十大关系》时说：经济建设是国防建设的基础，国防建设是经济建设的保障。在新的历史时期，应以"经济建设为主，国防建设为辅。国防工业建设应和民用工业结合"。③

统筹兼顾，合理安排好全局与局部、重点与非重点的关系，才能最大限度地合理利用各种经济资源，使整个国民经济各个部门、各个方面

---

① 陈云：《资本主义工商业改造的新形势和新任务》（1955.11.16），《陈云文选》第2卷，人民出版社1995年版，第284页。

② 毛泽东：《论十大关系》（1956.4.25），《毛泽东文集》第7卷，人民出版社1999年版，第27页。

③ 中共中央文献研究室：《朱德传》，人民出版社、中央文献出版社1993年版，第635页。

能够协调地发展。

（二）协调和兼顾国家、集体、个人三者的利益，调动国内的一切积极因素

马克思主义经典作家都十分重视经济权益和物质利益，认为"人们奋斗所争取的一切，都同他们的利益有关"①。人们的生产关系和经济关系"首先是作为利益表现出来的"②。

毛泽东深知人们的社会关系的核心是经济权益关系，结合中国的实际，提出社会主义工业化建设中要正确处理各种经济利益关系，特别要处理好国家、生产单位和生产者个人的经济利益关系。他认为，在社会主义经济中，这三种利益之间存在着矛盾。不过，这种矛盾"是在人民利益根本一致的基础上的矛盾"，可以通过"统筹兼顾"的合理方式来解决。

关于国家、集体、个人三者之间的经济利益分配，毛泽东指出："我们必须兼顾国家利益、集体利益和个人利益。对于国家的税收、合作社的积累、农民的个人收入这三方面的关系，必须处理适当，经常调节其中的矛盾。"③

关于个人的物质利益，毛泽东主张把它同对生产单位和国家的贡献联系起来，并随着整个国民经济的发展，适当调整工人的工资，逐步改善工人的生产条件，逐步提高劳动者的生活水平。他说："工人的劳动生产率提高了，他们的劳动条件和集体福利就需要逐步有所改进"。④

国家、生产单位和生产者个人的经济利益关系，集中体现在积累和

---

① 马克思：《第六届莱茵省议会的辩论》（1842.4），《马克思恩格斯全集》第1卷，人民出版社1956年版，第82页。

② 恩格斯：《论住宅问题》（1872.5—1873.1），《马克思恩格斯全集》第18卷，人民出版社1964年版，第307页。

③ 毛泽东：《关于正确处理人民内部矛盾的问题》（1957.2.27），《毛泽东文集》第7卷，人民出版社1999年版，第221页。

④ 毛泽东：《论十大关系》（1956.4.25），《毛泽东文集》第7卷，人民出版社1999年版，第28页。

消费的关系上。一般说来,国家、集体利益在很大程度上表现为积累上,而个人利益则在很大程度上表现为消费上。斯大林为了高速度发展重工业,实行抑制消费的高积累政策。据统计,苏联在1917—1950年间甲类工业(生产资料)增长39倍,乙类工业(消费资料)增长9.2倍,农业仅增长1.8倍①,造成食品供应长期不足,日用消费品极为匮乏。同斯大林的政策不同,毛泽东循着"既要重工业、又要人民"的思路,主张实行兼顾积累和消费的分配政策,"安排积累和消费的适当比例,求得生产和需要之间的平衡"。②

中国是个农业大国,积累和消费的关系又主要体现在国家和农民的关系上。毛泽东特别强调对待农民,不能像苏联那种把农民挖得太苦的政策,而是必须兼顾国家和农民两方面的利益。他说:"农业本身的积累和国家从农业取得的积累,在合作社收入中究竟各占多大比例为好?请大家研究,议出一个适当的比例来。其目的,就是要使农业能够扩大再生产,使它作为工业的市场更大,作为积累的来源更多。先让农业本身积累多,然后才能为工业积累更多。只为工业积累,农业本身积累得太少或者没有积累,竭泽而渔,对于工业的发展反而不利。"③ 在这里,毛泽东运用辩证法原理分析工业积累与农业积累之间相互制约、相互促进的关系。只有经常调节两者之间的矛盾,确定适当的比例,才能调动农民生产的积极性,不断扩大农业再生产和农村的消费市场,为工业提供更多的积累。

(三) 扩大开放,充分利用国际上的一切积极因素

毛泽东所说的建设社会主义的积极因素,不仅是注意利用好国内方面的积极因素,同时也包括重视发展同外国的经济文化关系。

---

① 苏联部长会议中央统计局编:《苏联国民经济六十年》(中译本),三联书店1979年版,第6页。
② 毛泽东:《关于正确处理人民内部矛盾的问题》(1957.2.27),《毛泽东文集》第7卷,人民出版社1999年版,第215页。
③ 毛泽东:《省市自治区党委书记会议上的讲话》(1957.1.27),《毛泽东文集》第7卷,人民出版社1999年版,第200页。

在1956年《论十大关系》中,毛泽东根据当时正在趋向和缓的国际局势,把发展包括同西方国家的经济文化交往看做是建设中国社会主义的重要外部条件。其口号也由原来向苏联学习改为"向外国学习",提出"我们的方针是,一切民族、一切国家的长处都要学"。① 刘少奇在中共八大政治报告中,把中国这样全面的开放性政策形象地表述为"我们的门是对一切人敞开的"②。1965年9月30日,毛泽东会见印度尼西亚客人,谈到现代科学技术已经不为帝国主义所垄断时,又进一步使用了应当"全部开放,全部交流"的概念。

这种"全部开放",与新中国成立初期仅对苏联、东欧等社会主义国家局部开放相比,突出特点是主张积极发展与世界所有国家,包括同"那些社会制度不同"的西方国家的经济合作。毛泽东在《论十大关系》中谈到学习外国时,指出:资本主义国家"它们的制度和我们的制度根本不同",但是这并不妨碍我们学习"它们发展的经验"。③ 随后,周恩来在国务院司局长以上干部会议上对这一方针作了进一步阐释。他说:从社会制度来说,两种制度是对立的,"但这并不是说,非社会主义制度的各个国家就没有可学的地方"。"我们就必须把世界上一切好的东西都学来,这样,我们的制度就会更优越,我们就能在和平竞赛中取得更大的胜利。"我们不仅要向苏联学习,向兄弟国家学习,而且要向世界上一切国家学习,包括向和平中立的国家,如印度、缅甸、印度尼西亚、埃及等国家学习。就是日本、英国和美国,它们也有长处,我们也可以学。④

另一个特点是在实现中国工业化的问题上,特别重视学习和借鉴发

---

① 毛泽东:《论十大关系》(1956.4.25),《毛泽东文集》第7卷,人民出版社1999年版,第41页。

② 刘少奇:《在中国共产党第八次全国代表大会上的政治报告》(1956.9.15),《建国以来重要文献选编》第9册,中央文献出版社1994年版,第103页。

③ 毛泽东:《论十大关系》(1956.4.25),《毛泽东文集》第7卷,人民出版社1999年版,第32页。

④ 周恩来:《向一切国家的长处学习》(1956.5.3),《周恩来经济文选》,中央文献出版社1993年版,第255、256页。

达资本主义国家的先进科学技术和管理经验。毛泽东指出:"工业发达国家的企业,用人少,效率高,会做生意,这些都应当有原则地好好学过来,以利于改进我们的工作。"① 20世纪60年代初期中苏关系紧张后,毛泽东曾考虑扩大同西方国家的经济交往,引进先进技术设备。1963年7月22日,他在会见澳大利亚共产党左派希尔夫妇时,指出:"无产阶级要向资产阶级学习技术。比如我们,现在就向资本主义国家进口成套设备,包括从日本和英国,向他们学习技术。"② 1964年中国同法国建立外交关系,进一步加强了与资本主义国家的经济交往。鉴于中日两国在五六十年代民间贸易与交往的日益发展,毛泽东甚至说:在一定时候,可以让日本人来中国办工厂、开矿,向他们学技术。③

从这些论述可以看出,"全部开放",不仅是地域上的扩展,而且内涵深广,实际上已涉及了在坚持自力更生的基础上,要充分利用世界上一切有利于中国社会生产力发展的资源和市场,其目的是要为以社会主义工业化为中心的经济建设创造良好的国际条件,调动和利用"国内国外的一切积极的因素"为社会主义建设服务,从而拓宽了列宁利用资本主义建设社会主义的思想。因为对任何一个国家和民族来说,实现工业化的内部和外部环境与条件都极为重要。可以说,实现工业化的过程,既是整个国家振兴图强的过程,也是向世界发达国家学习先进科学技术和管理经验的过程。世界性经济交往的普遍发展,对于经济落后的中国的工业化发展,应当说更显得重要与迫切。

遗憾的是,由于当时所处国际环境的严峻性和"左"的错误的影响,中国的对外开放没有出现新的局面。如邓小平所讲:"毛泽东同志在世的时候,我们也想扩大中外经济技术交流,包括同一些资本主义国

---

① 毛泽东:《论十大关系》(1956.4.25),《毛泽东文集》第7卷,人民出版社1999年版,第43页。

② 转引自顾龙生:《毛泽东经济年谱》,中共中央党校出版社1993年版,第583页。

③ 1964年1月7日毛泽东听取工交会议情况汇报时的讲话,转引自当代中国计划工作办公室:《中华人民共和国国民经济和社会发展计划大事辑要(1949—1985)》,红旗出版社1987年版,第212页。

家发展经济贸易关系,甚至引进外资、合资经营等等。但是那时候没有条件,人家封锁我们。后来'四人帮'搞得什么都是'崇洋媚外'、'卖国主义',把我们同世界隔绝了。"① 然而,这种对社会主义与资本主义关系的重新思考,对中国的工业化化与世界经济发展密切联系的认识,尽管不能等同于今天我们所讲的全方位的对外开放,但它开拓了中国社会主义工业化进程中加强与世界的经济交往,充分利用国际国内两个积极因素的新思路。

(四)解决制度问题是调动一切积极因素的根本途径

中国共产党人对中国工业化道路的探索,还体现在推动社会主义工业化的制度动力上。

1956年初,毛泽东在听取中央34个部门的工作汇报中,针对中央政府对经济统得过死,严重束缚地方政府和企业积极性的情况,尖锐地提出:"地方同志对中央集权太多不满意",这个问题"光从思想上解决不行,还要解决制度问题。人是生活在制度中的,同样是那些人,施行这种制度,人们就不积极,敲锣打鼓,积极性也提不起来,施行另一种制度,人们就积极起来了"。"思想问题常常是在一定情况和制度下产生的,制度搞对头了,思想问题也容易解决"。② 毛泽东在这里讲了马克思主义的一条根本道理:制度是带根本性的问题,解决制度问题是调动建设社会主义积极因素的基本途径。

这里所说的制度,包含了所有制结构和经济体制。《论十大关系》列举的十大矛盾,尤其是涉及经济建设的五大经济关系,实际上涉及了所有制结构和经济体制问题,概括起来就是苏联模式与中国实际的矛盾。在4月28日政治局扩大会议上讨论"十大关系"过程中,毛泽东又讲了八个问题,其中第三个问题,题目就是"关于社会主义整个经济

---

① 邓小平:《高举毛泽东思想旗帜,坚持实事求是的原则》(1978.9.16),《邓小平文选》第2卷,人民出版社1994年版,第127页。

② 转引自薄一波:《若干重大决策与事件的回顾》下卷,中共中央党校出版社1991年版,第783页。

体制的问题",重点讲了"中央同地方分权"和"企业的独立自主"问题。① 1956年5月至8月,周恩来主持召开了国务院的全国体制会议,专门讨论了体制改革问题。6月23日,他在《关于体制问题》的报告中提出要"改进体制,逐步实现"。指出:"这次我们研究体制,不是过去我们没有体制、开国以来就有体制,现在是要改进体制。""过去的体制是集权多了,分权少了,但我们也有些权没有人管,应该很好地分。所以现在要改进体制,总得作个全面的规划。"②

毛泽东等中共中央领导人从处理利益关系入手,以统筹兼顾、调动一切积极因素为基本方针,从以下几方面探索了工业化过程中所有制结构的调整和经济体制的改革问题。

第一,调整所有制结构,充分调动各个经济领域和各个经济部门的积极性。

当社会主义改造基本完成后,单一公有制结构不能满足多样性的社会物质文化需要,特别是上海等地一批地下工厂的出现,引起了中共中央领导人的深思。1956年12月7日,毛泽东在同民建工商联负责人黄炎培、陈叔通等人的谈话中,提出了"可以搞国营,也可以搞私营。可以消灭了资本主义,又搞资本主义"的著名观点。他说:"现在我国的自由市场,基本性质仍是资本主义的,虽然已经没有资本家。它与国家市场成双成对。上海的地下工厂同合营企业也是对立物。因为社会有需要,就发展起来。要使它成为地上、合法化,可以雇工。……最好开私营工厂,同地上的作对,还可以开夫妻店,请工也可以。这叫新经济政策。""还可以考虑,只要社会需要,地下工厂还可以增加。可以开私营大厂,订个协议,十年、二十年不没收。华侨投资的,二十年、一百年不要没收。可以开投资公司,还本付息。可以搞国营,也可以搞私营。

---

① 毛泽东:《在中共中央政治局扩大会议上的总结讲话》(1956.4.28),《毛泽东文集》第7卷,人民出版社1999年版,第53页。
② 周恩来:《关于体制问题》(1956.6.23),《周恩来经济文选》,中央文献出版社1993年版,第271、272页。

可以消灭了资本主义，又搞资本主义。"①

根据毛泽东的这一讲话精神，刘少奇指出："有人要开私人工厂，可以不可以呢？毛主席说可以开。我们国家有百分之九十几的社会主义，有百分之几的资本主义，我看也不怕，它是社会主义经济的一个补充"，并可以在某些方面同社会主义经济作比较。② 1957年4月，周恩来在部署国务院的工作时又作了进一步的发挥。他说：大煤矿国家开办，小的，合作社、私人都可以开。主流是社会主义，小的给些自由，这样可以帮助社会主义的发展。除了铁路不好办外，工业、农业、手工业都可以采取这个办法。"在社会主义建设中，搞一点私营的，活一点有好处。"③

这个"新经济政策"的设想表明，其一，毛泽东等中共中央领导人在这里讲的"又搞资本主义"，并不是又要大力发展资本主义，而是说，在社会主义公有制占优势的前提下，允许一些非公有制经济的存在和发展。这反映了在当时的中央领导层中已经开始突破单一公有制结构的思维模式，比较一致地形成了以社会主义公有制为"主流"，个体经济、私营经济、外资经济（华侨投资办厂、外资办厂开矿）等同时并存的所有制结构设想。其二，毛泽东等中共中央领导人界定私营经济、自由市场的"基本性质仍是资本主义的"，然而，他们的高明之处在于，只要"社会有需要"，就允许它们与公有制经济和国家市场"成双成对"地存在与发展，不仅可以发挥各种经济成分的积极性，成为社会主义经济的重要补充，而且使其作为"对立物"，"在某些方面同社会主义经济作比较"，通过市场竞争，使社会主义经济搞得活一点。

第二，建立"有利于人民的社会主义经济"体制，实行社会主义计划经济为主与市场调节为辅相结合。

---

① 毛泽东：《同民建和工商联负责人的谈话》（1956.12.7），《毛泽东文集》第7卷，人民出版社1999年版，第170页。

② 刘少奇：《准许私人开工厂》（1956.12.29），《刘少奇论新中国经济建设》，中央文献出版社1993年版，第326、327页。

③ 周恩来：《在社会主义建设中，活一点有好处》（1957.4.6），《周恩来经济文选》，中央文献出版社1993年版，第351页。

毛泽东认为，工业化建设中的所有制问题解决以后，另一重要制度问题是经济管理问题。随后，在《论十大关系》的思想基础上，中共八大和中共中央领导人对调整和改进不适合生产力状况的经济体制问题，进行了多方面的思考。周恩来在中共八大报告中要求"在国家统一市场的领导下，将有计划地组织一部分自由市场"，在适当的范围内发挥价值规律的作用。① 陈云发言中提出了"主体——补充"为特征的经济体制新构思，即"在工商业经营方面，国家经营和集体经营是工商业的主体，但是附有一定数量的个体经营。这种个体经营是国家经营和集体经营的补充"。"计划生产是工农业生产的主体，按着市场变化而在国家计划许可范围内的自由生产是计划生产的补充。""在社会主义的统一市场里，国家市场是它的主体，但是附有一定范围内国家领导的自由市场。"并称之为"有利于人民的社会主义经济"。②

1957年刘少奇多次讲到社会主义经济的特点是，"要求既有计划性，又有多样性、灵活性"。有计划，是计划经济。但计划只能计划那么几类，而社会经济生活是几千种、几万种、几十万种，如果只强调计划性，就会挤掉灵活性。并说："我们一定要使社会主义经济的多样性、灵活性超过资本主义，使我们人民的经济生活丰富多彩，更方便、更灵活。"为此，"一定要有下面那样多的小计划，和中央的计划互相调整。但只是计划调整还不行，还要利用价值规律"。③

这种体制改革的思考，实际上已经提出了要建立社会主义计划经济为主、市场调节为辅的，不同于苏联僵化经济体制的模式。这一新模式，又是以承认社会主义商品生产和价值规律为前提的。在这方面，1958年"大跃进"运动中"一平二调"共产风的危害触动了毛泽东，

---

① 周恩来：《关于发展国民经济的第二个五年计划的建议的报告》(1956.9.16)，《建国以来重要文献选编》第9册，中央文献出版社1994年版，第202、203页。

② 陈云：《社会主义改造基本完成以后的新问题》(1956.9.20)，《陈云文选》第3卷，人民出版社1995年版，第13页。

③ 刘少奇：《既要有计划性又要有多样性和灵活性》(1957.5.7)，《刘少奇论新中国经济建设》，中央文献出版社1993年版，第350、351页。

促使他重新思考商品经济问题,并有了进一步的认识。针对当时党内有些人主张取消商品生产的观点,毛泽东提出了社会主义商品生产的概念。指出:"只要存在两种所有制,商品生产和商品交换就是极其必要、极其有用的"①,都不可能废除。强调价值法则"是一个伟大的学校"②,在现阶段,如果想废除商品生产和商品交换,否定价值规律,实行物资调拨,那就是剥夺农民。这就澄清了把商品生产和价值规律等同于资本主义的错误观点。虽然不久毛泽东又将商品经济、价值规律视为社会主义的异己力量,但这在当时却是对传统社会主义观念的一个突破。

第三,统筹处理中央和地方、企业的关系,充分调动两个方面的积极性。

当时经济体制改革的探索,集中体现在如何统筹兼顾,正确处理中央和地方的关系、国家和生产单位的关系上。毛泽东认为,中央与地方的关系是矛盾中的关系,是相互依存、相互制约、相辅相成的关系。我们的国家这样大,人口这样多,情况这样复杂,"有中央和地方两个积极性,比只有一个积极性好得多"。我们不能像苏联那样,把什么都集中到中央,把地方卡得死死的,一点机动权也没有。"应当在巩固中央统一领导的前提下,扩大一点地方的权力,给地方更多的独立性,让地方办更多的事情"。③ 即必须兼顾中央的统一性和地方的独立性,二者可以和应当统一的,必须统一;不可以和不应当统一的,不能强求统一,目的是发挥中央和地方两个积极性。刘少奇在中共八大政治报告中提出:"必须注意把中央各级经济部门的积极性和地方经济组织的积极性

---

① 毛泽东:《关于社会主义商品生产问题》(1958.11.10),《毛泽东文集》第7卷,人民出版社1999年版,第440页。

② 毛泽东:《关于人民公社运动中的旧帐一般要算等问题的批注》(1958.3.30),《建国以来毛泽东文稿》第8册,中央文献出版社1993年版,第172页。

③ 毛泽东:《论十大关系》(1956.4.25),《毛泽东文集》第7卷,人民出版社1999年版,第31页。

正确地结合起来。"① 保证地方在国家的统一领导和统一计划下,在计划管理、财务管理、干部管理、职工调配、福利设施等方面,有适当的自治权力。只有上级国家机关强有力的领导同地方本身积极性的互相结合,才能把我们的事业迅速推向前进。

关于国家和生产单位的关系,毛泽东主张要给工厂以一定的独立性。他说,把什么东西都集中到中央或省市,不给工厂一点权力、一点机动余地、一点利益恐怕不妥。因此,原则上应该保证"各个生产单位都要有一个与统一性相联系的独立性",有一定的物质利益和经济权益,才能调动企业的积极性,"才会发展得更加活泼"。② 1959 年底至 1960 年初毛泽东在读苏联《政治经济学教科书》的谈话中还指出:"中央部门管的和地方各级管的企业,都在统一领导和统一计划下,具有一定的自治权。有没有这种自治权,对促进生产的发展,还是阻碍生产的发展,关系很大。"③

可见,毛泽东等中共中央领导人处理中央与地方、企业之间的关系,总的思路是统筹兼顾各方面的利益,以便把各方面的积极性都调动到工业化为中心的社会主义经济建设上来。

按照这样的改革思路,在 1956 年 5 月至 8 月召开的国务院全国体制会议之后,又经过一年多的酝酿,通过中共中央、国务院、全国人大常委会的讨论批准,到 1957 年底,国务院公布下达了《关于改进工业管理体制的规定(草案)》、《关于改进商业管理体制的规定(草案)》和《关于改进财政管理体制的规定(草案)》三个文件,并决定从 1958 年开始施行。这三个文件充分体现了毛泽东等中共中央领导人关于要发挥中央和地方、企业两个积极性的思想。尽管其仍是在计划经济的框架里的行政性分权,但对高度集中的计划经济管理体制无疑是一个冲击,它

---

① 刘少奇:《在中国共产党第八次全国代表大会上的政治报告》(1956.9.15),《刘少奇选集》下卷,人民出版社 1985 年版,第 230 页。
② 毛泽东:《论十大关系》(1956.4.25),《毛泽东文集》第 7 卷,人民出版社 1999 年版,第 29 页。
③ 毛泽东:《读苏联〈政治经济学教科书〉谈话》(1959.12—1960.2),《毛泽东文集》第 8 卷,人民出版社 1999 年版,第 138 页。

既有利于加强中央对地方和企业的领导和管理，又有利于调动各地方和企业的积极性，并充分利用各自条件，合理地使用本地资源，发挥自身优势。

在工业企业内部，毛泽东主张改革"一长制"，实行"两参一改三结合"的管理体制。1959年底至1960年初，毛泽东在读苏联《政治经济学教科书》期间明确提出了这一思想。他说："领导人员以普通劳动者姿态出现，以平等态度待人，改进规章制度，干部参加劳动，工人参加管理，领导人员、工人和技术人员三结合"①，共同对企业实施管理。1960年3月22日，他在中共鞍山市委《关于工业战线上的技术劳动革新和技术革命运动开展情况的报告》的批示中，把这一思想确定为社会主义工业企业实行民主管理的基本原则。1961年9月16日，经毛泽东签发的《中共中央关于讨论和试行国营工业企业工作条例（草案）的指示》中，进一步肯定"两参一改三结合"是企业管理工作中的"新创造和新经验"。② 在"工业七十条"中，规定企业的职工代表大会制为贯彻'两参一改三结合"的一种重要制度。以此为标志，"两参一改三结合"成为当时中国企业管理的一项重要制度。

改革不合理的、不适应生产力发展的旧的企业管理制度，建立适应生产发展的新的企业管理制度，是现代化企业所必不可少的。这一思想的提出及其实践，是对中国企业过去沿袭苏联的企业管理制度的一项重大改革，是对中国企业管理道路的有益探索。它强调工人是企业的主人，通过民主管理，激发企业职工的责任感，充分调动他们的积极性。其根本宗旨在于正确处理好企业内部的各种关系和矛盾，调动广大工人的主动性和积极性，更好地促进社会主义工业化建设。当然，对于现代企业管理来说，这项改革还是很不完备的。当时在实行中许多企业还忽略了生产管理方面的厂长负责制，甚至把一部分不应当打破的规章制度

---

① 毛泽东：《读苏联〈政治经济学教科书〉谈话》（1959.12—1960.2），《毛泽东文集》第8卷，人民出版社1999年版，第135页。

② 中国社会科学院法学研究所编：《中华人民共和国经济法规选编》（上），中国财政经济出版社1980年版，第281页。

也打破了,造成了许多管理混乱的状态。

第四,"工业建设可以走托拉斯的道路"。

值得一提的是,20世纪60年代初,中共中央还提出"我们的工业建设可以走托拉斯的道路"的思想。早在1949年6月,刘少奇就曾提出要"按各产业部门成立公司或托拉斯,经营国家的工厂和矿山"①。但他的这一设想一直未付诸实践。"大跃进"期间,计划体制的弊端日益暴露。1960年春,中共中央考虑"二五"计划后三年的规划问题时,感到仅用行政手段管理经济是不够的,又重议试办托拉斯。1960年3月30日,邓小平在北京传达天津会议时说,要随着生产建设的发展,不断地改进生产关系和上层建筑。中央考虑三年规划时,议过托拉斯的问题,需要在这方面提起大家注意。过去少奇同志曾多次讲过,毛主席几年前就提出了这个问题,说我们的工业建设可以走托拉斯的道路。②

1963年9月6日,经毛泽东修改审定的中共中央《关于工业发展问题》的文件中,将组织托拉斯视为工业管理体制改革的重要措施。指出:管理工业企业,主要是要用经济办法,而不能片面地依靠行政手段。"可以考虑利用像托拉斯这一类生产、交换和科学试验的综合性的组织形式,来为社会主义服务。这是用经济办法管理工业企业的一种组织形式。"③ 1964年8月17日,中共中央、国务院批转了国家经委党组《关于试办工业、交通托拉斯的意见报告》,批准在全国试办盐业公司等12个托拉斯企业。

托拉斯是工业发达国家找到的比较进步的现代企业组织管理形式,中共中央领导人认为,社会主义比资本主义先进,不仅要表现在社会制度上,而且要表现在经济管理上。也就是说,社会主义应该有比资本主义"更节省、更讲经济核算、成本更低"的先进的经济管理模式。为此,要学习垄断资本家管理企业、组织现代化大生产的有效经验,创建

---

① 刘少奇:《关于新中国的经济建设方针》(1949.6),《刘少奇选集》上卷,人民出版社1985年版,第429页。

② 转引自薄一波:《若干重大决策与事件的回顾》下卷,中共中央党校出版社1993年版,第1172、1173页。

③ 同上,第1174页。

托拉斯，把原有的中央有关部委、省厅、局转化为专业公司，以公司组织管理企业，以进一步"接近生产，接近企业"，与市场和消费者直接接触，这样可以使企业"提高质量，增加品种，降低成本，提高劳动生产率"①，提高企业经济效益，加快工业化的发展。遗憾的是，这个远见卓识之举，在"文化大革命"中又被否定了。

由此可见，统筹兼顾，调动一切积极因素的思想内容涉及面是非常广泛的，它既统筹制度建设，又统筹处理各种利益关系；既调动人的积极因素，又发挥物的积极作用。在毛泽东等中国共产党人看来，只要把所有相互区别又相互联系的诸种积极因素进行合理配置，并"尽量争取化消极因素为积极因素"，在工业化建设中让人尽其才，物尽其用，发挥最大的合力，才能"把党内党外、国内国外的一切积极的因素，直接的、间接的积极因素全部调动起来，把我国建设成为一个强大的社会主义国家"②。

中国共产党探索的这个统筹兼顾，调动一切积极因素的工业化指导方针，不同于西方工业化进程中特别强调发挥资本的主体性和积极性，也有别于苏联模式片面强调国家尤其是中央政权在国家工业化建设中的主体性和积极性，而是力图走出一条统筹协调发展、富于生机活力的中国社会主义工业化建设新路径。"研究这一时代的许多评论家都认为，人民共和国历史上的毛泽东主义时期与众不同的突出特点之一，是协调现代工业主义的手段与社会主义目标这种独特的尝试。"③ 因此，这一新路径有力地推动了中国工业化的进程，在中国共产党探索整个中国工业化道路的指导思想中占有重要的地位。

---

① 刘少奇：《试办托拉斯》（1965.6.1），《刘少奇选集》下卷，人民出版社1985年版，第475页。

② 毛泽东：《论十大关系》（1956.4.25），《毛泽东文集》第7卷，人民出版社1999年版，第44页。

③ ［美］莫里斯·迈斯纳：《毛泽东的中国及后毛泽东的中国》（中译本）下册，四川人民出版社1989年版，第537页。

3.5 正确处理沿海工业与内地工业的关系,加速全国的工业化

"一五"计划建设的经验教训表明,推动中国社会主义工业化的顺利发展,不仅应当在产业结构方面正确处理重工业和轻工业、农业之间的关系,而且还应当在生产力布局方面正确处理沿海工业和内地工业的关系。因此,沿海工业和内地工业的关系是中国生产力布局的大问题,也是关系中国工业化道路的重大理论和实践问题。毛泽东在《论十大关系》中首次明确指出中国工业化进程中必须正确处理"沿海工业和内地工业的关系",并作为社会主义现代化建设的第二大关系提出来,实际上提出了中国社会主义工业化建设必须根据本国国情处理好区域发展的重大课题。

"一五"期间,虽然开始注意到发挥沿海地区现有工业的作用,但囿于传统社会主义生产力平衡布局思想的观念,仍"不那么十分注重"[1]。如上海是中国最大的工业基地,1952年国民经济恢复时期结束时的工业生产能力占全国1/5。但是,"一五"计划没有把上海列为重点建设城市,没有安排一个重点建设项目。五年中上海得到国家投资仅12.28亿元,占全国同期基本建设投资总额的2.08%,比同期上海上缴的固定资产折旧费还少。[2] 特别是"一五"后期,沿海地区工业的潜力没有得到应有发挥,工业增长速度偏低。1954年和1955年内地工业分别增长了22.4%和9.9%;而沿海地区只分别增长了13.7%和3.6%,其中上海分别只有7.4%和4.5%,天津分别只有11.6%和2.1%。[3]

---

[1] 毛泽东:《论十大关系》(1956.4.25),《毛泽东文集》第7卷,人民出版社1999年版,第26页。

[2] 彭敏主编:《当代中国的基本建设》上,中国社会科学出版社1989年版,第70页。

[3] 李富春:《发展经济必须处理好三大关系》(1956.6.18),《李富春选集》,中国计划出版社1992年版,第167页。

针对中国生产力布局的实际状况和总结"一五"工业布局的经验教训，毛泽东等中共中央领导人把沿海工业和内地工业发展有机地统一起来，较为系统地阐述了沿海工业与内地工业的发展关系，提出要从宏观上对国家工业发展布局进行合理安排，充分利用和发展沿海工业以促进内地工业和全国工业迅速发展的新思路。

（一）加速中国工业化，必须注意沿海工业与内地工业的配合

当时中央各部委在汇报时提出，在工业布局问题上，除了要考虑资源、市场和交通运输等条件外，还要考虑沿海和内地的关系。因为沿海工业在建国头几年，对于推进全国工业建设和整个国民经济的发展，发挥了极为重大的作用。据1955年统计，沿海7省3市，在全国工业的固定资产总值中，占有64%，也就是说接近2/3；它以占全国总数58%的职工人数，生产了占全国总值68%的工业产品，它的劳动生产率高于内地工业50%，它拥有144000名工程技术人员，比内地多了44%。上海市实现的利润占第一个五年全国基本建设投资总额的20.9%。特别是轻工业，不仅原有这一部分可为国家积累大量资金，而且挖掘潜力，稍加改建和扩建，就能在短期内取得投资少、收益快的效果。当时国内供应的设备、材料和绝大部分轻工业品都是沿海生产的。1952—1955年间，沿海轻工业共盈余108.2亿元，除弥补工业的收支差额52.7亿元外，还有55.5亿元支援其他国民经济部门。如果不积极利用和发展沿海工业，就不可能较大规模地发展内地工业，也会影响到全国工业化的发展。

毛泽东指出：中国的工业过去集中在沿海，这是历史上形成的一种不合理的状况。"为了平衡工业发展的布局，内地工业必须大力发展"，这是中国工业化过程中实现工业布局合理化的客观要求。有计划地在内地建立新的工业基地，就能充分利用广大内地的丰富资源，迅速增加工业生产，从而逐步改变旧中国不合理的生产力布局，也有利于国防安

全。同时,"沿海的工业基地必须充分利用"①。在这个问题上,我们不能只顾一头,放弃另一头。最近几年,我们对于沿海工业的发展重视不够,主要有两个原因,一个是"对于沿海工业有些估计不足",另一个是"过去朝鲜还在打仗,国际形势还很紧张",曾一度影响我们有些同志对沿海工业的看法。因此,"这要改变一下"②,在大力发展内地工业的同时,充分注意沿海地区工业的发展。

李富春认为:"过去由于对充分、合理地利用沿海原有的工业基础认识不足,偏重于注意在内地建立新的企业,对沿海地区的工业没有积极地加以规划和利用。"③他要求今后要加强调查研究、采取有力措施,把沿海和内地的工业建设更合理地结合起来。刘少奇在中共八大政治报告中更明确提出:"在工业的布局问题上,目前需要注意的是沿海和内地的配合。"一方面,为了合理地布置生产力,使工业企业接近自然资源,使工业和整个国民经济平衡发展,我国在第一个五年计划期间已经把工业重点逐渐移向内地,以后仍需要大力发展内地工业。另一方面,"我们应当充分利用沿海各省的有利条件,继续适当地发展那里的工业,以帮助内地工业的发展,加速全国的工业化。"④

(二)充分地利用和发展沿海工业,可以更好地促进内地工业的发展

要使沿海和内地工业布局达到平衡,有两种途径和方法:一种是用限制发展沿海工业的办法来与内地平衡发展;另一种是在大力发展内地工业的同时,充分利用老工业基地并积极发展沿海工业,逐步达到平衡。毛泽东认为,在国际环境允许的条件下,应采取后一种办法。沿海

---

① 毛泽东:《论十大关系》(1956.4.25),《毛泽东文集》第7卷,人民出版社1999年版,第25页。
② 同上,第26页。
③ 李富春:《发展经济必须处理好三大关系》(1956.6.18),《李富春选集》,中国计划出版社1992年版,第168页。
④ 刘少奇:《在中国共产党第八次全国代表大会上的政治报告》(1956.9.15),《刘少奇选集》下卷,人民出版社1985年版,第229、230页。

工业是中国原有工业的基础，相对于内地来说，人才集中，交通比较便利，设备较多，技术力量雄厚，是国家积累建设资金的主要来源。"沿海地区要充分合理发展，不能限制。"① "好好地利用和发展沿海的工业老底子，可以使我们更有力量来发展和支持内地工业。"② 周恩来在中共八大上《关于发展国民经济的第二个五年计划的建议的报告》中强调加强内地工业建设的同时，也指出：我们必须充分地利用近海地区原有的工业基础。我们在内地进行工业建设所需要的许多原材料、设备、资金和技术人才，都需要近海城市原有工业来供应和支援。可以说，"近海地区原有的工业基础，是我国工业化的出发点。我们充分利用并且加强近海地区的工业基础，不但是为了适应国家和人民日益增长的需要，而且也正是为了在内地建立更强大的工业基础"。他认为在第二个五年计划期间，应该继续加强东北的工业基地，充分利用和适当加强华东、华北、华南各地区近海城市的工业，以发挥他们在国家建设中的作用。③应该说，这种积极的平衡是毛泽东等中共中央领导人关于处理沿海工业与内地工业关系思想中最具创新的观点。

按照毛泽东的观点，充分发挥沿海老工业基地的作用以支持内地工业的发展，首先要充分挖掘沿海工业企业的潜力，提高生产，增加积累。当时各部委汇报中反映出沿海地区不少企业的设备利用率很低，巨大潜力并没有充分发挥出来的问题。据1956年估计，上海40种主要工业品的设备利用率有35种在80%以下，其中16种甚至在40%以下；天津38种主要工业品设备利用率，在40%以下的有15种，60%以下的有17种，70%—80%的只有6种，造成了巨大的浪费。所以毛泽东在听取汇报时说：不充分利用沿海工业的设备能力和技术力量，那就不对了。

---

① 薄一波：《若干重大决策与事件的回顾》上卷，中共中央党校出版社1991年版，第484、485页。

② 毛泽东：《论十大关系》(1956.4.25)，《毛泽东文集》第7卷，人民出版社1999年版，第26页。

③ 周恩来：《关于发展国民经济的第二个五年计划的建议的报告》(1956.9.16)，《建国以来重要文献选编》第9册，中央文献出版社1994年版，第191页。

"轻工业70%在沿海,不积极利用,还靠什么来提高生产?"① 毛泽东强调指出,充分利用和挖掘沿海工业的潜力,不仅可以使同样资金带来更大的收益,从而也可以积累更多的财力与物力支持内地工业的发展。而"如果采取消极的态度,就会妨碍内地工业的迅速发展。所以,这也是对于发展内地工业是真想还是假想的问题。如果是真想,不是假想,就必须更多地利用和发展沿海工业,特别是轻工业"。② 毛泽东在听取汇报时还指出:"上海赚钱,内地建厂,这有什么不好?这和新建厂放在内地的根本方针,并不矛盾。"③

周恩来在《关于发展国民经济的第二个五年计划的建议的报告》进一步强调要重视处理好发挥原有企业生产潜力与新建、改建企业的关系。他指出:"决不能够说,有了新建和改建的企业,我们就可以不注意原有企业的生产了。"在第二个五年计划期间,原有企业生产的产值在工业总产值中仍然占有相当大的比重,而且许多新建和改建的企业还需要依靠原有企业的协作和支援。"我们应该根据具体条件,分别地采取不同的措施,对一部分企业有计划地进行改建或者进行技术改造,对另一部分企业进行调整和增添某些设备,对其余的企业继续改善经营管理,以进一步发挥原有企业的生产潜力。"④ 1956年7月8日,《人民日报》还专门发表了《发挥沿海工业的潜力》的社论,要求各部门和沿海各省市本着"充分利用原有的生产基础,积极发展生产,如果某些企业只要稍加扩建或添增部分设备,就能增加大量产品,或增加迫切需要的品种,那么,在力求供销平衡的前提下,也可以考虑进行扩建"。⑤

---

① 薄一波:《若干重大决策与事件的回顾》上卷,中共中央党校出版社1991年版,第484、485页。

② 毛泽东:《论十大关系》(1956.4.25),《毛泽东文集》第7卷,人民出版社1999年版,第26页。

③ 薄一波:《若干重大决策与事件的回顾》上卷,中共中央党校出版社1991年版,第484页。

④ 周恩来:《关于发展国民经济的第二个五年计划的建议的报告》(1956.9.16),《建国以来重要文献选编》第9册,中央文献出版社1994年版,第194页。

⑤ 《人民日报》社论:《发挥沿海工业的潜力》,1956年7月8日第1版。

为了积极地利用和发展沿海工业以支持内地工业的发展,毛泽东等中共中央领导人还论述了要充分利用沿海的有利条件,适当搞一些新建和扩建工程的思想。最早注意到这一问题的是陈云。1954年12月31日,他在国务院座谈会上就指出:"五年计划中新建的工厂在内地,内地的市场可以靠新的来维持。上海、天津没有新建的工厂,旧的搞垮了,就不能维持。"① 他提出对于新建企业的地区分布,要合理安排。此后毛泽东也一再反思这一教训:"过去我们计划规定沿海省份不建设新的工业,1957年以前没有进行什么新建设,整整耽误了七年的时间。"② 他明确指出对于沿海工业不能只是维持,而是要发展。新的工业大部分应该摆在内地,"但是沿海也可以建立一些新的厂矿,有些也可以是大型的。至于沿海原有的轻重工业的扩建和改建,过去已经作了一些,以后还要大大发展"。③ 1956年6月,李富春在一届全国人大三次会议上的报告中也认为:在基本建设方面,不论重工业或轻工业,在沿海地区还有不少的企业可以结合这些地区的社会主义改造和生产改组来进行适当改建。"这种改建不仅不会妨碍全国范围内以重工业为中心的新的工业基地的建设,而且可以支持、配合新工业基地的建设和补充内地新工业建设的不足。"④

利用和发展沿海工业与重点发展内地工业既相矛盾又相依存。毛泽东等中共中央领导人将发展沿海工业问题看做是实现全国工业合理布局的重要途径,并提高到中国工业化可持续发展的高度来认识。充分利用和发展沿海工业,就能更好地支援内地工业的发展。沿海工业越发展,支援和帮助内地工业发展的力量也就越大,内地工业就能更快地发展。

---

① 陈云:《解决私营工业生产中的困难》(1954.12.31),《陈云文选》第2卷,人民出版社1995年版,第268、269页。
② 毛泽东:《读苏联〈政治经济学教科书〉谈话》(1959.12—1960.2),《毛泽东文集》第8卷,人民出版社1999年版,第119页。
③ 毛泽东:《论十大关系》(1956.4.25),《毛泽东文集》第7卷,人民出版社1999年版,第26页。
④ 李富春:《发展经济必须处理好三大关系》(1956.6.18),《李富春选集》,中国计划出版社1992年版,第168页。

离开了沿海工业，孤立地发展内地工业，反而会阻碍和延缓内地工业发展的速度，这是一种对立统一的辩证关系。

（三）从国防建设与经济建设的辩证关系，阐述了利用和发展沿海工业与重点发展内地工业的一致性

国防建设与经济建设的关系，是国家工业化建设中的一个重要关系。鉴于当时国际形势和旧中国生产力布局不平衡的特点，中国国防建设与经济建设的关系同沿海工业与内地工业的关系紧密相关。如何认识二者的关系，在相当程度上决定着工业化区域布局和国民经济发展的重点。

"一五"计划时期，国防工业和国防科研投资在基本建设投资额中占了很大比重，约占全部工业投资的12%，占重工业投资的14%，且主要安排在内地。这在当时是必要的，符合工业布局的国防原则。但是，中共领导人在实践中曾一度过分估计了战争的威胁，甚至出现了把二者对立起来的现象，对沿海工业采取了限制的方针，影响了这些地区经济应有的发展。"一五"计划后期，国际形势在日内瓦会议、万隆会议后逐渐有所缓和，这就必然要求针对新的情况来认识发展沿海工业与国防建设的关系问题。

毛泽东在《论十大关系中》首先深刻地阐述了经济对国防建设的基础性意义及二者的关系。指出：经济是国防建设的物质技术基础，"只有经济建设发展得更快了，国防建设才能够有更大的进步"。因此，我们要加强国防，一定要首先加强经济建设。[1] 接着他分析了国际形势的走向，判断新的侵华战争或世界大战短时间内打不起来，可能出现十年或者更长一点的和平时期。基于对国际形势的正确估量，他论述了利用和发展沿海工业的可能性和迫切性。他一方面批评对战争形势的过分估计，指出有的同志一副战争就要来了的样子，准备着架子在等待战争，甚至"认为原子弹已经在我们头上，几秒钟就要掉下来，这样形势估计

---

[1] 毛泽东：《论十大关系》（1956.4.25），《毛泽东文集》第7卷，人民出版社1999年版，第27、28页。

是不符合事实的,由此而对沿海工业采取消极态度是不对的";另一方面,他提出要最大限度地利用已赢得的和平时间,充分利用沿海工业的设备能力和技术力量,来发展我们的经济。"不说十年,就算五年,我们也应当在沿海好好地办四年的工业,等第五年打起来再搬家",也是完全合算的。① 毛泽东在《论十大关系》中还从经济效益的角度指出:"从现有材料看来,轻工业工厂的建设和积累一般都很快,全部投产以后,四年之内,除了收回本厂的投资以外,还可以赚回三个厂,两个厂,一个厂,至少半个厂。这样好的事情为什么不做?"② 其他中央领导人也论述了国防工业建设应和民用工业结合等思想。

在这里,毛泽东等中共中央领导人用战略的眼光,辩证的方法看问题,提出要大力发展军事工业首先必须发展经济建设,经济发展了才能发展强大的军事工业。而加强经济建设,就必须积极地利用和发展沿海工业,这不仅不违反国防原则这一要求,而且可以较快地提高中国的工业生产能力,并有力支援内地新工业基地建设,反而有利于加强国防建设。因此从表面上看,二者有一定的矛盾,但在本质上二者是一致的。

上述"利用和发展沿海工业以支持内地工业发展"的战略新构想,得到了全党的认同。中共八大关于政治报告的决议中提出:"在内地和近海地区的关系上,既须继续把工业重点合理地移向内地,发展内地的经济事业,又须充分利用和合理发展近海地区的经济事业,特别是应当充分利用近海原有的工业基地来迅速推进内地新的工业基地的建设。"③ 这一战略构想在"二五"计划中得到了体现和贯彻。一方面为加快内地工业的发展,五年中内地占全国的基本建设投资比重达到55.9%,比"一五"计划的53.3%增加2.6个百分点,另一方面则又兼顾了沿海工业的发展,仅上海工业基建投资就达36亿元,平均每年投资额比"一五"时期增加6倍。

---

① 毛泽东:《论十大关系》(1956.4.25),《毛泽东文集》第7卷,人民出版社1999年版,第26页。

② 同上。

③ 《中国共产党第八次全国代表大会关于政治报告的决议》(1956.9.27),《建国以来重要文献选编》第9册,中央文献出版社1994年版,第345页。

后来的实践证明,在中国工业化进程中必须正确处理沿海工业与内地工业关系的战略思想是符合中国实际和富有远见的。如同中共八大前后探索的其他正确思想一样,"利用和发展沿海工业,加速全国工业化"思想的科学性,在社会主义工业化进程中经受了正反两方面的实践检验,成为改革开放后实施优先发展沿海地区带动内地发展战略,推动中国区域工业化道路创新的重要理论基础,并在新的历史条件下得到了新的发展,被赋予了新的内涵,从更深的层次上强调沿海地区在中国工业化、现代化发展中的战略地位和作用。

然而,由于受当时所处历史条件的影响,东部沿海地区不但没有具备对外开放的优势,而且被视为国防的前线,中国共产党对沿海地区优势的认识,基本上尚处于设备、技术等原有工业基础的阶段,加上过分过急追求地区间的平衡,所以,虽然采取了对沿海地区利用和发展的态度,却仅仅把沿海视为利用一段和平时期的机遇而需要"适当"发展的地区,置于支持内地发展的"辅助"地位,并没有把它作为能够带动内地发展的"增长极"和"辐射极";虽然强调在沿海地区发展一些新建企业,但主要是采取改建和扩建的形式挖掘和发挥原有企业的潜力。因此,随着国际国内形势的变化,八大前后中国共产党正确探索的成果,便受到随之而来的全国范围内的"大跃进"运动和三线建设所冲击,原来有工业基础优势的沿海地区被作为防御入侵的海防前哨,"利用和发展沿海工业"这一合理思想也就未能得到真正的贯彻和实施。

3.6 "中国工业化的道路"探索的意义与局限

"中国工业化的道路"命题的提出及其初步探索,第一次提出旨在寻求一条既不同于西方工业发达国家,又不同于苏联、东欧国家的中国自己的工业化新路。

这条中国工业化新路,不仅体现了马克思主义工业化理论的基本原理,立足于中国经济文化落后的农业大国的国情基础,借鉴了苏联工业化道路模式的经验教训,而且蕴含了世界工业化发展一般规律的内在要求。可以说,"中国工业化的道路"的命题及其思想内容,是马克思主义工业化基本理论与中国实际、世界工业化一般规律与中国工业化特殊规律的双重结合。

这条中国工业化新路，不仅是思想理论上的探索与创新，而且是中国共产党试图为全面推进中国社会主义工业化建设而进行的一次总体设计和规划。这一总体设计和规划，涵盖了中国工业化道路的指导思想、战略目标、发展路径，以及制度、体制和与此相适应的一系列方针政策，实际上意味着开始对苏联工业化道路模式的扬弃。1958年3月10日，毛泽东在成都会议上回顾社会主义建设路线的形成过程时认为："一九五六年四月的《论十大关系》，开始提出我们自己的建设路线，原则和苏联相同，但方法有所不同，有我们自己的一套内容。"① 1960年6月18日，他在《十年总结》一文中又指出：建国前几年照抄外国的经验，但"从一九五六年提出十大关系起，开始找到自己的一条适合中国的路线"，"开始反映中国客观经济规律"。②

所谓"适合中国的路线"，在毛泽东看来，就是适合中国情况的社会主义建设道路，其中核心内容是"中国工业化的道路"。尽管当时中国共产党人对这条道路的认识还是很初步的，但毕竟开启了探索中国自己的社会主义工业化道路的先河，在中国乃至世界社会主义工业化发展史上都有着重大的意义和影响。

第一，"中国工业化的道路"，总结了自己的经验，吸取了苏联的教训，既坚持社会主义工业化的一般原则，许多方面又有中国的特色。这不仅表现在处理农轻重关系上不同于苏联片面发展重工业的做法，并且创造性地提出了工业化道路的目标体系，以及实现工业化目标的基本途径、制度和体制保证以及一系列统筹兼顾、调动一切积极因素的指导方针。这对于当时被视为神圣不可侵犯的苏联工业化道路模式，无疑是一种突破。这种突破又是对传统社会主义观念的思想解放，实质上是对社

---

① 毛泽东：《在成都会议上的讲话》(1958.3)，《毛泽东文集》第7卷，人民出版社1999年版，第369、370页。

② 毛泽东：《十年总结》(1960.6.18)，《建国以来毛泽东文稿》第9册，中央文献出版社1996年版，第213页。

会主义工业化理论与实践的一次再认识。这次再认识使中国共产党人对社会主义工业化道路理论有了不少极富创造性的新见解、新思路、新观点。其中如社会主义工业化进程中必须发展商品生产、遵循价值规律等认识,在当时社会主义工业化史上已经达到了较高的水平。

第二,"中国工业化的道路"的提出,表明中国共产党人在中国刚刚跨进社会主义门槛之时,就开始对中国社会主义工业化发展问题进行比较全面的思考。这次探索和思考,明确以建设中国自己社会主义工业化道路为指导思想,初步形成了许多适合中国情况的社会主义工业化发展战略构想。尽管它是不完备、不成熟的,更不能同今天的探索相提并论,但因为它是"第一次",因而带有里程碑的性质,成为中国特色社会主义工业化道路探索的先导。

这种"先导",一方面表现为"中国工业化的道路"的命题,本身就体现了马克思主义工业化基本理论与中国特殊国情的统一,为中国共产党的继续探索奠定了良好的思想基础,直接成为建设中国特色社会主义工业化目标提出的历史渊源。事实上,今天所强调的走中国特色的社会主义工业化道路,就思维方式来说,主要来源于毛泽东关于中国工业化道路的思考。另一方面,"中国工业化的道路"探索的这些宝贵成果,为中共十一届三中全会以来探索建设中国特色的社会主义工业化道路,提供了历史的"基因"和最初的胚胎,从而构成建设中国特色社会主义工业化道路理论体系的有机组成部分,对中国共产党之后的继续正确探索有着重大的意义和影响。如关于统筹兼顾的方针对新时期搞好社会主义工业化、现代化建设的意义,邓小平说,在社会主义制度下,个人利益和集体利益是统一的,"我们必须按照统筹兼顾的原则来调节各种利益的相互关系"。[①] 中共十六大以来,新一代中央领导人更把统筹兼顾纳入科学发展观的范畴,提出中国社会主义工业化、现代化建设的"五个统筹"重要指导方针。2005年2月胡锦涛在省部级主要领导干部提高构建社会主义和谐社会能力专题研讨班上的讲话中强调,为把我国建设成

---

① 邓小平:《坚持四项基本原则》(1979.3.30),《邓小平文选》第2卷,人民出版社1994年版,第175页。

为工业化、现代化的社会主义强国,"要按照统筹兼顾的原则来调节各种利益的相互关系,正确处理人民内部矛盾,调动人民群众的积极性"。①

从实践来看,"中国工业化的道路"理论的提出,尽管从 1957 年下半年开始至 1978 年底前在指导中国工业化建设的过程中经历过曲折和反复,甚至还违背了这些理论,给工业化发展带来了不应有的损失,但无论如何,仍取得了举世瞩目的成就。美国学者莫里斯·迈斯纳曾评价说:毛泽东时代是中国现代工业革命的时代,国家在努力使中国现代化方面取得了一定的成功,中国已从一个基本的农业国转变为一个初具规模的工业国。与世界上的发展中国家及主要发达国家的早期发展相比,中国经济的增长率是较高的;与现代世界历史上任何国家实现工业化的周期相比,中国的发展速度也是较快的。20 世纪 50 年代初期,中国从比比利时还要弱小的工业起步,到毛泽东时代结束时,长期以来被耻笑为"东亚病夫"的中国已经跻身于世界前 6 位最大的工业国家之列。毛泽东主义的工业化是在没有外国贷款和投资的情况下进行的。在毛泽东时代结束时,中国是唯一一个既无外债又无国内通货膨胀的国家。未来的历史学家肯定会把人民共和国史上的毛泽东时代作为世界史上伟大的时期之一,作为一个取得了社会成就和人类成就的时期②。应当说,迈斯纳的这一评价是客观和公正的。

当然,作为时代的产物,中国工业化的道路的探索,也带有某种不可避免的历史局限性。这里既有社会历史的复杂因素,也有理论建设本身所存在的历史局限性。史学界对前者研究较多,对后者涉及较少。实际上,历史形成的、当时难以超越的思想理论局限性不可忽视,突出地表现为以下几个方面的特点:

一是突破与趋同交织。"中国工业化的道路"究竟有没有突破苏联

---

① 胡锦涛:《在省部级主要领导干部提高构建社会主义和谐社会能力专题研讨班上的讲话》(2005.2.19),载《人民日报》,2005 年 6 月 27 日第 1 版。

② [美] 莫里斯·迈斯纳:《毛泽东的中国及后毛泽东的中国》(中译本)下册,四川人民出版社 1989 年版,第 537—543 页。

模式？从历史的辩证的观点看，不能简单地认为已经"突破"或"总体上没有突破"，而应当进行具体分析。一般说，在具体的路径和方法上，有的虽有不足，但主流是突破。在道路目标模式上，虽然突破了斯大林的工业化标准，但目标体系仍主要考虑的是工业内部结构的"独立和完整"，而没有进一步顺应世界工业化发展的趋向，把工业现代化与市场化、社会化目标结合起来；由于受传统社会主义观念的束缚，即使像"三个主体、三个补充"的工业化制度安排的新颖构想，也并非要从根本上改变以产品经济为基础的计划经济传统模式。这种状况，从一个侧面反映了这次最初探索对苏联工业化道路模式有重大突破而又未能根本突破、突破与趋同交织的历史特点。

二是带有局部突破的性质。中国工业化道路的探索，在具体路径、方法上尽管有许多重大突破，但往往只是从局部上去避免苏联体制的弊端，也就未能驾驭全局。如提出统筹兼顾、调动一切积极因素的工业化指导方针，却未能制订出切实有效的贯彻措施。兼顾国家、集体、个人三者的利益，主要是采取行政手段调节国家的税收、合作社的积累、农民的个人收入这三方面的比例关系；处理中央与地方、企业的关系，又是以简政放权、分权为中心的体制改革，也主要是各级行政管理经济权限的划分，并没有着重转向用经济杠杆来调节和处理经济关系，更不可能认识到全面改革社会主义经济体制，把改革作为发展社会主义工业化的根本动力。

三是理论上尚未有重大突破。突破苏联模式，建设中国特色的社会主义，是中共十一届三中全会以来中国共产党人的伟大创造性实践，其成功无疑是以邓小平等中国共产党人创造性的科学理论为指导的。由于实践的局限，毛泽东等中国共产党人关于"中国工业化的道路"构想，虽然迸发出许多宝贵的思想火花，但很大程度上是直观苏联工业化道路模式的弊端和对中国自己工业化建设经验的感性认识。从总体上说，对"什么是社会主义，怎样建设社会主义"这一根本性的理论问题，"并没有完全搞清楚"。① 因此,这些具有重要理论价值的闪光点,难以凝聚和升华为比较成熟的正确的基本理论,并用以指导自己的探索。如当时对中国社会主义社会发展所处初级阶段的历史方位缺乏理论认识,就不可能从根本上突破单一公有制的社会主义工业化模式;囿于计划经济等于社会主义、市场经济等于资本主义的传统观念,工业体制改革的设想只能限于计划经济的框框之内。理论上的准备不足,是"中国工业化的道路"未能全面超越苏联工业化模式的更深层次的原因,反映了当时中国共产党人对社会主义工业化建设客观规律的认识还是很初步的。

历史地看,在探索中国特色社会主义工业化道路的最初起点上,留下了许多有待解决的重大问题,是不足为怪的,不少是当时难以超越的历史局限。要在中国这样经济文化极其落后的农业大国实现社会主义工业化,是一项前无古人的伟大事业,需要有比较充分的工业化实践基础,经过几代人的长期艰辛探索。因此,这些不足和缺陷并不能遮盖住其熠熠生辉的历史贡献。从"中国工业化的道路"的最初探索,到"大跃进"期间"以钢为纲"的片面发展重工业的道路,再到中共十一届三中全会以来中国特色社会主义工业化道路的开辟,中国社会主义工业化道路的探索经历了一个辩证否定的发展过程。今天我们沿着这一历史脉络考察以毛泽东为主要代表的中国共产党人的开创性探索,必将获取对当今新的伟大探索的更多有益启迪。

---

① 邓小平:《改革是中国发展生产力的必由之路》(1985.8.28),《邓小平文选》第3卷,人民出版社1993年版,第139页。

第四章 向片面发展重工业的赶超模式的畸变

1957年下半年开始,由于毛泽东"左"的指导思想逐渐在中国共产党内居于主导地位,基本上中断了对"中国工业化的道路"的正确探索,并由"一五"时期优先发展重工业的赶超模式,畸变为"大跃进"时期急于求成的片面发展重工业的超高速赶超模式,使中国社会主义工业化道路的探索经历了曲折的过程。

中国共产党人特别是毛泽东对超高速赶超道路模式的选择,是试图打破常规,另辟蹊径,走出一条中国自己的赶超道路,以尽快把中国建成一个强大的社会主义工业化国家,赶上或超过西方发达国家。就主观愿望来说,不能说是完全错误的,而且在探索中毛泽东及其他中共中央领导人还提出了一整套"两条腿走路"方针和农村工业化等思想,包含着某些对中共八大前后关于适合中国情况的工业化道路正确探索的继续。但超高速赶超工业化道路的突出特征是急于求成、片面发展重工业和大搞群众运动,与工业化的客观规律背道而驰,使这种独特的探索和试验步入了误区,在其他因素的共同作用下,导致了"大跃进"时期的错误。经过60年代前期国民经济的调整,工业经济也得到了恢复和发展,但直到中共十一届三中全会前,中国工业化始终未能走上良性发展的轨道。

4.1 片面发展重工业的赶超战略的形成及其特点

从世界工业化发展的进程来看,赶超战略是经济落后国家追赶经济发达国家并力图实现超越的一种经济发展战略。经济落后国家与经济发达国家发展的差距，能够激发强烈的追赶意识，形成加快经济发展的强大动力。由于较高的重工业化程度标志着一个国家经济发展水平和经济实力，而经济落后国家重工业基础一般都比较薄弱，于是，一些经济落后国家把优先发展重工业作为追赶经济发达国家并力图实现超越的手段。从这种意义上说，赶超战略的本质特征是高速度和重工业的优先发展。如果一个经济落后国家根据本国国情，进行理性分析和选择适合自己的追赶道路，充分发挥其所具有的后发优势，通过积极学习和借鉴发达国家工业化的成功经验，有效利用发达国家的先进技术和设备，实现以重工业为中心的工业化快速发展，尽快缩小与发达国家的差距，甚至赶上或超过发达国家，这样的赶超战略并不能说是错误的，反而是必要的。

将中国迅速建成一个繁荣昌盛的社会主义工业化强国，反映了百年来中国人民迫切要求迅速改变祖国贫穷落后面貌的强烈愿望，也是中国共产党人孜孜追求的奋斗目标。"一五"计划以重工业化为中心的工业化战略，可以说也是一种赶超发达国家的经济发展战略。社会主义改造的迅速完成，鼓舞着中国共产党和人民群众加快发展经济的步伐，毛泽东更是重视社会主义建设速度问题。1955年下半年，农业合作化出现了高潮，毛泽东由此认为："中国的工业化的规模和速度，科学、文化、教育、卫生等项事业的发展的规模和速度，已经不能完全按照原来所想的那个样子去做了，这些都应当适当地扩大和加快。"①

这时，毛泽东对中国工业化发展速度的认识已发生了明显的变化，不仅明确提出了应当加快工业化的速度，而且与"赶超"西方发达国家的目标联系起来，作为社会主义工业化建设的主导思想。还在1955年3月21日，毛泽东便提出"要在大约几十年内追上或赶上世界上最强大

---

① 毛泽东：《〈中国农村的社会主义高潮〉的序言》（1955.12.27），《建国以来毛泽东文稿》第5册，中央文献出版社1992年版，第485页。

的资本主义国家"①。这里虽然没有点出赶超的具体对象，但"最强大的资本主义国家"显然是指美国。同年10月29日，他在工商业社会主义改造问题座谈会上进一步明确说："我们的目标是要赶上美国，并且要超过美国，……究竟要几十年，看大家努力，至少是五十年吧，也许七十五年。""哪一天赶上美国，超过美国，我们才吐一口气。"② 此后，毛泽东在不同场合反复强调了这一思想，到1957年7月，他在青岛召开的省市委书记会议上还说：我们准备以八个至十个五年计划在经济上赶上并超过美国。③

但直到这时，毛泽东说要赶上和超过美国的讲话，大都认为需要五六十年的时间，最长的估计是75年。虽然已出现急躁的苗头，与后来急于求成的赶超战略有一定的联系，但总的来说是比较谨慎的，他并指出实现这一宏伟战略目标"是一个很艰巨的任务"④。有学者把这一时期的赶超思想与"大跃进"时期的赶超战略等同起来，显然是不妥的。应当说，这些探索总体上仍没有背离"中国工业化的道路"的思想。

1957年下半年开始形成的片面发展重工业的赶超型工业化道路，却是以急于求成的思想为指导的。其发端于1957年9—10月间中共八届三中全会上毛泽东发动的批判反冒进，经过1958年初一系列中共中央会议的推动，到1958年5月中共八大二次会议和8月的北戴河会议正式形成。这一急于求成的赶超工业化道路模式的选择与实施，主要有两个方面的显著特征。

---

① 毛泽东：《在中国共产党全国代表会议上的开幕词》（1955.3.21），《建国以来毛泽东文稿》第5册，中央文献出版社1992年版，第62、63页。
② 毛泽东：《在工商业社会主义改造问题座谈会上的讲话》（1955.10.29），《毛泽东文集》第6卷，人民出版社1999年版，第500页。
③ 转引自顾龙生：《毛泽东经济年谱》，中共中央党校出版社1993年版，第400页。
④ 毛泽东：《在中国共产党全国宣传工作会议上的讲话》（1957.3.12），《毛泽东文集》第7卷，人民出版社1999年版，第275页。

（一）超出常规的高速度

1957年10月9日毛泽东在中共八届三中全会上批判反冒进的同时，要求不论革命工作或建设工作的进展都要"异常迅速"，"争取以28年基本上达到苏联40年的水平"。①

11月，毛泽东在莫斯科出席社会主义国家共产党和工人党代表会议期间，受苏联要在15年内赶超美国的鼓舞和启发，提出中国也要在15年时间里"赶上或者超过英国"②。12月2日，在中华全国总工会第八次全国代表会议上，刘少奇代表党中央致祝词中正式宣布了这一口号。1958年《人民日报》发表元旦社论，进一步提出了"赶超英美"的目标，指出："我们要在15年左右的时间内，在钢铁和其他重工业产品的产量方面赶上和超过英国，在这以后，还要进一步发展生产力，准备要用20年到30年的时间，在经济上赶上并且超过美国。"③

1958年3月的成都会议正式提出了工业生产"大跃进"的口号，赶超英美的时间一再缩短。4日毛泽东在会议上插话时讲："十年或稍多一点时间赶上英国，二十年或稍多一点时间赶上美国。"④ 4月15日，毛泽东在写《介绍一个合作社》的批语时又改为："十年可以赶上英国，再有十年可以赶上美国，说'二十五年或者更多一点时间赶上英美'是留了五年到七年的余地的。'十五年赶上英国'的口号仍不变。"⑤

毛泽东急于求成的赶超思想，通过1958年5月中共八大二次会议正式确立为社会主义建设的指导思想。会议通过的"鼓足干劲、力争上

---

① 毛泽东：《在中共八届三中全会上的讲话提纲》（1957.10.9），《建国以来毛泽东文稿》第6册，中央文献出版社1992年版，第593、594页。

② 毛泽东：《在莫斯科共产党和工人党代表会议上的讲话》（1957.11.18），《建国以来毛泽东文稿》第6册，中央文献出版社1992年版，第635页。

③ 《人民日报》社论：《乘风破浪》，1957年1月1日第1版。

④ 转引自顾龙生：《毛泽东经济年谱》，中共中央党校出版社1993年版，第411页。

⑤ 毛泽东：《介绍一个合作社》（1958.4.15），《建国以来毛泽东文稿》第7册，中央文献出版社1992年版，第179页。

游、多快好省地建设社会主义"总路线,中心思想是强调超常规高速度发展。刘少奇在大会报告中虽然提出不能"把多快好省这个统一的方针分割开来",但着重强调的是多快,是速度。认为"建设速度的问题,是社会主义革命胜利后摆在我们面前的最重要的问题"①,并且把"大跃进"运动同马克思关于无产阶级革命将使我们进入"一天等于二十年"的伟大时期的预言相提并论。随后《人民日报》发表的题为《力争高速度》的社论,更明确解释说:"快,这是多快好省的中心环节","用最高的速度来发展我国的社会生产力,实现国家工业化和农业现代化,是总路线的基本精神"。因此可以说,"速度是总路线的灵魂"。②

在这种思想指导下,赶超战略目标的实现时间愈来愈短。5月18日,毛泽东在中共八大二次会议期间印发的一个文件的批示中提出:"我国七年赶上英国,再加八年或者十年赶上美国。"③ 6月21日,他在中央军委扩大会议上又将赶超时间提前,说:我们三年基本超过英国,十年超过美国,有充分把握。④ 7月5日,刘少奇在石景山发电厂同工人座谈时说:"现在赶上英国不是十几年,两三年就行了,明年后年要超过英国。这不是假的。钢铁、煤炭明年可以超过,电要慢点。"⑤

赶超时间一再被修改和如此大幅度的变化,反映了当时党和国家领导人中所广泛存在的急于求成的心理:"我们要求的建设速度,不是一般地超过过去的中国,一般地超过资本主义国家,这一点我们已经做到了。我们要求的建设速度是成倍地、几倍地以至几十倍地超过过去的中

---

① 刘少奇:《中国共产党中央委员会向第八届全国人民代表大会第二次会议的工作报告》(1958.5.5),《建国以来重要文献选编》第11册,中央文献出版社1995年版,第305、306页。

② 《人民日报》社论:《力争高速度》,1958年6月21日第1版。

③ 毛泽东:《卑贱者最聪明,高贵者最愚蠢》(1958.5.18),《建国以来毛泽东文稿》第7册,中央文献出版社1992年版,第236页。

④ 转引自薄一波:《若干重大决策与事件的回顾》下卷,中共中央党校出版社1993年版,第702页。

⑤ 1958年7月5日刘少奇在北京石景山发电厂同工人座谈时的讲话。

国和一切资本主义国家。"①

理论分析和历史实践都已表明,这里所说的速度,不是客观条件能够允许达到的高速度,而是片面追求超越客观条件的高速度。这种超出常规的高速度,成为"大跃进"时期赶超战略的显著标志。它不仅脱离了当时的中国国情,也违背了世界工业化发展的客观规律及经典作家关于社会主义经济建设高速度的思想。

(二) 片面追求以钢为中心的工业产量指标

钢铁工业是整个工业发展的重要基础,毛泽东在思考如何加快中国工业化建设速度的问题上,非常重视钢铁工业的发展。虽然经过"一五"计划的重点建设,到1957年全国钢产量达到535万吨,但钢铁工业基础仍十分薄弱。就当时的认识水平来说,钢铁产量是衡量一个国家经济实力的最主要的指标。因此,毛泽东提出赶超美国的目标,从一开始就明确以"钢"为赶超的主要衡量指标。1956年8月30日,毛泽东在中共八大预备会议第一次会议上说:"人家(美国)一亿七千万人口有一万万吨钢,你六亿人口不能搞它两万万吨、三万万吨钢呀?你赶不上,那你就没有理由,那你就不那么光荣,也就不那么十分伟大。美国建国只有一百八十年,它的钢在六十年前也只有四百万吨,我们比它落后六十年。假如我们再有五十年、六十年,就完全应该赶过它。"② 12月8日,毛泽东与工商界人士谈话说:"要赶上美国一亿吨钢,请大家把目标转向这个方面"。③ 1957年5月4日,毛泽东在接见来访的缅甸联邦民族院议长萧恢塔时,向外国朋友表示:我们要好好干五十年,把工

---

① 李富春:《中国社会主义建设现阶段的基本问题》,载《和平和社会主义问题》,1958年第1期。
② 毛泽东:《增强党的团结,继承党的传统》(1956.8.30),《毛泽东文集》第7卷,人民出版社1999年版,第89页。
③ 毛泽东:《同工商界人士的谈话》(1956.12.8),《毛泽东文集》第7卷,人民出版社1999年版,第182页。

业建起来，要有美国那样多的钢铁。①

尽管如此，这时中共中央还是比较注意工业内部结构的平衡。中共八大关于第二个五年计划的建议，虽然在工业建设中突出了钢的产量，但确定五年中生产建设的基本任务，仍然是继续进行以重工业为中心的"工业化体系"建设，以建立中国社会主义工业化的巩固基础。1956年11月中共八届二中全会上，周恩来在说明党的八大规定的大约三个五年计划时间内建成一个基本上完整的工业体系的建设方针时说，如果把钢产量指标订得过高，"那就会像我们常说的，把两脚悬空了，底下都乱了，不好布局，农业、轻工业也会受影响，结果还得退下来。"他还说到，"陈云同志曾经在中央政治局会议上说，既然达不到，就应该允许在三个五年计划以外再加两年。我说，甚至可以设想加两年不够再增加一两年。这样一个大国，数量上的增长稍微慢一点，并不妨碍我们实现工业化和建立基本上完整的工业体系"。②

然而，急于求成的赶超战略却是片面追求以钢为中心的工业产量指标的。1957年11月毛泽东在莫斯科提出的15年赶超英国的目标主要是指的钢产量。从此，片面追求钢铁高指标成为工业化赶超战略首要的、重点的选择。1958年5月，中共八大二次会议提出在钢铁等主要工业产品产量等方面争取7年赶上英国、15年赶上美国的要求。随后，毛泽东在薄一波呈送的《两年超过英国》报告上批示，明确指出："超过英国，不是十五年，也不是七年，只需要两年到三年，两年是可能的。这里主要是钢。"③

1958年8月北戴河中共中央政治局扩大会议正式提出了"以钢为纲"的工业建设指导方针。当时认为，工业建设的重点是钢铁生产和机

---

① 转引自顾龙生：《毛泽东经济年谱》，中共中央党校出版社1993年版，第399页。

② 周恩来：《经济建设的几个方针性问题》（1956.11.10），《周恩来选集》下卷，人民出版社1984年版，第233页。

③ 毛泽东：《关于向军委会议印发〈两年超过英国〉报告的批语》（1958.6.22），《建国以来毛泽东文稿》第7册，中央文献出版社1992年版，第278页。

械生产，中心是钢铁生产。因为机械生产的发展又决定于钢铁工业的发展。因此，只要抓住钢铁，就可以把机械、电力、煤炭、交通运输等带动起来，农业机械化也就有了指望，出现所谓的"一马当先，万马奔腾，以钢为纲，全面跃进"的局面。

从国民经济计划的实际安排来看，为保证一再缩短的赶超时限和"以钢为纲"的实现，党中央不顾实际地修改国民经济计划，钢铁产量计划指标急剧上升。1958年3月召开的成都政治局扩大会议，将1958年的钢铁指标定为624万吨（第一本账）和700万吨（第二本账）；4月14日上升到711万吨，5月26日召开的中共中央政治局扩大会议又上升到800—850万吨；8月召开的北戴河会议，钢产量计划指标增到1070万吨，比上年翻一番；并且预言1959年可达3000万吨，1962年达到8000—9000万吨。

到1958年11月第一次郑州会议时，毛泽东开始对钢产量高指标降温，他说：10月钢产量720万吨，还差400万吨，真是逼死人了，脑筋里头就是钢了，农业没人抓了，现在开的支票太大了，恐怕不好。人们的想法是一回事，是否符合客观实际又是另一回事。在谈到"十年规划"的钢铁指标时，毛泽东主张把时间延长一点，认为不要急着去赶超美国，强调现在只赶英国就可以了。① 但1959年7月下旬庐山会议转向"反右倾"之后，"钢铁元帅"重新升帐的赶超思想又重新膨胀起来。

这样，"以钢为纲"就成为"大跃进"时期工业化的主要战略和政策，在之后近20年工业化战略目标和战略重点的实际选择中，除了60年代初几年经济调整时期以外，仍没有摆脱这种"以钢为纲"桎梏的影响。实践证明，它从根本上背离了"一五"时期的优先发展重工业的战略，更背离了中共八大前后探索"中国工业化的道路"的思想。

第一，"以钢为纲"取代了以重工业为中心的"工业化体系"建设。"大跃进"期间，片面强调钢铁工业的发展速度，使优先发展重工业被简单化为钢等主要工业产品产量的发展，钢等主要工业产品产量的

---

① 转引自薄一波：《若干重大决策与事件的回顾》下卷，中共中央党校出版社1993年版，第808、809页。

发展又被简单化为"以钢为纲"。在极短的时间内，全国掀起了一个空前规模的"全民大炼钢铁"运动。当时要求，与钢铁生产无直接关系的部门应"停车让路"，各行各业生产服务于实现钢铁生产指标，以求全力保证钢铁生产。"当钢铁工业的发展与其他工业的发展，在设备、材料、动力、人力等方面发生矛盾的时候，其他工业应该主动放弃或降低自己的要求，让路给钢铁工业先行"。①

这种片面强调发展钢铁工业和追求不切实际的钢的高指标和高速度，背离了以重工业为中心的"工业化体系"建设方针，形成了一个"以钢为纲"取代农轻重统筹兼顾、协调发展的局面。其结果必然违反客观经济规律和自然规律，不仅没有真正实现钢铁工业的"赶超"，反而极大地破坏了国民经济按比例发展和综合平衡。到1960年底，钢的产量勉强达到1866万吨，比1959年增加了479万吨，增长34.4%。②但同时"以钢为纲"使整个国民经济陷入困境，挤掉了轻工业、农业和其他方面的发展，也引起了工业内部各种比例关系的严重失调，大大加速了产业结构的畸形化。后来陈云总结这一时期的教训说："单纯突出钢，这一点我们犯过错误，证明不能持久。搞钢，就要煤，要电，要有色金属，等等。突出一点，电跟不上，运输很紧张，煤和石油也很紧张。有了电厂，没有煤烧，没有油烧，电厂只好摆在那里。钢太突出，就挤了别的工业，挤了别的事业"。③

第二，以钢产量指标作为经济发展的目标，背离了"既要重工业，又要人民"的思想。

发展生产和改善生活是经济发展的两个基本方面，二者是不可分割的。经济发展是社会进步和提高人民生活的基础，发展经济的目的是为了提高人民生活。在不断发展生产的基础上逐步改善人民生活，这是社会主义经济发展的宗旨。因此，在经济战略目标的选择中要兼顾生产发

---

① 《人民日报》社论：《立即行动起来，完成把钢产量翻一番的伟大任务》，1958年9月1日第1版；《全力保证钢铁生产》，1958年9月5日第1版。
② 《中国统计年鉴（1984）》，中国统计出版社1984年版，第225页。
③ 陈云：《坚持按比例原则调整国民经济》（1979.3.21），《陈云文选》第3卷，人民出版社1995年版，第251页。

展和人民生活的改善。在工业化之初，战略目标侧重于发展生产，并把为国民经济各部门提供物质装备的重工业作为产业发展的重点，这无疑是必要的，但绝不可因此而偏废另一方面。"一五"时期优先发展重工业战略提出逐步建立独立的工业体系，以奠定社会主义工业化的初步基础为目标，这不仅符合当时经济发展的需要，也符合社会发展的要求。"大跃进"时期"以钢为纲"的重工业发展战略，孤立地、片面地强调钢铁的发展速度，作为经济发展的主要目标，反映出在战略目标选择上畸重经济发展，畸轻人民生活改善目标的特征，严重偏离了1956年前后关于工业化建设中"既要重工业，又要人民"的正确探索。

片面追求高速度和"以钢为纲"两个方面相互联系的显著特征，使中国"一五"时期的重工业化赶超模式，畸变为"大跃进"时期急于求成的片面的重工业化赶超模式。

4.2 "两条腿走路"的工业化方针

1956年前后，毛泽东在探索中国社会主义经济建设道路的过程中，根据国内外工业化建设的经验，特别是中国第一个五年计划期间工业化建设的经验，运用唯物辩证法的两点论，逐步提出了中央与地方、大企业与中小型企业等一系列同时并举的方针。"大跃进"运动发动后，根据毛泽东的意见，1958年5月，刘少奇代表中央委员会向中共八届二次会议所作的工作报告中，正式把实行中央工业与地方工业，大型企业与中、小型企业等同时并举，作为鼓足干劲、力争上游、多快好省地建设社会主义总路线的基本点。

在大炼钢铁的热潮中，毛泽东又提出了土法生产和洋法生产同时并举。1958年11月，他在读斯大林《苏联社会主义经济问题》过程中，把上述几个并举概括为"两条腿走路的方针"。他指出：苏联"对发展重工业过分强调，对发展轻工业和农业一向不重视，直到现在，他们的商品供应还很紧张，使人民不能从建设中看到长远利益和当前利益的结合。这是一条腿走路，一条腿长，一条腿短，手扶拐杖，比较偏颇。"我们现在的提法是："在优先发展重工业的前提下，发展工业和发展农业同时并举,以及其他几个同时并举。这就是我们常说的两条腿走路的方针。"① 12月,中共八届六中全会进一步确认了这一方针。

在这里,毛泽东实际上是将两条腿走路与同时并举方针看成是同一内容。中共八届六中全会公报指出,党在优先发展重工业的基础上实行工业和农业同时并举的方针,重工业和轻工业同时并举的方针,在工业战线上以钢为纲、全面跃进的方针,中央工业和地方工业同时并举的方针,大型企业和中小型企业同时并举的方针,土法生产和洋法生产同时并举的方针,以及工业方面的集中领导必须同在工业方面大搞群众运动相结合的方针,一句话,用两条腿走路的方针,而不是一条腿或者一条半腿走路的方针。②

当然,毛泽东也指出,两者同时发展,并不是平均使用力量,而是两点论与重点论的有机结合。他在读苏联《政治经济学教科书》时说:"在优先发展重工业的条件下,实行几个同时并举,每一个并举中间,又有主导的方面。例如,中央和地方,以中央为主导,工业与农业,以工业为主导。""所谓并举,并不否认重工业优先增长,不否认工业发展快于农业;同时,并举也不是要平均使用力量。"③

从毛泽东提出"同时并举"的"两条腿走路"方针的初衷来看,"同时并举"包含了以下两个方面的思考:

第一,"同时并举"适合中国的经济技术落后的状况,有利于发展各种层次的生产力,加快中国工业化的发展速度。当时中国生产力十分落后且多层次性,技术水平很低,资金缺乏,不可能在短时期内积累巨额资金或进口大量设备和技术,全部搞大企业,采取先进生产技术并不现实。实行各个领域和各个层次的并举方针,正是为了适应中国生产力发展的这种状况。1957年2月,毛泽东在《关于正确处理人民内部矛盾

---

① 中华人民共和国国史学会编:《毛泽东读社会主义政治经济学批注和谈话》,1997年印,第32、33页。
② 《中国共产党第八届中央委员会第六次全体会议公报》,载《人民日报》,1958年12月18日第1版。
③ 中华人民共和国国史学会编:《毛泽东读社会主义政治经济学批注和谈话》,1997年印,第171、172、677、678页。

的问题》讲话中就指出:"我们必须逐步地建设一批规模大的现代化的企业以为骨干,没有这个骨干就不能使我国在几十年内变为现代化的工业强国。但是多数企业不应当这样做,应当更多地建立中小型企业,并且应当充分利用旧社会遗留下来的工业基础,力求节省,用较少的钱办较多的事。"① 1958 年 5 月,刘少奇在中共八大二次会议上也指出,中央和省、市、自治区举办一定数量的大企业是必要的。大企业的产量大,技术高,能够解决国民经济中有决定意义的关键问题,并已成为带动全国工业发展的骨干。但是中小企业也有大企业所难以具备的优点:投资少,便于吸收分散的资金;建设时间短,投资效果发挥快;可以自己设计和供应设备,便于因陋就简地利用当地各种现成的设备;分布广,有利于促进全国技术力量的生长和全国的工业化。②

第二,"同时并举"有利于调动各方面建设社会主义的积极性,推动全国工业化高速度发展。在 1956 年前后的探索中,毛泽东等中共中央领导人就把实行多种并举看做是调动各方面建设社会主义积极性的重要措施。1958 年 3 月,中共中央《关于发展地方工业问题的意见》明确提出加快工业化发展,必须实行"发展中央工业和发展地方工业同时并举"的方针。因为地方工业同农业有更为直接、更为密切的联系,所以,"实行这个方针,就可以更有成效地使发展工业和发展农业同时并举和相互支援;就可以把地方办工业的积极性、人民群众办工业的积极性更广泛、更充分地调动起来;从而必然会加快我国工业化的速度和农业技术改造的速度"。③ 5 月 12 日,根据中共八大二次会议精神,《人民日报》社论高度赞扬了一系列"同时并举"方针,并提高到高速度发展工业化的道路层次。社论指出中央工业和地方工业并举,大型企业和中

---

① 毛泽东:《关于正确处理人民内部矛盾的问题》(1957.2.27),《毛泽东文集》第 8 卷,人民出版社 1999 年版,第 240 页。
② 刘少奇:《中国共产党中央委员会向第八届全国代表大会第二次会议的工作报告》(1958.5.5),《建国以来重要文献选编》第 11 册,中央文献出版社 1995 年版,第 310 页。
③ 《中共中央关于发展地方工业问题的意见》(1958.3.23),《建国以来重要文献选编》第 11 册,中央文献出版社 1995 年版,第 223 页。

小型企业并举，在发展中央工业之外，把全国各地办工业的积极性统统调动起来，大办地方工业；在大型企业之外，还大办中小型企业，"这是我国高速度地工业化的具体道路"①。1959年4月，周恩来在二届全国人大第一次会议上的报告中高度肯定了这一具体道路。

显然，本来这一系列并举的两条腿走路方针，是对加快中国工业化建设的有益探索，但在"大跃进"的特殊历史背景下，却被纳入了急于求成的赶超战略体系中，使之成为具有特定内容的工业化方针。

（一）全党全民办工业，建立"大而全"、"小而全"的地方工业体系

急于求成的赶超战略盲目地追求高速度，这种追求，不仅反映在全国工业整体发展速度的追求上，同时也反映在各地区各省市工业发展速度的追求上。1958年1月，毛泽东在南宁会议上同意各地发展地方工业的意见。3月，成都会议专门讨论了如何发展地方工业的问题。会议通过了国家经委根据毛泽东的建议着手起草的《关于发展地方工业问题的意见》，提出必须打破对于工业化的神秘观点，走群众路线，全党办工业，各级办工业，在发展中央企业的同时，大力发展地方工业；要求各省、自治区应该在大力实现农业跃进规划的同时，争取在5年或者7年的时间内，使地方工业的总产值赶上或者超过农业总产值。②

5月，刘少奇在中共八大二次会议上代表党中央正式提出了"全党办工业、全民办工业"的方针，要求"在那些条件具备的地方逐步建立新的工业基地，使全国的县城和很多乡镇都能有自己的工业，使全国各省、自治区以至大多数专区和县的工业产值都超过农业产值"。他乐观地预计，只要中央和地方各级一齐动手，只要全国20多个省、直辖市和自治区，180多个专区、自治州，2000多个县、自治县，8万多个乡、

---

① 《人民日报》社论：《多快好省地发展地方工业》，1958年5月12日第1版。

② 《中共中央关于发展地方工业问题的意见》（1958.3.23），《建国以来重要文献选编》第11册，中央文献出版社1995年版，第223页。

镇，10万多个手工业合作社，70多万个农业合作社，都能够在发展工业方面正确地充分地发挥积极性，并且在大中小企业方面实行分工合作，那么，在一个较短的时期内，全国各地的各种工厂就会"星罗棋布"似的建立起来，这样，"众人拾柴火焰高"，我国工业的发展，当然要比只靠中央管理的若干个大企业快得多，事情才能办得又多又快又好又省。①

中共中央和毛泽东的号召，实际上是要求中央企业与地方企业同时并举，大办地方中小型工业，以尽速实现工业化赶超目标。于是，各省、自治区、直辖市党委把主要力量转移到工业战线上来，全国立即掀起了全党办工业、全民办工业的热潮，各县、乡、镇、社和城市区、街道、学校几乎都自办或联办了中小工业企业。1957—1960年，全国社会主义全民所有制工业企业由49600个增加到96000个，集体所有制企业由119900个增加到158000个（其中社办工业为117000个）。这3年增加的工业企业，主要是地方工业企业。

1958年6月，中共中央还要求各协作区形成比较完整的地方工业体系。8月10日，毛泽东把这一思想进一步推演至各个地区，甚至各个省份。他说："地方应想办法建立独立的工业体系。首先是协作区，然后是许多省，只要有条件，都应建立比较独立的但是情况不同的工业体系。"② 根据毛泽东的建议，8月北戴河会议通过的《中共中央关于1959年计划和第二个五年计划问题的决定》不但要求"第二个五年计划期间，在全国建立强大的独立完整的工业体系"，而且要求"各协作区都应当建立起比较完整的、不同水平和各有特点的工业体系，各省、市、自治区也都应当建立起一定程度的工业基础"③，以便发挥地方参与经济

---

① 刘少奇：《中国共产党中央委员会向第八届全国代表大会第二次会议的工作报告》（1958.5.5），《建国以来重要文献选编》第11册，中央文献出版社1995年版，第304、310、311页。

② 引自1958年8月10—13日毛泽东视察天津时的讲话，载《人民日报》，1958年8月16日第1版。

③ 《中共中央关于1959年计划和第二个五年计划问题的决定》（1958.8.28），《建国以来重要文献选编》第11册，中央文献出版社1995年版，第428页。

建设的主动性，让全民大炼钢铁，全民大办工业，全国各地的工业发展"遍地开花"。

这样，中共八大前后关于建立全国独立的比较完整的工业体系的工业化目标，在"大跃进"运动中，便被错误地扭曲为不仅要在全国范围内建立独立的比较完整的工业体系，而且不顾客观条件，要建立各地独立完整的工业体系。会议之前国家计委党组关于第二个五年计划的意见明确说明了这一原因。该意见指出：让全国建成强大的独立完整的工业体系，地方建成独立的比较完整的工业体系，使"工业总产值超过农业总产值，在钢铁和其他若干重要的工业产品的产量方面接近美国"[1]。

中共中央和毛泽东提出大力发展地方工业，包含了对中国社会主义工业化道路探索的合理因素。由于中、小型企业分布在广大农村和中小城市的地区，便于充分有效地利用分散在各地的丰富资源，使中央工业和地方工业、大型企业和中小型企业相互促进和相互补充，"使工业能够更多、更快、更好、更省地向前发展，并且逐步地改变我国工业生产力不合理的状态，较快地建立起完整的工业体系，促进工业和农业、城市和乡村的更好结合"。[2]

但是，为实现"超英赶美"的战略目标，不顾客观条件全党办工业、全民办工业，违背客观经济规律，结果适得其反，带来了各地基本建设迅速膨胀，新建的中小型企业耗费资源大、效益差，国民经济严重失衡等严重的浪费和破坏。至于要求各个协作区，甚至每个省、市都要建立"大而全"、"小而全"的地方工业体系，这就既无必要，又没有可能，而且同社会化大生产的分工和协作要求是背道而驰的。1959年3月陈云在《当前基本建设工作中的几个重大问题》一文中就认为，建立独立的比较完整的工业体系，应该是全国范围的任务。地方工业建设应以各地的资源和有关技术经济条件为依据，着眼全国范围内的合理布局，

---

[1] 《国家计划委员会党组关于第二个五年计划的意见》（1958.8.23），《建国以来重要文献选编》第11册，中央文献出版社1995年版，第431页。

[2] 陈云：《当前基本建设工作中的几个重大问题》（1959.3.1），载《红旗》，1959年第5期。

反对各协作区或各省市不顾条件、不顾效益,竞相建立各自独立的完整的工业体系。他特别指出:"在一个省、自治区以内,企图建立完整无缺、样样都有、万事不求人的独立的工业体系,是不切实际的"。如果不顾本地区的客观条件,"勉强去办那些难以办到的事情,而不积极去办那些可以办到的和在全国范围内迫切需要办的事情,这在经济上是不合理的"。①

实践证明,地方工业盲目"遍地开花"、自成体系,不仅不利于地方工业的发展,也妨碍了全国工业体系的建立。许多地区不顾有无自然资源和生产条件,都按统一模式建立了钢铁、有色金属、燃料动力、化学、机械、建材、轻工、纺织等"门类齐全"的工业结构。据不完全统计,仅"二五"期间,全国施工的大中小型项目总数达21.6万个,新铺的工业点数以万计,由于规模太小,原材料消耗高,工效低,成本高,亏损大,成为财政上很大负担,最后不得不关停并转。经过"大跃进"运动的教训后党对国民经济进行了调整,地方独立工业体系的建立被迫告停,但这个问题直至中共十一届三中全会前并没有从指导思想上解决,因而经济形势稍一好转,20世纪60年代中期至70年代"三线"建设期间,"备战"又被列入地方工业化战略,党中央又提出建设"各自为战"的地方工业体系,甚至提出建立自给自足的"工业省",而且规模越搞越大。

(二) 大办社队企业,实现乡村工业化

"大跃进"运动期间发展起来的地方工业,显著特征是大办社队工业企业②。

1958年3月,成都会议制订的《关于发展地方工业问题的意见》是

---

① 陈云:《当前基本建设工作中的几个重大问题》(1959.3.1),载《红旗》,1959年第5期。

② 社队工业的前身是农业合作化运动中产生的农业生产合作社、合作小组办的集体副业,在人民公社化运动中称为社办企业。1959年4月,针对建立公社企业过程中出现的对集体、私人财产的"平调"和"共产"现象,中共中央作出规定,对人民公社进行整顿,公社企业中凡属原来从高级社平调来的,改回去称作队办企业,社办企业的名称也相应改做社队企业。

中共中央第一次正式通过社办工业的文件。《意见》提出"全党办工业，各级办工业"，明确把发展乡办工业和农业社办工业，包括在地方工业范围内。要求各省、自治区制订地方工业发展的规划，"应该包括县、乡、社所办的工业在内，以便统筹安排，综合平衡"。各地县以下工业企业的形式，大体上可分为"县营、乡营，合作社（农业社或手工业社）营，县、社或乡、社合营等三种"。一般农村中的小型工业，以采取县、社合营或乡营的形式为好。农业社办的小型工业，以自产自用为主，如农具的修理，农家肥料的加工制造，小量的农产品加工等。《意见》并要求"在干部中应该提倡，既要学会办社，又要学会办厂"。①于是，在全国各地开始兴办的地方工业中，社队企业迅速增加。当时工业落后的甘肃省，1958年1—3月，全省办厂1000多个；3—5月，建厂3500个；5—6月，全省厂矿数猛增到22万个，其中社办的有18.5万多个。②河北省在公社化前合作社办的小工厂，在全省达到130多万个，有上百万的农民从事工业生产。③

1958年8月，北戴河会议以后人民公社化运动的兴起，毛泽东进一步提出"公社工业化"的口号，要求人民公社"必须大办工业，实现乡村工业化"。这里说的"公社工业化"，就是指农村工业化。毛泽东提出兴办农村工业，有多方面的考虑：

首先，毛泽东认为，为了加速中国工业化，必须实行中央和地方并举、大中小并举、城市与乡村并举，在全国各地尤其是广大农村里发展工业，使城市工业化与农村工业化同时发展，可以大大加速中国工业化的进程。他在1958年11月对《十五年社会主义建设纲要四十条（1958—1972）》初稿的批语和修改中写道：我国必须"经过人民公社这种组织形式，高速度地发展社会生产力，促进全国工业化、公社工业

---

① 《中共中央关于发展地方工业问题的意见》（1958.3.23），《建国以来重要文献选编》第11册，中央文献出版社1995年版，第225、226页。
② 谢春涛：《大跃进狂澜》，河南人民出版社1990年版，第57页。
③ 中国科学院法学研究所人民公社研究小组编：《高举人民公社的红旗胜利前进——文件、资料选集》第1辑，法律出版社1960年版，第64页。

化、农业工厂化"。① 在这里,他把农村工业化和城市工业化结合,视为对推动国家工业化发展具有同等重要的地位。

其次,毛泽东认为,人民公社是向共产主义过渡的最好的组织形式,要向共产主义过渡,就必须壮大公社经济基础,特别是扩大社有工业经济比重。于是,大力发展公社工业便被认为是壮大公社经济力量的主要手段,"要使人民公社具有雄厚的生产资料,就必须实现公社工业化,农业工厂化(即机械化和电气化)"。② 1959 年初他在第二次郑州会议讲话中,还把公社工业化和公社所有制向共产主义过渡看做是同一的过程,说:"由不完全的公社所有制走向完全的、单一的公社所有制,是一个把较穷的生产队提高到较富的生产队的生产水平的过程,又是一个扩大公社的积累、发展公社的工业,实现农业机械化、电气化,实现公社工业化和国家工业化的过程。"③

再次,实现农村工业化,让农民就地转为工人,逐步消灭城乡差别。根据毛泽东的意见,1958 年 5 月中共八大二次会议上,刘少奇就指出地方工业发展的前途之一是"加速缩小城乡差别的进程"。④ 同年底第一次郑州会议期间,毛泽东进一步说:我国有一个特点,人口有六亿之多,耕地只有十六亿亩。如此之少,不采取一些特别的办法,国家恐怕搞不好。搞工业,农村人口要减少怎么办?不要拥入城市,"农业人口可减少一半,就地搞到工业中去,为什么要五亿人口搞农业?农业和工业要有一个大的分工"。他还说:"苏联集体农庄不办工业,无法消灭城

---

① 毛泽东:《对〈十五年社会主义建设纲要四十条(1958—1972)〉初稿的批语和修改》(1958.11),《建国以来毛泽东文稿》第 7 册,中央文献出版社 1992 年版,第 504 页。

② 毛泽东:《对〈郑州会议关于人民公社若干问题的决议〉的修改和信件》(1958.11),《建国以来毛泽东文稿》第 7 册,中央文献出版社 1992 年版,第 515 页。

③ 毛泽东:《在郑州会议上的讲话》(1958.11.27),《建国以来毛泽东文稿》第 8 册,中央文献出版社 1993 年版,第 68、69 页。

④ 刘少奇:《中国共产党中央委员会向第八届全国代表大会第二次会议的工作报告》(1958.5.5),《建国以来重要文献选编》第 11 册,中央文献出版社 1995 年版,第 311 页。

乡差别。"①

　　这些观点很快被中共中央所接受。1958年12月中共八届六中全会通过的《关于人民公社若干问题的决议》把公社工业化看做中国工业化发展道路的重要特征，指出，农村人民公社制度的发展，还有更为深远的意义，这就是："它为我国人民指出了农村逐步工业化的道路"。因为"公社工业的发展不但将加快国家工业化的进程，而且将在农村中促进全民所有制的实现，缩小城市和乡村的差别"，"为社会主义过渡到共产主义奠定基础"。②在这种思想指导下，全国农村人民公社普遍掀起了大办社有工业的热潮，成千成万的中小工厂在农村中雨后春笋般地兴建了起来。

　　从历史的视角，毛泽东上述关于以乡村工业化更快地促进国家工业化发展的思想，关于城市工业和农村工业结合以逐步消灭城乡差别的思想，关于农村剩余劳动力就地转移思想，等等，蕴含着某些合理的因素。一是中国农村工业是在这些合理思想的指导下起步的，成为中国农村工业化的最初形式，中国工业化在空间上开始出现城市工业化与农村工业化两种并存的模式，为尔后（特别是1978年以后）农村工业的大发展提供了宝贵的经验，起了先导的作用。二是在中国这样一个落后的农业大国，工业化发展突出地表现在城乡发展差距上。没有农村的工业化，便没有全国的工业化和城乡之间的共同发展。因此，这些合理思想是对中国工业化道路和实现城乡一体化的有益探索。只有实现农村工业化与城市工业化的结合，才能最终实现全国工业化，逐步缩小城乡差别。但是，实践证明，在那时毛泽东企图用公社工业化实现"两个过渡"，显然不符合中国工业化和社会发展规律，是行不通的。而且，由于国家实施了优先发展城市重工业化战略，采取了以农养工的政策，加上受人民公社体制的束缚，因而使这种独特的探索步入了误区，实际上

---

①　陶鲁笳：《毛主席教我们当省委书记》，中央文献出版社2003年版，第180页。

②　《关于人民公社若干问题的决议》（1958.12.10），《建国以来重要文献选编》第11册，中央文献出版社1995年版，第599、609、610、602页。

形成了战后大多数发展中国家所共有的"工业化"——"城乡分割"——"二元结构强化"的"累积性因果恶性循环"。

同时,"公社工业化"是服从于急于求成的赶超战略目标,采用"大跃进"运动的方式进行的。在"公社工业化"的口号中,人民公社普遍在集体副业的基础上,一哄而起,乱上项目,依靠"平调"生产大队和生产队的人、财、物,办起了大批社办工业企业,原来农业合作社办工业也划归人民公社成为社办企业。从总体上看,这种严重违背经济规律、不顾条件"大办",并没有达到预期效果,反而造成了对社会生产力尤其是农村经济的严重破坏。如为数众多的社队工业所投入的资金、生产资料及劳动力,都是从农业中抽调而来,严重影响了农业生产;社队工业企业管理混乱、技术落后、产品质量低劣、效益低下,造成资源的极大浪费;大办社队工业造成工农业比例关系严重失调;以及同大工业争资金、争原料、争市场、争人才,等等。在"以钢为纲"的口号下,社办企业实际上加入了大炼钢铁的行列,扮演了"土法炼钢"的角色。可以说,盲目大办社队企业,是造成三年国民经济困难的重要原因。

这些错误做法和社队企业发展中存在的问题,很快被毛泽东所察觉,并采取措施,逐步予以纠正。毛泽东认为发展地方工业必须量力而行、循序渐进,不能脱离农业基础,更不能以削弱乃至牺牲农业为代价。1958年12月他在第二次郑州会议上说:"公社和县办工业是必要的,但是不可一下子办得太多"。目前农村"用于农业的劳动力一般太少,而用于工业、服务业和行政人员一般太多。这后三种人必须加以缩小"。[①] 1959年3月在上海会议上他又说:"到处叫做全民办工业,实际上是几亿农民办农业,哪有全民办工业?……全民办工业这个话讲得太大了。"[②]

---

① 转引自李富春:《关于1960年国民经济计划草案的报告》(1960.3.30),《建国以来重要文献选编》第13册,中央文献出版社1996年版,第159页。
② 转引自顾龙生:《毛泽东经济年谱》,中共中央党校出版社1993年版,第461页。

1960年底国家开始对国民经济实行调整，对社队企业也进行了整顿。同年11月25日，中共中央在批发中央财贸办公室《关于城乡人民公社工业的情况和整顿意见的报告》中明确规定，对于小煤窑、矿石开采等采掘业，炼钢、炼铁等冶炼工业，砖、瓦、石灰等建筑材料，陶瓷、土糖、土纸等轻工业企业，应根据条件量力而办；而对于土纺、土织、肥皂、皮革等同大工业争原料的企业，以及同农业生产和社员生活关系不大、占用劳动力多、影响农业生产的农村企业，坚决不能办。

随着国民经济调整力度的加大，国家对社队企业相应作了进一步的限制。如1962年9月中共八届十中全会通过的《农村人民公社工作条例修正草案》中规定："公社管理委员会，在今后若干年内，一般地不办企业。已经举办的企业，不具备正常生产条件的，不受群众欢迎的，应该一律停办。"① 对生产大队办的企业按上述原则处理。11月，中共中央、国务院《关于发展农村副业生产的决定》中再次规定："公社和生产大队一般地不办企业，不设专业的副业生产队。"②

经过重大调整后，在全国范围内出现了社队企业萎缩的局面。1958年，社办工业产值达到60多亿元，1961年下降到19.8亿元，1963年仅为4.2亿元。此后，随着农业生产的逐步恢复和发展，社队工业虽然也开始缓慢恢复，但至1965年，社办工业产值只恢复到5.3亿元。③

社队企业的挫折，表明毛泽东为实现"超英赶美"战略而发动的"公社工业化"运动总体上是一次不成功的实践。但另一方面，实践证明，实现农村工业化，不仅是实现中国工业化必不可少的组成部分，而且是广大农民走向共同富裕的必由之路。1959年2月毛泽东在第二次郑州会议上纠正公社工业化运动中的错误时，便预见到在实现国家工业化过程中，农村工业化是"我们伟大的、光明灿烂的希望"，经过整顿，

---

① 《农村人民公社工作条例修正草案》（1962.9.27），《建国以来重要文献选编》第15册，中央文献出版社1997年版，第621页。

② 《中共中央、国务院关于发展农村副业生产的决定》（1962.11.22），《建国以来重要文献选编》第15册，中央文献出版社1997年版，第703页。

③ 《中国统计年鉴（1983）》，中国统计出版社1983年版，第214页。

"其发展将不是很慢而是很快的"。① 同时，随着"大跃进"运动的停止和社队企业的整顿，社队工业已不完全是公社工业化运动意义上的企业了。因此，60年代后半期，特别是进入70年代，农村社队工业尽管存在着某些空想色彩和"左"的因素，还是得到了较快的发展。到1978年，农村中社队工业企业已发展到79.4万户，职工1734.36万人，工业产值385.26亿元，为当年农业产值的10.65倍。②

（三）土洋并举，兴办土法生产的小型工业企业

"大跃进"大炼钢铁运动中，地方工业发展的另一个显著特征，是兴办以"小洋群"和"小土群"③为特征的地方企业。

本来，中共八大前后党中央提出"大型企业同中小企业同时并举"的方针，既是为了纠正"一五"时期一度忽视中小项目建设的倾向，也是为了建立合理的企业结构网络，发展一批中小型企业来为大型骨干企业服务。"大跃进"运动中强调发展地方工业和"土法上马"以后，又产生了追求小土企业的倾向。毛泽东在读苏联《政治经济学教科书》时说："在工业建设方面，搞小型企业，土法生产，这两条首先是钢铁工业部门提出来的，也是他们首先实行的。目的是为了多搞钢铁。'十大关系'中还没有这两条，但是中央和地方同时并举这个方针，已经包含了这方面的因素。实行这个方针，就必然引出大中小型企业同时并举、洋法土法生产同时并举这两条来。因为要发挥地方积极性，开始时主要靠中小型企业和土法生产。"④

---

① 毛泽东：《在郑州会议上的讲话》（1959.2.27），《建国以来毛泽东文稿》第8册，中央文献出版社1993年版，第68、69页。
② 本书编委会编：《中国乡镇企业年鉴（1978—1987）》，农业出版社1989年版，第570—572页。
③ 在1958年"大办钢铁"运动中，提出了小（小型企业）、洋（现代化生产方法）、群（群众路线）和小（小型企业）、土（土办法）、群（群众路线）的方针。这里说的"小洋群"和"小土群"，就是按照这种方针建设的企业。
④ 中华人民共和国国史学会编：《毛泽东读社会主义政治经济学批注和谈话》，1997年印，第719页。

1958年3月,中共中央《关于发展地方工业问题的意见》中,就要求各地方"新建企业的规模,一般应以中、小型为主,县以下则应以小型为主"。① 当时的社办企业,主要是采取小型企业的形式。

8月北戴河中共中央政治局扩大会议通过的第二个五年计划指标,不切实际地决定1958年的钢产量要比1957年"翻一番",达到1070万吨。这个数字,是当时的开采、冶炼和运输能力无法达到的。前8个月全国只生产出400多万吨钢,要在后4个月完成700万吨,任务极其艰巨。在当时国内外复杂的大背景下,按照毛泽东的意见,党中央决定大搞群众炼钢运动,实行大中小结合、"土""洋"结合的方针,全党全民大办以小和"土"为主的小型钢铁企业。毛泽东认为:"我们现有二万四千多个人民公社,如果其中有二分之一或四分之一的公社,在统一领导、计划安排下,利用当地的各种工业资源,办起各种形式的'小洋群'、'小土群'工业,包括钢铁的'小土群',那就可以大大加快全国社会主义工业化的发展速度。"②

8月8日,《人民日报》发表社论,提出在有资源的地方,不仅冶金工业部门可以办,而且所有的工业部门都可以办;不仅工厂可以办,而且机关、部队、学校、街道、人民公社都可以办。这样,很快就可以做到高炉、平炉、转炉遍地开花,钢水铁水到处奔流。"小高炉转炉遍地开花,非常有利于我国幅员广大、资源分散的特点,可以使全国各地经济能够比较平衡地发展"。③ 随后,中共中央《关于人民公社若干问题的决议》提出,社办企业"应当实行手工业和机器工业相结合、土法生产和洋法生产相结合的原则。……充分利用土钢铁、土机床和其他各种土

---

① 《中共中央关于发展地方工业问题的意见》(1958.3.23),《建国以来重要文献选编》第11册,中央文献出版社1995年版,第224页。

② 中华人民共和国国史学会编:《毛泽东读社会主义政治经济学批注和谈话》,1997年印,第685页。

③ 《人民日报》社论:《土洋并举是加速发展钢铁工业的捷径》,1958年8月8日第1版。

原料、土设备、土办法，逐步由土到洋，由小到大，由低到高"。①

这样，全国各地兴办小铁矿、小高炉、小转炉等"小土群"、"小洋群"的运动迅速展开。10月初，冶金部先后在天津和河南商城县召开全国土法炼钢现场会，大力宣传炼铁和炼钢都要大搞小（小转炉、小土炉）、土（土法炼钢）、群（群众运动）；要打破所谓"保守思想"和"怀疑论"，让土法炼钢遍及全国各地。到1960年，先后掀起了两次全民大办"小土群"、"小洋群"的高潮。据统计，1958年下半年各地动员了数千万人大炼钢铁，大办工业，搞了小高炉60多万个，小煤窑59000多个，小电站4000多个，水泥厂9000多个，农具修造厂8万多个。1959年"小土群"、"小洋群"的产量，占全国生铁产量的50%，铁矿石的消耗占全国的45%，焦炭占70%。1960年21个省、市、自治区"小土群"、"小洋群"职工占全国工业部门职工人数的55.2%。② 表面上看来，小高炉、小铁矿等"星罗棋布"似地遍布广大农村和中小城镇，但欲速则不达，付出了沉重的代价。"大跃进"运动失败后许多"小土群"、"小洋群"被迫关闭、停产。

1965年国民经济调整基本完成后，在中共中央倡导和各级政府扶持下，包括社队企业在内的地方小工业又得到发展。与"大跃进"时期主要是适应大炼钢铁需要不同，这时的"小土群"、"小洋群"主要是为备战和农业生产服务的。种类由原来的小钢铁，逐步扩展到小机械、小化肥、小水泥、小煤矿等工业生产领域，被统称为"五小"工业。1969年以前主要以备战为中心，在"小三线"地区强调发展地方"五小"工业，因目标偏、领域窄，发展较慢；1970年之后，地方"五小"工业被正式纳入国家的"四五"计划。由于国家的重视和政策、资金等多方面的支持，地方"五小"工业得到空前迅速的发展，形成主要为农业服务的地方工业体系。据统计，1970年全国将近有300个县、市办起了钢

---

① 《关于人民公社若干问题的决议》（1958.12.10），《建国以来重要文献选编》第11册，中央文献出版社1995年版，第610页。
② 曹尔阶、李敏新、王国强：《新中国投资史纲》，中国财政经济出版社1992年版，第151页。

铁厂,有20多个省、市、自治区建起了手扶拖拉机厂、小型动机械厂、各种小型农具制造厂,有90%左右的县建立了农机修造厂。到1975年,"五小"工业中的钢、原煤、水泥、化肥的年产量,分别占全国总产量的6.8%、37.1%、58.8%和69%。①

(四)发动群众性的技术革命和技术革新运动

技术革命是推动社会主义工业化的强大动力,最初是毛泽东等中国共产党人探索中国工业化道路的重要思想。1956年初召开的知识分子问题会议上,中共中央作出了"向现代科学进军"的决策,毛泽东在会上正式提出了"技术革命"的概念。他认为现在党的工作中心将转向经济建设,我们的革命,是"革技术的命,革没有文化、愚昧无知的命,所以叫技术革命、文化革命"。他并强调"搞技术革命,没有科技人员不行,不能单靠我们这些大老粗"②,要求全党努力学习科学知识,为迅速赶上世界科学先进水平而奋斗。

1958年1月南宁会议期间,毛泽东明确提出"把党的工作的着重点放到技术革命上去",开始作为超英赶美的重要途径,号召"现在要来一个技术革命,以便在十五年或者更多一点的时间内赶上和超过英国。"③ 1959年底至1960年初他在读苏联《政治经济学教科书》的谈话中借鉴世界工业化的经验,又说:"资本主义各国,苏联,都是靠采用最先进的技术,来赶上最先进的国家,我国也要这样"④,强烈地表达了只有技术的跨越才能实现"赶超"目标的思想。

毛泽东对技术革命的含义作了界定:一般的小的技术改进,可以叫

---

① 顾龙生:《中国共产党经济思想发展史》,山西经济出版社1996年版,第700页。

② 转引自薄一波:《若干重大决策与事件的回顾》上卷,中共中央党校出版社1991年版,第507页。

③ 毛泽东:《工作方法六十条(草案)》(1958.1),《毛泽东文集》第7卷,人民出版社1999年版,第350页。

④ 毛泽东:《读苏联〈政治经济学教科书〉谈话》(1959.12—1960.2),《毛泽东文集》第8卷,人民出版社1999年版,第126页。

做技术革新;而在技术上带根本性的、有广泛影响的大的变化,如蒸汽机、电力和原子能的出现叫做技术革命。① 他认为,"我国目前手工劳动还占很大比重,同发展生产、提高劳动生产率的需要不平衡,因此有必要广泛开展技术革新和技术革命,来解决这个不平衡。"② 这里,毛泽东实际上明确指出了中国生产力落后且发展不平衡,为实现赶超英美的目标,技术革命必须采取"两条腿走路"的方针,开展群众性的技术革新和技术革命。

1958年5月,刘少奇在中共八大二次会议上的工作报告中正式提出了"技术革命"的"两条腿走路"的方针。指出要把全国经济有计划有步骤地转到新的技术基础上,实现全国城市和农村的电气化;使大中城市成为工业城市,县城和很多乡镇都能有自己的工业。在尽可能地采用世界上最新技术成就的同时,在全国城市和农村中广泛地开展改良工具和革新技术的群众运动,使机械操作、半机械操作和必要的手工劳动适当地结合起来。③

在这一思想的指导下,在"以小为主、土洋并举"为特征的全民大炼钢铁运动中,"技术革命"发展成一项群众运动。毛泽东在其后的一系列关于技术革新、技术革命情况报告的批示中,对群众性"技术革新和技术革命运动"大加肯定和推动,要求有领导地"使运动引导到正确的科学的全民的轨道上去"④,"一环接一环、一浪接一浪地实行伟大的

---

① 转引自钱学森:《关于新技术革命的若干问题基本认识问题》,载中共中央组织部、劳动人事部、国家科学技术委员会等编:《迎接新的技术革命》上册,湖南科学技术出版社1984年版,第4页。
② 毛泽东:《读苏联〈政治经济学教科书〉谈话》(1959.12—1960.2),《毛泽东文集》第8卷,人民出版社1999年版,第120页。
③ 刘少奇:《中国共产党中央委员会向第八届全国代表大会第二次会议的工作报告》(1958.5.5),《建国以来重要文献选编》第11册,中央文献出版社1995年版,第304页。
④ 毛泽东:《中央关于加强技术革新和技术革命运动领导的批语》(1960.3.16),《建国以来毛泽东文稿》第9册,中央文献出版社1996年版,第77页。

马克思列宁主义的城乡经济技术革命运动"。①

于是，为了实现1960年的"跃进"计划，全国范围内的技术革新和技术革命运动，又出现了像1958年大炼钢铁时那样波澜壮阔的沸腾景象：在全国工矿企业学习和推广"鞍钢宪法"，开展了以机械化、半机械化、自动化和半自动化为中心的技术革新和技术革命运动；在全国农村抓紧农业技术改造的同时，推行以"八字宪法"②为中心的技术革新和技术革命运动。

毛泽东等中国共产党人重视技术革命在中国工业化建设中的重要作用，是富有远见和具有积极意义的。但当时"技术革命"作为超高速赶超战略的重要组成部分，在理论与实践上却都表现出急于求成、盲目发动的倾向，特别是将技术革命和技术革新的主要力量，放在广泛动员没有或很少科学知识和技术基础的工人、农民群众上。单凭政治热情和主观意志，往往出现搞技术革命不讲技术，甚至违背科学规律的现象。尽管取得一些重要成果，但总体来说，造成人力、物力的巨大浪费，它没有也不可能成为新的"跃进"的强有力的支撑点。

上述在工业生产建设中实行中央工业和地方工业、大中小企业、土洋等同时并举的一系列"两条腿走路"，自始至终是毛泽东等中国共产党人作为实现工业化赶超战略目标的基本途径和方法，其出发点是要充分调动各地区各方面广大人民群众参与社会主义工业化建设的积极性。在理论上讲，这无疑是正确的，应该是中共八大前后探索适合中国情况的社会主义工业化建设道路的继续。

但是，"大跃进"时期提出"两条腿走路"方针的根本点，却是要在工业生产建设中大搞群众运动。毛泽东将它视作加速社会主义工业化建设的一个重要法宝，指出"发展钢铁工业一定要搞群众运动，什么工

---

① 毛泽东：《中央转发鞍山市委关于技术革新和技术革命运动开展情况报告的批语》（1960.3.22），《建国以来毛泽东文稿》第9册，中央文献出版社1996年版，第90页。

② "八字宪法"是一套综合性的农业技术措施，包括：土（深耕、改良土壤）、肥（合理施肥）、水（兴修水利、合理用水）、种（培育良种）、密（合理密植）、保（植物保护、防治病虫害）、管（田间管理）、工（工具改革）。

作都要搞群众运动。没有群众运动是不行的"。他并批评那种认为工业方面搞大规模群众运动是不正规、农村习气和游击作风的看法,"显然是不对的"。① 当时《人民日报》多次发表社论,反复强调大搞群众运动的极端重要性:"依靠群众,发动群众,大搞特搞群众运动,是我们一切建设事业高速度发展的基础";"没有群众运动,就没有高速度"。②

由于"两条腿走路"被纳入实行超高速赶超战略的方针体系,试图在经济建设中打破常规,沿用革命战争年代发动大规模群众运动的办法来加速工业化的发展,因而在并举过程中增添了"左"的色彩。事实证明,这种尝试是不成功的。

4.3 工业化超高速赶超战略模式选择的误区

"大跃进"运动中实行中国工业化发展的超高速赶超战略模式,包含了毛泽东对国际国内工业化发展战略及其发展道路的思索,希望以超常规的发展,尽快把中国建成一个强大的社会主义工业化国家,赶上或超过西方发达国家。但其一系列做法却与工业化的本质背道而驰,带来了事与愿违的结果。

就一般意义而言,作为工业化的后发者,如果沿着发达国家工业化的轨迹亦步亦趋,那就不可能加速本国工业化的进程,尽快缩短与发达国家的发展差距。因此,要"赶超"就必然要"跳跃",赶超型工业化必须独辟使经济跳跃式发展的路径。

从列宁到斯大林都把经济发展速度,特别是工业化发展速度看成是关系到新生的社会主义国家前途和命运的关键,看成是社会主义最终战胜资本主义的重要条件,为此主张取得革命胜利的社会主义经济落后国家应当采取赶超战略。十月革命前夕,列宁针对苏维埃政权刚刚建立时所面临的国内外险恶环境,指出:"战争是铁面无情的,它严酷地尖锐

---

① 毛泽东:《巡视大江南北后对新华社记者的谈话》(1958.9),《建国以来毛泽东文稿》第7册,中央文献出版社1992年版,第433、430页。

② 《人民日报》社论:《关键在于大搞群众运动》,1958年9月24日第1版。

地提出问题：要么是灭亡，要么是在经济方面也赶上并且超过先进国家。"① 当时俄国经济落后于先进国家，主要体现在工业化发展水平上。列宁这里提出"经济上赶超"，主要是工业化发展方面的赶超。十月革命后，列宁又反复强调社会主义工业化赶超西方发达国家的极端重要性。斯大林根据列宁工业化赶超理论，进一步论述了"延缓速度就是落后，而落后者是要挨打"的规律，一直把赶超西方发达国家确立为苏联工业化发展的目标和战略。但他在阐述列宁"赶超"思想的同时，提出应当在"10年内"跑完落后于先进国家"50年至100年"的距离②，把列宁没有明确确定期限的"赶超先进国家"，规定为在短时间内的赶超，反映了一种急躁的心情。

可以说，无论从世界工业化发展规律还是从列宁的工业化赶超理论来看，"赶超型"内涵始终是中国社会主义工业化发展的内在逻辑和必然命题，或者说工业化目标和战略的赶超性是中国社会主义工业化内在的本质要求。中国只有实施这样的战略才有可能比较快地改变中国贫穷落后的面貌，尽可能快地缩短与发达国家的发展差距，乃至赶上和超过发达国家，傲然屹立于世界民族之林。实际上，自1953年中国社会主义工业化启动以来，中国共产党就一直以一定时期内赶上甚至超过工业发达国家为历史使命，尽管工业化思想与发展战略曾发生过多次的调整和变化，但是要赶上和超过工业发达国家的思想却始终没有改变。

那么，究竟怎样看待中国"大跃进"运动中选择超高速赶超战略模式的失败？其中既有客观的原因，又有主观的因素。对此，学术界已作过较多的探讨，但仍不足以解释"大跃进"运动的失败。应该说，当时这种工业化赶超战略模式的选择，是毛泽东对中国社会主义工业化赶超道路探索步入歧途的结果。一方面含有某些"赶超"思想的合理因素，另一方面更有急于求成的"左"的严重失误。考察毛泽东发动"大跃

---

① 列宁：《大难临头，出路何在？》（1917.9.10—14），《列宁全集》第32卷，人民出版社1985年版，第224页。

② 斯大林：《论经济工作人员的任务》（1931.2.4），《斯大林选集》下卷，人民出版社1979年版，第273、274页。

进"运动的基本思路，可以发现，正是这些赶超战略构想陷入了对当时中国基本国情和世界总体形势以及对社会主义认识的误区，才最终导致了这场悲剧的发生。

（一）"穷则思变"与超越社会历史阶段的迷误

"在一个不太长的历史时期内，把我国建设成为一个社会主义的现代化的强国"①，这一直是毛泽东魂牵梦萦难以释怀的情结，也是他选择工业化赶超战略所孜孜追求的最基本的战略目标。

考察毛泽东的思路，这一战略选择仍像他领导中国革命那样，是从认识国情开始的。一是分析了中国社会主义建设国情的基本特点，他认为我国"地大物博，人口众多"，同时又是一个穷国，虽然经过几年努力已能产钢500多万吨，有了一些工业基础，但仍是"一穷二白"。二是探索了当时中国社会所处的阶段，他认为"社会主义制度还刚刚建立，还没有完全建成，还不完全巩固"，主要原因是我国物质基础仍很薄弱。这种状况"使我们至今还处在一种被动状态，精神上感到还是受束缚，在这方面我们还没有得到解放。要鼓一把劲"②，以便迅速改变我国贫穷落后的面貌，早日建成为一个强大的社会主义现代化国家。1959年底至1960年初毛泽东在读苏联《政治经济学教科书》里说到工业化速度时，又指出："现在我国工业化速度也是一个很尖锐的问题。原来的工业越落后，速度问题也越尖锐，不但国与国之间比较起来是这样，就是一个国家内部，这个地区和那个地区比较起来也是这样。"③

很清楚，毛泽东把中国社会主义制度建立之后生产力仍很落后这一基本国情突出出来，着眼点在于强调"穷则思变"。也就是说，正是这种"贫穷"的社会主义现实，激发了毛泽东急切脱贫图强的战略思考。

---

① 毛泽东：《对政府工作报告稿的批语和修改》（1964.12.13），《建国以来毛泽东文稿》第11册，中央文献出版社1996年版，第155页。

② 毛泽东：《工作方法六十条》（1958.1），《建国以来毛泽东文稿》第7册，中央文献出版社1992年版，第51页。

③ 毛泽东：《读苏联〈政治经济学教科书〉谈话》（1959.12—1960.2），《毛泽东文集》第8卷，人民出版社1999年版，第124页。

历史表明，这种思路的出发点和着眼点不能说没有合理性，"大跃进"运动能够轰轰烈烈发动起来的重要社会条件之一，不仅因为尽快实现工业化强国以彻底改变落后面貌的战略目标指向反映了全国人民普遍存在的心理状态，而且从中国国情出发制定加速经济发展战略的思路，也反映了全党在长期革命和建设中所培育的思维定式。正如当时《人民日报》社论所指出的："我国是一个人口多、耕地少、经济文化落后、底子很薄的国家。要在这样一个国家建立起强大的社会主义物质基础，使我国的经济水平在几十年内赶上世界上的先进国家，使人民生活得到很大的改善，建设的步子就必须迈得比较快、比较大，就必须采取勤俭建国的方针，采取又多又快又好又省的建设方针。除此以外的道路是走不通。"① 有的论者说"大跃进"的战略选择是"无视中国贫穷落后的客观现实"，这并不完全符合实际。

然而，有些论者则简单地认为迅速实现工业化以摆脱贫困境地是毛泽东选择超高速度赶超战略的深层原因，也是值得商榷的。因为"贫穷"的社会主义现实产生的压力和动力，可以促使毛泽东想发展得快一点，却并不必然促使他"冒进"。早在新中国成立伊始，他便基于"中国的经济遗产是落后"的国情的认识，把加速经济发展作为一个重要的战略，但直到中共八大前后，他还比较清醒地意识到要把我们这个经济落后的国家建设成为富裕、强盛国家的任务的艰巨性，并估计至少需花10到15个五年计划的时间。当时对贫穷落后的国情有着共同深切感受的周恩来、陈云等都主张经济建设速度和规模应与国力相适应。

那么，是何因素促使毛泽东迫切改变贫穷落后面貌的愿望转变到急于求成的赶超思路上去呢？从国内来说，主要是源于后来他对复杂国情的认识不足。

第一，对中国国情特点理解的片面性。"一穷二白"的经济起点是中国社会主义建设的一个突出国情，1956年前后毛泽东对其存在的不利和有利因素及其内在联系曾有过比较辩证的分析，但不久便过分强调所

---

① 《人民日报》社论：《必须坚持多快好省的建设方针》，1958年12月12日第1版。

谓"这些看起来是坏事,其实是好事",从而既忽视"穷"、"白"对经济发展速度的严重制约,又无限夸大了"穷则思变"的精神因素作用。如"地大物博,人口众多"确是中国一个突出的国情,但毛泽东却片面强调资源丰富,人多力量大的一面,甚至错误地批判马寅初的《新人口论》,没有全面科学地认识到"人多有好的一面,也有不利的一面,在生产还不够发展的条件下,吃饭、教育和就业都成为严重的问题"。"地大物博,这是我们的优越条件。但是很多资源还没有勘探清楚,没有开采和使用,所以还不是现实的生产资料。土地面积广大,但是耕地很少。耕地少,人口多特别是农民多,这种情况不是很容易改变的。"①

第二,对中国社会进入社会主义初级阶段的基本特征和历史任务缺乏全面深刻的认识。中国进入社会主义社会之后国情的根本特征仍是"落后的农业国",这个"落后",既是作为历史遗产从半殖民地半封建社会带来的,又是相对于世界发达国家的工业化水平而言的。这就意味着中国经济落后,远没有实现工业化的特征是多方面多层次的,尤其突出地表现在两个方面:一是农业人口占绝大多数,基本上还是依靠手工工具;二是商品经济不发达,自然经济半自然经济占很大比重。这就决定了要实现中国工业化,必须同时实现经济的社会化、市场化、现代化。这是一个非常艰巨而复杂的历史任务,需要在社会主义条件下经历一个相当长的历史阶段才能基本完成。

毛泽东把中国完成"一五"计划时仍没有多少工业,农业也不发达,科学文化都不高等概括为"一穷二白",提出"把我国建设成为一个具有现代工业、现代农业和现代科学文化的伟大社会主义国家",应该说对中国落后国情的基本特征和工业化、现代化历史任务是有所认识的,但对"落后"的社会本质的理解又是很不足的。如对商品市场经济不发达,由于摆不脱把商品市场经济等同于资本主义的思想框框,他并不认为它也是社会主义社会发展的内在要求,因之没有也不可能把发展社会主义商品经济作为实现工业化、现代化的重要目标,反而是多方面

---

① 邓小平:《坚持四项基本原则》(1979.3.30),《邓小平文选》第2卷,人民出版社1994年版,第164页。

地去限制它，排斥它；"大跃进"时期背离了中共八大前后关于工业化体系目标任务的正确探索，片面以钢铁等主要工业产品产量为赶超发达工业化国家的目标，这种认识，就不可能把改组劳动就业结构，把非农产业人口占绝大多数的现代化作为工业化的重要任务。这样，赶超战略所要实现社会主义工业化的基本目标，实际上只是片面追求工业产值的工业化。本来社会主义初级阶段异常艰巨复杂的历史任务，在毛泽东等中国共产党人的心目中，就变得似乎是轻而易举的了。而依据苏联的工业化标准，由于工农以外产业的产值未计入总量，工农业产品价格有剪刀差，工业产值重复计算，致使工业比值的数值容易出现虚亏，这又助长了盲目赶超的发展。

"大跃进"运动受挫，促使毛泽东发热的头脑开始冷静了下来。1960年5月，英国陆军元帅蒙哥马利来华访问，毛泽东对他说："建设强大的社会主义经济，在中国，五十年不行，会要一百年，或者更多的时间"。① 1962年1月30日，他在扩大的中央工作会议上进一步讲："中国的人口多，底子薄，经济落后，要使生产力很大地发展起来，要赶上和超过世界上最先进的资本主义国家，没有一百多年的时间，我看是不行的。"② 有了这样的认识，他才最终放弃了急于求成的赶超战略。

（二）"超英赶美"与判断国际形势的偏差

赶超发达资本主义国家是毛泽东选择工业化高速度发展战略所追求的国际战略目标。1956年8月30日他在中共八大预备会上谈到要加速社会主义建设事业，赶超资本主义强国时形象地说："你有那么多人，你有那么一块大地方，资源那么丰富，又听说搞了社会主义，据说是有优越性，结果你搞了五六十年还不能超过美国，你像个什么样子呢？那就要从地球上开除你的球籍！所以，超过美国，不仅有可能，而且完全

---

① 毛泽东：《在扩大的中央工作会议上的讲话》（1962.1.30），《毛泽东文集》第8卷，人民出版社1999年版，第301页。
② 同上，第302页。

有必要，完全应该。"① 毛泽东的思绪是：其一，社会主义应该创造出比资本主义更高的社会生产力，因为"社会主义生产关系比较旧时代生产关系更能够适合生产力发展的性质，就是指能够容许生产力以旧社会所没有的速度迅速发展"。② 倘若不能做到这一点，必将从根本上导致人们对社会主义的信仰危机。其二，社会主义战胜资本主义最终决定于经济技术的尽快超越。"如果不在今后几十年内，争取彻底改变我国经济和技术远远落后于帝国主义国家的状态，挨打是不可避免的"。③

不难看出，毛泽东加速经济发展战略的另一着眼点，是从世界的视角，把赶超战略提高到关系中国社会主义生死攸关的政治高度。在这个意义上，我们不能说毛泽东的赶超战略思想是完全错误的。因为20世纪50年代中期中国经济仍十分落后，面临着国际环境的巨大压力和挑战，又有苏联建国40年和新中国成立初期社会主义经济建设成就提供的事实依据。后来邓小平在谈到中国特色的社会主义建设时也曾指出，"社会主义的优越性归根到底要体现在它的生产力比资本主义发展得更快一些、更高一些"。④

然而，有的论者笼统地把毛泽东的"球籍"忧患意识说成是超高速度赶超战略选择的直接的重要原因，也是值得商榷的。因为"球籍"危机生发出的压力感、使命感是形成赶超战略的重要因素，因而与"大跃进"时期选择超高速度赶超战略有一定的关系，但并没有必然联系。首先，列宁、斯大林早就提出赶超发达资本主义国家的战略，战后东方不少落后国家都掀起了赶超热潮，但并没有发生过类似中国1958年的"大跃进"。其次，中国是一个典型的后发工业化国家，在其工业化进程

---

① 毛泽东：《增强党的团结，继承党的传统》（1956.8.30）《毛泽东文集》第7卷，人民出版社1999年版，第89页。

② 毛泽东：《关于正确处理人民内部矛盾的问题》（1957.2.27），《毛泽东文集》第7卷，人民出版社1999年版，第214页。

③ 毛泽东：《对〈关于工业发展问题〉初稿的修改》（1963.9），《建国以来毛泽东文稿》第10册，中央文献出版社1996年版，第348页。

④ 邓小平：《建设有中国特色的社会主义》（1984.6.30），《邓小平文选》第3卷，人民出版社1993年版，第63页。

中，面临的又是世界经济技术迅猛发展的浪潮和复杂的国际局面，为尽快缩小同发达国家的差距而采取"追赶"的战略方式，是一种带有必然性的历史选择，但这种必要的"追赶"并不能等同于盲目的赶超。再次，1958年"大跃进"发动前夕，毛泽东便基于"球籍"优惠意识提出用五六十年时间赶超美国的战略计划，对此周恩来、陈云等其他中共中央领导人也没有提出疑义，但都明确地反对1956年的"冒进"。因而，只是从1957年底毛泽东访苏时提出15年赶超英国的口号开始，此后赶超的时间一再缩短到越出常规速度的极限，才逐步演变为超高速度赶超战略。导致这一演变的原因，从国际上看，在于毛泽东对当时时代特征和世界总体形势的判断发生了偏差。

第一，总体上没有看到时代特征的转变和过分乐观地估计了世界社会主义战胜资本主义的形势。第二次世界大战后社会主义力量的壮大和西方资本主义力量的削弱，使世界和平力量大为增强。另一方面，资本主义本身也开始发生深刻的变化，从传统的资本主义向现代的资本主义演变，尤其新的科技革命使西方国家社会生产力的发展进入了"第二个黄金时代"。而新生的社会主义几乎全都是经济文化比较落后的国家，起点低，又缺乏经验，要使社会主义制度的优越性充分发挥出来，赶上或超过资本主义发达国家，必然是一个极其复杂、曲折和长期的过程。

形势的发展变化，战前那种战争与革命是当时时代的主要特征，以及关于资本主义已进入"垂死阶段"、"行将就木"的论断，已不能再成为观察战后国际形势和资本主义世界的理论依据。1940年毛泽东曾在《新民主主义论》中对世界形势与时代发展进行分析和估计，说："现在的世界，是处在革命和战争的新时代，是资本主义决然死亡和社会主义决然兴盛的时代。"[①] 但到50年代中后期，他对时代特征和国际总体形势的这种看法始终没有根本改变，这很大程度上影响着包括"大跃进"在内的中国经济和政治发展战略。

一方面，他认为新的侵华战争和新的世界大战短时期内打不起来，

---

① 毛泽东：《新民主主义论》（1941.1），《毛泽东选集》第2卷，人民出版社1991年版，第680页。

可能有 10 年或者更长一点的和平时期，这种估计使毛泽东产生了历史的紧迫感。在他看来，短暂的和平环境是一个难得的"赶超"机遇，"我们要争取十五年的和平"，赶上或超过英国，那时苏联赶上或超过美国，"我们就无敌于天下了，没有人敢和我们打了，世界也就可以得到持久和平了"。①

另一方面，他过高地估计了社会主义阵营的力量及其与资本主义之间的矛盾，过低地估计了资本主义的发展潜力和社会主义建设的艰难曲折。1957 年各国共产党和工人党莫斯科会议的召开及苏联人造卫星的上天，使毛泽东为之振奋，将这一系列的胜利看成是赶超战略的胜利。他在会上乐观地断言："今年，一九五七年，形势大为不同了。我们的天上是一片光明，西方的天上是一片乌云"。他并引用"东风"、"西风"作为国际形势的比喻，说：国际形势到了一个新的转折点，总的特点就是"东风压倒西风"。② 12 月 2 日，刘少奇在中华全国总工会第八次全国代表会议上代表中共中央致祝词中，在宣布 15 年后苏联和中国将分别赶超美、英时也说，那时，"社会主义世界就将把帝国主义国家远远地抛在后面"③。1958 年《人民日报》元旦社论《乘风破浪》把这一观点公布于世，随之，"敌人一天天烂下去，我们一天天好起来"，现在已不再是什么"共产主义的危机"，"苏联的衰退"，而是"自由世界的危机"，"美国的落后"等言语充斥各种报端。在这样盲目乐观的氛围中，赶超英美的时间一缩再缩，就是顺理成章的了。

第二，对战后新科技革命的发展所引起的综合国力的激烈竞争认识不足。毛泽东等中国共产党人提出的赶超战略，就是要同资本主义国家展开"和平竞争"，在钢铁和其他主要工业产品的产量方面赶上或超过英美，使社会主义国家"无敌于天下"，把"帝国主义国家远远抛在后面"，这实际上讲的是国家实力的较量。但毛泽东并没有进一步观察到

---

① 毛泽东：《在莫斯科共产党和工人党代表会议上的讲话》（1957.11.18），《建国以来毛泽东文稿》第 6 册，中央文献出版社 1992 年版，第 635 页。

② 同上，第 630、631 页。

③ 刘少奇：《在中国工会第八次全国代表大会上代表中共中央致祝词》（1957.12.2），载《人民日报》，1957 年 12 月 3 日第 1 版。

当代国际竞争的新特点,一方面,当代国际的竞争是综合国力的竞争。综合国力包括经济力、科技力、国防力、外交力、政治力、文化力等。其中最重要的是经济力,而它不仅是工业产值单项要素,还包含了国民生产总值、国民人均收入、生产增长率和科技水平等多要素、多方面的指标。另一方面,综合国力又是一个动态的概念,战后新科技革命不断形成愈来愈多的新技术群体,如微电子技术、航天技术、原子技术、生物工程、海洋工程及新能源、新材料等,并直接导致了传统产业的改造、重组和一系列新兴产业的兴起,从而引起了综合国力内涵的重大变化。而在当时看来,钢是一种象征物,它既是重要的工业基础和国力的标志,又是赶超资本主义的最重要的参数。1958年10月2日,毛泽东在接见东欧六国共产党代表团时说,世界上就有这么蠢的人,像我和我们这些人,这么多年就不知道以钢为纲。今年我们才知道这一条。但是,以"钢铁和其他重要工业产品的产量"作为国力竞争的标准已远落后于时代,毛泽东对战后新科技革命的发展估计不足(在国防军事领域还是比较清醒的),对国际竞争的理解很大程度上仍停留在战前以大机器生产和电气化为主要特征的传统产业革命的认识水平。应该说,在赶超英美战略上的盲目乐观同这一对综合国力较量新特征的滞后认识有着十分密切的联系。

(三)"大试验"与探索强国之路的迷惘

目标确定之后,道路方法就是至关重要的了。1959年底至1960年初毛泽东在读苏联《政治经济学教科书》时说:这两年,我们做了个"大实验",一五计划基本上照抄苏联的办法,总觉得不满意,心情不舒畅。苏联从1921—1940年钢产量增加了1400万吨,当时就想,苏联和中国都是社会主义国家,我们是不是可以搞得快点,是不是可以用一种更多更快更好的方法建设社会主义,到中共八大二次会议逐步形成了总路线。① 这番谈话,从总路线提出的视角,清楚地反映了毛泽东选择工

---

① 毛泽东:《读苏联〈政治经济学教科书〉谈话》(1959.12—1960.2),《毛泽东文集》第8卷,人民出版社1999年版,第117页。

业化高速度发展模式的又一战略思考：为尽早实现社会主义工业化强国和赶超发达资本主义国家的目标，我们不能走苏联发展的老路，必须另辟蹊径，打破常规，探索出一条多快好省地发展中国社会主义工业化的独特道路。

无疑，这一思考的出发点是正确的，同时，"毛主席提出的又多、又快、又好、又省的口号，本身是比较全面的"。① 那么，它为什么会步入"冒进"的歧途呢？许多论者认为毛泽东想通过拔高公有化程度和过分自信地沿用革命战争年代所熟悉的那种大搞群众运动的方法。这当然是对的，但只不过是表层现象。深层的问题是，囿于传统的社会主义观念和历史条件的局限，毛泽东没有能从中国"第二次伟大革命"的认识高度寻找到生产力发展的正确道路。之后他多次自我批评说："我注意较多的是制度方面的问题，生产关系方面的问题，至于生产力方面的知识，懂得很少"。② "以前报纸上关于工业的消息我看不进去，党内办工业的文件我被逼看一下，兴趣不大，主要注意力是搞社会关系，人与人的关系问题，人与自然界的关系没有注意。""搞社会主义我们没有一套，没有把握。比如工业，我就不甚了了。"③ 这些自我批评虽没有完全认清"大跃进"运动失误的原因，但我们可以从中窥视出毛泽东当时误区之所在。

第一，生产关系方面的问题，制度方面的问题，毛泽东注意的较多，但他并没有从根本上认识到社会主义制度建立以后，束缚生产力发展的已经是我们过去建构起来的传统体制（主要是计划经济体制），必须在第一次革了旧制度的命的基础上再革旧体制的命，即邓小平后来所说的"第二次革命"，以形成能够真正体现社会主义基本制度优越性的新体制，才能进一步解放和发展生产力，而他依然关注的是"第一次革

---

① 薄一波：《若干重大决策与事件的回顾》上卷，中共中央党校出版社1991年版，第547页。

② 毛泽东：《在扩大的中央工作会议上的讲话》（1962.1.30），《建国以来毛泽东文稿》第10册，中央文献出版社1996年版，第33页。

③ 转引自顾龙生：《毛泽东经济年谱》，中共中央党校出版社1993年版，第472、550页。

命"所建立起来的新的生产关系和上层建筑对生产力发展的促进作用。

从这一思路出发,毛泽东一方面认为社会主义经济制度的建立,必能将人民群众久蕴心底的迅速改变贫穷落后面貌的强烈愿望激发出来,使生产力来一个大的"跃进"。后来他还对比资本主义社会初期生产力获得大解放的历史说:"人类历史一百万年中,资产阶级统治的三百年,是一个大跃进。无产阶级为什么不能实现大跃进?"① "一五"计划建设的成就更强化了毛泽东的这种观念。另一方面他认为社会主义制度刚刚建立,还会有与生产力发展不相适应的地方,必须继续进行彻底的社会主义革命——不断变革生产关系和上层建筑,可以使生产力持续跃进再跃进。他在读苏联《政治经济学教科书》的谈话中说:为什么我国的工业革命能够最迅速呢? 主要是我们的社会主义革命进行得比较彻底,把人民群众从各方面的束缚中解放出来。②

显然,毛泽东没有找到解开社会主义束缚生产力发展的症结所在。虽然"大跃进"期间他也曾提出需要进一步解放生产力的问题,但那时仍是从第一次革命的意义上,认为生产关系中尚未扫清的私有制残余和公有制范围尚不够大、程度尚不够高的部分束缚生产力的发展;那时虽然也开始认识到传统体制的弊端并着手某些下放权力的"改革"探索,以调动地方发展经济的积极性,但只不过是在原有体制的框框内修补和完善,实际上完全摒弃了市场机制,禁绝了商品交换,搞的是"一大二公"的所有制和"一平二调"的分配制。正如邓小平所说:"过去,只讲在社会主义条件下发展生产力,没有讲还要通过改革解放生产力"。③因此,由这种思路而发动起来的"大跃进"运动,又会反过来促使社会主义生产关系向更高层次升格,两者互为因果,相互促进,推动以工业化超高速度为主要特征的"大跃进"运动不断发展。同时,由于过多过急的权力下放而又缺少必要的制约,反而成为地方投资膨胀的体制

---

① 中华人民共和国国史学会编:《毛泽东读社会主义政治经济学批注和谈话》,1997年印,第718页。

② 同上,第685页。

③ 邓小平:《在武昌、深圳、珠海、上海等地的谈话要点》(1992.1.18—2.21),《邓小平文选》第3卷,人民出版社1994年版,第370页。

根源。

第二，生产力方面的知识，毛泽东懂得很少，并非是他在自然科学方面的知识不多（作为一位战略家，不可能也不需要对这方面的知识像经济专家一样精通），而是对现代社会生产力发展的客观规律认识不清。

工业化建设是"第二次革命"所蕴含的又一重要内容。毛泽东认为，中国经济文化落后，但"人多，这是一个客观存在，这是我们的本钱"。① 因此，工业化建设同民主革命一样都要实行调动一切积极因素，依靠人民群众的方针。"大跃进"之所以能够发动起来的又一重要基础，正是毛泽东自以为创造性地找到了能够贯彻这一方针的"两条腿走路"的方法。其着眼点在于力图从中国的特点出发，采用低技术和高劳力投入相结合，通过充分地利用中国丰富的人口资源优势，使工业化建设获得飞速发展。他在读苏联《政治经济学教科书》时说："我们实行这样的方针，不只是由于技术落后，人口众多，要求增加就业。我们在大型企业的主导下，大量地发展中小型企业，在洋法生产的主导下，普遍地采用土法生产，主要是为了高速度。"②

这一方针作为探索中国社会主义建设道路的继续，有其积极的一面。即使全党打开新的思路，力求继承中国人民长期革命斗争中形成的独立自主和群众路线的优良传统，振奋精神，寻求用更好的方法和更快的速度发展中国的社会主义现代化建设。③ 但是，毛泽东没有进一步认识到依靠人民群众搞工业化建设与进行第一次革命的方法、方式有巨大的差别，这除了不能采用群众运动的方式之外，还突出表现在：如果说第一次革命是"对人的革命"，依靠的是具有革命觉悟的人民群众（主要是农民）发动的程度，那么工业化建设是"革自然界的命"，是人驾驭自然能力的生产力本身的革命（如高科技的发展引发的科技革命，高科技革命成果应用于工农业生产引起的产业革命，等等），主要依靠的

---

① 毛泽东：《关于正确处理人民内部矛盾的问题》（1957.2.27），《毛泽东文集》第7卷，人民出版社1999年版，第228页。
② 中华人民共和国国史学会编：《毛泽东读社会主义政治经济学批注和谈话》，1997年印，第204、205页。
③ 胡绳：《中国共产党的七十年》，中共党史出版社1991年版，第362页。

是科技进步与劳动力素质的提高。应该说,毛泽东最初的认识是清醒的,把科学技术看做社会主义工业化的重要动力,提出"现在要来一个技术革命","把党的工作着重点放到技术革命上去"。但不久他便认为凭着中国现有的物质条件和科技水平,按常规的发展途径,难以实现其赶超目标。于是,毛泽东把力争高速度的希望寄托在广大群众身上。

首先,毛泽东自信中国拥有不可比拟的人口优势,以劳动力资源密集投入,发挥人民群众建设社会主义的积极性作为经济高速增长的支撑。这种战略在中国廉价的劳动力丰富而资金匮乏的工业化初期固然有重要意义,但忽视了劳动力资源的有效利用是经济增长更重要的内生因素。这样不仅形成"大跃进"期间劳动力素质的提高严重滞后于劳动力投入增长的局面,造成资源的巨大浪费,而且对人力资源的过分估计,也极易产生对人的精神力量、人的主观能动性的崇拜。

其次,毛泽东虽然把技术革命作为加速经济发展的重要内容,但更多的是强调群众性传统技术的发明和应用。实际上,当时随着新科技革命的兴起,中国工业化就面临着有可能以新的科学技术的超前和快速发展促进工业发展的机遇。但"大跃进"期间除国防等少数重点领域开展尖端技术攻关外,主要是片面发动群众性的传统技术革新运动。1958年5月他在《卑贱者最聪明,高贵者最愚蠢》的批语中写到:"请中央各工业交通部门各自搜集材料,编印一本近三百年世界各国(包括中国)科学、技术发明家的通俗简明小传(小册子)。……对于我国七年赶上英国,再加上八年或者十年赶上美国的任务,必然会有重大的帮助"。[①]同时他又把广大知识分子排斥在"人民群众"的范畴之外,认为智慧都是从群众那里来的。"我历来说,知识分子是最无知的"。[②] 这种价值判断过分看重了直接生产经验及技术窍门的意义,实质上并没有深刻认识科学技术对经济增长的关键作用,它不仅使技术革命卷入了非科学的轨

---

① 毛泽东:《卑贱者最聪明,高贵者最愚蠢》(1958.5.18),《建国以来毛泽东文稿》第7册,中央文献出版社1992年版,第236页。

② 毛泽东:《打退资产阶级右派的进攻》(1957.7.9),《毛泽东选集》第5卷,人民出版社1977年版,第452页。

道，当时 9000 万人上阵炼钢，实际上是发动广大文盲半文盲的小农在搞"工业化、现代化"，而且使毛泽东深信有了亿万人民群众的技术革新和发明，什么"人间奇迹"都可以创造出来。其结果必然导致"大跃进"期间所谓的经济增长率，除了虚假的成分外，主要是低科技含量的传统产业产量。我们长期以钢的产量作为与发达资本主义国家比较的一个主要指标，但忽略了钢的品种、质量，真正科技含量高的钢铁很少，多是粗钢或劣钢。

显然，第二次革命是一个涵盖多方面、多层次，具有多重含义的综合革命，它比第一次革命更艰巨更复杂，所需要的时间更长。本来社会主义改造的基本完成有可能成为两次伟大革命的"交汇点"，党的理论、路线、方针应适应这一转变。毛泽东试图在探索中国自己的建设社会主义道路中打开一个崭新的局面，但限于历史条件，对"什么是社会主义，怎样建设社会主义"并没有搞清楚，也就没能从根本上认识到这一转变，实质上仍然沿用第一次革命与传统社会主义理论为思维框架和思维方法来解决全党面临的新课题，即第二次革命极其复杂艰巨的任务。1958 年 1 月他在南宁会议上说："搞工业、农业，比打仗还厉害些，我就不相信"。[①] 这从一个侧面反映出毛泽东选择工业化超高速赶超战略的又一重要认识根源。

从后来的实际效果来看，中国共产党人特别是毛泽东试图同时超越苏联社会主义和西方资本主义工业化发展范式，走出了一条中国自己独特的道路，但由于上述这些更深层次的原因，使这种独特的探索和试验步入了误区。从 1957 年下半年到 1976 年近 20 年间，中国工业建设虽然取得了巨大的成就，但始终未能走上良性发展的轨道，直到中共十一届三中全会前，尚未真正找到一条加快工业化发展的好路子。严酷的现实迫使人们冷静下来，接受教训，寻找摆脱困境的出路，继续探索符合中国国情的社会主义工业化建设的新道路。

---

① 转引自顾龙生：《毛泽东经济年谱》，中共中央党校出版社 1993 年版，第 408 页。

第五章 中国工业化道路的历史性转轨

1978年底中共十一届三中全会党的工作中心的转移和改革开放决策的确立，推动着中国社会主义工业化道路模式的历史性转换。

以邓小平为主要代表的中国共产党人以全新的世界眼光审视时代发展的主题和世界新科技革命的发展趋势，清醒地认识到中国处于社会主义初级阶段的基本国情，在世界与中国、马克思主义理论与中国社会主义实践的反复比较中，明确提出"走自己的道路，建设有中国特色的社会主义"和"走出一条中国式的现代化道路"的指导思想，为中国特色社会主义工业化道路的开创指明了根本的方向。

随着中国社会主义建设指导思想的根本性转变，中国共产党形成了既遵循世界工业化的一般规律，又研究本国工业化的特殊规律，在融入世界工业化进程中要体现中国特色的发展思路，开始对中国社会主义工业化的发展战略和指导方针进行重新调整，从而逐步摆脱传统工业化道路模式的困境，使中国社会主义工业化建设走上既顺应世界潮流，又具有中国特色的全新道路。

5.1 传统工业化道路模式的困境与时代发展的新机遇和新挑战

历史进入20世纪70年代末80年代初，中国的工业化面临着新的机遇，同时也面临着新的挑战。

从时代特征上看，第二次世界大战后，特别是20世纪70年代以来，世界进入了一个时代主题转换的时期。世界各种政治力量重新组合，朝积极方向调整，逐步向多极化发展，制约战争的因素在不断增长，争取和平的呼声日益高涨，国际紧张局势日趋缓和，发展成为各国普遍面临的主要问题和共同要求。不仅包括中国在内的发展中国家和地区要求发展经济，摆脱贫困，走向富裕，就是发达国家和地区也面临着继续发展的问题。

从国际经济的发展来看，二战后兴起的以电子、原子能、航天技术的发展和应用为主要标志的新的科技革命，在20世纪70年代发展速度日益加快，特别是80年代以来，电子信息技术、生命科学和生物技术等新技术不断涌现，使人类社会经济生活发生了多方面深刻而巨大的变化。

第一，科学技术日新月异、突飞猛进，知识和科技的更新速度日益加快，科学技术转化为生产力的时间和科技成果商品化、产业化的周期大大缩短，进一步成为经济和社会发展的主导力量。80年代在西方发达国家经济增长中，科技作用所占的比重越来越高，到1988年，它们掌握的两万个跨国公司，控制着世界上所采用的新技术和新工艺的80%以上。1991年全世界出口额共35300亿美元，其中美、德、日、法、英、意、加七国的出口额就达到18400亿美元，占52%。[1]

第二，新科技革命的蓬勃兴起，开辟了许多新的生产领域，引起了产业结构的巨大变动，世界经济进入大调整和大改革的时代。高新技术渗透到农业、工业、能源、交通、办公、服务乃至生态环境等几乎所有领域，使社会结构日益复杂，生产专业化程度更高，国际分工更加深化，生产规模日益扩大，社会化大生产程度大步迈上新的台阶。西方发达国家加快了产业结构调整的步伐，传统产业除了进行技术改造外，主要向发展中国家转移，对发展中国家的工业化产生了重要影响。

第三，在新技术革命和信息技术的推动下，在资本国际化的过程

---

[1] 引自1992年6月9日江泽民在中央党校省部级干部进修班上的讲话，《十三大以来重要文献选编》（下），人民出版社1993年版，第2066页。

中，整个世界经济正在趋于一体化。特别是以电子计算机和微电子技术为中心，形成信息技术、新材料技术、生物技术等群（或称信息技术革命），通过信息革命和知识经济，强有力地促进交通、通讯和国际金融运转的超高速化，极大地缩短了国与国之间的距离，成为经济生活国际化的桥梁和纽带，更加速了经济全球化进程，使世界经济联系愈益密切，各国经济之间的相互依赖和影响日趋紧密，竞争日益激烈，科学技术的竞争更成为国际经济竞争中的决定性因素。从一般的国际商品流通，发展到国际间货币资金和资本的融通，再到国际间的生产合作、科学技术转让以及劳务合作等，涉及的范围越来越广，数量越来越多，形式也日益多样化。生产国际化的迅速发展，不仅表现在跨国公司的全球扩张上，也表现在地区间经济一体化的形成和加强上。整个世界经济由于各国之间经济的相互渗透，相互依存，又相互竞争而浑然一体。

第四，新技术革命的出现，加速了世界走向开放的进程。

在世界工业化发展的进程中，每次新技术革命的出现，都推动了世界在更大范围的开放。18世纪中叶以后，以机器大生产取代手工劳动为主要内容的第一次技术革命，伴随着机器的广泛使用，运输和通讯工具的飞跃进步，使英国等国率先开辟了世界市场，本国经济迅速发展起来。19世纪末20世纪初发生了第二次科技革命，伴随着发电机、内燃机、电动机的广泛应用，使国际经济技术联系和交流进一步发展，更多国家的国内市场汇入了世界市场。先行工业化的国家无一例外都是通过扩大对外经济交流、利用国际分工、利用国外资源、利用国外资金、引进先进技术而使本国经济起飞的。

二战后兴起的第三次科技革命带动了新一次全球性的工业化、现代化的浪潮，不仅西方发达国家，而且大多数发展中国家都先后走上了开放之路，开放已成为当代世界经济发展的大潮流，成为着力于开放的国家工业化、现代化发展的成功之路。例如，日本战后与新中国成立初期经济水平相当，在科技上、经济上仍落后于美国、欧洲约20年。但从20世纪50年代至70年代，它只花费60亿美元作为引进、研究新技术的费用，却换来了全世界半个世纪中出现的几乎所有先进工业技术，远远低于为发明、研制这些新技术所需的约 2000 亿美元费用，提前 30 年左右赶上和超过世界先进水平[1]，一跃而成为世界上仅次于美国的第二经济强国。许多发展中国家，如韩国、新加坡、泰国、马来西亚及巴西、墨西哥等，为了加速振兴民族经济，积极地推行对外开放政策，相继走上开放的道路，抓住西方国家因第三次技术革命而调整产业结构的机会，引进国外先进技术设备和扩大外向型经济，促进了经济的腾飞，跻身于新兴工业化国家和地区的行列。

机遇与挑战是同时并存的。三次世界技术革命推动了三次工业化、现代化的浪潮，每一次技术革命总是给世界各国走向工业化或进一步推动现代化提供机遇。谁抓住这个机遇，谁就加入时代发展的浪潮；谁抓不住这个机遇，谁就会成为时代的落伍者，从而面临更加严峻的挑战。

世界经济的大调整和大变动，深刻地影响了中国的社会转型，为中国经济社会发展战略的调整，提供了有利的外部环境。中国要实现工业化，完成从传统社会向现代社会的转变，必须把自己的发展自觉地纳入世界潮流之中，完成从传统社会向世界经济一体化过程的转变。然而，由于种种历史原因，中国在改革开放前虽然奠定了中国工业化的基础，初步形成了比较独立完整的工业体系，但经历了许多曲折和失误，付出了高昂的学费和代价。其重要的原因就是总体上没有抓住这个机遇，没有从世界历史演化的大尺度来看待工业化。当时的全球观念主要是建立在对时代特征及国际大势的错误判断上，即认为第三次世界大战必将爆发，小打不如大打、迟打不如早打，并以意识形态划线，"对外开放"成了沿袭"世界革命"战略的翻版。长期固守封闭半封闭的传统工业化道路，使中国与西方国家、甚至新兴的工业化国家和地区的差距越拉越大，面临的挑战愈来愈严峻（如表5—1）。

---

[1] 孙连成：《马克思主义与邓小平社会主义》，河南人民出版社 1996 年版，第 351 页。

表5—1　1960—1980年中国与东亚、太平洋地区经济增长比较（%）

增长速度＼年份＼地区	1960—1973	1973—1980
东亚、太平洋地区	8.2	8.2
中国*	5.5	6.6

*当时中国的基数很低，其速度低于别的国家和地区，发展速度就更慢。

另从人均国民生产总值（GNP）来看，中国在改革开放前一直徘徊在世界128个国家和地区中的倒数20位左右，而在亚洲26个国家和地区中，长期处于第16位的落后位置上。1986年中国人均GNP约为450美元，韩国是中国的7倍，台湾地区是祖国大陆的12倍，香港地区是祖国大陆的20倍，美国是中国的20倍，就连泰国也是中国的8倍。从地均GNP看，中国约为2.9万美元/平方公里，美国是中国的13倍，台湾地区是祖国大陆的69倍，香港地区是祖国大陆的1055倍，韩国是中国的29倍，泰国是中国的2.8倍。① 应该注意的是，这已经是1986年中国改革开放8年后的统计数据了，1978年中国的人均国民生产总值仅为250.4美元，其他经济指标的比较就更低了。② 由于长期与世隔绝，中国科学技术水平从总体上看要比世界先进国家落后二三十年。

中国与发达国家和新兴工业化国家的显而易见的差距，凸现了中国传统工业化道路模式与时代发展潮流的尖锐矛盾。这种尖锐矛盾，使中国在20世纪70年代末开始进入工业化新阶段时面临的挑战十分严峻。中国的工业化发展实际面临两种选择：一种是在传统工业化道路模式下，按传统封闭半封闭的思路搞工业化，另一种是遵循世界经济发展的共同规律，把中国融入世界工业化、现代化潮流，吸收和借鉴人类社会创造的一切文明成果，探索一条符合中国国情的社会主义工业化建设道

---

① 陶在朴：《警醒！中国的人均产值在世界倒数20位》，载《亚太经济时报》，1988年4月24日。

② 谢百三：《当代中国的若干经济政策及其理论》（1991年增订本），中国人民大学出版社1992年版，第367、368页。

路，实现传统农业文明向现代工业文明的转型。

如果说中共十一届三中全会开始认真纠正长时间里党内"左"的错误，把全党工作重点转移到社会主义现代化建设上来，为中国工业化、现代化的复兴创造了关键性的条件，那么，与此同时以邓小平为主要代表的中国共产党人提出实行改革开放的战略决策，实际上作出了上述的第二种选择。即放眼世界，把中国经济发展战略的选择，建立在对国际经济新环境的多层次把握上，纳入对世界经济发展的总格局中去思考，使中国工业化发展道路顺应世界潮流，以加快中国工业化的发展。这一选择将中国工业化与世界工业化进程紧密地联系起来，成了开辟具有中国特色社会主义工业化道路的一个极为重要的因素。

第一，邓小平以宽广的世界眼光，从宏观角度把握国际政治格局和经济格局的变化，认为"应当把发展问题提到全人类的高度来认识，要从这个高度去观察问题和解决问题"。[①] 正确认识国际形势尤其是当代世界的特点，是正确地制定国家社会经济发展战略的一个基本依据。邓小平在设计中国社会主义工业化、现代化战略时，始终极大关注和研究世界格局的变化，对世界历史的时代主题进行了新的审视和思考。他敏锐而又深刻地指出"现在的世界是开放的世界"[②]、"中国的发展离不开世界"[③] 的科学论断，不仅是从中国这个窗口来看世界，而且是从世界全局看中国，从世界历史的大坐标中寻找中国所处的位置，以对中国社会主义工业化、现代化重新定位与思考。这是改革开放以来中国共产党面向世界新的工业化发展观形成的一个重要背景。

第二，邓小平敏锐地觉察到了世界政治经济发展的新趋向及其给中国发展带来的难得机遇和挑战，他基于对和平与发展是当今时代主题的

---

① 邓小平：《以和平共处五项原则为准则建立国际新秩序》（1988.12.21），《邓小平文选》第3卷，人民出版社1993年版，第282页。

② 邓小平：《建设有中国特色的社会主义》（1984.6.30），《邓小平文选》第3卷，人民出版社1993年版，第64页。

③ 邓小平：《我们的宏伟目标和根本政策》（1984.10.6），《邓小平文选》第3卷，人民出版社1993年版，第78页。

科学判断,指出:"现在世界发生大转折,就是个机遇。"① 同时,在这种极为错综复杂的国际政治经济关系中,我们可以利用的矛盾存在着,"对我们有利的条件存在着,机遇存在着,问题是要善于把握"。② 就是说,时代主题的转换,这是中国工业化起飞的最大历史机遇和条件,也是对当代中国社会主义发展的最大挑战和考验。它使中国具有了同世界其他国家发展经济关系的前所未有的良好国际环境,为中国重新调整工业化发展战略提供了可能。因此,邓小平反复强调,我们"应当利用这段时间发展经济,逐渐摆脱贫困落后状况"。③ 他在反思中国的工业化曾经付出惨重的代价时说:近30年来,经过几次波折,我们始终没有把工作着重点转到社会主义建设这方面来,"现在要横下心来,除了爆发大规模战争外,就要始终如一地、贯彻始终地搞这件事","扭着不放,'顽固'一点,毫不动摇"。④ 正是对这种历史发展机遇和挑战的深刻认识,中共十一届三中全会后形成和确立的中国特色社会主义"一个中心,两个基本点"的发展路线,构成了中国特色社会主义工业化道路的核心内容。

第三,邓小平在对上述时代特征和世界经济发展趋势的正确认识的基础上,提出中国的发展要有新的思路。"和平与发展是时代的主题"、"现在的世界是开放的世界"是全球性的战略问题的思想,表征了世界历史不断变化发展的趋向,概括了不同国家和地区之间的互动性特征,也蕴含了世界错综复杂的多样化关系。面对世界的新形势,邓小平早在中共十一届三中全会召开前就指出:"我们现在要实现四个现代化,有好多条件,毛泽东同志在世的时候没有,现在有了。中央如果不根据现

---

① 邓小平:《总结经验,使用人才》(1991.8.20),《邓小平文选》第3卷,人民出版社1993年版,第369页。

② 邓小平:《国际形势和经济问题》(1980.3.3),《邓小平文选》第3卷,人民出版社1993年版,第354页。

③ 邓小平:《我国方针政策的两个基本点》(1987.7.4),《邓小平文选》第3卷,人民出版社1993年版,第249页。

④ 邓小平:《目前的形势和任务》(1980.1.16)《邓小平文选》第2卷,人民出版社1994年版,第249页。

在的条件思考问题、下决心，很多问题就提不出来、解决不了。"① 此后他又一再强调"世界在变，人们的思想不能不变"，"要发展就要变，不变就不会发展"。② 他还清醒地意识到第三次世界科技革命兴起的新趋势，特别指出：当今"世界新科技革命蓬勃发展，经济、科技在世界竞争中的地位日益突出"③，我们必须利用机会，迎接挑战，根据世界经济科技发展的总趋势来筹划我们的发展战略。如果不及时转变我们的发展思路，还是采取过去传统的发展战略，中国势必失去机遇。在以邓小平为主要代表的中国共产党人看来，中国要得到发展，不仅必须从中国的特殊国情，而且必须"从世界的角度"、"从世界政治、世界经济的角度"来设计"中国式的现代化"，才能把具有世界普遍意义的东西变为自己发展的条件，变成创造自己"特色"的现实基础。这种与全新的"世界"观相联系的富于时代精神的创新意识，成为改革开放以来中国共产党对中国工业化发展道路的新思考和战略新决策的又一现实思想基点。

中共十一届三中全会以来，中国共产党人正是从中国与世界工业化大背景的视角，在历史与现实、世界与中国、马克思主义理论与中国社会主义实践的反复比较中，把中国社会主义发展的目标和途径置于世界发展的广阔视野下加以审视、提炼和创新，从而逐步走出传统工业化道路模式的困境，开辟了一条中国特色的社会主义工业化道路，成功地回应了当代世界的发展潮流，实现了中国工业化发展道路的历史性转轨。

5.2 走中国特色社会主义工业化道路指导思想的确立

工业化作为世界历史发展进程，世界各国工业化有着共同的规律，即工业化的世界性和共同性。但另一方面，由于各国具体国情不同，经

---

① 邓小平：《高举毛泽东思想旗帜，坚持实事求是的原则》（1978.9.16），《邓小平文选》第2卷，人民出版社1994年版，第127页。

② 邓小平：《以和平共处五项原则为准则建立国际新秩序》（1988.12.21），《邓小平文选》第3卷，人民出版社1993年版，第283页。

③ 邓小平：《在军委扩大会议上的讲话》（1985.6.14），《邓小平文选》第3卷，人民出版社1993年版，第127页。

济、政治、文化发展的不平衡，以及其他诸种因素，不仅形成了资本主义制度和社会主义制度下的不同工业化模式，而且形成了各个国家和地区独特的工业化模式，使工业化模式具有鲜明的民族性和特殊性。当今世界各国和地区的工业化模式，都是共性和个性的统一，即世界性和民族性的统一。因而，任何国家和地区在走向工业化的过程中，既要有世界视野，把本国的工业化融入世界工业化的潮流，遵循世界工业化的一般规律，吸取和借鉴别国工业化的成功经验，又要认真研究自己的国情，研究本国工业化的特殊规律，走自己的路。

1956年前后，毛泽东提出以苏为戒，建设适合中国情况的社会主义、走"中国工业化的道路"的指导思想，并进行了一些有益的探索。但不久他便受传统社会主义观念的束缚，探索陷入更僵化的传统工业化道路模式中。"文化大革命"结束后，对中国以及世界工业化、现代化的深刻反思，使邓小平更清楚地意识到重新确立建设中国特色社会主义指导思想对中国发展的极端重要性。可以说，中共十一届三中全会以来以邓小平、江泽民、胡锦涛为主要代表的中国共产党人开辟中国工业化新道路的全部理论和实践活动，都是围绕这个根本问题展开的。

1979年3月，邓小平总结了新中国成立以来的历史教训，对这一问题给予了明确的回答。他指出：要在本世纪内实现四个现代化，把我国建成一个社会主义强国，这是一个非常艰巨的任务。"过去搞民主革命、要适合中国情况，走毛泽东同志开辟的农村包围城市的道路。现在搞建设，也要适合中国情况，走出一条中国式的现代化道路。"他强调："中国式的现代化，必须从中国的特点出发。"[①] 这是对建设中国特色社会主义道路的最初表述。9月，中共十一届四中全会讨论通过的叶剑英在庆祝中华人民共和国成立30周年大会上的讲话，初步总结了社会主义革命和建设的基本经验，进一步指出要"走出一条适合我国情况和特点的实现现代化的道路"，必须"从中国的实际出发，认真研究经济规律和

---

① 邓小平：《坚持四项基本原则》（1979.3.30），《邓小平文选》第2卷，人民出版社1994年版，第163、164页。

自然规律"。①

1982年9月，邓小平在中共十二大的开幕词中明确提出"建设有中国特色的社会主义"的命题，并与探索中国现代化道路模式有机地联系和统一起来，指出："我们的现代化建设，必须从中国的实际出发。无论是革命还是建设，都要注意学习和借鉴外国经验。但是，照抄照搬别国经验、别国模式，从来不能得到成功。这方面我们有过不少教训。把马克思主义的普遍真理同我国的具体实际结合起来，走自己的道路，建设有中国特色的社会主义，这就是我们总结长期历史经验得出的基本结论。"② 这一论断是对"中国式的现代化道路"概念和思想的逻辑发展，为中国社会主义工业化、现代化发展道路的创新提供了基本的理论依据。此后，在改革开放和现代化建设的进程中，邓小平多次把两者联系在一起，强调："我们搞的现代化，是中国式的现代化。我们建设的社会主义，是有中国特色的社会主义。"③

就当代中国而言，如何建设社会主义和如何实现工业化、现代化实际上是同一个问题，即如何实现中国社会主义工业化、现代化。这样，"走自己的道路，建设有中国特色的社会主义"，搞"中国式的现代化"，实际上提出了开辟中国特色社会主义工业化道路的指导思想。这与1956年前后毛泽东关于走"中国工业化的道路"的思想既存在着继承的关系，又有重大的发展。这不仅表现在提法上更加科学和严密，而且在内涵上更加丰富，更加符合当代中国实际和世界工业化发展的潮流。

（一）中国工业化与科学社会主义的统一

任何一个国家的工业化，都是与一定的社会制度相联系的。当代中国的工业化，是要在社会主义制度下实现的。中国的社会发展目标只能

---

① 叶剑英：《在庆祝中华人民共和国成立30周年大会上的讲话》（1979.9.29），《三中全会以来重要文献选编》（上），人民出版社1982年版，第233页。

② 邓小平：《中国共产党第十二次全国代表大会开幕词》（1982.9.1），《邓小平文选》第3卷，人民出版社1993年版，第2、3页。

③ 邓小平：《路子走对了，政策不会变》（1983.6.18），《邓小平文选》第3卷，人民出版社1993年版，第29页。

是走向工业化和现代化，中国的社会发展方向只能是坚持社会主义。中国的工业化、现代化必须是社会主义的工业化、现代化，中国社会发展目标与发展方向是统一的。社会主义是完成工业化、现代化的必由之路，工业化、现代化又是社会主义的重要目标和不可或缺的物质基础。不实现工业化、现代化，我们的国家、民族就无法立足于世界民族之林；而只讲工业化、现代化，不讲社会主义，"这就忘记了事物的本质，也就离开了中国的发展道路"。①

"建设有中国特色的社会主义"、"中国式的现代化"的科学命题，体现了"中国特色"、"社会主义"与"现代化"的内在统一。中国的特色没有脱离社会主义的轨道，社会主义的道路又呈现出中国的特色；"中国式的现代化"，就是从中国实际出发，用社会主义方式来实现一般要求的工业化、现代化。因此，邓小平一再强调："中国搞现代化，只能靠社会主义，不能靠资本主义"②，不能按资本主义方式来实现中国工业化和现代化。他还特别指出："我们要实现工业、农业、国防和科技现代化，但在四个现代化前面有'社会主义'四个字，叫'社会主义四个现代化'。"③

坚持社会主义方向，也是毛泽东探索中国工业化道路的基本原则，但是，由于对什么是社会主义，"过去我们并没有搞清楚"④，当时的探索并没有真正体现中国工业化与社会主义的内在统一。中共十一届三中全会后，什么是社会主义以及怎样建设社会主义成为邓小平等中共中央领导人反复思考的核心问题，这实际上也是关于工业化、现代化模式问题的思考。"建设有中国特色的社会主义"、"中国式的现代化"的科学命题，正是建立在要"搞清楚"什么是社会主义，如何建设社会主义这

---

① 邓小平：《用中国的历史教育青年》(1987.2.28)，《邓小平文选》第3卷，人民出版社1993年版，第204页。

② 邓小平：《吸取历史经验，防止错误倾向》(1987.4.30)，《邓小平文选》第3卷，人民出版社1993年版，第229页。

③ 邓小平：《改革是发展生产力的必由之路》(1985.8.28)，《邓小平文选》第3卷，人民出版社1993年版，第138页。

④ 同上，第137页。

个最重要问题①的基础上,因而也就真正使中国特色工业化与社会主义统一起来并融为一体。

(二) 中国工业化道路与中国社会主义初级阶段实际的统一

中国的工业化绝不能走资本主义道路,也不能照搬苏联传统、僵化的社会主义工业化道路模式。邓小平多次重申:"社会主义必须是切合中国实际的有中国特色的社会主义"②,中国的工业化必须是从中国国情、中国特色出发的社会主义工业化。

那么,什么是中国的实际呢? 改革开放前毛泽东虽然也认为中国"人口多","底子薄",仍是"不发达"的社会主义,但并没有完全搞清楚当代中国的实际,未能清醒地认识中国已进入社会主义,又需经历一个很长的社会主义初级阶段,这也是他始终未能突破传统工业化道路模式的最根本原因。1980年4月邓小平同外宾谈话时说,现在我们正在总结建国30年的经验。总的来说,"不要离开现实和超越阶段采取一些'左'的办法,这样是搞不成社会主义的。我们过去就是吃'左'的亏"。③ 之后他更明确地指出:从1957年下半年开始,我们就犯了"左"的错误。总的说来,就是"制定的政策超越了社会主义的初级阶段"④。

中共十一届三中全会后,中国共产党深刻总结中国社会主义发展的经验教训,不仅认识到当代中国最大的实际就是"还处在社会主义初级阶段",而且将之明确作为中国特色社会主义,开辟中国特色社会主义工业化、现代化道路的最基本依据。

中国还处在社会主义初级阶段的科学论断,最初是在总结中国社会

---

① 邓小平:《政治上发展民主,经济上实行改革》(1985.4.15),《邓小平文选》第3卷,人民出版社1993年版,第116页。

② 邓小平:《建设有中国特色的社会主义》(1984.6.30),《邓小平文选》第3卷,人民出版社1993年版,第63页。

③ 邓小平:《社会主义首先要发展生产力》(1980.4—5),《邓小平文选》第2卷,人民出版社1994年版,第212页。

④ 邓小平:《形势迫使我们进一步改革开放》(1988.6.22),《邓小平文选》第3卷,人民出版社1993年版,第269页。

主义发展的经验教训,强调社会主义现代化建设必须从中国国情的基本特点出发而提出的。1979年3月召开的党的理论务虚会上,邓小平指出,要实现中国现代化,至少必须看到中国的两个重要特点。一是底子薄,即生产力落后;二是人口多,耕地少。这种情况是很不容易改变的。这就成为中国现代化建设必须考虑的特点,要适合中国情况,走出一条中国式的现代化道路。[①]

1981年6月,中共十一届六中全会通过的《关于建国以来党的若干历史问题的决议》首次指出:"我们的社会主义制度还是处于初级的阶段","社会主义制度由比较不完善到比较完善,必然要经历一个长久的过程"。之后,1982年9月,中共十二大确认"我国的社会主义社会,现在正处在初级发展阶段"的根本特征,开始与"建设中国特色社会主义"和"开创社会主义现代化建设新局面"的命题紧密联系在一起的,实际上也提出了中国工业化道路与中国社会主义初级阶段实际相统一的科学命题。随着改革开放的深入和中国特色社会主义建设道路探索的发展,1987年10月,中共十三大政治报告以"沿着有中国特色的社会主义道路前进"为主题,系统地阐述了社会主义初级阶段的理论,指明了现阶段中国社会的性质及基本特征,强调在中国这样一个落后的东方大国中建设社会主义,是马克思主义发展史上的新课题。必须从国情出发,把马克思主义基本原理同中国实际结合起来,在实践中开辟有中国特色的社会主义道路。这就进一步把社会主义初级阶段的科学论断升华到中国特色社会主义道路理论的层面,构成了中国特色社会主义工业化道路理论的重要内容。

科学判断新阶段中国社会发展所处的历史方位,就是要使中国社会主义工业化、现代化建设立足于初级阶段的客观现实。中共十三大前夕,邓小平指出:"我们党的十三大要阐述中国社会主义是处在一个什么阶段,就是处在初级阶段,是初级阶段的社会主义。社会主义本身是共产主义的初级阶段,而我们中国又处在社会主义初级阶段,就是不发

---

① 邓小平:《坚持四项基本原则》(1979.3.30),《邓小平文选》第2卷,人民出版社1994年版,第163、164页。

达的阶段。一切都要从这个实际出发，根据这个实际来制订规划。"① 这就要求既不要离开这个实际，也不要超越这个阶段。中共十三大报告指出："正确认识我国社会主义现在所处的历史阶段，是建设有中国特色的社会主义的首要问题，是我们制定和执行正确的路线和政策的根本依据。"② 中共十五大也指出，我们讲一切从实际出发，最大的实际就是中国现在处于并将长时期处于社会主义初级阶段。我们讲要搞清楚"什么是社会主义、怎样建设社会主义"，就必须搞清楚什么是初级阶段的社会主义，在初级阶段怎样建设社会主义。③

（三）中国工业化的民族性与世界性的统一

中国社会主义工业化应有自己的特色，符合社会主义初级阶段的实际，同时又必须符合世界工业化的一般要求，顺应世界工业化的潮流。这就是说，中国工业化道路特色的形成，既要注意中国的民族特点，也要借鉴和吸收其他国家工业化模式的有益成分，把民族性与世界性有机地统一起来。

以邓小平为主要代表的中国共产党人提出开创中国特色的社会主义工业化道路，之所以超越毛泽东工业化道路思想和传统工业化道路模式的重要原因之一，不仅在于立足中国国情，而且在宏观考察与总体把握世界范围内的工业化历程和类型的基础上，产生了在融入世界工业化进程中要体现中国特色和中国模式的发展思路，显示出构建中国工业化道路和方式的全新视野。

一方面，邓小平认为世界各国工业化、现代化模式的发展应该是多样化的，各国情况不同，工业化、现代化建设的模式也不同。1988 年 5

---

① 邓小平：《一切从社会主义初级阶段的实际出发》（1987.8.29），《邓小平文选》第 3 卷，人民出版社 1993 年版，第 252 页。
② 赵紫阳：《沿着有中国特色的社会主义道路前进》（1987.10.25），《十三大以来重要文献选编》（上），人民出版社 1991 年版，第 9 页。
③ 江泽民：《高举邓小平理论伟大旗帜，把建设有中国特色社会主义事业全面推向 21 世纪》（1997.9.12），《江泽民文选》第 2 卷，人民出版社 2006 年版，第 13 页。

月18日他在会见外国客人的谈话时说:"世界上的问题不可能都用一个模式来解决。中国有中国自己的模式。"① 1989年5月16日会见外国客人时他又指出,在社会主义建设模式上,可以这样作出结论:"各国必须根据自己的条件,在革命成功后建设社会主义。一个固定的模式是没有的,也不可能有。墨守成规的观点只能导致落后,甚至失败。"②

另一方面,邓小平认为外国工业化、现代化模式包含了世界经济社会发展规律的一面,我们对它们固然不能照搬,但应当"借鉴"。在借鉴中扬弃,在交融中发展,把世界经验与中国的民族特点相联结、相结合,才能在世界工业化、现代化发展的总进程中创造出"中国特色",既超越与世隔绝的工业化道路模式,又超越完全依附于别国的工业化道路模式。

同时,随着世界科技革命的发展和推动,世界工业化模式也是不断变化发展的。考察世界各国工业化的历史过程,早期工业化国家与当时科学技术发展水平较低相适应,一般都从轻纺工业开端的。19世纪70年代至90年末随着电力、内燃机、新式金属冶炼等技术的发明和在生产上的广泛利用,工业化开始进入重化工业迅速发展阶段,催生了苏联等一些国家以重化工业为主导的道路。20世纪40年代末以后,原子能、电子计算机、宇航等技术的发明与利用,将世界工业化推向了生产与管理自动化迅速发展的阶段,知识、智力密集型新兴产业迅速崛起。由于自动化生产可以把大量劳动力从物质生产领域释放出来,服务业等第三产业也迅速发展,世界各国和地区出现了工业化模式多样化的趋势。发展中国家如韩国从20世纪60年代初,曾短暂地实行了几年进口替代方针,重点是发展能源、交通、钢铁、化肥、水泥等基础工业,但60年代中期即转向以劳动密集型轻纺工业品出口为导向的发展方式,到70年代末又转换为以技术密集型的重加工工业产品和智力密集型的高新技

---

① 邓小平:《解放思想,独立思考》(1988.5.18),《邓小平文选》第3卷,人民出版社1993年版,第261页。
② 邓小平:《结束过去,开辟未来》(1989.5.16),《邓小平文选》第3卷,人民出版社1993年版,第292页。

术产品出口为导向的发展方式。巴西、新加坡、墨西哥等国也分别采用了各自不同的发展方式。一些发达国家则步入了以信息工业化为主导的道路。

这充分证明，不仅"走向工业化没有什么独一无二的道路"①，而且工业化模式是随着世界科技进步而不断创新发展的。中国要实现工业化的特殊性，工业化道路必须是一个不断自觉适应世界工业化潮流发展的过程，是一个不断开拓进取、创造新模式的过程，才能始终将中国工业化与世界工业化的进程统一起来。

这三层内涵是一个有机统一的整体，相辅相成、相互作用，体现了普遍性与特殊性的辩证统一。世界工业化的一般要求是普遍性，普遍性存在于特殊性之中，通过中国特色社会主义特殊性展现出来。"建设有中国特色的社会主义"、"走出一条中国式的现代化道路"的论断表明，在中国社会主义和工业化、现代化发展道路指导思想问题上，中国共产党不但解决了要走自己的路的认识问题，而且进一步解决了要走怎样的自己的路的问题。这一指导思想贯穿在中国整个社会主义初级阶段建设中国特色社会主义工业化、现代化建设的全过程，为中国特色社会主义工业化道路的开创指明了方向。

5.3 由片面发展重工业向产业协调发展模式转变

中共十一届三中全会后，随着经济建设方面拨乱反正的全面展开，国民经济重大比例严重失调成为经济工作中最突出的问题。中共中央和经济理论界对过去奉为"经典"的"生产资料优先增长"、"先生产后生活"、"高积累"、"高速度"等经济发展战略原则进行了深刻反思，彻底否定了在这些原则下形成的片面发展重工业的战略。中央认识到社会主义工业化不一定非要从重工业开始，或一直把重点放在重工业；工业化过程中的两大部类之间必须保持适当的比例，突出发展重点必须以部门间的比例协调为基础；发展生产的目的是为了提高人们的生活水

---

① 世界银行：《1987年世界发展报告》，中国财经出版社1987年版，第5页。

平,并不是为了生产本身的高速度。在这些理论认识的基础上,中共中央开始调整优先发展重工业的传统工业化模式,由片面地发展重工业转向全面和协调发展转变。

(一) 首先表现在农、轻、重的比例关系上,由原来过分突出重工业而忽视轻工业和农业的发展,转向注重农业、轻工业和重工业的协调发展

以毛泽东为主要代表的中国共产党人在探索中国工业化道路的过程中,虽然提出了以农业为基础、工业为主导、正确处理农轻重关系的思想,但在长期的实践中却走了一条片面发展重工业的道路,致使国民经济重大比例严重失调。邓小平在总结过去的经验教训时说:"我们过去长期搞计划,有一个很大的特点,就是没有安排好各种比例关系。农业和工业比例失调,农林牧副渔之间和轻重工业之间比例失调,煤电油运和其他工业比例失调,'骨头'和'肉'(就是工业和住宅建设、交通市政建设、商业服务业建设等)比例失调,积累和消费比例失调。"①1978年12月中共十一届三中全会对当时的经济状况作出了如下判断:国民经济中还存在不少问题。一些重大的比例失调状况没有完全改变过来,生产、建设、流通、分配中的一些混乱现象没有完全消除,城乡人民生活中多年积累下来的一系列问题必须妥善解决。②为此,全会要求全党必须在几年中认真地逐步地解决这些问题。

鉴于传统工业化模式酿成的国民经济重大比例严重失调,新工业化模式的产业协调发展主旋律是从放慢重工业增长速度、加快轻工业和农业的增长速度开始的。1979年3月,中共中央政治局开会讨论了1979年计划和国民经济调整问题,制定了"调整、改革、整顿、提高"的八字方针。会上李先念就调整国民经济比例关系提出了12条原则措施,

---

① 邓小平:《目前的形势和任务》(1980.1.16),《邓小平文选》第2卷,人民出版社1994年版,第250页。

② 《中国共产党第十一届中央委员会第三次全体会议公报》(1978.12.22),《三中全会以来重要文献选编》(上),人民出版社1982年版,第6页。

包括正确处理好农、轻、重关系，基础工业和加工工业的关系，建设规模和国力的关系，进出口关系，物质资料生产和人口生产的关系，积累和消费的关系，等等，① 核心是要放慢重工业的增长速度，加快轻工业和农业的增长，促进国民经济各方面的平衡和协调发展。这样，在农轻重关系的问题上党又转向了正确的轨道。

国民经济的调整，首先调整了农村政策，集中主要力量把农业搞上去。同年9月，中共十一届四中全会通过了《中共中央关于加快农业发展若干问题的决定》，指出：社会主义现代化建设的首要任务，"就是要集中精力使目前还很落后的农业尽快得到迅速发展，因为农业是国民经济的基础，农业的高速度发展是保证实现四个现代化的根本条件"。《决定》强调全党一定要坚定不移地执行以农业为基础的方针，"制定国民经济计划，必须真正做到遵守农轻重的次序；保持农业和工业的平衡，各项建设事业的发展，首先要考虑农业的负担能力"。②

在工业中，消费品工业的发展被放在重要地位。这一年，国务院决定对轻纺工业实行"六个优先"的政策。即在能源和原材料供应、挖潜和革新改造、基本建设、投资和贷款、外汇使用、交通运输等六个方面优先保证轻工业生产的需要。对于重工业的发展，放慢重工业的发展速度，采取"重转轻"、"军转民"、"长转短"等形式，调整重工业的服务方向和产品结构，加强对老企业的技术改造。1979年调整后的国民经济计划，工业增长速度由10%—20%调整为8%，其中轻工业增长8.3%，重工业增长7.6%，钢产量由3400万吨调降为3200万吨。③ 经过调整，1979年轻工业发展速度首次超过了重工业，比1978年增长9.6%，超过了重工业增长7.6%的水平。1980年轻工业又比1979年增

---

① 李先念：《在中央工作会议上的讲话》（1979.4.5），《李先念文选（1935—1988）》，人民出版社1989年版，第358—366页。

② 《中共中央关于加快农业发展若干问题的决定》（1979.9.28），《三中全会以来重要文献选编》（上），人民出版社1982年版，第177、181、182页。

③ 当代中国的计划工作办公室编：《中华人民共和国国民经济和社会发展计划大事辑要（1949—1985）》，红旗出版社1987年版，第410页。

长 18.4%，大大超过重工业增长 1.46% 的速度。① 1981 年 6 月，中共十一届六中全会通过的《关于建国以来党的若干历史问题的决议》充分肯定了以农业为基础，正确处理重工业同农业、轻工业的关系，重视发展农业和轻工业这样一条工业化道路模式，指出"在这些方针指导下，轻工业的发展加快了，工业内部结构正朝着合理的协调的方向发展"。②

1982 年 12 月，五届全国人大五次会议批准了国民经济和社会发展的第六个五年计划，提出继续贯彻调整、改革、整顿、提高的方针，"大力发展农业和消费品工业，使重工业密切为农业和消费品工业服务，为国民经济的技术改造和国防的现代化服务，保持社会生产两大部类之间的相互协调和相互促进。"工农业产值在提高经济效益的前提下，计划农业平均每年增长 4%，轻工业平均每年增长 5%，重工业平均每年增长 3%。③ 经过调整，1984 年轻工业产值为 335 亿元，比 1978 年增长 93.8%，平均每年递增 11.3%；重工业产值为 3707 亿元，比 1978 年增长 46.7%，平均每年递增 6.6%。在工业总产值中，轻重工业的比例由 1978 年的 43.1∶56.9 变为 1984 年的 47.4∶52.6。④ 到 1990 年，农业、轻工业和重工业占工农业总产值的比重分别为 24.3%、37.4% 和 38.3%，轻工业和重工业占工业总产值的比重分别为 49.4% 和 50.6%⑤，从而使重工业与农业和轻工业的比例关系以及重工业内部的比例关系逐步趋于协调。

---

① 汪海波主编：《新中国工业经济史》，经济管理出版社 1986 年版，第 412 页。
② 《中国共产党中央委员会关于建国以来党的若干历史问题的决议》(1981.6.27)，《三中全会以来重要文献选编》（下），人民出版社 1982 年版，第 823 页。
③ 《中华人民共和国国民经济和社会发展第六个五年计划（1981—1985）》（单行本），人民出版社 1983 年版，第 13、18 页。
④ 《中国经济年鉴（1985）》，经济管理出版社 1985 年版，第 2、3 页。
⑤ 《中国统计年鉴（1991）》，中国统计出版社 1991 年版，第 57 页。

（二）突出战略重点，注意总量平衡和产业结构合理化

中共十一届三中全会后中共中央在工业化理论探索上的一个突出特点，是对以农、轻、重发展关系为中心的工业化道路的认识发展到了产业结构的层次。产业结构是一个多方面、多层次的综合体系，主要包括两方面的内容：一是指各产业之间在生产上的比例关系，直接构成产业结构的量的方面，诸如农、轻、重比例关系，生产资料生产和消费资料生产的比例关系，等等；二是指各产业之间的联系方式，直接构成产业结构的质的方面。这两个方面有着内在联系，但产业结构的质的方面，对于反映工业化的发展更具实质性的意义。长期以来，人们关于工业化道路内涵的认识和理解，一般仅限于农、轻、重关系，表现在方法上，主要是从总量平衡的角度而不是从产业结构合理化和优化的角度考察分析工业化发展问题。

80年代初，中共中央对国民经济结构调整的认识发生了变化。1981年11月，赵紫阳在五届全国人大四次会议上作了题为《当前的经济形势和今后经济建设的方针》的政府工作报告，他说，随着实践的发展，我们对于国民经济"调整、改革、整顿、提高"这一方针的认识也进一步深化。"就调整来说，既要调整工业和农业、轻工业和重工业、积累和消费的比例关系，又要对产品结构、技术结构、企业结构、组织结构等进行调整，实现经济结构的合理化，因而经济调整的内容比原来设想的要广泛得多。"报告指出：当前，我国整个国民经济中的产业结构、产品结构、技术结构、企业结构、组织结构、工业布局和经济布局都不很合理，要用五年或者更多一点的时间，进一步调整，"使之逐步合理化"。①

产业结构的合理化，不仅要求各产业之间的综合平衡，而且要求产业结构随着科学技术的发展和市场变化不断调整和优化。

第一，从长期突出固定重点的发展战略转变为综合平衡的发展战略。

产业结构的综合平衡并不是没有重点，而是与片面发展重工业的战

---

① 赵紫阳：《当前的经济形势和今后经济建设的方针》（1981.11.30），《三中全会以来重要文献选编》（下），人民出版社1982年版，第1038、1039页。

略重点截然不同。传统战略中的战略重点是固定的,注重主要重工业产品产量,特别是钢铁工业产品产量的增长,势必造成各产业发展不均衡和畸形经济结构,1958年的"大跃进"运动就是最典型的例子。而产业结构综合平衡的重点应放在部门间比例关系的协调上,并根据国内外市场需求的变动和科学技术的变化适时调整,使各部门、各产业相互促进、共同发展,特别是新兴的部门不断会成为发展重点。

1982年9月中共十二大将农业、能源、交通、教育和科学等基础产业作为今后20年经济发展的战略重点,同时要求"要集中主要力量进行各方面经济结构的调整",在综合平衡的基础上建立合理化的经济结构,使社会经济各个部门、各个方面能够协调发展。① 这是中国工业化、现代化发展在战略重点产业选择的理论与实践方面的一个重大转变。

在此背景下,能源、交通业等被"六五"计划确定为国民经济战略重点产业。计划强调继续调整经济结构,特别是努力调整重工业的服务方向和产品结构,大力降低能源消耗,使生产资料生产同消费资料生产的发展保持大体协调,"使产业结构进一步合理化,使产品结构更好地适应社会需要。"②

1987年10月中共十三大制定的注重效益、提高质量、协调发展、稳定增长的经济发展战略,一个基本要求是"保持社会总需求和总供给基本平衡,合理调整和改造产业结构"。大会报告指出:"经济总量平衡同经济结构有着密切关系。只有在结构合理的基础上实现总量平衡,才能取得良好的宏观经济效益。"③ 大会报告认为这个问题越往前去会越加突出,这是因为:一是在向小康水平前进的过程中,农业人口向非农产业转移的速度加快,对发展基础工业和基础设施的要求愈益迫切,居民对档次较高的消费品的需求增大,选择性明显增强,所有这一切都对产

---

① 胡耀邦:《全面开创社会主义现代化建设的新局面》(1982.9.1),《十二大以来重要文献选编》(上),人民出版社1986年版,第17页。

② 《中华人民共和国国民经济和社会发展第六个五年计划(1981—1985)》(单行本),人民出版社1983年版,第15、16页。

③ 赵紫阳:《沿着有中国特色的社会主义道路前进》(1987.10.25),《十三大以来重要文献选编》(上),人民出版社1991年版,第20页。

业结构的改造提出了许多新的要求。二是世界新技术革命的发展和产业结构变化的影响,我国扩大商品出口的需要,也要求对产业结构进行相应的调整和改造。因此,能否逐步实现产业结构合理化,将在很大程度上决定着今后经济的发展和效益的提高。

中共十三大报告根据世界科学技术的发展和国内外市场的变化,提出今后相当长时期内调整和改造产业结构的基本方向应当是:坚持把农业放在十分重要的战略地位,全面发展农村经济;在大力发展消费品工业的同时,充分重视基础工业和基础设施,加快发展以电力为中心的能源工业,以钢铁、有色金属、化工原料为重点的原材料工业,以综合运输体系和信息传播体系为主轴的交通业和通信业;努力振兴机械、电子工业,为现代化建设提供越来越多的先进技术装备;以积极推行住宅商品化为契机,大力发展建筑业,使它逐步成为国民经济的一大支柱。

中共十三大提出经济总量平衡同经济结构有着密切关系的思想以及制定的产业政策,既注重产业结构的量的均衡,又注重产业结构转换和优化对经济增长的推动作用。这一思路的转变,改变了中国过去工业化进程中单纯以总产值增长速度作为战略目标的发展模式,反映了中国工业化发展阶段的特点和要求,也符合世界科学技术和经济发展的趋势,这是中国工业化道路理论的一大发展。

根据中共十三大关于产业结构调整的精神,"七五"时期,特别是1989年3月15日《国务院关于当前产业政策要点的决定》实施以后,中国产业结构进一步向协调和优化的方向调整,重点"加强农业、基础工业和基础设施的建设,改组改造加工工业,不断促进产业结构合理化,并逐步走向现代化,以适应经济增长和消费结构变化的需要"。[①]

第二,由农轻重协调发展进一步转变为三次产业全面发展。

"三次产业"分类法自20世纪三四十年代英国经济学家费希乐和克

---

① 《中共中央关于制定国民经济和社会发展十年规划和"八五"计划的建议》(1990.12.30),《十三大以来重要文献选编》(中),人民出版社1993年版,第1383页。

拉克相继提出后,成为世界上最通用的产业结构分类法。①世界工业化发展史表明,产业结构发展是一个从低级向高级递进的过程。这个过程大体表现为由第一次产业占优势比重逐渐向第二次、第三次产业占优势比重演进:第一次产业的比重开始很大,第二、三次产业的比重开始很小。随着科学技术和生产力的发展,第二次产业比重上升很快,并超过第一次产业占社会生产的主体地位,在达到一定高度后便开始缓慢下降。同时,第三次产业的比重迅速上升,逐渐取代第二次产业的主体地位。

改革开放以前,中国只重视物质生产领域的发展,对金融保险、房地产、社会服务等所谓"非物质生产领域"的活动不仅不予重视,有时还严加限制。1953—1978年,第二产业增加值的年均增长速度则高达11%,而第三产业增加值的年均增长速度仅为5.5%,低于国内生产总值年均6.1%的增长速度。②改革开放后,国家开始注重农业、轻工业发展的同时,大力促进第三产业发展。中共十三大制定的产业政策,明确使用了"三次产业"的概念,提出"要重视发展第三产业,努力实现一、二、三产业协调发展"③。中央并从产业结构优化的角度规划了第一、二、三次产业的联系及发展,这标志着中国共产党关于产业结构及工业化道路的理论认识发展到了一个新的层次。

"七五"计划要求在调整产业结构中,加快为生产和生活服务的第三产业的发展,到1990年,"在国民生产总值中,第三产业所占比重由1985年的21.3%上升到25.5%,第一、第二产业所占比重由78.7%下

---

① 20世纪三四十年代,英国经济学家费希乐和克拉克相继提出了三次产业分类方法的理论。即按照生产活动的阶段把社会生产分为一次产业、二次产业和三次产业三大部分。第一产业是指其产品直接取之于自然界的产业;第二产业是指通过对自然物质资料及工业品原料进行加工而取得产品的产业;第三产业的本质是服务业,是繁衍于物质生产之上的非物质生产部门。

② 国家统计局:《新中国50年系列分析报告之二:结构大调整,经济高增长》,1999年9月14日。

③ 赵紫阳:《沿着有中国特色的社会主义道路前进》(1987.10.25),《十三大以来重要文献选编》(上),人民出版社1991年版,第21页。

降为74.5%"。①"八五"计划开始，特别是1992年《中共中央国务院关于加快发展第三产业的决定》发布以后，第三产业得到了前所未有的重视，产业结构从良性化阶段走向了优化阶段，高新技术产业和以流通、服务为主体的第三产业，包括农林牧渔服务、地质勘探和水利管理、金融保险、房地产、社会服务、科研及综合技术服务等众多行业，随着社会主义市场经济建设的展开都迅速发展。1979—1998年，在第二产业增加值继续保持11.7%的年均增长速度的同时，农业、第三产业增加值分别以每年5%、10.5%的速度递增，第三产业增加值的年均增长速度已由改革开放前低于GDP增长0.6个百分点变为超过0.8个百分点。相应地，第一、二、三次产业结构也由1978年的28.1∶48.2∶23.7变为1998年的18.0∶49.2∶32.8。②

改革开放后农轻重之间、三次产业之间以及各产业内部的比例关系逐步走向协调表明，中国的工业化已经由片面发展重工业模式转到了产业协调发展模式，步入了工业化的常规过程，基本上找到了一条适合中国工业化和经济结构调整优化的路子。

5.4 中国工业化发展战略和指导方针的重新调整

中共十一届三中全会后，中国共产党对中国社会主义现代化发展战略目标和战略步骤进行了重新调整。经过中共十二大，中共十三大比较完整地制定了现代化发展"三步走"的战略。即第一步，实现国民生产总值比1980年翻一番，解决人民的温饱问题。这个任务已经基本实现。第二步，到20世纪末，使国民生产总值再增长一倍，人民生活达到小康水平。第三步，到21世纪中叶，人均国民生产总值达到中等发达国家水平，人民生活比较富裕，基本实现现代化。然后，在这个基础上继

---

① 《中华人民共和国国民经济和社会发展第七个五年计划（1986—1990）》（单行本），人民出版社1986年版，第34页。

② 国家统计局：《新中国50年系列分析报告之二：结构大调整，经济高增长》，见中华人民共和国国家统计局网站（http://210.72.32.25/index.htm），1999年9月14日。

续前进。中央并提出了实现第二步战略目标的具体要求：社会经济效益、劳动生产率和产品质量明显提高，国民生产总值和主要工农业产品产量大幅度增长，人均国民生产总值在世界上所占位次明显上升。工业主要领域在技术方面大体接近经济发达国家70年代或80年代初的水平，农业和其他产业部门的技术水平也将有较大提高。城镇和绝大部分农村普及初中教育，大城市基本普及高中和相当于高中的职业技术教育。人民群众将能过上比较殷实的小康生活。①

这一长期发展战略是依据对中国社会主义初级阶段国情和变化了的国际环境的新认识，在总结过去工业化和现代化建设的经验教训基础上提出来的，有三个不同于传统战略的明显特征：一是发展目标上，不像传统战略那样只以几种主要重工业产品产量为指标，而是着眼于综合国力的增强。不仅运用国民生产总值、人均国民生产总值等世界经济发展通用的衡量标准，而且强调工业等主要领域在技术方面所应达到的世界水平。二是不像传统战略那样片面追求高速度，而是强调要在提高经济效益、劳动生产率和产品质量的前提下实现经济增长，并从国情出发制定比较适宜的经济增长速度。三是不像传统战略那样经济增长以牺牲人民生活的改善为代价，而是明确提出在工业化、现代化进程中将以人民生活逐步达到"温饱"、"小康水平"、"中等水平"、"比较富裕"为根本目的，把工业化、现代化发展与改善人民生活紧密地联系在一起。

与中国社会主义工业化、现代化战略的转变相适应，中共十一届三中全会后工业化建设的指导方针也进行了重新调整。

1979—1981年的国民经济调整，使经济工作摆脱了多年来"左"的指导思想的束缚，进一步暴露出过去片面追求产值产量增长、重基建轻生产、高积累低效率的建设方针的错误。1981年11月，五届全国人大四次会议讨论了转变经济建设指导方针的问题。会议认真总结了新中国成立以来经济建设的历史经验和教训，指出为了求得国民经济的稳定前进和健康发展，要切实改变长期以来在"左"的思想指导下的一套老的

---

① 赵紫阳：《沿着有中国特色的社会主义道路前进》（1987.10.25），《十三大以来重要文献选编》（上），人民出版社1991年版，第16、17页。

做法，真正从我国实际情况出发，"走出一条速度比较实在、经济效益比较好，人民可以得到更多实惠的新路子"，① 并依据这条新路子提出了国民经济建设的10条方针。中共十二大、十三大在制定中国社会主义工业化、现代化新战略的同时，肯定了这条国民经济建设的"新路子"及10条方针，并在"六五"开始的国民经济计划中贯彻实施，标志着中国工业化建设指导方针的重大转变。

这一新的工业化建设指导方针，与以往片面追求产值产量增长的战略方针相比，呈现出许多特点，主要表现为以下几个方面：

（一）从以追求发展速度为中心转向以提高经济效益为中心

这一指导方针注重效益，而不是片面强调速度。五届全国人大四次会议政府工作报告指出："千方百计地提高生产、建设、流通等各个领域的经济效益，这是一个核心问题。"②

发展速度和经济效益是邓小平十分强调的问题。他早在1979年就指出，在国民经济调整过程中，特别是调整以后，应该要有一个比较好的又比较快的发展速度。但"要讲实在的，真正扎扎实实把品种质量抓上去，特别是抓质量"。③ 随后，政府有关部门在制定国民经济规划时，邓小平又指出："长期计划留的余地应该大一些，年度计划可以打得积极一点，当然也要留有余地，重视提高经济效益，不要片面追求产值、产量的增长。总结历史经验，计划定得过高，冒了，教训是很深刻的"。④ 中共十二大要求"六五"时期"把全部经济工作转到以提高经

---

① 赵紫阳：《当前的经济形势和今后经济建设的方针》（1981.11.30），《三中全会以来重要文献选编》（下），人民出版社1982年版，第1006页。

② 同上。

③ 邓小平《关于经济工作的几点意见》（1979.10.4），《邓小平文选》第2卷，人民出版社1994年版，第202页。

④ 邓小平：《各项工作都要有助于建设有中国特色的社会主义》（1983.1.12），《邓小平文选》第3卷，人民出版社1993年版，第22页。

济效益为中心的轨道上来"①。因此,从"六五"计划开始都在反复强调工业化和经济建设这一核心问题。

针对过去片面追求产值、产量的增长,结果严重破坏了国民经济比例关系的教训,"六五"计划指出:"一切经济活动,都要以提高经济效益为中心,努力求得国民经济按比例地长期稳定地增长。"②

以提高经济效益为中心,不是不注重速度,而是坚持速度和效益的辩证统一。过去片面追求高速度,产品质量差,物质消耗高,经济效益低,是工业化建设中长期普遍存在的痼疾。针对这一教训,邓小平在谈到"七五"计划时说:"讲求经济效益和总的社会效益,这样的速度才过得硬。"③ 中共中央关于制定"七五"计划的建议指出,目前这个问题还远远没有解决,只有坚决改变这种状况,正确处理好质量和数量、速度和效益的关系,坚持把提高经济效益特别是提高产品质量放到十分突出的位置上来,才能把产品质量和经济效益提高到新的水平,"这是加速我国现代化进程的根本途径"④。

由于"六五"、"七五"计划坚持了这一正确的指导方针,20世纪80年代工业化建设和国民经济发展上了一个大台阶,但也出现了一些经济过热问题。邓小平的认识更深刻了,进一步从中国社会主义发展的高度上强调了注重质量、讲求效益、实现速度和效益相统一的重要性。一方面,邓小平认为,在中国搞工业化、现代化不能片面追求高速度,但速度低了也不行,发展太慢不是社会主义。"这不只是经济问题,实际上是个政治问题。"因为"坚持我们的社会主义制度,关键就看能不能

---

① 胡耀邦:《全面开创社会主义现代化建设的新局面》(1982.9.1),《十二大以来重要文献选编》(上),人民出版社1986年版,第17页。
② 《中华人民共和国国民经济和社会发展第六个五年计划(1981—1985)》(单行本),人民出版社1983年版,第13页。
③ 邓小平:《在中国共产党全国代表大会上的讲话》(1985.9.23),《邓小平文选》第3卷,人民出版社1993年版,第143页。
④ 《中共中央关于制定国民经济和社会发展第七个五年计划的建议》(1985.9.23),《十二大以来重要文献选编》(中),人民出版社1986年版,第799页。

争得较快的增长速度,实现我们的发展战略"。① 所以,他一再强调:凡是能够积极争取的发展速度还是要积极争取,能快的就不要阻挡。"低速度就等于停步,甚至等于后退。"他并观察国内外经济发展的经验,提出要抓住机遇,加快发展,使国民经济"力争隔几年上一个台阶"。另一方面,邓小平强调工业化和经济建设速度尽可能搞快点,这"不是鼓励不切实际的高速度,还是要扎扎实实,讲求效益,稳步协调地发展"。② 这些论述,概括起来,就是发展要持续、快速、健康,求得速度与效益的统一。

基于这样的认识,中共中央关于制定"八五"计划的建议指出,持续、稳定、协调发展是新中国成立以来经济建设正反两方面经验的深刻总结,是客观经济规律的正确体现,必须"始终把提高经济效益作为全部经济工作的中心","坚持速度与效益的统一",努力避免经济生活中再次发生大的波折③,更好地体现社会主义制度的优越性和推进工业化、现代化的发展。

(二)从忽视人民生活转向以人民可以得到较多实惠为出发点

以经济效益增长为中心,实现比较好的又比较快的发展速度,最终要体现到逐步改善和提高人民的生活水平上。

过去在一个相当长的时期里实行优先发展重工业的发展战略,虽然其长远目标是为了提高人民生活水平,但在基本建设中,又片面强调扩大重工业的建设规模,忽视消费品工业的建设,忽视住宅和城市其他公用设施的建设,人民生活并不能得到应有的改善。1980年同完成国民经

---

① 邓小平:《国际形势和经济问题》(1990.3.3),《邓小平文选》第3卷,人民出版社1993年版,第354、356页。

② 邓小平:《在武昌、深圳、上海等地的谈话要点》(1992.1.18—2.21),《邓小平文选》第3卷,人民出版社1993年版,第375页。

③ 《中共中央关于制定国民经济和社会发展十年规划和"八五"计划的建议》(1990.12.30),《十三大以来重要文献选编》(中),人民出版社1993年版,第1380页。

济恢复的 1952 年相比，工农业总产值增长了 8.1 倍，国民收入增长了 4.2 倍，工业固定资产增长了 26 倍，全国人民的平均消费水平仅提高了一倍。① 国民收入的增长幅度比工农业总产值的增长幅度低得多，而人民生活水平提高的幅度又大大低于国民收入增长的幅度。

统筹安排生产建设和人民生活，不断提高社会生产力，逐步满足人民日益增长的物质文化需要，是社会主义工业化建设的根本目的。邓小平在总结 1958 年到 1978 年这 20 年的经验时，反复指出，经济长期处于停滞状态总不能叫社会主义，人民生活长期停止在很低的水平总不能叫社会主义。"社会主义经济政策对不对，归根到底要看生产力是否发展，人民收入是否增加。"② 这就是说，社会主义经济政策制定的根本出发点，必须在大力发展生产力的基础上不断提高人民的生活水平。

1979 年 4 月中共中央工作会议提出国民经济调整的方针，要求"经济建设必须适合我国国情，符合经济规律和自然规律，必须量力而行，循序前进，经过论证，讲求实效，使生产的发展同人民生活的改善密切结合"。③ 1981 年 11 月五届全国人大四次会议通过的《政府工作报告》，进一步提出要从一切为人民的思想出发，统筹安排生产建设和人民生活，把人民利益放在第一位，"在处理生产建设和人民生活的关系时，首先要保证人民生活的基本需要。这是今后必须坚持的原则"。④ 中共十二大肯定了这一基本原则，表明中国工业化和经济建设开始从以速度为主要目标到以满足人民的基本需要为主要目标的转变。

"六五"计划的主要任务是争取国家财政经济情况的根本好转，要

---

① 赵紫阳：《当前的经济形势和今后经济建设的方针》（1981.11.30），《三中全会以来重要文献选编》（下），人民出版社 1982 年版，第 1006 页。

② 邓小平：《社会主义首先要发展生产力》（1980.4—5），《邓小平文选》第 2 卷，人民出版社 1994 年版，第 312、314 页。

③ 《中国共产党中央委员会关于建国以来党的若干历史问题的决议》（1981.6.27），《三中全会以来重要文献选编》（下），人民出版社 1982 年版，第 822 页。

④ 赵紫阳：《当前的经济形势和今后经济建设的方针》（1981.11.30），《三中全会以来重要文献选编》（下），人民出版社 1982 年版，第 1034、1035 页。

求在国民收入的分配上继续合理地降低积累基金所占比重,适当提高消费基金所占比重,"在生产发展和劳动生产率提高的基础上,使城乡人民的物质和文化生活继续得到改善"。① 中共中央关于制定"七五"计划的建议更明确指出:要"在生产发展的基础上,不断提高人民的物质文化生活水平,使全体社会成员共同富裕,是我们党和国家推进社会主义现代化建设的全部政策的基本出发点"。②

从政策实施的绩效变化来看,到20世纪80年代末,在工业化和经济建设迅速推进的同时,城乡人民生活的改善取得了明显的成效,基本上解决了温饱问题,90年代又从温饱型向小康型过渡。居民消费从1952年的每人每年80元人民币提高到1998年的2973元,按可比价格计算增长近6倍。其中,1953—1978年年均增长速度为2.3%,1979—1997年为7.3%。③

(三) 扩大再生产方式由以外延型为主转向以内涵型为主

长期以来中国实施的优先发展重工业战略是一个外延型、粗放型的发展战略。这种发展战略为追求高速度和数量增长,强调的是外延扩大再生产,主要依靠新建企业,着重生产资料的增加和劳动力数量的投入,忽视对现有企业的技术改造。这种外延扩大再生产的方式,在很大程度上适应了新中国成立初期启动工业化、奠定工业化基础的要求。但片面追求基建项目和产量,进行低水平重复建设,造成结构不合理,资源浪费巨大,严重妨碍了经济效益的提高。随着世界新科技革命的兴起和中国工业化的发展,这种经济增长方式的弱点逐渐凸现出来。因此,必须适时转换经济增长方式,逐步从粗放为主转变到集约为主,才能提

---

① 《中华人民共和国国民经济和社会发展第六个五年计划(1981—1985)》(单行本),人民出版社1983年版,第16页。

② 《中共中央关于制定国民经济和社会发展第七个五年计划的建议》(1985.9.23),《十二大以来重要文献选编》(中),人民出版社1986年版,第828页。

③ 国家统计局:《新中国50年系列分析报告之二十:国际地位明显提高》,见中华人民共和国国家统计局网站(http://210.72.32.25/index.htm),1999年9月14日。

高经济效益,通过实实在在的经济增长使人民得到实惠。

1978年,邓小平便在世界科技与经济发展的新态势中,敏锐地把握了"科学是生产力"的主要动力作用,指出现代科学技术正在经历着一场伟大的革命,当今世界社会生产力的巨大发展,劳动生产率的大幅度提高,"最主要的是靠科学的力量、技术的力量"。① 因此,搞四个现代化,要"把社会主义经济全面地转到大生产的技术基础上来"。② 后来,他又强调科学技术是第一生产力,确立了科学技术在推动中国工业化和现代化发展中的关键地位,开启了中国经济增长方式向内涵型转换的新思路。

1981年11月,五届全国人大四次会议指出:过去扩大再生产主要靠建设新厂,这在奠定工业化基础的时期是必要的。现在已经有了几十万个工业交通企业,"今后扩大再生产必须主要靠技术改造,充分发挥现有企业的作用",并强调"这是使我国经济走向顺利发展的一个关键"。③ 会议要求到1990年,各行各业都要有相当一部分产品的质量和性能达到发达国家70年代末80年代初的水平,并有一批重要产品按照国际标准组织生产。中共中央关于制定"七五"计划的建议更明确指出,在"七五"期间以至更长一些的时间内,必须"坚决把建设重点切实转到现有企业的技术改造和改建扩建上来,走内涵型为主的扩大再生产的路子"。④ 这才能从根本上提高全社会的劳动生产率和综合经济效益,也才能使人民生活的持续改善得到更可靠的保证。

显然,中国人口众多,资源相对不足,资金严重短缺,工业化发展

---

① 邓小平:《在全国科学大会开幕式上的讲话》(1978.3.18),《邓小平文选》第2卷,人民出版社1994年版,第87页。

② 邓小平:《解放思想,实事求是,团结一致向前看》(1978.12.13),《邓小平文选》第2卷,人民出版社1994年版,第150页。

③ 赵紫阳:《当前的经济形势和今后经济建设的方针》(1981.11.30),《三中全会以来重要文献选编》(下),人民出版社1982年版,第1017页。

④ 《中共中央关于制定国民经济和社会发展第七个五年计划的建议》(1985.9.23),《十二大以来重要文献选编》(中),人民出版社1986年版,第802页。

水平较低，当时提出转向以内涵型为主的扩大再生产方式的一个特点，是在注意发展高技术新兴产业的同时，重点放在现有企业技术改造和改建扩建上，主要依靠发挥现有企业的潜力。1987年10月中共十三大也指出，要"用先进技术装备改造传统产业和现有企业，以内涵方式为主扩大再生产，推进工业化和现代化的进程"。①

中共十三大对内涵方式扩大再生产认识的另一特点，是依据中国社会主义初级阶段的实际和世界新技术革命发展的趋势，深刻地阐明了内涵方式扩大再生产的极端重要性和基本途径。十三大指出：现代科学技术和现代化管理是提高经济效益的决定性因素，是使我国经济走向新的成长阶段的主要支柱。尤其在世界新技术革命迅速发展的形势下，科学技术进步和管理水平的提高，将在根本上决定我国工业化、现代化建设的进程。同时，从根本上说，科技的发展，经济的振兴，乃至整个社会的进步，都取决于劳动者素质的提高和大量合格人才的培养。基于这种认识，大会报告指出，实现社会主义现代化第二步奋斗目标，必须坚定不移地把我国经济从以粗放经营为主逐步转上以集约经营为主的轨道。为此，必须着重解决好的首要问题，是"把发展科学技术和教育事业放在首要位置，使经济建设转到依靠科技进步和提高劳动者素质的轨道上来"。②

从"六五"计划开始扩大再生产方式由以外延型为主向以内涵型为主的转换，使中国工业生产技术水平不断提高。据1995年工业普查资料显示，国产设备中，90年代出厂的占37.3%，80年代出厂的占53.2%。进口设备中，90年代出厂的占27.9%，80年代出厂的占67.8%。主要专业生产设备中达到国际水平的占26.1%，比1985年增

---

① 《中共中央关于制定国民经济和社会发展十年规划和"八五"计划的建议》(1990.12.30)，《十三大以来重要文献选编》(中)，人民出版社1993年版，第1383页。

② 赵紫阳：《沿着有中国特色的社会主义道路前进》(1987.10.25)，《十三大以来重要文献选编》(上)，人民出版社1991年版，第17页。

加 13.2 个百分点；国内先进水平的占 27.7%，增加 5.9 个百分点。①

上述三个特点互为依存，密切联系，构成一个完整的以工业化为中心的经济建设指导方针。只有以经济效益为中心，以内涵方式扩大再生产为主要途径，才能提高工业化发展水平，不断满足人民的需要；反过来说，只有以满足人民需要为根本目的，才能从根本上克服过去的传统发展模式所造成的弊端，使工业化建设得以协调发展并富有经济效益，真正走出一条速度比较实在、经济效益比较好、国家综合实力增强较迅速、人民可以得到更多实惠的新路子。

---

① 国家统计局：《新中国 50 年系列分析报告之四：工业经济欣欣向荣》，见中华人民共和国国家统计局网站（http://210.72.32.25/index.htm），1999 年 9 月 14 日。

第六章 走向市场化和开放型的工业化道路

从20世纪80年代至90年代中期,中国共产党以制度创新和对外开放推动工业化为主要内容,对中国社会主义工业化发展路径进行了全新的探索。全面改革和全方位开放相互促进,相得益彰,给中国社会主义工业化发展扫清了体制障碍,注入了蓬勃生机与活力,并促进了中国工业化与世界工业化的接轨,成为新一轮工业化的两大驱动力,极大地推动了中国工业化发展模式的创新,成功地探寻到了一条在市场化和对外开放中推进中国社会主义工业化的新道路。

这条中国特色社会主义工业化道路的内涵丰富而深刻,涵盖了中国工业化发展的目标任务、增长方式、制度安排和发展战略等,最突出的创新特点在于将工业化、市场化与社会主义有机地结合起来,融为一体,使中国工业化走向了市场化和开放型的工业化之路,从而解决了经济全球化时代经济落后的社会主义国家如何与世界经济接轨的难题,不仅全面突破了社会主义国家计划经济的传统工业化发展模式,也超越了西方发达国家市场经济的工业化发展模式,为世界工业化与市场化的结合开辟了一条新路子,成为世界工业化史上的一个创举。

6.1 改革开放是发展社会主义工业化的根本途径

中共十一届三中全会在提出从以阶级斗争为纲转向以经济建设为中心的同时,作出了改革开放的战略决策,开始了中国社会主义工业化的历史大变革,改革开放成为中国工业化发展的根本途径和强大驱动力。

(一) 改革是解放和发展生产力的必由之路

改革是解放和发展生产力的必由之路，是与创造性地发展马克思主义关于社会主义社会动力理论密切联系在一起的。马克思主义认为，社会发展的一般动力是社会基本矛盾的运动，即生产关系与生产力之间、上层建筑与经济基础之间的矛盾运动推动着社会向前发展。恩格斯并认为，"所谓'社会主义社会'，不是一种一成不变的东西，而应当和任何其他社会制度一样，把它看成是经常变化和改革的社会。"① 列宁根据苏俄建设社会主义的初步实践，进一步探讨了社会主义社会矛盾的特性，指出"在社会主义条件下，对抗将会消失，矛盾仍将存在"。② 但是，由于历史条件的局限，无论是马、恩还是列宁，都没能对社会主义社会发展的动力作出具体的考察和明确的论述。

斯大林则不承认社会主义社会存在着基本矛盾，认为苏联社会主义改造基本完成后，生产关系、上层建筑完全适合生产力发展。《联共（布）党史简明教程》中断言："苏联的社会主义国民经济是生产关系完全适合生产力性质的例子，这里的生产资料的公有制同生产过程的社会性完全适合"。③ 因此，苏联社会发展的动力是劳动人民之间的和谐合作精神。这种观点，是造成苏联社会僵化体制形成而又长期不进行改革的主要思想根源。后来，实践虽使斯大林逐步觉察到苏联社会还有矛盾，但仍然没有把这个问题提到社会主义发展动力这一理论高度来认识。

毛泽东在中国社会主义基本制度确立之后，把马克思主义社会基本矛盾理论运用到社会主义社会，第一次比较系统地提出了关于社会主义社会基本矛盾和发展动力的理论。后来，他还批评了苏联政治经济学教科书的错误观点，认为，"说精神上政治上的一致，是社会主义国家强

---

① 恩格斯：《致奥托·伯尼克布勒斯劳》（1890.8.21），《马克思恩格斯全集》第37卷，人民出版社1971年版，第443页。
② 列宁：《在尼·布哈林〈过渡时期经济学〉一书上作的批注和评论》（1920.5），《列宁全集》第60卷，人民出版社1990年版，第282页。
③ 联共（布）中央特设委员会编：《联共（布）党史简明教程》（中译本），人民出版社1975年版，第136、137页。

大的社会发展动力,不说社会矛盾是社会发展的动力。这样一来,矛盾的普遍性这个规律,在他们那里被否定了,辩证法在他们那里就中断了。没有矛盾就没有运动。社会总是运动发展的。在社会主义时代,矛盾仍然是社会运动发展的动力"。①

但遗憾的是,毛泽东未能找到正确解决社会主义基本矛盾的方法和途径。后来他主张通过拔高公有化程度和搞阶级斗争扩大化的办法,推动社会主义社会的发展,结果反而阻碍了生产力发展,使社会发展动力理论的主题随之发生逆转、曲折。

在新的历史时期,邓小平深刻地总结了中国和其他国家社会主义建设的经验教训,一方面肯定了毛泽东关于社会主义矛盾的正确学说,另一方面认为,"指出这些基本矛盾,并不就完全解决了问题,还需要就此作深入的具体的研究。"② 这就是说,尽管毛泽东指出了社会主义社会的基本矛盾和社会主义制度的某些方面和环节上的缺陷,但是由于他没有对此作深入的具体分析,没有正确地看到基本矛盾的具体表现形式和束缚生产力发展的症结所在。邓小平在"深入的具体的研究"社会主义社会基本矛盾理论之后,把马克思主义关于社会发展动力的一般原理和中国社会主义初级阶段的实际相结合,提出了解决社会主义基本矛盾的新思路。

邓小平认为社会主义制度是有层次性的,可以区分为"基本制度"和"具体制度"即体制,包括经济体制、政治体制和科技文化教育体制等。他指出:"社会主义制度并不等于建设社会主义的具体做法"。③ 我国社会主义基本制度是优越的,但"现行的一些具体制度中,还存在不少弊

---

① 毛泽东:《读苏联〈政治经济学教科书〉谈话》(1959.12—1960.2),《毛泽东文集》第8卷,人民出版社1999年版,第133页。

② 邓小平:《坚持四项基本原则》(1979.3.30),《邓小平文选》第2卷,人民出版社1994年版,第182页。

③ 邓小平:《目前的形势和任务》(1980.1.16),《邓小平文选》第2卷,人民出版社1994年版,第250页。

端,妨碍甚至严重妨碍社会主义优越性的发挥"。① 这里所说的具体制度,就是指的经济政治等体制。要发挥社会主义优越性,加快工业化和现代化发展,不仅要坚持社会主义基本制度,还要有好的体制,即具体制度。

在区分社会主义基本制度和体制的基础上,邓小平深刻揭示了社会主义生产关系和生产力之间,上层建筑和经济基础之间矛盾的具体表现,主要是生产力发展的要求与传统体制的矛盾。这是由于长期形成的过分单一的所有制结构和僵化的经济体制,以及同这种经济体制相联系的权力过分集中的政治体制,严重束缚了生产力的发展。怎样解决这些矛盾呢?邓小平认为,根本方法就是进行改革。中国过去生产力没有能够得到很快发展的制度原因,在于我们过去没有及时提出改革。唯有改革,才能真正发挥社会主义制度的生机和活力,在竞争中体现其对资本主义制度的比较优势,最终坚持、完善和发展社会主义。他说,十一届三中全会以后,我们探索了中国怎么搞社会主义。归根到底,就是要发展生产力,逐步发展中国的经济。目标确定了,从何处着手呢?就要尊重社会经济发展规律,对内进行改革。"改革是全面的改革,不仅是经济、政治,还包括科技、教育等各行各业。"② 所有的这些改革都是"为了一个目的,就是扫除发展社会生产力的障碍"③,使社会主义制度本身逐步获得有效实现形式的新体制。尤其在发展成为主题的时代,体制创新愈来愈具有重要作用。从某种意义上说,当今世界各国综合国力的竞争,很大程度上取决于体制。因此,邓小平反复强调:"改革是中国发展生产力的必由之路"。④ 他并指出"要着重研究体制的改革"⑤,强调

---

① 邓小平:《党和国家领导制度的改革》(1980.8.18),《邓小平文选》第2卷,人民出版社1994年版,第327页。

② 邓小平:《政治上发展民主,经济上实行改革》(1985.4.15),《邓小平文选》第3卷,人民出版社1993年版,第117页。

③ 邓小平:《对中国改革的两种评价》(1985.8.21),《邓小平文选》第3卷,人民出版社1993年版,第134页。

④ 邓小平:《改革是中国发展生产力的必由之路》(1985.8.28),《邓小平文选》第3卷,人民出版社1993年版,第136页。

⑤ 邓小平:《坚持党的路线,改进工作方法》(1980.2.29),《邓小平文选》第2卷,人民出版社1994年版,第282页。

"要发展生产力，经济体制改革是必由之路"。①

随着现代化建设和改革实践的深入发展，邓小平对社会主义社会生产力发展规律的认识更深刻了。1992年春他在南方谈话中进一步从解放生产力的视角分析了改革的重要意义。他认为"革命是解放生产力，改革也是解放生产力"。他指出："社会主义基本制度确立以后，还要从根本上改变束缚生产力发展的经济体制，建立起充满生机和活力的社会主义经济体制，促进生产力的发展，这是改革，所以改革也是解放生产力。过去，只讲在社会主义条件下发展生产力，没有讲还要通过改革解放生产力，不完全。应该把解放生产力和发展生产力两个讲全了。"② 这就为明确改革的动力作用提供了完整的理论依据，改革不仅是发展生产力的必由之路，也是解放生产力的必由之路。

从解放生产力的意义上说，邓小平还把改革称作一场革命。1979年11月，邓小平就指出：改革"确实是一场新的大革命。我们革命的目的就是解放生产力，发展生产力"。③ 1985年3月，邓小平在与日本自民党副总裁二阶堂进的谈话中又提出了"改革是中国的第二次革命"④ 的精辟论断。

这个崭新的命题，是相对于第一次革命所具有的解放生产力的深刻性而言的，是要在打破束缚生产力的旧的生产关系桎梏的基础上，进一步打破束缚社会主义生产力发展的体制桎梏，因而，改革同样是一场具有革命意义的社会转型。邓小平解释说："改革的性质同过去的革命一样，也是为了扫除发展社会生产力的障碍，使中国摆脱贫穷落后的状

---

① 邓小平：《改革是中国发展生产力的必由之路》（1985.8.28），《邓小平文选》第3卷，人民出版社1993年版，第138页。

② 邓小平：《在武昌、深圳、珠海、上海等地的谈话要点》（1992.1.18—2.21），《邓小平文选》第3卷，人民出版社1993年版，第370页。

③ 邓小平：《社会主义也可以搞市场经济》（1979.11.26），《邓小平文选》第2卷，人民出版社1994年版，第231页。

④ 邓小平：《改革是中国的第二次革命》（1985.3.28），《邓小平文选》第3卷，人民出版社1993年版，第113页。

态。从这个意义上说,改革也可以叫革命性的变革。"① 革命和改革,实质上都通过变革生产关系解放生产力,为生产力的进一步发展开辟道路。这就更明确地规定了当代中国社会主义改革的深度和广度,更深刻地指明了改革是解放和发展生产力的强大动力。

邓小平这一解决社会主义基本矛盾的崭新思路,把改革同"怎么搞社会主义"联系在一起,把改革作为发展社会主义的基本途径和直接动力,看做是社会主义制度的自我完善,从而找到了解决社会主义基本矛盾的根本方法。这不仅是对社会主义发展动力的具体把握,而且是对社会主义基本矛盾运动规律认识的深化,为进一步探索社会主义工业化动力理论奠定了基础。

(二)中国的工业化离不开对外开放

中共十一届三中全会以后,中国共产党把对外开放和对内改革紧密联系在一起,作为加速中国工业化进程的重要途径,是与对世界工业化发展规律的深刻认识紧密相关的。

第一,对外开放是"开放的世界"的客观要求。

工业化是世界性的历史潮流,世界工业化的进程,同时就是"开放的世界"不断形成和扩展的过程。马克思、恩格斯指出:"大工业创造了交通工具和现代的世界市场……它首次开创了世界历史,因为它使每个文明国家以及这些国家中的每一个人的需要的满足都依赖于整个世界,因为它消灭了各国以往自然形成的闭关自守的状态。"② 第二次世界大战后,工业化与对外开放的密切联系更加明显,世界经济更加开放,开放成为经济全球化的重要特征。自觉融入世界工业化进程以激发自身的发展活力,愈来愈成为各国实现工业化的目标追求。

战后许多国家的经济实践表明,工业化与对外开放二者相互促进,

---

① 邓小平:《对中国改革的两种评价》(1985.8.21),《邓小平文选》第3卷,人民出版社1993年版,第135页。
② 马克思、恩格斯:《德意志意识形态》(1845—1846),《马克思恩格斯选集》第1卷,人民出版社1956年版,第114页。

对外开放促进了工业化，工业化又反过来扩大了对外开放。任何一个国家要实现工业化，必须不断扩大对外开放以适应世界经济变化的潮流。这一点，对正在为实现工业化而奋斗的发展中国家来说更是如此。只有把自己置身于开放的世界才有可能获得后发性优势，弥补自己的劣势，在国际竞争中取得主动，赢得工业化的条件和时间。新中国成立后，中国工业化在客观上与日益开放的世界紧密相连，然而由于主客观的多方面原因，从 1957 年下半年以后大体上是关起门来搞建设，延误了利用国际环境发展工业化的时机，"耽误了 20 年，而这 20 年又是世界蓬勃发展的时期，这是非常可惜的"。①

邓小平在对世界工业化历史进程和中国工业化现实进行反思后，一再指出：实现工业化、现代化主要依据自力更生，但是离开了国际合作是不可能的。历史已经并正在证明，"对外开放具有重要意义，任何一个国家要发展，孤立起来，闭关自守是不可能的"。② "中国长期处于停滞和落后状态的一个重要原因是闭关自守。"③

通过考察和深邃分析世界和中国的工业化发展进程，邓小平所得出的"现在的世界是开放的世界"、"中国的发展离不开世界"的科学结论，高度概括了中国工业化必须融入开放的世界的客观必然性。

所谓"开放的世界"，与马克思的"世界历史"具有一致性，是指各国家各民族全面地相互影响，相互渗透，相互制约，世界已经"一体化"，开放已成为当今世界各国经济发展的客观要求和必然趋势。这是邓小平对当代开放世界基本特征的科学概括，也是提出对外开放思想的出发点。

开放的世界需要各国走向全面的开放，不仅资本主义国家离不开世界市场，需要实行对外开放，社会主义国家也不能孤立地发展，也必须

---

① 邓小平：《要吸收国际的经验》（1988.6.3），《邓小平文选》第 3 卷，人民出版社 1993 年版，第 266 页。

② 邓小平：《政治上发展民主，经济上实行改革》（1985.4.15），《邓小平文选》第 3 卷，人民出版社 1993 年版，第 117 页。

③ 邓小平：《我们的宏伟目标和根本政策》（1984.10.6），《邓小平文选》第 3 卷，人民出版社 1993 年版，第 78 页。

实行对外开放。中国的发展同样离不开开放的世界。实现中国的工业化,必须自觉地融入世界经济发展潮流。邓小平反复强调:"中国要谋求发展,摆脱贫穷和落后,就必须开放。"① 而且,还应该看到,正在世界范围兴起的新技术革命对中国工业化和现代化的发展是一种新的机遇和挑战。"这就要求我们的经济体制,具有吸收当代最新科技成就,推动科技进步,创造新的生产力的更加强大的能力。因此,改革的需要更为迫切。"②

邓小平等中国共产党人以开放的世界为契机提出中国的开放思想,既是对马克思主义开放思想的继承,同时又是准确地把握了世界经济发展这一客观趋势的结果。在20世纪70年代末,中国终于抓住了有利的时机,实行对外开放政策,开始了开放型的工业化进程,逐步融入了世界工业化的潮流。邓小平并深刻地揭示了中国开放与开放世界密切关系的发展趋向:如果我们开放政策在下一个世纪前50年不变,那么到了后50年,中国同国际上的经济联系将更加密切,"开放政策就更不会变了"。③ 对外开放成为中国共产党坚定不移的基本经济政策,成了中国社会主义工业化建设的一个不可缺少的外部条件。

第二,对外开放是市场化改革的内在要求和重要内涵。

邓小平将开放和改革紧密联系在一起,认为中国开放是由不可分割的两个内容构成的:"一个是对内开放,一个是对外开放"。④ 对内开放与对外开放,实际上就是改革与开放,二者是辩证的统一体。"一个对外经济开放,一个对内经济搞活。改革就是搞活,对内搞活也就是对内

---

① 邓小平:《要吸收国际的经验》(1988.6.3),《邓小平文选》第3卷,人民出版社1993年版,第266页。
② 《中共中央关于经济体制改革的决定》(1984.10.20),《十二大以来重要文献选编》(中),人民出版社1986年版,第560页。
③ 邓小平:《中国是信守诺言的》(1984.12.19),《邓小平文选》第3卷,人民出版社1993年版,第103页。
④ 邓小平:《社会主义必须摆脱贫穷》(1987.4.26),《邓小平文选》第3卷,人民出版社1993年版,第224页。

开放，实际上都叫开放政策。"① 或者说，"对外开放也是改革的内容之一，总的来说，都叫改革"。② 江泽民也指出，中国的"对外开放本身，就是改革的重要组成部分"③，都是顺应当代世界潮流的选择。

改革和开放是相辅相成的两个过程，二者相互依存，互为条件。对外开放不仅是社会主义改革的重要内涵，同时又是改革的重要条件和目标。改革的目标模式是把过去封闭半封闭的僵化的经济体制转变为发展社会主义市场经济。市场经济是开放型经济，必然要求实行对外开放政策。一方面，社会主义市场经济要求建立统一的国内市场，使地区之间、部门之间、行业之间、企业之间相互开放，彼此之间进行多种形式的横向经济联系和交流，各种商品和生产要素相互自由流动；另一方面，社会主义市场经济是世界市场经济的重要组成部分，要求向国际市场全面开放，使国内市场融入统一的世界市场，为国内企业大力发展外向型经济和开拓更广阔的世界经济活动空间，有效地参与国际的经济合作和竞争。这就是邓小平所说的对内和对外"两个开放"。国外发达国家的市场经济无一不是建立在开放基础之上的，可以说，中国国内改革的成效在很大程度上取决于对外开放的程度。

对外开放也要求对内深入和全面的改革，为全面开放创造有利的体制环境。一个国家的对外开放不仅要受到外部因素的影响，更直接受到内部经济结构和经济体制的制约。内部开放性的经济结构和体制是对外开放的基础，内部经济结构开放和市场化的程度决定着对外开放的程度。如果不改革旧的单一所有制结构和僵化的计划经济体制，不改善外商投资环境，不但会严重束缚生产力的发展，也会严重妨碍对外开放政策的实施。因此，中国要走进开放的世界，加入世界经济一体化的大潮流，就必须深入和全面的改革，建构能够适应开放世界的内部经济结

---

① 邓小平：《军队要服从整个国家建设大局》（1984.11.1），《邓小平文选》第3卷，人民出版社1993年版，第98页。
② 邓小平：《我们干的事业是全新的事业》（1987.10.13），《邓小平文选》第3卷，人民出版社1993年版，第256页。
③ 引自江泽民主席在俄罗斯国际关系学院的演讲，载《人民日报》，1994年9月4日第6版。

构,从封闭型的经济体制转变为适合对外开放的社会主义市场经济体制。这也是邓小平所说的对内搞活就是开放的深刻含意。

(三) 改革与开放是实现中国工业化目标的两个基本驱动力

在当代中国,发展生产力的核心内容就是要推进中国的工业化和现代化。因此,关于改革开放的新思路,深刻反映了社会主义工业化发展的客观规律,明确了在对中国工业化的动力和路径选择上,要以改革开放促进发展。改革与开放相互渗透,相互促进,虽然两者侧重点不同,但都围绕发展社会生产力,推动实现中国工业化和现代化建设战略目标这一中心。邓小平指出,旧的那一套经过几十年的实践证明是不成功的,"我们现在的体制就很不适应四个现代化的需要"。① 要实现中国现代化,就必须进行改革。"如果现在再不实行改革,我们的现代化事业和社会主义事业就会被葬送"。② 与此同时,要实现中国工业化和现代化,在20世纪末国民生产总值达到翻两番"这个新的目标,离开对外开放政策不可能。……没有对外开放政策这一着,翻两番困难,翻两番之后再前进更困难"。③ 总之,实现社会主义工业化、现代化这个伟大的战略目标,要有一系列对内对外的正确方针和政策。"党的十一届三中全会以来,我们确定了对内经济搞活、对外经济开放的政策。没有这样的政策不可能成功"。④

在这里,邓小平揭示了改革开放与实现中国工业化、现代化战略目标之间的内在联系,改革开放适应了生产力发展的客观要求,为中国的工业化和现代化扫清了障碍,开辟了道路。因此,改革开放是中国社会

---

① 邓小平:《坚持党的路线,改进工作方法》(1980.2.29),《邓小平文选》第2卷,人民出版社1994年版,第280页。
② 邓小平:《解放思想,实事求是,团结一致向前看》(1978.12.13),《邓小平文选》第2卷,人民出版社1994年版,第150页。
③ 邓小平:《在中央顾问委员会第三次全体会议上的讲话》(1984.10.22),《邓小平文选》第3卷,人民出版社1993年版,第89页。
④ 邓小平:《我们的宏伟目标和根本政策》(1984.10.6),《邓小平文选》第3卷,人民出版社1993年版,第77页。

主义工业化、现代化的基本驱动力和发展路径。"中国不走这条路，就没有别的路可走。只有这条路才是通往富裕和繁荣之路。"①

根据邓小平这样的新认识和新思路，中共十一届三中全会作出了改革开放的战略决策，全会公报指出：实现社会主义工业化、现代化，要"采取一系列新的重大的经济措施，对经济管理体制和经营管理方法着手认真的改革，在自力更生的基础上积极发展同世界各国平等互利的经济合作，努力采用世界先进技术和先进设备"。②邓小平后来说："一九七八年我们党的十一届三中全会对过去作了系统的总结，提出了一系列新的方针政策。中心点是从以阶级斗争为纲转到以发展生产力为中心，从封闭转到开放，从固守成规转到各方面的改革。"③从此，改革与开放紧密结合在一起，逐渐被确定和发展成为实现中国社会主义工业化和现代化的一项"基本国策"，作为党在社会主义初级阶段基本路线的一个基本点，确立了改革开放在建设中国特色社会主义工业化和现代化进程中的战略地位。

改革开放从中共十一届三中全会起步，十二大以后全面展开，经历了从农村改革到城市改革，从经济体制的改革到各方面的改革，从对内搞活到对外开放的波澜壮阔的历史进程。改革开放成为"新时期最鲜明的特点"④，两者相互促进，相得益彰，给社会主义经济注入了生机与活力，使中国工业化既得到了内部的推动力，又获得了外部的牵引力，成为推动中国工业化和现代化快速发展的两个"轮子"。正是在改革开放的推动下，中国这样一个人口众多的发展中大国，以世界上少有的速度持续快速发展起来。2007年工业增加值突破10万亿元，达到107367亿

---

① 邓小平：《社会主义和市场经济不存在根本矛盾》（1985.10.23），《邓小平文选》第3卷，人民出版社1993年版，第149、150页。

② 《中国共产党第十一届中央委员会第三次全体会议公报》（1978.12.22），《三中全会以来重要文献选编》（上），人民出版社1982年版，第6页。

③ 邓小平：《形势迫使我们进一步改革开放》（1988.6.22），《邓小平文选》第3卷，人民出版社1993年版，第269页。

④ 胡锦涛：《高举中国特色社会主义伟大旗帜，为夺取全面建设小康社会新胜利而奋斗》（2007.10.15），载《人民日报》，2007年10月25日第1版。

元，国内生产总值达到 24.66 万亿元①，中国经济从一度濒于崩溃的边缘发展到总量跃至世界第四、进出口总额位居世界第三，人民生活从温饱不足发展到总体小康。因此，从实践这个意义上说，"坚持改革开放是决定中国命运的一招"。②"实行改革开放是社会主义中国的强国之路，是决定当代中国命运的历史性决策。"③ 从马克思主义工业化理论发展史来看，关于社会主义社会发展动力和社会主义工业化的发展路径，是世界社会主义国家长期寻求解决而一直未能真正解决的问题。江泽民认为，中国实行改革开放，这"是社会主义发展史上从未有过的崭新创造"，是邓小平"创造性地发展毛泽东思想，发展马克思列宁主义关于建设社会主义理论的最突出贡献"。④ 胡锦涛在中共十七大政治报告中进一步总结指出："事实雄辩地证明，改革开放是决定当代中国命运的关键抉择，是发展中国特色社会主义、实现中华民族伟大复兴的必由之路；只有社会主义才能救中国，只有改革开放才能发展中国、发展社会主义、发展马克思主义。"⑤

6.2 中国社会主义工业化与市场化的有机耦合

1979 年中国经济体制改革伊始，就是以市场化为目标的，其实质是如何认识和处理社会主义市场化与工业化、现代化的关系问题。因此，改革开放后中国社会主义工业化模式的创新，最突出的特点在于社会主

---

① 国家统计局：《中华人民共和国 2007 年国民经济和社会发展统计公报》(2008.2.28)，载《人民日报》，2008 年 2 月 29 日第 6 版。
② 邓小平：《总结经验，使用人才》(1991.8.20)，《邓小平文选》第 3 卷，人民出版社 1993 年版，第 368 页。
③ 江泽民：《在纪念党的十一届三中全会召开二十周年大会上的讲话》(1998.12.18)，《十五大以来重要文献选编》(上)，人民出版社 2000 年版，第 683 页。
④ 江泽民：《在毛泽东同志诞辰一百周年纪念大会上的讲话》(1993.12.26)，《江泽民文选》第 1 卷，人民出版社 2006 年版，第 352、353 页。
⑤ 胡锦涛：《高举中国特色社会主义伟大旗帜，为夺取全面建设小康社会新胜利而奋斗》(2007.10.15)，载《人民日报》，2007 年 10 月 25 日第 1 版。

义工业化与市场经济的有机耦合，走向了市场化的工业化之路。这一结合是通过两者的互动逐步实现的，决定这一互动演变过程的主要因素，就是由世界新科技革命引起的当代中国社会生产力的发展要求与传统计划经济体制的矛盾和冲突的发展。两者的有机结合，使中国找到了在市场化中推进社会主义工业化建设的新模式。

（一）中国社会主义工业化走向市场化改革的内在因素

世界工业化与市场化紧密相连，而中国社会主义工业化进程中的市场化，则是世界工业化进程中的重大新现象。考察世界社会主义工业化传统模式的兴衰，中国社会主义工业化走向市场化改革，与世界科技革命引发的工业生产力的发展有着内在的联系。

从世界范围看，市场经济首先出现于资本主义社会，并贯穿于资本主义从兴起到今天发展的全过程。但它归根结底是与工业化相联系的，是世界科技革命推动的结果。18 至 19 世纪以蒸汽机的出现和应用为代表的第一次世界科技革命，推动了工业革命。工业化伴随着经济的社会化和市场化，产生了以自由市场为导向的资本主义工业化模式。马克思和恩格斯在《共产党宣言》中十分清楚地描述了这种资本主义工业化进程中的市场化现象："资产阶级，由于开拓了世界市场，使一切国家的生产和消费都成为世界性的了。……资产阶级挖掉了工业脚下的民族基础。……过去那种地方的和民族的自给自足和闭关自守状态，被各民族的各方面的互相往来和各方面的互相依赖所代替了。……资产阶级，由于一切生产工具的迅速改进，由于交通的极其便利，把一切民族甚至最野蛮的民族都卷到文明中来了……一句话，它按照自己的面貌为自己创造出一个世界。"[1]

从某种意义上说，社会主义工业化传统模式即苏联工业化模式是对资本主义工业化模式的创新。这一模式创新，不仅在于把工业化与社会主义结合，而且将计划手段运用到社会现代化大生产的资源配置上。但

---

[1] 马克思、恩格斯：《共产党宣言》（1847.12—1948.1），《马克思恩格斯选集》第 1 卷，人民出版社 1995 年版，第 276 页。

它却把这种手段绝对化了，并割裂了工业化与市场化的内在联系，从而形成了高度集中型的以计划经济为特征的社会主义工业化模式。

有的观点认为苏联社会主义工业化模式是与资本主义工业化模式相对抗的发展模式，不是传统社会向现代化过渡的必然形式。实际上，这一模式产生于19世纪末20世纪中叶第二次世界科技革命时代并非偶然。究其原因，除了理论界一般认为是依据马克思主义的创始人对未来社会的经济活动应实行有计划有组织的设想外，更深层次的因素仍然在于世界科技革命发展的推动。第一，以发电机、发动机、内燃机为代表的科学技术的发明和应用，产生了生产力新的大飞跃，推动了工业资本与金融资本结合，自由资本主义向垄断资本主义过渡，绝大多数经济落后的国家被卷入西方资本市场，生产社会化和经济市场化程度大大提高。一方面，世界经济联系日益加强，资本主义工业化与市场化结合日趋紧密；另一方面，生产社会化和市场化程度的提高，不仅使其同生产资料私有制之间的矛盾进一步加剧，而且严重暴露了自由放任的市场经济带来社会失控的弊端。1873—1895年资本主义经济的大萧条和1929年资本主义经济大危机，宣告了缺乏宏观调控的市场经济模式已不适应新的生产力发展的要求。第二，由于电力的应用，推动了重工业部门的迅速崛起。正是适应这种新技术革命引起的工业结构的重大变化，加上当时资本主义各种矛盾和危机尖锐化的结果，使世界进入战争与革命时代，被资本主义包围的经济落后的新生社会主义国家，为求得自己的生存和发展，实施了优先发展重工业的工业化赶超战略及与之相适应的计划经济模式。

可见，这一模式在很大程度上是对以第二次世界科技革命为主要标志的生产力发展要求的回应。因之，它能利用国家政权的力量，把全国有限的资源配置到国家重点发展的地区和部门，迅速建立起这次技术革命中兴起的重工业，使苏联由原来欧洲落后的国家之一，在这个模式中经历了短短的几十年时间，到1935年末一跃成为欧洲第一大工业大国。这也是为什么第二次世界大战之后不仅一批新生的社会主义国家纷纷仿效苏联计划经济的工业化模式，而且推动了西方国家走向有宏观调控的市场经济。英国著名的历史学家埃里克·霍布斯鲍姆说："1914年到

1950年前后，资本主义几乎在一切方面都出了毛病"，"尤为引人注意的是，资本主义经济一塌糊涂，经历了有史以来最严重的衰退，头一次显现出全面崩溃的迹象"。"60年前，非共产主义的政治家和知识分子曾排着队去莫斯科探寻'计划'的秘密，这种计划使苏联免受西方备受折磨的大衰退"。① 首先是美国总统罗斯福接受了经济学家凯恩斯的建议，吸收了苏联计划经济的某些优点，对其自由放任的市场经济体制作了资本主义工业化史上一次比较重要的改革，建立起有一定计划的市场经济体制。随后，西方国家都普遍过渡到有宏观调控的现代市场经济。

二战后，以电子、原子能、航天技术、信息技术的发展和应用为主要标志的新的科技革命的兴起，引起了产业结构的巨大变动，社会分工、社会化大生产系统日益复杂和高级化，世界经济一体化日益形成，经济联系更加密切。只有运用计划与市场相结合的体制模式，才能适应在全社会和全世界范围内合理配置资源要求。由于西方资本主义国家普遍建立了有宏观调控的市场经济，使资本主义工业化与市场化的结合发展到现代市场经济的新阶段。这种现代市场经济既保持了市场竞争的优点，又增加了一定的计划性和政府的干预、控制，一定程度上抑制了市场经济的盲目性，提高了适应社会化大生产和吸收新技术的能力，推动着资本主义世界经济进入了一个相对稳定发展的时期。

与此同时，苏联计划经济的社会主义工业化模式受到了严重的挑战。这一模式能适应第二次科技革命中工业化粗放发展的要求，利用国家权威集中全国的人力、物力、财力资源迅速建立起这次科技革命中兴起的重工业，但却不能适应新科技革命的要求，没有能解决从粗放发展到集约发展的转变。由于种种原因苏联和东欧社会主义国家故步自封起来，或没有从根本上改革和没有成功地改革这个体制。因此，这次新的科技革命把苏联模式下缺乏企业活力和难以迅速将科技转变为现实生产力的弊端更加明显地显露出来；这次新科技革命促进了经济全球化，也进一步暴露了苏联模式即封闭半封闭模式的缺陷。由于这一模式无力对

---

① ［英］埃里克·霍布斯鲍姆：《从历史看社会主义的未来》，转引自《马克思主义与现实》，1998年第2期，第58—61页。

新科技革命作出有力的回应,从20世纪60年代起,苏联经济增长率日益下降。按照苏联政府的统计,苏联国民收入年均增长率1950—1960年为10.1%,1961—1965年速滑到6.5%,1966—1970年为7.8%,1971—1975年再降到5.7%,1976—1980年进一步下降到4.3%,到1980—1985年仅为3.6%。苏东国家在同西方的经济竞赛中已完全相形见绌,其在20世纪80年代末90年代初发生的剧变,就其深层次的原因来说,是新科技革命的勃兴导致苏联模式衰败而促发的一场危机。

回顾世界工业化的历史,我们可以看到工业化与市场化(有宏观调控的市场经济)的日益结合,归根到底是世界科技革命引发人类社会生产力不断发展的结果。由于二战后新科技革命进一步推动了西方国家在资本主义工业化进程中把市场经济与计划机制相结合,从自由放任的市场经济向有宏观调控的现代市场经济转变,一定程度上顺应了新的生产力发展的要求。而苏联东欧社会主义国家却未能抓住世界新科技革命发展提供的机遇进行市场化改革,苏联传统社会主义工业化计划模式的危机,从根本上说是其模式严重束缚新的生产力的发展。这也是推动中国共产党在20世纪70年代末开始抛弃传统模式,把社会主义工业化与市场化逐步有机耦合的深层次原因。

从社会生产力的角度进一步分析,世界新科技革命又是怎样引起中国社会主义工业化计划模式的危机,并在1978年底开始向市场经济结合的方向转变呢?

理论界认为,中国传统社会主义工业化计划模式对经济发展起过积极作用,随着社会生产力的进一步发展,这种高度集中的经济体制逐步暴露了自身不可克服的弊端,日益不能适应经济发展的要求。一般地说,这是对的。但是,对于为什么在世界新技术革命悄然兴起之际,中国的工业化计划模式还能起过积极的作用,进一步发展的生产力是什么,它是怎样日益与计划经济模式发生尖锐的矛盾而最终转向市场化改革的轨道等问题,较少深入研究。实际上,这些问题涉及世界新科技革命条件下当代中国社会生产力发展两重性的特点,由此决定的中国工业化体制模式,以及中国共产党对当代中国社会生产力发展要求认识的变化。

新中国工业化是在世界第二次科技革命向第三次科技革命的转变中开始启动的。一方面，新中国成立时工业发展水平十分落后，为奠定国家工业化的初步基础，1953—1978年主要进行了以重工业化为中心的传统工业化建设，采取苏联传统社会主义工业化方法制定国民经济计划，在全国一盘棋的格局中进行的。其中包括5个长期计划或设想。第一个是发展国民经济的15年（1953—1967）远景设想，其主要目标是初步建立社会主义工业体系。第二个是国民经济发展8年（1960—1967）规划初步设想，其中心是实施加速工业化进程和实现"超英赶美"发展战略。第三个是10年（1963—1972）经济调整和发展规划综合汇报提纲，主要是为了实现国民经济调整和协调发展。第四个是10年（1976—1985）国民经济发展规划，主要目标和中心任务是要建立独立的、比较完整的工业体系和国民经济体系。第五个是实现四个现代化的23年（1978—2000）设想。另外编制和执行了5个五年计划（1953—1957、1958—1962、1966—1970、1971—1975、1976—1980）。20多年间，中国初步建立了独立的比较完整的工业体系和国民经济体系，国民收入年均递增6%，工业总产值年均递增11.4%[1]，一些科学技术领域也取得重大突破。其中重要原因，就是传统计划模式在一定程度上适应了第二次科技革命引发的增长方式以粗放发展为特征的传统产业革命的要求，因此，它对于有效集中调配全国有限的资源，比较迅速地建立起社会主义工业化初步基础，起了重要的历史作用。

另一方面，1953—1978年间中国社会主义工业化建设虽注意到世界新科技革命的动向，但始终未能深刻认识并将之确立为工业化发展的重要战略，使社会主义工业化计划模式与以第三次科技革命为标志的更高层次的先进生产力发展要求的矛盾日益尖锐。

从20世纪50年代中期到70年代，随着社会主义工业化的全面启动和大规模经济建设的展开，中国共产党开始察觉到世界新科技革命的即将到来，把发展科学技术的工作提上议事日程，国务院陆续编制了《1956—1967年科学技术发展远景规划》和《1963—1972年科学技术发

---

[1] 曾培炎主编：《新中国经济50年》，中国计划出版社1999年版，第60页。

展规划》。20多年间，中国成功地实现了航空、核能、火箭、电子、自动化等一些现代科技的启动，促进了一批新兴工业部门的诞生和发展，为其后的高新技术产业发展奠定了初步基础。

但是，人们也很难忽视这样的一个事实，新科技革命的兴起，使中国不仅面临着有可能以新的科学技术带动工业化的蓬勃发展，而且面临着世界工业化历史上前所未有的新的技术革命的挑战。当时中国虽然把科技现代化包括在"四个现代化"的内涵中，并提出要在不太长的历史时期内，"赶上和超过世界先进水平"。但直到1978年，党和国家主要领导人尤其是毛泽东，没有能真正认识到世界新科技革命的特点及其对推动工业化发展的极端重要性。这突出地表现在始终未能认识到中国工业化传统体制模式向现代市场模式的转型，以适应以新科技革命为标志的更高层次的先进生产力发展要求。

科技的动力机制就是市场的驱动，市场的刺激，本身也在推动着科技的发展。激烈的竞争促使科技创新。为探索适合中国情况的社会主义工业化道路和促进科学技术的发展，从1957—1978年的20多年间，中国的计划经济体制曾进行过三次大的调整和变革。第一次是1958—1959年的变革。这次变革在"大跃进"的形势下，为调动地方发展经济的积极性，扩大了地方的计划管理权限。第二次是20世纪60年代上半期的变革。这次变革主要是对"大跃进"期间由于计划管理过分分散造成的经济混乱的调整。第三次是1969—1970年的变革。这次变革是在调整任务完成和国民经济形势好转后，中央集中过多的弊端以及中央与地方的矛盾重又显露，特别是中苏关系的恶化和国际形势的剧变，为集中力量加快内地战略后方的建设，建立不同水平、各有特点、各自为战、大力协调的经济协作区，中央决定重新扩大地方的权限，下放中央直属企业。这几次计划经济体制的重大变革，重点是调整中央与地方的经济管理权限，是计划经济体制内部的调整。这种调整没有从根本上改变高度集中统一的管理模式，更没有触及工业化与市场结合这个关键问题，中国共产党人的基本思路就是通过发展计划经济在中国实现工业化。

所以，直到改革开放前，中国始终没能摆脱苏联模式的影响，没能找到适合中国工业化发展的新体制。这期间尽管社会主义工业化建设取得很大成就,但至少有两点值得反思:第一,经济增长率处于异常剧烈的波动中,总体上处于"停滞和徘徊的状态"①。据统计,工业年均增长率 1953—1957 年为 19.6%,1958—1962 年急速下降到 1.8%,1963—1965 年再次提高到 21.3%(这主要是实行国民经济调整政策和从 1961 年谷底回复的原因),1966—1970 年为 12.3%,1971—1975 年为 8.5%,1976—1980 年为 9.2%。② 第二,20 世纪 50 年代至 60 年代前期,"我们同国际上科学技术水平有差距,但不很大,而这十几年来,世界有了突飞猛进的进展,差距就拉得很大了"。③ 之所以如此,经济上的重要原因就是计划经济模式能在一定程度上适应传统工业化粗放发展的需要,却已愈来愈不适应新的技术革命发展的要求。特别是到了 70 年代以后,西方新技术革命蓬勃发展,大大增强了企业的活力,加快了科技转变为现实生产力的速度,从而把中国工业化初级阶段粗放发展与备战需要相适应的计划体制的弊端更加凸现出来;这次新的技术革命还促进了经济的全球化,进一步暴露了计划模式封闭半封闭的缺陷。

至 70 年代末,中国高度集中的计划经济模式与工业化发展的矛盾已到了尖锐化的地步,社会主义工业化进程中的市场化改革已是势所必然了。

(二)中国社会主义工业化与市场化的互动及其特点

1979 年起中国共产党开始对传统计划经济体制实行彻底的改革,逐步通过社会主义市场经济实现中国的工业化,标志着中国社会主义工业化体制创新进入了一个全新的历史阶段,即社会主义工业化与市场化日益有机耦合的历史阶段。

中国社会主义工业化与市场化的结合是一个两者互动的渐进的历史过程,决定这一互动演变过程的主要因素,就是上述由世界新科技革命

---

① 邓小平:《改革的步子要加快》(1987.6.12),《邓小平文选》第 3 卷,人民出版社 1993 年版,第 237 页。

② 《中国统计年鉴(1989)》,中国统计出版社 1989 年版,第 31 页。

③ 邓小平:《实行开放政策,学习世界先进技术》(1978.10.10),《邓小平文选》第 2 卷,人民出版社 1994 年版,第 132 页。

引起的中国社会生产力与传统计划体制的矛盾的发展,而中共十一届三中全会党的经济指导思想的根本性转变促成了解决矛盾的历史契机。全会把发展现代科学技术、进行现代化建设与改革开放紧密联系在一起,作出了在两个方面有决定性意义的决策:一是决定把工作重点转移到社会主义工业化、现代化建设上来;二是为实现工业化、现代化,决定实行对内改革和对外开放政策。以这次会议为起点,中国开始了市场化改革的历史进程。一般认为这一进程经历了三个阶段,1978—1982 年为"计划经济为主,调节为辅"阶段,1983—1991 年为"有计划的商品经济"阶段,1992 以后为确立和完善社会主义市场经济体制阶段。而我们从社会主义工业化与市场化结合的视角考察,则大致可以分为两个阶段:

第一阶段,1978—1991 年为社会主义工业化与商品化逐步结合的阶段,或称为社会主义工业化与市场化结合的准备阶段。

中共十一届三中全会后,中国共产党逐步摆脱单一计划经济的观念,主张在工业化和现代化建设中引入市场机制。1979 年 11 月 26 日,邓小平在会见美国不列颠百科全书出版公司编委会副主席吉布尼等人的谈话中提出了"社会主义也可以搞市场经济"①的思想。

经过三年多的探索,1982 年 9 月中共十二大确立了全面开创社会主义现代化建设新局面的战略,提出建立以"计划经济为主,市场调节为辅"的模式来实现中国的工业化和现代化。

1979—1984 年围绕发挥市场调节的辅助作用,国家相继出台了一系列改革措施。重点是在农村逐步推行多种形式的家庭联产承包责任制,取消人民公社体制,同时在城市中开始扩大企业自主权的试点。1979 年 7 月,国务院连续颁布了 5 个扩大企业自主权的文件,1984 年 5 月,又发布《关于进一步扩大国营工业企业自主权的暂行规定》,从计划生产、产品销售、产品价格、物资选购、资金使用、资产处置、机构设置、劳动人事、工资奖金、联合经营等 10 个方面给企业以更大的自主权。在

---

① 邓小平:《社会主义也可以搞市场经济》(1979.11.26),《邓小平文选》第 2 卷,人民出版社 1994 年版,第 236 页。

国家和企业的利润分配关系上，先后试行了企业基金、利润留成、盈亏包干、以税代利等方法。1983—1984 年国家先后进行了两次利改税改革，逐步打破了企业吃国家"大锅饭"的局面。1981—1985 年"六五"时期，国内生产总值年均增长 10.7%，工业总产值年均增长 12%，农业总产值年均增长 8.1%。① 初期改革的成效，尤其是农业生产焕发出巨大的生机和活力，对经济体制改革提出了新的要求。这就促成了 1984 年 10 月中共十二届三中全会通过的《关于经济体制改革的决定》中形成"有计划的商品经济"模式。

此后，中国沿着社会主义商品化改革的方向，开始了以城市为中心的全面经济体制改革和工业化、现代化建设同时推进的阶段。到 1988 年，围绕建立有计划商品经济体制的基本框架进行了多方面的重大改革。在企业改革方面，改革的思路是实行"两权分离"，转换企业经营机制，增强企业活力。除继续贯彻落实 1984 年 5 月发布的扩权 10 条外，1985 年 9 月国务院又批转颁布了《关于增强大中型国营企业活力若干问题的暂行规定》（即扩权 14 条），1986 年 12 月国务院再次作出《关于深化企业改革增强活力的若干规定》等文件，积极推行承包、租赁等多种形式的经营责任制，少数国营大中企业进行了股份制试点，促使企业逐步成为相对独立的商品生产者和经营者。在市场改革方面，在搞活消费品市场的同时，发展生产资料市场，开拓金融、技术、劳务和房地产市场，改革价格体系和价格管理体制。在宏观经济管理方面，对计划、投资、物资、财政、税收、金融、外资等体制都进行了不同程度的改革，开始了从直接调控为主向间接调控为主的转变。在科技和教育体制改革方面，1985 年 3 月和 5 月，中共中央分别发布了《关于科学技术体制改革的决定》和《关于教育体制改革的决定》。其目的在于解放科技生产力，提高全民族科技文化素质，实现科技教育与经济的密切结合。在农村改革方面，这一阶段的主要成果是乡镇企业的崛起。这样，"我国经济从 1984 年到 1988 年经历了一个加速发展的飞跃时期，展现了农业和工业、农村和城市、改革和发展相互促进的生动局面，整个国民经

---

① 曾培炎主编：《新中国经济 50 年》，中国计划出版社 1999 年版，第 383 页。

济提高到一个新的水平"。①

　　实践的发展推动着人们对改革认识的深化。1985年邓小平在总结历史经验时说,多年的实践证明,"只搞计划经济会束缚生产力的发展。把计划经济和市场经济结合起来,就更能解放生产力,加速经济发展"。② 1987年中共十三大在中国社会主义工业化与市场化结合问题上产生了重大飞跃:第一,在深刻阐述我国社会主义初级阶段基本特征的基础上,指出:"在社会主义初级阶段,发展生产力所要解决的历史课题,是实现工业化和生产的商品化、社会化、现代化。"③ 这一发展战略任务的概括把工业化、现代化与生产商品化、社会化结合起来,从而解决了长期以来对中国工业化、现代化与发展商品经济关系的认识误区。第二,对"有计划的商品经济"体制作了进一步的阐述。指出社会主义有计划的商品经济体制应该是"计划与市场内在统一"的体制,"计划和市场的作用范围都是覆盖全社会的"。总体上说新的经济运行机制应当是"国家调节市场,市场引导企业"。这实际上同市场经济体制非常相似且很接近了。这两方面的理论突破,既符合当代中国的基本国情,又反映了世界工业化的发展趋势,标志着中国社会主义工业化与商品化的结合已基本形成。1991年3月全国七届人大四次会议通过的《关于国民经济和社会发展十年规划和第八个五年计划纲要》,提出要在20世纪末实现现代化第二步战略目标,必须初步建立相适应的以公有制为基础的社会主义有计划商品经济发展的、计划经济与市场调节相结合的经济体制和运行机制。

　　第二阶段,1992年初以后为中国社会主义工业化与市场化的逐步结合阶段。

---

　　① 江泽民:《加快改革开放和现代化建设步伐,夺取有中国特色社会主义事业的更大胜利》(1992.10.12),《十四大以来重要文献选编》(上),人民出版社1996年版,第8页。

　　② 邓小平:《社会主义和市场经济不存在根本矛盾》(1985.10.23),《邓小平文选》第3卷,人民出版社1993年版,第148、149页。

　　③ 赵紫阳:《沿着有中国特色的社会主义道路前进》(1987.12.25),《十三大以来重要文献选编》(上),人民出版社1991年版,第16页。

经过 10 年的实践思考，特别是实行有计划商品经济体制下国民经济 5 年上台阶的发展，1988 年邓小平在总结当代科技发展趋势及其推进现代化发展的巨大作用时，进一步提出"科学技术是第一生产力"这一更富时代特征的观点。这一著名论断，深刻阐明了科学技术与现代化建设的内在联系及所起的"主导"、"关键"、"决定性"的作用。1992 年初邓小平南方谈话中又明确提出"市场经济不等于资本主义，社会主义也有市场"①经济的观点，从根本上解除了把计划经济和市场经济看做属于社会基本制度范畴的思想束缚，进而把推进社会主义工业化建设与市场化改革紧密联系在一起。之后中共十四大报告以"加快改革开放和现代化建设步伐，夺取有中国特色社会主义事业的更大胜利"为题，明确中国社会主义现代化进程中经济体制改革的目标模式是建立社会主义市场经济体制，表明中国共产党开始自觉地把中国社会主义工业化的推进融入市场化进程之中，用市场化推动工业化发展。以邓小平南方谈话和中共十四大为标志，在更完全意义上开始了中国社会主义工业化与市场化的结合。至 1997 年中共十五大在下列几个重要方面取得了重大进展：

1993 年 11 月中共十四届三中全会作出《关于建立社会主义市场经济体制改革若干问题的决定》，勾画了社会主义市场经济体制的基本框架。《决定》宣布采取新的"整体推进和重点突破相结合"的改革战略，要在 20 世纪末初步建立社会主义市场经济体制。为此，中央启动了一系列建立社会主义现代市场体系的改革。主要有：第一，着力进行企业制度创新，从"产权清晰、权责明确、政企分开、管理科学"四个方面整体推进。一是分期分批将大多数国有大企业依据《公司法》改制为有限责任公司和股份有限公司，进行建立现代企业制度的试点。二是着眼于整体搞活国有经济，"抓大放小"，对国有企业进行战略性改组。从 1995 年起，国务院决定给 1000 户重点工业企业政策扶持。首批确定 300 户，1997 年扩大为 512 户，并把国家企业集团试点由 57 家扩大到 120

---

① 邓小平：《在武昌、深圳、珠海、上海等地的谈话要点》（1992.1.18—2.21），《邓小平文选》第 3 卷，人民出版社 1993 年版，第 373 页。

家。同时,加快"放开搞活国有小企业"的步伐。到1997年底,许多省市50%以上的小企业通过不同形式进行了改制、改组。三是以"优化资本结构"试点城市为重点,实施"规范破产、鼓励兼并、搞好再就业工程",建立优胜劣汰的市场机制,综合配套地推进国有企业的改革与发展。1995年首批选择18个城市,1997年扩大到111个城市。第二,加快市场体系的培育和发展。到1997年,全国95%以上的工业消费品价格和90%以上的生产资料价格及农产品价格已由市场决定。同时,金融、技术、信息、劳动力、土地等要素市场发育加强,国债、股票和期货交易市场逐步走向规范。国家陆续制定和颁布了公司法、预算法、银行法、反不正当竞争法、合同法、票据法、对外贸易法、消费品权益保护法等法律法规,逐步建立社会主义市场经济法律体系。第三,大步推进财政、税收、金融、外贸、外汇、计划、投资和社会保障等体制改革,建立有中国特色和优势的宏观调控体系的初步框架。

社会主义市场化改革推进了经济建设的快速发展。1992—1996年,国内生产总值年均增长12.1%,既实现了经济快速增长,又有效抑制了通货膨胀,避免了大起大落。① 5年间年度经济增长率的波动幅度只有一两个百分点。"八五"计划成为新中国成立以来执行最好的五年计划和经济发展最快、最平稳的5年。1995年中国国内生产总值在世界各国的排位已由1991年的第10位上升到第7位。1991—1998年,中国国内生产总值年均增长10.8%,而世界经济平均增长2.3%,其中发达国家2.1%,发展中国家4.2%。②

90年代市场化改革和经济建设的进展,使中国共产党对当代新科技革命引起的工业化、现代化内涵及与市场经济关系的认识日趋成熟。1995年9月中共十四届五中全会通过了《关于制定国民经济和社会发展"九五"计划和2010年远景目标的建议》,这是在发展社会主义市场经

---

① 江泽民:《高举邓小平理论伟大旗帜,把建设有中国特色社会主义事业全面推向二十一世纪》(1997.9.12),《十五大以来重要文献选编》(上),人民出版社2000年版,第15页。

② 中共中央宣传部宣教局编:《共和国50年活页文选1》,学习出版社1999年版,第15页。

济条件下的第一个中长期计划,也是经济和社会综合发展的跨世纪工业化、现代化建设宏伟蓝图。《建议》指出,为实现"九五"和2010年跨世纪工业化、现代化奋斗目标,关键是实行两个具有全局意义的根本性转变:一是经济体制从传统的计划经济体制向社会主义市场经济体制转变,二是经济增长方式从粗放型向集约型转变。前一个转变的根本要求是深化改革;后一个转变的根本要求是依靠科技创新更好地发展。两个转变相互关联,相辅相成。

1997年9月中共十五大的认识进一步发展和深化。其中最明显的突破是:第一,明确指出"在社会主义条件下经历一个相当长的初级阶段,去实现工业化和经济社会化、市场化、现代化。这是不可逾越的阶段"。① 与十三大相比,一是把现代化范围从"生产"改成了"经济",二是把"商品化"改成了"市场化"。这不仅是文字表述上的变化,而且反映了对中国实现社会主义工业化、现代化质的要求在认识上的飞跃,更明确地把工业化和市场化融为一体,纳入中国社会主义工业化目标和动力体系同时推进。第二,指出公有制为主体、多种所有制经济共同发展,是中国社会主义初级阶段的一项基本制度;非公有制经济也是社会主义市场经济的重要组成部分,这反映了对中国社会主义市场经济质的要求在认识上的飞跃。从工业化道路探索的意义上说,它明确了以公有制推动工业化不仅限于"国营"、"集体"两种形式,而且寻找与工业化、社会化大生产发展相适应的新的资本和企业组织形式,如公司制、股份制等,将更有利于发挥公有制对促进工业化的主导作用;不仅要依靠公有制发展社会主义工业化,而且非公有制经济也是发展社会生产力,推动社会主义工业化的重要力量,形成以实现形式多样化的公有制为主体、多种经济成分共同推动工业化发展的新局面。这两个方面的认识飞跃表明,中国社会主义工业化化与市场化的有机耦合已基本确立。中国工业化历经艰难曲折的发展之后,终于成功地探寻到了一条与

---

① 江泽民:《高举邓小平理论伟大旗帜,把建设有中国特色社会主义事业全面推向二十一世纪》(1997.9.12),《十五大以来重要文献选编》(上),人民出版社2000年版,第15页。

世界市场接轨的中国社会主义工业化新道路。新世纪初中共十六大进一步提出为全面建设小康社会,必须不断完善社会主义市场经济体制,中共十六届三中全会作出《关于完善社会主义市场经济体制若干问题的决定》。此后,沿着两者结合的内涵和目标更为明确,更符合世界工业化的发展规律,中国进入了全面建立比较完善的社会主义经济体制,推动实现社会主义工业化并向第三步现代化战略目标迈进的新阶段。

综上所述,中国共产党推动中国社会主义工业化与市场化的有机结合,有着深刻的社会历史背景和动因。这一结合的历史进程,具有以下鲜明的特点:

第一,中国社会主义工业化与市场化的日益结合,是通过两者的互动逐步实现的。社会主义工业化建设和市场化改革,都是建设中国特色社会主义的重要内容。工业化建设主要是指生产力的发展,市场化改革是指调整和改革与生产力不相适应的生产关系。两者紧密相连,既相互依存又相互促进,并统一于建设有中国特色社会主义的实践。工业化建设的发展要求变革与它不相适应的传统经济体制,通过市场化改革,建立社会主义市场经济体制,解放和发展生产力,推动工业化的发展。改革和发展又都不是一次性的,不是通过一次变革和发展就一劳永逸的,这是一个不断发展和完善的过程。正是这样具有不同含义又相互联系的两个方面的不断互动,逐步推动着中国社会主义工业化与市场化的日益有机耦合。

第二,世界新科技革命引发的当代中国先进生产力的发展要求,是中国社会主义工业化与市场化日益结合的最深刻的根源和纽带。二战以后特别是到了70年代以后,世界新科技革命蓬勃发展,推动了经济全球化进程中世界范围产业结构的大调整。在这种情况下,当代中国工业化建设,就是要适应新的生产力发展的趋势,抓住这一机遇和迎接挑战,既要着重发展资本、技术密集型和高新技术产业,也要适应社会主义初级阶段生产力的状况,运用科学技术改造和继续发展传统产业包括劳动密集型产业,同时展开国内产业结构、产品结构、企业组织结构,以及所有制结构的战略性调整。显然,世界新科技革命引发的当代中国先进生产力的发展要求,决定了中国工业化要求相应的市场化改革,从而促进了中国社会主义工业化与市场化的日益有机耦合。

中共十一届三中全会之后中国共产党人正是深刻认识中国国情和准确把握世界经济发展的趋势，坚定不移地坚持改革开放政策，不断促成了中国社会主义工业化与市场化的有机耦合，实现了中国社会主义工业化体制模式的伟大创新。它赋予中国社会主义工业化以新的内涵，探寻到了在经济市场化进程中推进中国工业化发展的新途径，促进了中国经济与国际经济的接轨，使中国工业化更符合世界潮流，并为世界工业化与市场化的结合开辟了一条新路。

6.3　全方位发展开放型的工业化战略

中共十一届三中全会后确立的对外开放基本国策，在指导思想上最重要的转变，是从过去那种基本上不同资本主义国家进行经济技术交流，转为以积极发展同世界各国平等互利的经济关系为主要特征的全方位对外开放，体现在工业化建设方面就是实施了全方位的开放型发展战略。如果说中国工业化与市场化的结合是正确把握了世界经济发展规律，那么对全方位的开放型工业化战略的选择，也包含着经济全球化时代社会主义工业化与资本主义工业化关系的新认识。

按照马克思的世界历史观，世界市场的形成是大工业发展的必要条件。他说："由于机器和蒸汽的应用，分工的规模已使脱离了本国基地的大工业完全依赖于世界市场、国际交换和国际分工"。① 到了19世纪末20世纪初，第二次技术革命使世界范围内的经济联系更加紧密，列宁进一步提出社会主义国家建设必须融入世界经济体系中，并提高到苏维埃共和国生死存亡的高度。他指出："有一种力量胜过任何一个跟我们敌对的政府或阶级的愿望、意志和决定，这种力量就是世界共同的经

---

① 马克思：《哲学的贫困》（1847），《马克思恩格斯选集》第1卷，人民出版社1995年版，第166页。

济关系。"① 因此，社会主义国家必须同资本主义世界进行经济交往，"社会主义共和国不同世界发生联系是不能生存下去的，在目前情况下应当把自己的生存同资本主义的关系联系起来"。②

面对二战后世界格局的新变化，斯大林却将社会主义与资本主义两个市场对立起来，在《苏联社会主义经济问题》一书中提出了"两个平行市场"的理论。他认为中国和欧洲各人民民主国家"脱离了资本主义体系，和苏联一起形成了统一和强大的社会主义阵营，而与资本主义阵营相对立。两个对立阵营的存在所造成的经济结果，就是统一的、无所不包的世界市场瓦解了，因而现在就有了两个平行的也是互相对立的世界市场"。③ 这种理论背离了世界经济发展规律和经济全球化的发展趋势，最终加剧了苏联封闭模式凝固化和工业化的衰退。

在中国，改革开放前由于客观上西方国家的封锁，主观上毛泽东等中共中央领导人对时代特征以及社会主义与世界发展的应有关系判断的偏误，缺乏融入世界经济的自觉意识，致使中国工业化建设在很大程度上游离于世界经济发展之外，与发达国家的差距进一步拉大。这也是很长一段时间里未能真正找到中国特色社会主义工业化道路的重要因素。因此，能否正确应对经济全球化，科学认识和处理经济全球化时代社会主义工业化与资本主义工业化的关系，选择正确的工业化对外发展战略，直接关系着中国社会主义工业化道路的探索和创新。

经过几十年的曲折探索之后，中国共产党重新对中国社会主义工业化道路的理论与实践作出了新的时代性回答，而全球化则是审视这一问题的重要宏观背景。邓小平等中国共产党人继承和发展了马克思和列宁的"世界历史"思想，以马克思主义的全球思维和视野，从世界发展的广阔时空中重新探寻了中国工业化与世界工业化发展的相互关系。

---

① 列宁：《全俄苏维埃第九次代表大会文献》（1921.12），《列宁全集》第42卷，人民出版社1987年版，第332页。

② 列宁：《在全俄工会中央理事会共产党党团会议上关于租让问题的报告》（1921.4.11），《列宁全集》第41卷，人民出版社1986年版，第167页。

③ 斯大林：《苏联社会主义经济问题》（1952.2—9），《斯大林选集》下卷，人民出版社1979年版，第561、562页。

首先,中国的工业化建设离不开经济全球化,必须积极参与世界经济发展的客观进程。

经济全球化实质上是生产要素以更大规模在全球范围内流动,国内市场同国际市场日益融合,使各国经济形成一个相互开放、相互依存的过程和趋势。邓小平提出"现在的世界是开放的世界"的科学论断,就其经济内容而言,就是随着战后世界新技术革命的推动和国际分工体系的发展,当代世界经济更加趋向开放性和一体化。这一论断尽管还没有运用"经济全球化"的概念,但已明确揭示了当今世界经济普遍联系和开放的本质特征。

在全球思维的基点上,邓小平以世界经济整体联系的新视野来思考中国工业化的发展问题。他反复强调中国工业化发展离不开世界市场和国际经济合作。随着世界经济联系日趋紧密,中共中央更明确提出必须积极融入经济全球化的进程中。这是因为:

一方面,国内国际的经验表明,无论国家大小或发达与否,都不可能拥有经济建设所必需的全部新技术和充足的资源与市场,只有参与世界经济运行和世界市场活动,才能更快更好地发展。1996年世界银行《世界经济前景与发展中国家》的研究报告显示,发展中国家的经济发展速度与参与经济全球化的程度之间存在着密切联系,快速参与国际经济的国家,其国民经济发展速度超过缓慢加入国际经济的国家50%以上。邓小平审视世界和历史,认为在日益开放的当代世界,中国和世界各国是一个紧密联系的整体,实现社会主义工业化主要依靠自己的努力,但是,"离开了国际的合作是不可能的"[①]。江泽民在多次提醒人们注意"经济全球化是一把'双刃剑'"的同时,指出"全球化是不可避免的发展趋势。广大发展中国家应积极参与全球化进程"。[②]

另一方面,经济全球化进程也需要中国的积极参与。邓小平指出,

---

① 邓小平:《社会主义也可以搞市场经济》(1979.11.26),《邓小平文选》第2卷,人民出版社1994年版,第234页。

② 2001年5月8日江泽民在香港"2001《财富》全球论坛"开幕晚宴上的讲话,载《人民日报》,2001年5月9日第1版。

当前发达国家遇到的最大问题是发展速度问题,再发展问题,这个问题的实质是这些国家的"资本要找出路,贸易要找出路,市场要找出路"。① 离开了发展中国家的发展,"西方面临的市场问题、经济问题,也难以解决"。中国是世界上最大的发展中国家,不仅蕴藏着巨大的市场潜力和无限的商机,而且中国工业化和现代化的发展对世界具有重要影响。因此,"从世界的角度来看,中国的发展对世界和平和世界经济的发展有利"。② 胡锦涛进一步指出:"在经济全球化趋势深入发展的条件下,中国及亚洲的发展正在成为世界经济发展新的推动力量,世界经济发展也将给中国及亚洲的发展带来新的重要机遇。世界各国经济互利合作、相互依存的加深,必将给全球经济增长创造更加美好的前景。"③

其次,在经济全球化进程中正确处理好社会主义工业化与资本主义工业化的关系。

在当代,工业化已成为世界性的潮流,并出现了多种工业化模式。任何国家工业化道路的选择,必须对世界经济体系的多重性给予科学的分析和认识,其中对社会主义国家工业化来说,正确认识和把握与资本主义工业化的关系至关重要。过去我们只看到了社会主义与资本主义的对立与斗争,结果限制了自己的生存发展空间。邓小平考察资本主义在当代的新发展,重新审视社会主义与资本主义的关系,从对立中把握同一,寻求共存发展的基础,提出了在同资本主义竞争与合作中推动中国工业化发展的重要思想。

第一,从世界工业化发展进程来看,社会主义工业化与资本主义工业化表现为历史继承关系,要在大胆吸收和借鉴中发挥社会主义国家工业化的后发优势。

相对于西方国家来说,社会主义国家属于工业化的后发展国家。中

---

① 邓小平:《和平和发展是当代世界的两大问题》(1985.3.6),《邓小平文选》第3卷,人民出版社1993年版,第106页。
② 邓小平:《我们的宏伟目标和根本政策》(1984.10.6),《邓小平文选》第3卷,人民出版社1993年版,第79页。
③ 2005年5月16日胡锦涛在北京"2005《财富》全球论坛"开幕式上的演讲,载《人民日报》,2005年5月17日第1版。

国工业化的真正起步,要比西欧国家晚两个多世纪。因此,从历史发展来看,社会主义工业化与资本主义工业化是一种前后相继的关系,中国工业化是一种后发的工业化。

社会主义与资本主义的历史继承关系,要求我们改变那种只看到社会主义与资本主义对立的"左"的观念,必须借鉴和继承资本主义已经创造的一切有益文明成果。列宁提出新经济政策时说:"要建设共产主义,就必须掌握技术,掌握科学,并为了更广大的群众而运用它们,而这种技术和科学只有从资产阶级那里才能获得。"① 邓小平也明确指出:"资本主义已经有了几百年历史,各国人民在资本主义制度下所发展的科学和技术,所积累的各种有益的知识和经验,都是我们必须继承和学习的。"②

社会主义与资本主义之间最深层的历史联系是社会化大生产的联系,首先产生于资本主义的社会化大生产反映了现代工业社会发展的一般规律和特征。邓小平认为,在资本主义条件下创造的先进科学技术和管理方法,"并不能说是资本主义的","而是人类共同创造的财富"。因此,"社会主义要赢得与资本主义相比较的优势,就必须大胆吸收和借鉴人类社会创造的一切文明成果,吸收和借鉴当今世界各国包括资本主义发达国家的一切反映现代化生产规律的先进经营方式、管理方法"。③ 在这里,吸收和借鉴,既要学习国际上反映工业化大生产规律的东西,又要防止照搬外国模式和经验,充分发挥后发展国家工业化所特有的后发优势。这种科学的开放观,表现了邓小平对世界工业化、现代化进步潮流发展动向的体察,反映了对现代工业社会发展一般规律的深刻认识。江泽民总结对外开放的实践指出:"大胆吸收和借鉴当今世界各国包括资本主义发达国家的一切反映现代化社会化生产规律的先进经营方

---

① 列宁:《俄共(布)第九次代表大会文献》(1920.3—4),《列宁全集》第38卷,人民出版社1986年版,第283页。

② 邓小平:《坚持四项基本原则》(1979.3.30),《邓小平文选》第2卷,人民出版社1994年版,第167、168页。

③ 邓小平:《武昌、深圳、珠海、上海等地的谈话要点》(1992.1.18—2.21),《邓小平文选》第3卷,人民出版社1993年版,第373页。

式、管理方法",能为我国社会主义工业化、现代化建设提供强大的动力,这"是符合当今时代特征和世界经济技术发展规律要求的"。①

第二,从时代主题和世界经济一体化的趋势来看,社会主义与资本主义表现为相互竞争与合作共处的关系,要在积极参与国际竞争和合作中加快中国工业化的发展。

在当代世界,社会主义与资本主义并存于同一个时代背景下。邓小平站在世界历史时代的高度,深刻指出和平与发展是"现在世界上真正的大问题,带全球性的战略问题"。② 社会主义与资本主义之间尽管还有矛盾和斗争,有时还很激烈,但是,国际间的斗争日益转变为综合国力的竞争,发展成为各国的共同要求。发达资本主义国家的资本、贸易和商品要找出路;社会主义国家需要加快发展的步伐,也需要发达国家的先进技术、设备和国际市场,彼此合作的愿望日益迫切。

从时代背景的另一特征——经济全球化的加速发展来看,各国经济联系日趋紧密,社会主义与资本主义在共处中有斗争和摩擦,但更多的时候是需要"加强经济技术的交流与合作,逐步改变不公正不合理的国际经济秩序,使经济全球化达到共赢和共存的目的"。③ 这样的交流与合作是当代社会主义国家与资本主义国家相互关系中的一个新的重要内容。因此,中共中央一再强调,要在错综复杂的局面中抓住机遇,积极参与国际竞争和合作,加快中国工业化和现代化的发展。

新的全球意识必然导致新的开放国策。中国共产党对中国与世界关系的这种深刻认识,对当代社会主义与资本主义关系的全球思维,标志着中国共产党对社会主义建设规律和世界发展规律的认识有了一个质的飞跃,由此提出了全方位的对外开放理论,开拓了中国在积极参与经济全球化中实现中国社会主义工业化的新思路。

---

① 江泽民:《二十年来我们党的主要历史经验》(1998.12.18),《江泽民文选》第2卷,人民出版社2006年版,第255页。

② 邓小平:《中国是信守诺言的》(1984.12.19),《邓小平文选》第3卷,人民出版社1993年版,第105页。

③ 江泽民:《在庆祝中国共产党成立八十周年大会上的讲话》(2001.7.1),《江泽民文选》第3卷,人民出版社2006年版,第298页。

（一）工业化进程中的对外开放是全方位的，对世界所有的国家开放，尤其是对西方发达资本主义国家的开放

新中国成立初期，毛泽东等中共中央领导人提出的向世界上一切国家学习，是以"必须尽可能地首先同社会主义国家做生意"为前提的，再加上第二次世界大战后的冷战思维模式的影响，必然导致对资本主义认识的片面性。"一五"时期工业化建设只对苏联、东欧等少数国家开放，还不是完整意义上的对外开放。当今的全球化时代是统一的世界市场，包括发达资本主义国家、社会主义国家、发展中国家等各种类型国家参与的世界市场。所以，在开放地域上，不是仅限于少数国家，而应该是对各种不同发展水平和不同社会制度的世界所有国家开放。邓小平把中国全方位开放归纳为"是对世界所有国家开放，对各种类型的国家开放。"[①] 这种全方位开放包括三个方面："一个是对西方发达国家的开放"，"一个是对苏联和东欧国家的开放"，"还有一个是对第三世界发展中国家的开放"。[②]

这是因为，当代各种类型的国家都被世界经济的纽带密切联系在一起了，并且每个国家或民族在资源、市场或资金方面有自己一定的优势，尽管目前广大发展中国家大多比较穷，还谈不上是重要市场，但它们也各有自己的特点和长处，若离开这个占世界人口大多数的地区，世界市场的扩大也要受到限制，"如果只在发达国家中间兜圈子，那是很有限度的"。[③] 因此，中国的对外开放应当是全方位的开放。目前中国的对外贸易伙伴已达220多个国家和地区，利用外资的来源也已达150多个国家和地区。

中国的对外开放既是全方位的，同时又是有重点的。在对世界各种

---

① 邓小平：《改革的步子要加快》（1987.6.12），《邓小平文选》第3卷，人民出版社1993年版，第237页。

② 邓小平：《军队要服从整个国家建设大局》（1984.11.1），《邓小平文选》第3卷，人民出版社1993年版，第99页。

③ 邓小平：《我们的宏伟目标和根本政策》（1984.10.6），《邓小平文选》第3卷，人民出版社1993年版，第79页。

类型国家的开放中,对西方发达国家开放的意义尤为重要。因为当今世界经济发展不平衡,西方发达国家具有资金、科技、管理经验、人才等多方面的优势,在世界经济中处于主体地位。来自发达国家的投资项目一般规模较大,技术含量较高、管理较先进,有助于促进中国产业升级,提高工业化的技术水平和管理水平。因此,改革开放以来,中国更多的是向西方发达的国家开放,"我们吸收外资、引进技术等等主要从那里来"。① 随着对外开放的扩大,由生产领域扩展到基本建设、商业、金融业、旅游、信息产业等许多领域;在开放形式上,从贸易、吸引外资到技术转让、劳务合作、产业转移、对外投资等方面,形成了宽领域、多渠道的对外开放。

全方位对外开放,不仅包括对资本主义发达国家开放,而且置于重点开放的地位,这是中共十一届三中全会以来中国工业化道路理论和战略的一个重大突破。

(二)充分利用国际国内两种资源、两个市场,实现中国工业经济与国际经济的互接互补

建立国内与国际经济运行规则接轨的开放型经济,是中国工业化新的战略思路。发展开放型经济,首先要求在经济体制上与国际市场经济的运行规则接轨,即本身的经济体制必须市场化。世界市场体系是以市场经济为基础的,它要求各国按照市场规则和国际惯例进行生产要素的直接流动和商品的自由贸易。中国市场化取向的改革,适应了工业化要求社会内部要有一个充满生机和活力的经济体制,有效利用国内市场和资源,也为国内市场与世界市场接轨创造了一个基本前提。

与此同时,发展开放型经济,还需要融入广阔的国际市场,充分利用外部资源。世界市场又是以相互开放、相互渗透为鲜明特征的,它必然要求各国采取更加开放的发展模式,全方位地走向世界市场。尤其是后发工业化国家,既要十分重视国内市场的建设和利用,又要积极合理

---

① 邓小平:《军队要服从整个国家建设大局》(1984.11.1),《邓小平文选》第3卷,人民出版社1993年版,第99页。

有效地实行对外开放,开拓世界市场,走内外结合、优势互补的发展道路,才能更好地发挥"后发"优势,加快工业化的实现。邓小平认为,目前中国生产力尚不发达,资金缺乏,生产技术相对落后,但有大的市场和廉价劳动力等优势,要扩大对外开放,现在开放得不够,要抓住对自己有利的国际机遇,充分利用国内市场和国际市场。他并指出"这是一个战略问题"。①中国实行对内搞活和对外开放,实质上是利用、衔接国内市场与国际市场两个市场体系,将中国由一个相对封闭的国民经济系统转变为一个全面开放系统,以充分利用国际国内两种资源、两个市场,实现国内经济与国际经济的互接互补,不断提高中国工业化、现代化的国际水平。

20世纪80年代中期,中共中央明确提出"一定要充分利用国内和国外两种资源,开拓国内和国外两个市场,学会组织国内建设和发展对外经济关系两套本领"②的战略方针,开创社会主义工业化和现代化建设的新局面。中共十三大从"当今世界是开放的世界"的视角,提出大力发展开放型经济。开放型经济,就是要通过多种纽带、渠道,包括通过商品流动同国际商品市场衔接,资本流动同国际资本市场衔接,技术流动同国际技术市场衔接,劳务流动同国际劳务市场衔接,等等。为此,大会要求"以更加勇敢的姿态进入世界经济舞台,正确选择进出口战略和利用外资战略",根据国际市场的需要和我国的优势,积极发展具有竞争力、见效快、效益高的出口产业和产品,大力提高出口商品的质量,合理安排出口商品结构,"多方位地开拓国际市场"。③

90年代中国开始建立社会主义市场经济体制,进一步扫除了与国际市场接轨的一个重要阻碍。另一方面,国际竞争和综合国力的较量也日渐激烈。中共中央适时地提出要坚定不移地实行对外开放政策,加快对

---

① 邓小平:《利用外国智力和扩大对外开放》(1983.7.8),《邓小平文选》第3卷,人民出版社1993年版,第32页。
② 《中共中央关于经济体制改革的决定》(1984.10.20),《十二大以来重要文献选编》(中),人民出版社1986年版,第581页。
③ 赵紫阳:《沿着有中国特色的社会主义道路前进》(1987.12.25),《十三大以来重要文献选编》(上),人民出版社1991年版,第23页。

外开放步伐,"充分利用国际国内两个市场、两种资源,优化资源配置。积极参与国际竞争与国际经济合作,发挥我国经济的比较优势,发展开放型经济,使内经济与国际经济实现互接互补"。①中央并将之确立为此后国民经济和社会发展五年计划和长远规划的一条重要的指导方针,要求尽快建立适应社会主义市场经济发展的、符合国际贸易规范的新型外贸体制,形成国家平等合作与竞争的体制和政策环境。鉴于中国加入世贸组织及正处于工业化、城镇化进程加快,人民群众收入水平提高和消费结构升级的发展阶段,中共十六大以来,中共中央进一步提出统筹国内发展和对外开放,正确处理内需和外需的关系,在立足于扩大国内需求的同时,"要继续拓展国际市场,扩大国外需求。要把扩大国内需求和合理利用国外需求很好地结合起来,促进经济平稳较快增长"。②

国际国内两种资源、两个市场的利用,有力地促进了中国工业经济走向国际市场,使中国经济在世界经济中的地位日益重要。据国家统计局发布的资料显示,2004年,中国GDP总量约占全球GDP总量的4%,经济增长对全球经济增长的贡献率高达18.2%;贸易额占全球贸易额的5.24%,贸易增长对全球的贡献率超过16%。③ 2007年进出口总额21738亿美元,在世界的位次自2004年起连续4年保持第三位。2003—2007年进出口贸易年均增长28.5%,比1979—2002年年均增速快13.3个百分点。工业制成品出口占出口总额的比重上升,2007年达到94.9%。④中国经济持续快速发展,近年外贸对经济增长的贡献率保持在20%以上,继续成为拉动世界经济增长的重要"引擎"之一。

---

① 《中共中央关于建立社会主义市场经济体制若干问题的决定》(1993.11.14),《十四大以来重要文献选编》(上),人民出版社1996年版,第539页。

② 温家宝:《关于制定国民经济和社会发展第十一个五年规划建议的说明》(2005.10.8),《十六大以来重要文献选编》(中),中央文献出版社2006年版,第1058页。

③ 李丽辉:《中国经济磁场与世界共振》,载《人民日报》,2005年3月25日第6版。

④ 国家统计局局长谢伏瞻:《沿着中国特色社会主义道路阔步前进的五年》,载《人民日报》,2008年3月28日第7版。

（三）实施"引进来"和"走出去"同时并举、相互促进的开放战略，更大范围更深程度上提升中国工业企业的国际竞争力

20世纪90年代末通过各种领域、渠道的对外开放，中国经济的开放度和参与世界经济全球化的程度逐步加强。特别是加入世贸组织后，中国在更大程度上融入了经济全球化的进程，标志着对外开放进入了一个新的阶段，最重要的变化就是国际市场的竞争更加深入地与国内市场的竞争结合在一起，这要求中国在更高水平上参与国际合作和竞争。一方面，要鼓励跨国公司进入中国，充分利用国外资本、管理和技术；另一方面，要鼓励国内企业进入国际市场，在竞争中壮大中国工业企业的国际竞争力。

面对经济、科技全球化趋势和中国对外开放的新特点，江泽民在中共十五大上的报告中指出，我们要以更加积极的姿态走向世界，"鼓励能够发挥我国比较优势的对外投资"。[①] 之后，他在接见全国外资工作会议代表时进一步指出，现在国际竞争这样激烈，无论从目前搞活国有企业还是从我国经济的长远发展来看，我们不仅要积极吸引外国企业到中国来投资办厂，也要积极引导和组织国内有实力的企业走出去，到国外去投资办厂。他并提出"引进来"和"走出去"是我们对外开放方针，两者是紧密联系、相互促进的方面，缺一不可。[②] 2000年2月，江泽民在广东考察工作时又把"引进来"和"走出去"提高到战略的高度，同时强调今后要更注重"走出去"。他说，改革开放20多年来，我们是以"引进来"为主，这是完全必要的，不"引进来"也走不出去。现在情况不同了，实施"走出去"战略的条件更具备了，我国加入世贸组织后，将会为我们实施这一战略带来更多的机遇。这是关系我国经济和整

---

① 江泽民：《高举邓小平理论伟大旗帜，把建设有中国特色社会主义事业全面推向二十一世纪》（1997.9.12），《十五大以来重要文献选编》（上），人民出版社2000年版，第29页。

② 江泽民：《在接见全国外资工作会议代表时的讲话》（1997.12.24），《江泽民论中国特色社会主义（专题摘编）》，中央文献出版社2002年版，第190、191页。

个现代化建设发展全局的大战略。①

　　提出实施"引进来"和"走出去"同时并举、相互促进的开放战略，是把对外开放推向新阶段的重大举措，是更好地利用国内外两个市场、两种资源的必然选择，也是发展对外投资，逐步形成中国自己的大型企业和跨国公司，提高国际竞争力的重要途径。中共中央关于制定"十五"计划的建议把"走出去"确立为加快中国工业化和现代化的重要战略，指出要"大胆吸收和借鉴一切符合社会化生产要求的经营方式和管理方法。适应跨国投资发展趋势，积极探索采用收购、兼并、投资基金和证券投资等多种方式利用中长期国外投资"。② 中共十六大确认了这一适应经济全球化的对外开放新战略，强调要坚持"引进来"和"走出去"相结合，"鼓励和支持有比较优势的各种所有制企业对外投资，带动商品和劳务出口，形成一批有实力的跨国企业和著名品牌"③，更好地推进中国的工业化和现代化。2005年10月，中共十六届五中全会关于制定"十一五"规划的建议进一步表述为"支持有条件的企业'走出去'，实施互利共赢的开放战略"。④ 2007年10月，中共十七大再次强调："坚持对外开放的基本国策，把'引进来'和'走出去'更好结合起来，扩大开放领域，优化开放结构，提高开放质量，完善内外联动、互利共赢、安全高效的开放型经济体系，形成经济全球化条件下参与国际经济合作和竞争新优势。"十七大并提出"鼓励发展具有国际竞争力

---

①　江泽民：《在广东考察工作时的讲话》（2000.2.25），《江泽民论中国特色社会主义（专题摘编）》，中央文献出版社2002年版，第193、194页。

②　《中共中央关于制定国民经济和社会发展第十个五年计划的建议》（2000.10.11），《十五大以来重要文献选编》（中），人民出版社2001年版，第1389、1390页。

③　江泽民：《全面建设小康社会，开创中国特色社会主义事业新局面》（2002.11.8），《十六大以来重要文献选编》（上），人民出版社2005年版，第22、23页。

④　《中国共产党第十六届中央委员会第五次全体会议公报》（2005.10.11），载《人民日报》，2005年10月12日第1版。

的大企业集团"。① 据国家统计局发布的报告，2002年外商直接投资实际使用金额首次突破500亿美元，2004年、2005年和2006年连续三年超过600亿美元，2006年达到630亿美元。2003—2006年，外商在华直接投资实际使用金额以年均4.6%的速度稳步增长。在引进来的同时，越来越多的中国企业"走出去"，开展国际化经营。2006年末，中国从事跨国投资与经营的各类企业已发展到3万多家，对外投资遍及世界160多个国家。② 2007年，中国对外非金融类直接投资为187亿多美元，居发展中国家首位。外汇储备达15282亿美元，跃居世界第一位。③ 这充分反映出中国利用国外资金和综合运用各种要素相结合，明显提高了全球配置资源能力，对外经济的综合竞争实力在不断增强。随着中国坚持"引进来"和"走出去"并重，加大"走出去"战略实施力度，中国企业驻外机构和境外企业会越来越多，并注意借鉴知名跨国公司、大公司好的做法和经验，进一步提高国际竞争力。

  全方位对外开放标志着当代中国开放的总体格局已经形成。中国共产党把中国工业化发展同整个世界经济的发展紧密联系在一起，同改革开放统一起来，打破了中国长期以来工业化发展的自我封闭和半封闭模式，推动了中国工业化与世界工业化的接轨和互动，愈来愈广泛深入地融入世界经济一体化、全球化进程之中，使中国国民经济系统转变为一个大开放系统，使中国社会主义工业化成为与外部世界紧密联系和融合的开放型模式，不断地为社会主义工业化提供强大的动力和外部促进因素，由此进入了开放型工业化阶段。

---

  ① 胡锦涛：《高举中国特色社会主义伟大旗帜，为夺取全面建设小康社会新胜利而奋斗》（2007.10.15），载《人民日报》，2007年10月25日第1版。
  ② 朱剑红：《我国对外开放迈上新台阶》，载《人民日报》，2007年9月20日第1版。
  ③ 国家统计局局长谢伏瞻：《沿着中国特色社会主义道路阔步前进的五年》，载《人民日报》，2008年3月28日第7版。

6.4 在市场化中推进社会主义工业化的创新

1978年底以来，中国共产党高度关注时代的发展，将中国社会主义作为世界发展的一个有机组成部分，坚持在中国与世界的双向互动中建设中国社会主义，以制度创新和对外开放推动中国工业化为主要内容，对中国工业化发展路径进行了全新的探索。它的根本目的和实质，是要通过全面改革和全方位开放，为中国工业化发展开辟新的道路和提供强大动力。改革开放的迅速推进和实践的巨大成功，给中国社会主义工业化发展扫清了体制障碍，注入了勃勃生机，并使之融入世界工业化的进程，使"对内搞活"、"对外开放"成为新一轮工业化的两大推动力量，不仅开创了中国经济发展的新局面，而且极大地推动了中国工业化发展路径的创新，成功地探寻到了一条在市场化中推进中国社会主义工业化的新道路。从这条道路丰富而深刻的内涵来看，它在深层面上探索了中国工业化发展面临的目标任务、增长方式、制度安排和发展战略的问题；从世界工业化历史进程中进行考察，它在全面突破了社会主义国家传统工业化发展模式的同时，也突破了西方发达国家传统工业化发展模式，成为世界工业化史上一个伟大创新。概括地说，突出地表现在以下紧密联系的几个方面：

（一）将工业化、市场化与社会主义融为一体，在社会主义市场化进程中推进中国工业化

世界工业化史表明，市场经济是从资本主义国家发展起来的。"市场"、"市场经济"由此成为资本主义经济关系的代名词。其实，工业化过程同时也是商品化、市场化的过程，没有工业化，就没有真正意义上的市场化；没有市场化，也不会有工业化的顺利推进。苏联、东欧和中国等社会主义国家曾把市场和计划纳入社会形态的根本制度区别，固守经济的单一计划调节，把工业化和市场化割裂开来，但历史证明最后都不成功。历史的经验教训使中国共产党逐步认识到，市场经济的发展是社会大生产的必然产物和客观要求，经济市场化是工业化的必要条件，

资本主义制度可以逾越,但是市场经济却不能逾越。特别在当今经济全球化的背景下,以市场经济作为内在机制而促成了世界经济一体化。如果不建立与世界经济相适应的市场经济体制,就不能促进资源的全球配置,提高参与全球化进程的自觉性与主动性,也就不能更好地发展工业化。

正是考察世界历史,参照全球化的主要特征,邓小平等中国共产党人认为建立社会主义市场经济体制是社会主义利用世界市场的一种有效形式,把中国社会主义工业化的推进融入市场化之中,以市场化推动工业化进程。这一发展思路的根本转换,是社会主义工业化发展史上的一次认识上质的飞跃,是世界工业化发展史上的一个空前的伟大创举。

第一,它改变了人们对传统社会主义工业化体制模式的认知,解决了社会主义制度下发展工业化的有效路径问题。一是突破了传统社会主义工业化的社会资源配置方式,对资源配置起基础性作用的不再是主要通过高度集中的计划,由国家集中人力、物力和财力兴办工业企业的方式推进工业化的进程,而是社会主义国家宏观调控下的市场。二是打开了中国特色社会主义工业化与全球化浪潮相互联系、相互作用的通道,创造性地使社会主义工业化与市场经济相接轨,解决了经济落后的社会主义国家与世界经济和全球化接轨的难题。2004年4月14日,新西兰成为第一个承认中国市场经济地位的西方发达国家。此后,包括澳大利亚、瑞士等发达国家在内的76个国家已承认了中国的完全市场经济地位。① 社会主义工业化和市场经济相结合,是马克思主义经典作家所没有提出过的,这无疑是对世界社会主义工业化道路理论的重大突破。实践证明,在社会主义工业化进程中,"搞计划经济和市场经济相结合,进行一系列的体制改革,这个路子是对的"。②

第二,它超越了资本主义工业化的市场模式。社会主义与市场经济

---

① 周英峰、王优玲:《开放型经济进入新阶段》,载《人民日报》,2008年2月23日第2版。

② 邓小平:《社会主义和市场经济不存在根本矛盾》(1985.10.23),《邓小平文选》第3卷,人民出版社1993年版,第149页。

是完全可以兼容的，然而任何一种市场经济都有自己特殊的制度环境，不存在一个脱离了一定制度环境的抽象的市场经济。当代中国的经济市场化是植根于社会主义基本制度，并与这种制度的改革联系在一起的，这就决定了中国工业化的市场模式并不完全等同于资本主义工业化的市场模式。用邓小平的话来说就是，我们所建立的市场经济"归根到底是社会主义的，是社会主义社会的"。① 江泽民进一步指出："我们搞的是社会主义市场经济，'社会主义'这几个字是不能没有的，这并非多余，并非'画蛇添足'，而恰恰相反，这是'画龙点睛'。所谓'点睛'，就是点明我们市场经济的性质。西方市场经济符合社会化大生产、符合市场一般规律的东西，毫无疑义，我们要积极学习和借鉴，这是共同点；但西方市场经济是在资本主义制度下搞的，我们的市场经济是在社会主义制度下搞的，这是不同点，而我们的创造性和特色也就体现在这里。"② 就是说，社会主义市场经济毕竟建立在新的制度环境基础之上，因而必然具有自己特殊的运行规律。它把社会主义制度的优越性与市场经济能够有效配置资源的优点结合起来，在工业化建设中更好地加强政府宏观调控力度和提高质量。

显然，当代中国社会主义工业化走市场化之路，使市场经济、工业化和社会主义之间形成了相互依赖、相互渗透、相互制约的内在关系，赋予了社会主义工业化道路崭新的内容。正是从这个意义上，江泽民指出，中国在工业化、现代化建设中"搞社会主义市场经济，这在人类经济和社会发展史上还是第一次，是一个崭新的试验"③，"这在世界社会经济发展史上是个创造"。④

---

① 邓小平：《社会主义也可以搞市场经济》（1979.11.26），《邓小平文选》第2卷，人民出版社1994年版，第236页。

② 江泽民：《在天津考察工作时的讲话》（1994.12.9—14），《江泽民论有中国特色社会主义（专题摘编）》，中央文献出版社2002年版，第69页。

③ 《阔步前进中的中国与世界——江泽民在德国外交政策协会和德国经济亚太委员会的演讲》，载《人民日报》，1995年7月14日第1版。

④ 江泽民：《走向新世纪的中国与美国关系》（1995.10.23），《十四大以来重要文献选编》（中），人民出版社1997年版，第1542页。

（二）以公有制为主体多种所有制经济共同推进中国工业化建设

在社会主义工业化与市场经济的结合过程中，遇到的关键性难题是中国的工业化应当选择什么样的所有制结构。从生产关系的配置功能看，市场化的推进与多元所有制结构的构建具有内在联系。与市场化改革相适应，中国共产党从社会主义初级阶段生产力多样性、多层次性的特点出发，改变以单一公有制推动社会主义工业化的思想，进行了所有制结构改革，逐步形成了以公有制为主体，允许和鼓励个体、私营、外资经济等多种所有制经济共同发展的思想。中共十五大并提出"公有制实现形式应当多样化"，把公有制为主体多种所有制经济共同发展确立为"我国社会主义初级阶段的一项基本制度"。十六大以来，中共中央根据解放和发展生产力的要求，强调要坚持和完善这一基本经济制度。这不仅是对马克思主义关于社会主义所有制理论的极大突破，而且从工业化道路探索的意义上说，它明确了要以公有制为主体、多种所有制经济共同推动工业化的发展，是对社会主义工业化理论的重大创新。

第一，它突破了仅靠公有制发展社会主义工业化的传统观点，提出非公有制经济也是发展社会主义社会生产力，推动工业化的重要力量。凡是商品经济，都要求市场主体多元化。相对于公有制经济而言，个体经济、私营经济和对外合资经济都是独立的经济主体。市场机制的充分发挥，不仅需要巩固和发展公有制经济，而且需要促进非公有制经济，包括个体经济、私营经济、"三资"企业及内含各种经济成分的股份制经济、经济联合体的发展。到 2006 年底，全国已有个体工商户 2576 万户，从业人员 7500 万人；私营企业 497.4 万户，从业人员 6395.5 万人。① 这种所有制形式的多元化和市场主体的多元化符合市场经济的要求，有利于打破单一发展主体的局面，更好地推动工业化的发展。邓小平提出发展非公有制经济"作为发展社会生产力的一个补充"，江泽民

---

① 《党的十七大报告解读：形成各种所有制经济平等竞争、相互促进新格局》，载《人民日报》，2007 年 12 月 9 日第 2 版。

在中共"十六大"报告中指出:"个体、私营等各种形式的非公有制经济是社会主义市场经济的重要组成部分,对充分调动社会各方面的积极性、加快生产力发展具有重要作用"。坚持公有制为主体,促进非公有制经济发展,统一于社会主义现代化建设的进程中,不能把这两者对立起来。"各种所有制经济完全可以在市场竞争中发挥各自优势,相互促进,共同发展。"① 胡锦涛在十七大报告中又强调必须毫不动摇地巩固和发展公有制经济,毫不动摇地鼓励、支持、引导非公有制经济发展,坚持平等保护物权,"形成各种所有制经济平等竞争、相互促进新格局"。② 从"补充"到"共同发展"再到"平等竞争",反映了党中央对非公有制经济地位和作用认识的不断深化。

第二,它突破了公有制仅限于"国营"、"集体"两种形式的传统所有制理论,提出"公有制实现形式可以而且应当多样化"③,一切反映社会化生产规律的经营方式和组织形式都可以大胆利用。传统的公有制形式,特别是全民所有制或国家所有制,政府是唯一的所有权主体,难与市场经济相融合。新的多样化的公有制形式,除了国有国营,集体所有集体经营之外,还应寻找与市场经济相融的新的资本和企业组织形式,如公司制、股份制、股份合作制等混合所有制经济。混合所有制经济的发展,表明中国公有制特别是国有制找到了一个与市场经济相结合的形式和途径。尤其股份制是现代企业的一种资本组织形式,有利于所有权和经营权的分离,有利于提高企业和资本的运作效率,从而将更有利于发挥公有制对促进工业化的主导作用。到 2005 年底,国家统计局统计的国家重点企业中的 2524 家国有及国有控股企业,已有 1331 家改制为

---

① 江泽民:《全面建设小康社会,开创中国特色社会主义事业新局面》(2002.11.8),《十六大以来重要文献选编》(上),中央文献出版社 2005 年版,第 19 页。

② 胡锦涛:《高举中国特色社会主义伟大旗帜,为夺取全面建设小康社会新胜利而奋斗》(2007.10.15),载《人民日报》,2007 年 10 月 25 日第 1 版。

③ 江泽民:《高举邓小平理论伟大旗帜,把建设有中国特色社会主义事业全面推向 21 世纪》(1997.9.12),《十五大以来重要文献选编》(上),人民出版社 2000 年版,第 21 页。

多元股东的股份制企业,改制面为52.7%。国有中小企业改制面已达80%以上。作为国有企业主干的中央企业,已有10家企业按照公司法转制,开展董事会试点。国有企业股权分置改革基本完成,截至2006年底,801家国有控股上市公司已有785家完成或启动股改程序,占98%[①],从而极大地提高了国有企业的活力。2006年,全国国有企业资产总额比2002年增长60.98%,实现利润增长2.23倍,税收增长1.05倍。[②]

  第三,它突破了传统社会主义企业体制理论,提出建立适应社会主义市场经济体制和工业化、现代化大生产客观要求的现代企业制度和现代产权制度。国有工业企业特别是大中型企业是中国社会主义工业化建设的主要载体和骨干,现代企业制度是社会主义市场经济体制的基础。由于企业是独立的法人实体和市场竞争主体,因此,社会主义工业化与市场化结合的根本问题,是使国有企业真正成为自主经营、自负盈亏、自我发展、自我约束的法人实体和市场竞争的主体,这就决定了在构造市场经济体制基本框架的过程中,最重要的是重塑中国现代企业制度,使企业按照市场法则运行。中共十四大指出:"转换国有企业特别是大中型企业的经营机制,把企业推向市场,增强它们的活力,提高他们的素质。这是建立社会主义市场经济体制的中心环节"。[③] 中共十四届三中全会明确提出国有企业改革的方向是建立现代企业制度。国家通过建立现代企业制度,培育市场体系等一系列措施,理顺产权关系,实行政企分开,落实企业自主权,完善各种形式的承包经营责任制;积极推行股份制;鼓励有条件的企业联合、兼并,合理组建企业集团等,使国有企业、集体企业和其他企业都进入市场,通过平等竞争发挥国有企业的主

---

  ① 《党的十七大报告解读:形成各种所有制经济平等竞争、相互促进新格局》,载《人民日报》,2007年12月9日第2版。

  ② 引自温家宝在十一届全国人大一次会议上作的《政府工作报告》(2008.3.5),载《人民日报》,2008年3月20日第2版。

  ③ 江泽民:《加快改革开放和现代化建设步伐,夺取有中国特色社会主义事业的更大胜利》(1992.10.12),《江泽民文选》第1卷,人民出版社2006年版,第228页。

导作用。中共十五大进一步提出建立"产权清晰、权责明确、政企分开和管理科学"的现代企业制度和"积极发展大型企业和企业集团","使企业成为适应市场的法人实体和竞争主体"①,以提高中国工业企业的整体素质和国际市场的竞争力。中共十六届三中全会还提出建立健全现代产权制度,有利于各类资本的流动和重组,有利于增强企业和公众创业创新的动力。

(三)将中国工业化融入世界市场,在积极参与国际经济竞争与合作中推进中国工业化

经济市场化以开放、合作、互相渗透为特征,它必然要求采取更加开放的政策,全方位地走向世界市场。1978年以来中国工业化向市场化方向转型,适应了工业化的要求,即社会内部要有一个充满生机和活力的经济体制,与此同时,还必须与世界市场接轨,大力开拓世界市场,充分利用外部资源。

基于此,邓小平把对内改革与对外开放紧紧地联系在一起,构建了推进中国工业化和现代化的全球开放战略。在开放地域上,不仅对不同社会制度的国家开放,而且对不同发展程度的国家开放;在开放领域上,不仅利用外部资源和吸收世界文明,而且积极参与国际市场、国际舞台的运作;在开放发展趋向上,与全球化进程相一致,越发展越开放,使"我们同国际上的经济交往更加频繁,更加相互依赖,更不可分"。② 这种面向世界的多领域、全方位开放,显示着大方位开放的魄力和气势,体现着中国走向世界、吸收人类文明成果的自觉,构成中国特色社会主义工业化发展的基本点和必由之路。

20世纪90年代以来,中共中央进一步把扩大对外开放和积极参与经济全球化有机统一起来。1997年江泽民在中共十五大报告中明确讲到

---

① 江泽民:《高举邓小平理论伟大旗帜,把建设有中国特色社会主义事业全面推向21世纪》(1997.9.12),《十五大以来重要文献选编》(上),人民出版社2000年版,第22页。

② 邓小平:《中国是信守诺言的》(1984.12.19),《邓小平文选》第3卷,人民出版社1993年版,第103页。

中国如何应对全球化的问题。他说:"面对经济、科技全球化趋势,我们要以更加积极的姿态走向世界,完善全方位、多层次、宽领域的对外开放格局,发展开放型经济,增强国际竞争力",并"积极参与区域经济合作和全球多边贸易体系"。① 新世纪初中国加入世界贸易组织,意味着进一步融入经济全球化的浪潮中。中共十六大以来提出实施"引进来"和"走出去"战略,就是为适应全球化趋势和中国加入WTO的新形势而采取的重大举措。"引进来",就是积极引进国外的资金、先进技术、人才和管理经验,提高中国的经济实力和科技实力;"走出去",就是要更广泛地与世界各国各地区开展经济交流,更加积极主动地参与全球的经济竞争和合作。这一新途径打破了中国长期以来工业化发展的自我封闭和半封闭模式,推动了中国工业化走向世界,不断提高中国工业化的国际水平和竞争能力。

总之,中国共产党把社会主义工业化的推进融入市场化之中,用市场化改革推动社会主义工业化进程的探索,把工业化、市场化与社会主义有机地统一起来,融为一体,纳入中国特色社会主义现代化目标和动力体系同时推进,从而使中国社会主义工业化道路既保持本国特色又具有时代特征,解决了经济全球化时代经济落后的社会主义国家如何与世界经济接轨的难题,极大地突破和超越了传统社会主义工业化道路模式,并为世界工业化与市场化的结合开辟了一条新路。

---

① 江泽民:《高举邓小平理论伟大旗帜,把建设有中国特色社会主义事业全面推向21世纪》(1997.9.12),《十五大以来重要文献选编》(上),人民出版社2000年版,第28、29页。

第七章 城乡协调互动的农村工业化道路的开创

　　城乡工业化发展关系是城乡关系的核心内容，也是中国工业化发展进程中的一个重要问题。中共十一届三中全会以后，中国共产党在开创中国特色社会主义道路的过程中，对城乡工业化发展关系进行了全新的探索。从1978年底至世纪之交，中国共产党在领导中国农民进行农村改革实践的过程中，对中国农村工业化道路的认识产生了质的飞跃，实现了三个大的突破。第一个是推行以家庭承包经营为中心的农业生产责任制，不仅使农业生产摆脱长期停滞的困境，而且有力地促进了中国农业从自给半自给经济向商品经济的转化，从传统农业向现代农业转化。第二个是推动乡镇企业的崛起，并置于实现农村工业化乃至全国工业化的战略地位，成为推动中国工业化的一支生力军，形成了农村工业化与城市工业化共同发展的新格局。第三个是推动农村新兴小城镇建设，并与发展乡镇企业结合起来，促进大中小城市和小城镇的协调发展。这三个伟大创造，有机联系，浑然一体，构成了中国新型农村工业化道路模式的基本点，它使农村工业化与城市工业化同时并进，相辅相成，初步推动了城乡工业化的互动发展。进入新世纪以来，随着中国进入工业化中期阶段以及中共中央对发展问题认识的深化，以统筹城乡发展为主要内容，进一步推动新型农村工业化与城市工业化朝着良性互动和协调的方向发展，从而初步开创了城乡结合推动全国工业化的新路子，成为中国特色社会主义工业化道路的重要组成部分，在世界工业化史上是一个"独创"。

7.1 推行以农业承包制为中心的改革,促进农村经济向专业化、商品化、现代化转变

中国是二元经济特征十分突出的国家,尽管改革开放前经过了30年的工业化建设,但在长时期里所走的传统工业化道路,基本上是在排斥商品经济和城乡隔离的环境中搞城市工业化,使自然经济与商品经济并存、传统农业与现代工业并存的基本国情仍未根本改变。农业产业化的滞后不仅影响了农村经济的发展,而且在资金积累、原料和市场等方面制约了城市工业化乃至整个国民经济的发展。如果说,工业化是每一个国家现代化所追求的首要目标,那么,对于中国来说,要实现这一目标,还必须特别重视传统农业向现代农业的转变。

新时期中国的改革,首先是从农村起步的。1978年底中共十一届三中全会深入讨论了农业问题,认为全党目前必须集中主要精力把农业尽快搞上去。只有实现了农业现代化,才能推动整个国民经济的迅速发展。全会提出了《中共中央关于加快农业发展若干问题的决定(草案)》,并经1979年9月召开的中共十一届四中全会讨论通过。《决定》指出,为了全面实现农业现代化的目标,"必须从我国人口多、耕地少、底子薄、科学文化水平低,但幅员广阔、自然资源比较丰富、有众多的劳动力等特点出发,认真总结我国自己的经验,虚心学习外国的先进经验,尽可能避免技术先进国家曾经出现的弊病,走出一条适合我国情况的农业现代化的道路"。①

中国农业现代化道路探索的主要特点,就是中共中央积极肯定和支持了安徽、四川等地农民创造的农业承包责任制。1980年9月中共中央印发《关于进一步加强和完善农业生产责任制的几个问题》的文件,认定农业生产责任制是农村社会主义集体经济的有效管理形式。此后,以

---

① 《中共中央关于加快农业发展若干问题的决定》(1979.9.28),中共中央农村政策研究室编:《农村经济政策汇编(1978—1981)》上册,农村读物出版社1981年版,第81页。

家庭联产承包制为主要形式的农业生产责任制在全国农村普遍推行，1983年底90%以上的农户实行了家庭承包责任制。联产承包制采取了统一经营与分散经营相结合的原则，克服了管理过分集中的弊端和分配上吃"大锅饭"的平均主义倾向，"抛弃了从外国搬来的或者自己生造的那些不适合实际情况的旧形式，找到了真正在中国土壤上产生的适合当前中国农村条件的新形式"①，使集体经济优越性和个人积极性同时得到发挥。1983年与1978年相比，全国农业总产值增加910多亿元，增长46.3%，平均每年增长7.8%。5年间粮食增产825亿多公斤，约等于改革开放前12年的增产量；棉花产量翻一番；油料、糖料等产量也都成倍增长。1982年12月，中共中央政治局讨论通过的《当前农村经济政策的若干问题》（即1983年1号文件）肯定指出，党的十一届三中全会以来我国农村发生的许多重大变化中，影响最深远的，是普遍实行了多种形式的农业生产责任制，而联产承包制又越来越成为主要形式。文件认为"这一制度的进一步完善和发展，必将使农业社会主义合作化的具体道路更加符合我国的实际"。②

以家庭承包经营为基础、统分结合的双层经营体制的推行，突破了人民公社"一大二公"和政社合一体制，为加快农村经济商品化的进程创造了良好条件。1984年10月中共十二届三中全会通过的《中共中央关于经济体制改革的决定》，提出建立有计划的商品经济，认为"商品经济的充分发展，是社会经济发展的不可逾越的阶段，是实现我国经济现代化的必要条件"。③ 自1985年开始，中共中央进一步推行以调整农村产业结构为主要内容的改革，加快农村经济商品化的进程。

调整农村产业结构首先从改革流通体制入手。在过去30多年中，中国工业化进程中对主要农副产品实行统购派购政策，通过农业剩余的

---

① 胡耀邦：《马克思主义伟大真理的光芒照耀我们前进》（1983.3.13），《十二大以来重要文献选编》（上），人民出版社1986年版，第297页。

② 《当前农村经济政策的若干问题》（1982.12.31），《十二大以来重要文献选编》（上），人民出版社1986年版，第253页。

③ 《中共中央关于经济体制改革的决定》（1984.10.20），《十二大以来重要文献选编》（中），人民出版社1986年版，第568页。

转换，为工业化积累"原始资本"。这一政策虽然在农副产品短缺时起过一定积极作用，但它限制了市场的调节作用，抑制了商品生产的发展，加剧了产业结构的不合理。实行联产承包责任制后，随着农业生产的发展和农副产品的大幅度增长，统购派购制度已失去了存在的基础。1985年1月1日，中共中央、国务院发布《关于进一步活跃农村经济的十项政策》（即1985年1号文件），决定取消农副产品统购派购制度，对粮食、棉花等少数重要产品，实行尊重农民自主权的国家计划合同定购政策，合同收购以外的产品可以自由出售，或以协议价格卖给国家，其余多数产品逐步放开，自由交易。国家不再向农民下达指令性的生产计划，农业税由过去向农民征收实物改为折征现金。改革统购派购的制度，引入市场机制，动摇了传统工业化战略的重要体制基础。

    农村改革促进了农业生产的大发展，又引发了整个经济体制的全面和深入改革。1992年邓小平南方谈话和中共十四大确立了社会主义市场经济体制改革目标模式，进一步明确了农村市场化改革的方向。江泽民在十四大报告中指出，要深化农村经济体制和经营机制的市场化改革，"把家庭联产承包为主的责任制，统分结合的双层经营体制，作为一项基本制度长期稳定下来，并不断充实完善"，同时抓紧进行农产品价格和农村流通体制的改革，继续强化市场在农村经济中的调节作用。① 同年9月25日，国务院颁发了《关于发展高产优质高效农业的决定》，强调要根据社会主义市场经济要求，进一步放开农产品经营和推向市场，使农产品生产与市场需求直接联结起来；以市场为导向继续调整和不断优化农业生产结构；加速农业对外开放步伐，参与国际市场竞争，利用国内外两个市场的资源转换机制，以推进高产优质高效农业更快发展。《决定》并指出实现这个转变，"对于满足城乡居民不断提高的消费需求，为工业提供更多的优质原料，缓解农产品卖难问题，较快地增加农民收入，拓宽农村工业品市场，实现小康目标，加快农业现代化进程，

---

① 江泽民：《加快改革开放和现代化建设步伐，夺取有中国特色社会主义事业的更大胜利》（1992.10.12），《十四大以来重要文献选编》（上），人民出版社1996年版，第24页。

都具有重要意义"。① 中国农业从此开始了以社会主义市场需求为导向的现代商品生产新阶段。

综观上述，中共十一届三中全会以来农业生产责任制和各项农村政策推行的伟大的意义就在于，不仅使农业生产摆脱长期停滞的困境，而且日益摆脱了自然经济的局限和计划经济的束缚，促进了"农村经济开始向专业化、商品化、现代化转变"。②

（一）搞家庭承包，确立了农户自主经营、自负盈亏的市场主体地位

商品生产存在和发展的基本条件是社会分工和彼此独立的生产经营者。在完全计划经济条件下，农村生产要素的流动和组合是非常困难的。无论是人力资源，还是非人力资源的配置机制，不仅受着国家指令性计划的制约，而且受着集体经济的制约。1958 年"大跃进"期间建立起来的人民公社政社合一体制，政府代行经济主体职能，更是从根本上否定了农民对集体经济经营和产业结构调整的自主权，成为影响农村商品经济和农业现代化发展的一个重要障碍。

家庭承包经营的本质特征是农民作为相对独立的商品生产者进行活动的。实行家庭联产承包为主，统分结合、双层经营，农户作为一个经营层次引入到农业经营之后，一方面使农业经营形式更能适合中国农业生产力的发展水平和农业生产的特点；另一方面，动摇了人民公社体制的基础，使"八亿农民获得对土地的经营自主权"③，家庭成为相对独立的、具有自主权的生产经营单位。"农民有了自主权，就要按照市场需求调整产业结构，发展商品生产，这就必须带来分工分业，促进生产要

---

① 《国务院关于发展高产优质高效农业的决定》（1992.9.25），《十三大以来重要文献选编》（下），人民出版社 1993 年版，第 2204—2212 页。

② 《中共中央关于经济体制改革的决定》（1984.10.20），《十二大以来重要文献选编》（中），人民出版社 1986 年版，第 559 页。

③ 江泽民：《加快改革开放和现代化建设步伐，夺取有中国特色社会主义事业的更大胜利》（1992.10.12），《十四大以来重要文献选编》（上），人民出版社 1996 年版，第 6 页。

素的合理流动"①，创造了发展农村商品生产的基本前提。

（二）搞家庭承包和多种经营发展，不仅形成了农村商品经济发展的多种所有制结构基础，而且推动了农业的专业化和社会化生产

长期以来，受对社会主义认识的局限，农村中形成了单一的集体公有制结构，甚至曾把农民的自留地和家庭经营的副业都当做"资本主义尾巴"割掉了。这样一种所有制结构，从实践的效果看，不利于调动各方面的积极性和充分利用各种资源，成为阻碍农村生产力和商品经济发展的制度根源。

农村改革实质上就是调整束缚生产力发展的生产关系，探索农村公有制的有效实现形式。即"鼓励和引导农民发展个体、私营经济和股份合作制经济，实行以公有制经济为主体、多种所有制经济共同发展"。②改革中形成的这一农村基本经济制度，理顺了农村最基本的生产关系，使农村经济充满了生机与活力。与此同时，实行家庭承包经营后，农民经过辛勤劳动，积累起来了一些自有资产，不仅把这些资产再投到农业生产过程中去，而且有的还逐渐投到农业之外的领域，从事其他的生活经营活动。这些农民开始是以专业户形式出现的，并随之成立了各种专业组或专业队，后来有些专业户又逐渐变成了个体工商户，变成了私营企业主，农村的经济形式和经营形式逐渐多样化。在此基础上，以专业化分工和协作为纽带，农村发展了各种形式的专业性服务组织。"通过服务体系联结千家万户，使农户分散的小规模经营与日益发育的市场紧密联系起来，促进我国农业向商品化、专业化、现代化发展。"③

随着农业生产的进一步发展，许多有条件的地方，围绕农村专业性

---

① 江泽民：《开创农业和农村工作新局面》（1998.9.25），《江泽民文选》第2卷，人民出版社2006年版，第211页。

② 同上。

③ 江泽民：《要始终高度重视农业、农村和农民问题》（1993.10.18），《十四大以来重要文献选编》（上），人民出版社1996年版，第426页。

的商品生产，发展了适度规模经营。这些地方的实践表明，其适应性广泛而又可行的途径是，在不改变农户承包经营的基础上，通过发展农工贸一体化的产业化经营，来实现农业生产的专业化、社会化，以取得规模效益。中共中央文件肯定指出："发展农工贸一体化的产业化经营，既巩固充实发展了家庭承包经营，又使农户分散的经营纳入了社会化大生产的轨道，是我国农业逐步实现现代化的一条重要途径。"[①]

（三）搞家庭承包和改革农产品购销体制，促进了农村经济的商品化

发展农村中的商品生产，是实现中国传统农业向现代农业转变的根本途径。中共十一届三中全会以后，中共中央关于农村工作的一系列文件，都十分明确地指出："由自给半自给经济向较大规模商品生产转化，是发展我国社会主义农村经济不可逾越的必然过程。"只有发展商品生产，"才能加速实现我国社会主义农业的现代化"。[②] "没有充分发展的社会主义的商品生产，我国的农业不但不能实现现代化，就是摆脱困境也是不可能的。"[③]

以家庭承包责任制为主要内容的农村经济体制改革的根本出发点，是发展社会主义的商品经济，促进农业现代化，使农村繁荣富裕起来。首先，家庭承包经营责任制的确立，使农户获得了自由支配自己劳动时间和劳动产品的自主权，创造了多种多样的商品生产和商品经营形式，逐步介入市场，使农村的生产资料、资金、技术、劳动力要素市场日益活跃和发展了起来。其次，通过改革统购统销的农产品流通体制，鼓励

---

① 《中共中央办公厅、国务院办公厅关于进一步稳定和完善农村土地承包关系的通知》(1997.8.27)，《十四大以来重要文献选编》（下），人民出版社1999年版，第2600页。

② 《中共中央关于一九八四年农村工作的通知》(1984.1.1)，《十二大以来重要文献选编》（上），人民出版社1986年版，第425页。

③ 中共中央、国务院转发国家农委《关于积极发展农村多种经营的报告》的通知(1981.3.30)，《三中全会以来重要文献选编》（下），人民出版社1982年版，第740、741页。

农民进入流通领域，培育农产品市场和生产要素市场；农村的多种商业经济形式，如农工商联合公司、社队企业产品经销部、贸易货栈、合作性质的长途贩运等也迅速发展起来。另外，国营商业和农村供销社体制也开始改革，进一步促进了农村市场体系的发育和商品化趋势。再次，政府改变了调控农业的方式，逐步减少了指令性计划，越来越多地运用经济、金融和立法的方式支持和保护农业。1991年国家拨出专项资金，建立了粮食专项储备制度，同时还在几大粮食产区建立了区域性粮食批发市场，逐步形成了以批发市场为基础，政府吞吐调节为主要手段的粮食平衡机制，并陆续颁布了《中华人民共和国农业法》、《中华人民共和国农业科技推广法》等一系列的法规，把政府对农村与农业经济的管理纳入了法制化轨道。

这一系列政策有力地促进了农村商品经济的发展，使农村经济摆脱了自然经济的局限和计划经济的束缚，中国农村改革后开始出现"两个转化"的趋势，即"农业从自给半自给经济向着较大规模的商品生产转化，从传统农业向着现代农业转化"。①

（四）深化农村改革，推进农村经济体制向社会主义市场经济体制转变

商品生产以市场的存在与发展为条件。国内外的经验表明，推进农村经济的市场化，是加快农业发展和农村现代化进程的必然选择。

建立社会主义市场经济体制是中共十四大明确确立的中国经济体制改革的目标，改革开放后推行农业生产责任制和改革农产品购销体制，初步形成了农产品市场及劳力、资金、技术等生产要素市场，这些"农村改革实际上从一开始就是朝着这个方向走的"②。但是，这与建立社会主义市场经济体制的要求还有很大的距离。在家庭承包经营基础上，把农

---

① 《当前农村经济政策的若干问题》（1982.12.31），《十二大以来重要文献选编》（上），人民出版社1986年版，第253页。

② 江泽民：《开创农业和农村工作新局面》（1998.9.25），《江泽民文选》第2卷，人民出版社2006年版，第211页。

村经济进一步转入社会主义市场经济的轨道，把农民的积极性引导到更高的阶段，是深化农村改革和发展的重大课题。江泽民在 1993 年 10 月中央农村工作会议上指出："当前深化农村改革，也应以培育市场主体、健全市场体系、加强宏观指导和对农业的保护为主要内容，加快建立适应社会主义市场经济要求的农村经济运行机制和管理体制。"①

1995 年 9 月中共十四届五中全会提出，为了促进国民经济持续、快速、健康发展，关键是要实行两个具有全局意义的根本性转变。即经济体制要从计划经济体制向社会主义市场经济体制转变，经济增长方式要从粗放型向集约型转变。为此，江泽民指出："农业也不例外，也要狠抓这两个根本性转变。"② 实行这两个历史性、全局性、战略性的转变，就是要逐步建立包括农村在内的全国社会主义统一市场，充分发挥市场对农村经济资源配置的基础性作用，把农产品的生产、加工、销售等环节连成一体，形成有机结合、相互促进的组织形式和经营机制，有效解决千家万户的农民进入市场、运用现代科技和扩大经营规模等问题，提高农业经济效益和市场化程度。同时，由于在全国统一市场中，农业无论是商品市场的竞争，还是经济资源的竞争，常常处于比较软弱和不利的地位。而且中国农业仍处在从传统农业向现代农业转化的过程中，处在由计划经济体制向社会主义市场经济体制转变的过渡期，更应受到国家的保护。从而逐步"建立以家庭承包经营为基础，以农业社会化服务体系、农产品市场体系和国家对农业的支持保护体系为支撑，适应发展社会主义市场经济要求的农村经济体制"③，更有力地促进农业向专业化、市场化、现代化迈进。

从世界上实现农业现代化的国家的情况来看，尽管农业进步经历了

---

① 江泽民:《要始终高度重视农业、农村和农民问题》(1993.10.18)，《十四大以来重要文献选编》(上)，人民出版社 1996 年版，第 425 页。

② 江泽民:《加强农业基础，深化农村改革，推进农村经济和社会全面发展》(1996.6.4)，《十四大以来重要文献选编》(下)，人民出版社 1999 年版，第 1946、1947 页。

③ 《中共中央关于农业和农村工作若干重大问题的决定》(1998.10.14)，《十五大以来重要文献选编》(上)，人民出版社 2000 年版，第 558 页。

从自然经济到商品经济、从传统技术到现代技术的历史性变化，但农业生产仍采用家庭经营这一组织形式。因为家庭经营是具有很大弹性的经营方式，能够兼容不同层次的生产力水平，农业生产力的不断进步，可以为家庭经营注入了新的活力，使之经营能力日趋增强，商品化和现代化程度不断提高。因此，家庭经营绝不仅仅是与自然经济的小生产相适应的传统经营方式，绝非必然排斥技术进步和社会化大生产。只要寻找出适应本国农村生产力水平状况的经营形式，家庭经营的发展就完全可以同农业商品化、社会化和现代化的推进形成一个协调一致的过程，成为支撑农业进步的基本的经营基础。

实践证明，家庭承包责任制是适应当代中国农村生产力发展要求和农业经济活动特点的合作经济组织形式，也是当代中国农村由自然经济向专业化、商品化、现代化转化的最合适的形式和现实的途径。首先，以家庭承包经营为基础、统分结合的双层经营体制，既发挥了社会主义集体经济的优越性，又利用了家庭经营的优点，使农业生产摆脱长期停滞的困境，极大地推动了农业的高速增长、农业劳动生产率和农副产品商品率的大幅度提高，为中国的农村工业化和现代化建设开辟了广阔的道路。1979年农副产品价格平均提高24.8%，1980年又提高了8.1%，以后每年平均提高3%左右。[①] 过去这些资金是以剪刀差的形式向城市工业无偿转移的，现在一部分回到农民手中，除了部分投资农业和生活消费外，大部分用做发展乡镇企业的投资。其次，农业生产责任制和农产品购销制度改革等各项农村政策的推行，突破了人民公社"一大二公"和政社合一体制，使中国农村经济日益摆脱了自然经济的局限和计划经济的束缚，逐步向商品经济和市场经济转变，动摇了传统工业化战略的重要体制基础，创造了沟通城乡工业化互动的必要条件。因此，这种具有中国特色的新型农业家庭经营形式，是中国共产党对世界农业现代化理论和对马

---

① 张卓元主编：《中国十年经济改革理论探索》，中国计划出版社1991年版，第70页。

克思主义农业合作理论的一个新发展,"是中国农民的伟大创造"。①

7.2 发展乡镇企业,推动乡村工业化

改革开放后中国共产党领导农村变革的另一个引人注目的变化,是积极支持和发展乡镇企业,使农村工业化进入新的发展时期。其思想发展进程大致经历了以下四个阶段。

第一阶段,积极支持和发展社队企业(1978—1983)。

中共十一届三中全会作出并经四中全会通过的《中共中央关于加快农业发展若干问题的决定》,提出"社队企业要有一个大发展",并规定:凡是符合经济合理原则,宜于农村加工的农副产品,要逐步由社队企业加工,城市工厂要把一部分产品或零部件扩散到社队企业经营,并给予设备和技术上的支持。国家对社队企业,分别不同情况,给予低税或免税的优惠。② 1979年7月国务院颁发《关于发展社队企业若干问题的规定(试行草案)》,以法规形式明确了社队企业的地位、作用和发展方针。1981年5月国务院《关于社队企业贯彻国民经济调整方针的若干规定》及1982年、1983年中共中央发出的两个农村1号文件,都对社队企业的发展问题作了方针性规定。

社队企业合法地位的确立和一系列政策法规的颁布,为农村工业化的发展提供了制度和政策前提。1978—1984年,社队工业总产值由385.26亿元增长到1245.35亿元,在全国工业总产值中的比重由9.1%上升到16.3%。1979—1984年,社队工业平均每年增长20.8%,远远

---

① 江泽民:《加快改革开放和现代化建设步伐,夺取有中国特色社会主义事业的更大胜利》(1992.10.12),《十四大以来重要文献选编》(上),人民出版社1996年版,第6页。

② 《中共中央关于加快农业发展若干问题的决定》(1979.9.28),中共中央农村政策研究室编:《农村经济政策汇编(1978—1981)》上册,农村读物出版社1981年版,第78页。

超过了全国工业和城镇集体工业的增长速度。① 但总的说来，这期间乡镇工业还处于改革以来的初步发展阶段。

第二阶段，积极支持和促进乡镇企业的崛起（1984—1991）。

1984年中央1号文件《中共中央关于1984年农村工作的通知》，首次将农民办企业的范围突破社队两级的局限，鼓励农民向各种企业投资入股和联合兴办各种企业，并指出农村非农产业的发展"是一个必然的历史性进步，可为农业生产向纵深发展，为改变人口和工业的布局创造条件"。② 这表明中共中央已把发展农村工业看做是推动中国工业化的一个重要力量。1984年3月，中共中央、国务院批转了农牧渔业部《关于开创社队企业新局面的报告》，将社队企业改称为乡镇企业，要求各级政府积极鼓励和支持农民联合兴办各种企业。1985年9月，中共中央关于制定"七五"计划的建议把发展乡镇企业纳入整个国民经济的发展战略，并制订了"积极扶持，合理规划，正确引导，加强管理"③ 的乡镇企业发展指导方针，农村工业化由此进入了一个起飞的发展时期。

从1984年开始到1988年，乡镇企业产值每年都以30%以上的速度增长。1987年，乡镇企业产值在农村社会总产值中所占的比重已达到52.5%，首次突破和超过了农业总产值。同年，邓小平在接待外宾时高度评价说：乡镇企业"异军突起"，是农村改革的"最大的收获"。④ 1990年5月，国务院出台了《中华人民共和国乡村集体所有制企业条例》，这部重要行政法规，对保障乡镇企业的合法权益，引导其健康发展，起到了积极的作用。经过1988年下半年开始三年的治理整顿，乡

---

① 《中国统计年鉴（1993）》，中国统计出版社1993年版，第396、412、413、443页。

② 《中共中央关于一九八四年农村工作的通知》（1984.1.1），《十二大以来重要文献选编》（上），人民出版社1986年版，第426页。

③ 《中共中央关于制定国民经济和社会发展第七个五年计划的建议》（1985.9.23），《十二大以来重要文献选编》（中），人民出版社1986年版，第803页。

④ 邓小平：《改革的步子要加快》（1987.6.12），《邓小平文选》第3卷，人民出版社1993年版，第238页。

镇企业逐渐迈入新的增长时期。1990年乡镇企业生产值达8416.64亿元，占全国社会总产值的22.1%，相当于农业总产值的110.5%；1991年，乡镇企业总产值达1万亿元以上，比1978年增长20倍。①

第三阶段，积极支持和促进全国乡镇企业的全面发展（1992—1996）。

20世纪80年代东部沿海地区乡镇企业的崛起，使中共中央的认识进一步深化。一是乡镇企业作为中国社会主义市场经济的先行者，1992年邓小平南方谈话和中共十四大对其市场经营机制和基本经验给予了充分肯定。中共十四大关于社会主义市场经济体制目标的确立，反过来又使乡镇企业获得了全面发展的良好制度环境。二是明确把大力发展乡镇企业作为促进农村工业化和国民经济发展的一项战略任务。1992年3月国务院批转农业部《关于促进乡镇企业持续健康发展报告》、1993年8月国务院印发《九十年代中国农业发展纲要》、11月中共中央、国务院《关于当前农业和农村经济发展的若干政策措施》等文件，都强调指出大力发展乡镇企业是解决农村、农业、农民问题的一条根本途径，是实现农业工业化、建设社会主义现代化新农村的重要力量，必须坚定不移地支持乡镇企业的发展。1993年国务院召开首次全国乡镇企业工作会议，进行了全面的部署。三是促进区域乡镇企业的协调发展开始提到中共中央的重要议事日程。中共十四大提出要"继续大力发展乡镇企业，特别要扶持和加快中西部地区和少数民族地区乡镇企业的发展"②。随后，国务院作出了《关于加快发展中西部地区乡镇企业的决定》，提出要把加快发展乡镇企业作为中西部地区经济工作的一个战略重点，并在产业政策、信贷政策等方面给予扶持。1995年4月国务院办公厅转发农业部《乡镇企业东西合作示范工程》方案，推动全国各区域乡镇企业的合作和共同发展。

---

① 《中国统计年鉴（1992）》，中国统计出版社1992年版，第47、390页。
② 江泽民：《加快改革开放和现代化建设步伐，夺取有中国特色社会主义事业的更大胜利》（1992.10.12），《十四大以来重要文献选编》（上），人民出版社1996年版，第23页。

市场经济体制目标的确立和上述政策措施，各种形式经营承包责任制的完善，使全国乡镇企业步入全面发展的阶段。虽然这期间许多大中型国有企业严重亏损，但乡镇企业仍然充满活力，年产值以高达20%的速度递增。1992—1997年，乡镇集体工业产值由11323.98亿元增长到36710.06亿元，平均每年增长20.5%。① 中西部乡镇企业发展速度明显加快。1996年，中部和西部乡镇工业增加值比上年分别增长37.22%和39.24%，分别比东部地区高20.91和22.93个百分点。从各地区所占比重看，1996年，东部地区乡镇工业增加值占全国的62.67%，比上年下降3.6个百分点；中部地区占35.06%，比上年上升3.39个百分点；西部地区占2.27%，比上年上升0.29个百分点。②

第四阶段，促进乡镇企业的改革、发展和提高（1997—）。

在全国乡镇企业的全面大发展中，也存在不少问题。有些地方盲目铺新摊子，搞低水平重复建设，产业、产品结构不尽合理，企业布局过于分散；一些企业产权不清，政企不分，机制弱化；有些企业管理粗放，经营不善，负债率高，物耗能耗高，产品质量和经济效益不高；一些企业污染环境、浪费资源、滥占耕地现象严重。为了更好地适应社会主义市场经济的要求和引导、保护、规范乡镇企业健康持续发展，1996年10月八届全国人大常委会第22次会议通过《中华人民共和国乡镇企业法》，于1997年1月1日正式公布实施。《乡镇企业法》的出台，标志着中共中央、国务院多年来制定的一系列方针政策通过法律的形式固定下来，为乡镇企业的改革、发展和提高奠定了法制基础。紧接着，1月14日，国务院召开了全国乡镇企业工作会议；3月11日，中共中央、国务院联合转发农业部《关于我国乡镇企业情况和今后改革与发展意见的报告》的通知，强调"各级党委和政府要切实加强领导，把发展乡镇企业作为繁荣农村经济和整个国民经济的一个战略重点，摆上重要议事日程，经常研究乡镇企业发展的新形势、新情况、新经验，对一些重要

---

① 汪海波：《中华人民共和国工业经济史》，山西经济出版社1998年版，第766页。
② 《中国经济年鉴（1997）》，中国经济年鉴出版社1997年版，第685页。

问题及时作出决策，解决改革和发展中的困难和问题"，坚定不移地促进乡镇企业的改革、发展和提高。①

同年9月，中共十五大报告肯定了股份合作制这一由乡镇企业创造的新的公有制实现形式，指出要通过发展股份制、股份合作制和企业集团，进一步搞活乡镇企业的经营机制，优化结构，提高效益；大力开发应用先进实用技术和高新技术成果，不断提高企业素质。1998年4月21日江泽民在江苏考察乡镇企业时，又强调要"从国民经济和社会发展全局的高度来认识乡镇企业的重要地位和作用"，推进两个根本性转变，走改革开放、体制创新、调整产业产品结构、依靠科技、加强管理的路子，"促进乡镇企业持续快速健康发展"。② 10月，中共十五届三中全会通过的《关于农业和农村工作若干重大问题的决定》进一步指出，乡镇企业是推动国民经济新高涨的一支重要力量。乡镇企业面对严峻的挑战，克服困难，开拓进取，认真实施科教兴企、可持续发展、外向带动和名牌战略，以市场需求为导向，以质量效益为中心，以加快发展为重点，不断深化改革，结构和布局进一步优化，整体素质、运行质量和经济效益不断提高。③

从此，乡镇企业进入了调整创新、持续增长的新阶段。越来越多的乡镇企业增长方式开始由外延扩张型向内涵提高型转变；乡镇大中型企业以组建企业集团、建立股份有限公司、有限责任公司以及兼并为主，中小企业则采取股份合作制、出售、拍卖、租赁、承包制以及破产等形式，使乡镇企业的产权主体呈现出多元化的发展趋势；体制改革带动了产业结构调整的步伐，乡镇企业固定资产投资结构逐步向第三产业倾斜；乡镇企业融入现代工业体系的进程加快，涌现出一批面向全国大市

---

① 中共中央、国务院关于转发农业部《关于我国乡镇企业情况和今后改革与发展意见的报告》的通知（1997.3.11），《十四大以来重要文献选编》（下），人民出版社1999年版，第2394页。

② 江泽民：《推动乡镇企业进一步发展》（1998.4.21），《江泽民文选》第2卷，人民出版社2006年版，第115—120页。

③ 《中共中央关于农业和农村工作若干重大问题的决定》（1998.10.14），《十五大以来重要文献选编》（上），人民出版社2000年版，第569页。

场和国际市场、产品科技含量高、竞争力强的名牌企业、骨干企业和优势企业。体制创新、结构调整、科技进步已成为推动 21 世纪乡镇企业进一步发展的核心问题。2006 年 11 月，农业部为贯彻落实中共中央关于《关于制定国民经济和社会发展第十一个五年规划的建议》、《中共中央、国务院关于推进社会主义新农村建设的若干意见》和农业部关于《全国农业和农村经济发展第十一个五年规划（2006—2010 年）》精神，结合乡镇企业发展实际，编制了《乡镇企业"十一五"发展规划》，以进一步促进乡镇企业深化改革，推动乡镇企业的持续创新和协调发展。

乡镇企业是中国农村经济改革中创造出来的一种新形式。乡镇企业的兴起和发展，推动了农村工业化进程。如果说农业生产责任制是中国共产党领导下中国农民在寻求农村经济发展和工业化过程中的一项伟大创造，那么"乡镇企业异军突起，是中国农民的又一个伟大创造"[①]，"为实现有中国特色的工业化开辟了一条新的路子"[②]。

（一）发展乡镇企业开创了一条实现农村工业化的有效途径

乡镇企业的主体是乡镇工业，乡镇工业的发展带动了整个乡镇企业和农村经济的发展，在中国实现农村工业化进程中，成为一支最重要的推动力量。"七五"期间，全国社会总产值净增量的 31.9%，农村社会总产值净增量的 66.4%，工业总产值净增量的 37.2%，税收净增量的 32.8%，外贸出口创汇净增量的 30%，农民人均纯收入净增量的 32%，都来自乡镇企业。[③] 1995 年乡镇企业的增加值占整个农村社会增加值的 56%，在沿海地区和大城市郊区占 2/3 以上。乡镇企业集体资产占整个

---

① 江泽民：《加快改革开放和现代化建设步伐，夺取有中国特色社会主义事业的更大胜利》（1992.10.12），《十四大以来重要文献选编》（上），人民出版社 1996 年版，第 6 页。

② 李鹏：《政府工作报告》（1988.3.25），《十三大以来重要文献选编》（上），人民出版社 1991 年版，第 149 页。

③ 国务院批转农业部《关于促进乡镇企业持续健康发展报告》（1992.1.2），《十三大以来重要文献选编》（下），人民出版社 1993 年版，第 1976 页。

农村集体资产的77%。① 据农业部统计,到2005年,全国乡镇企业已占县域经济总量的70%左右,有力地拉动了当地经济快速增长,农民人均从乡镇企业获得的收入占农民人均纯收入的34%左右。②

这个历史性的变化,不仅标志着中国农村以农业为主的传统经济格局已经结束,而且表明乡镇企业的兴起,为中国农村的工业化、现代化开辟了一条有效途径。在中国这样一个农民占绝大多数的农业大国,农村要实现工业化和现代化,需要大量设备和基础设施建设,要有大量的资金投入,单靠国家和城市的支持是远远不够的。随着乡镇企业的发展,用于支援农业的资金投入日益增多,成为农业工业化、现代化主要的资金积累源泉。据统计,乡镇企业用于支援农村各项建设的资金由1978年的30.9亿元增加到1985年的83.1亿元,1990年达到105.4亿元。同期,用于以工补农、以工建农的资金分别达到26.3亿元、30亿元和77.8亿元。③ "八五"期间乡镇企业用于补农建农和农村各项事业建设的资金已达1000多亿元,相当于同期国家对农业投入的90%以上。④ 乡镇企业成为带动中国农业和农村向市场化、产业化、现代化方向发展的主体力量。

第二,乡镇企业的崛起,开创了解决农村富余劳动力就业问题的一种独特形式。

随着家庭承包责任制的普遍实行和乡镇企业蓬勃兴起,大批农业富余劳动力转移到了非农产业,乡镇企业成了吸纳农村富余劳动力的主要载体和渠道。1987年邓小平就指出:"乡镇企业的发展,主要是工业,

---

① 中共中央、国务院转发《农业部关于我国乡镇企业情况和今后改革与发展意见的报告》(1997.1.31),《十四大以来重要文献选编》(下),人民出版社1999年版,第2397页。

② 《到2005年底乡镇企业发展经济数据》,载《人民日报》,2006年2月13日第13版。

③ 本书编委会编:《中国乡镇企业年鉴(1991)》,中国农业出版社1992年版,第133页。

④ 中共中央、国务院转发《农业部关于我国乡镇企业情况和今后改革与发展意见的报告》(1997.1.31),《十四大以来重要文献选编》(下),人民出版社1999年版,第2397页。

还包括其他行业，解决了占农村剩余劳动力百分之五十的人的出路问题。"① 我国百分之八十的人口是农民，"大量农业劳动力转到新兴的城镇和新兴的中小企业。这恐怕是必由之路"。② 进入新的世纪，随着农村经济的发展，就业问题日益突出，中共中央又指出要以创业带动就业，促进经济发展和扩大就业良性互动。在农村，"实行农村劳动力异地转移与就地转移相结合，既要积极引导农民进城务工，又要大力发展乡镇企业和县域经济，扩大农村劳动力在当地转移就业"。③ 这有利于吸纳众多的农村人口，降低农村人口盲目涌入大中城市的风险和成本，缓解现有大中城市的就业压力。据统计，1990 年乡镇企业已吸纳农村劳动力 9264.8 万人，占社会总劳动力的 16.4%，占农村劳动力的 22.1%。④ 之后乡镇企业从业人员占农村劳动力的比重继续攀升，2005 年乡镇企业从业人员达 1.43 亿人，比 2000 年增加 1456 万人，年均增加约 291 万人，由 2000 年的 27% 上升到 2005 年的 28%。"十一五"期间从业人员预计以年均增加 250 万人以上的速度增长，2010 年达到 1.5 亿人以上。⑤

世界发达国家普遍走的是城市工业化的道路，主要采取城市工业扩张的形式吸收劳动力，城市工业是吸收农村剩余劳动力的主要领域。然而，经济文化落后的发展中国家在实现工业化的过程中，却面临着如何解决农村工业化与安排农村富余劳动力的矛盾，这在中国更为尖锐，发达国家的城市工业化模式对于中国来说并不适合。改革开放后中国共产党从中国国情出发推动发展起来的乡镇企业，"在世界上是个独创。我们这么多的农业人口，农业发展之后，剩余劳动力不是涌入城市，而是

---

① 邓小平：《改革的步子要加快》（1987.6.12），《邓小平文选》第 3 卷，人民出版社 1993 年版，第 238 页。

② 邓小平：《怎样评价一个国家的政治体制》（1987.3.27），《邓小平文选》第 3 卷，人民出版社 1993 年版，第 213、214 页。

③ 温家宝：《关于当前农业和农村工作的几个问题》（2005.12.29），载《人民日报》，2006 年 1 月 20 日第 2 版。

④ 本书编委会编：《中国乡镇企业年鉴（1991）》，农业出版社 1992 年版，第 133 页。

⑤ 农业部：《乡镇企业"十一五"发展规划》（2006.11.13），见农业部主办：《中国农业信息网》（www.agri.gov.cn），2006 年 12 月 22 日。

就地消化"。① 这为逐步实现农村工业化,"开辟了一条新路"。② 这指明了中国农村工业化道路的特殊性,即通过乡镇企业的方式,在农村大办乡镇工业,走农、工、商、建、运综合经营,以就地安排农村剩余劳动力为主的路径。而且其发展速度之快,容纳劳动力之多,也是世界上所没有过的。

由上可见,乡镇企业这一新型的农村工业化模式,虽然渊源于"大跃进"时期人民公社的社办、队办企业,但不仅在量上,而且在质上都已经发生了巨大的飞跃。改革开放前社队企业只是两级行政机构办的企业,是附属于政府的;而乡镇企业的内涵比以前更为丰富,不仅包括了乡村两级集体企业,还包括乡镇范围内其他所有以农村劳动力为主体的企业,如个体私营企业、股份制企业、股份合作制企业、合作制或合伙制企业等。更重要的不同是,当时毛泽东曾试图通过建立人民公社和兴办社队企业以发展农村生产力,使农村富余劳动力就地"亦工亦农",推进公社工业化。但由于指导思想上把重点放在以发展重工业为中心的城市工业和内地,对社队企业的政策主要是把它作为支农产业,或者说是农业的附属产业看待的,加上受人民公社体制的束缚,实践证明并不成功。而改革开放以来中共中央明确把大力发展乡镇企业置于实现农村工业化乃至全国工业化的战略地位,作为中国特色社会主义工业化、现代化道路的重要组成部分,由此乡镇企业成为实现农村工业化的基本形式和必由之路,成为推动中国工业化的一支生力军,有力地推动了农村社会经济活动的多样化和传统农业向现代农业的转型,有效地打破了传统的城乡分工格局,开辟了中国城乡工业化共同发展的历史新时代。

---

① 江泽民:《在农村工作座谈会上的讲话》(1990.6.19),《十三大以来重要文献选编》(中),人民出版社1993年版,第1163页。

② 江泽民:《加快改革开放和现代化建设步伐,夺取有中国特色社会主义事业的更大胜利》(1992.10.12),《十四大以来重要文献选编》(上),人民出版社1996年版,第6页。

7.3 建设小城镇，加快乡村城镇化进程

城市化是一个国家经济社会发展的必然趋势，也是工业化、现代化的重要标志。工业化过程必然伴随着城市化，这是世界工业化发展的共同规律。但是，各国的地域条件、社会经济制度所决定的工业化道路存在着差异，实现城市化的过程、方式及对工业化的影响也不尽相同。因此，城市化道路的选择与工业化道路密切相关，并成为工业化道路的重要内容。

新中国农村的城镇化是在国家工业化进程中由党和政府控制、推动、引导之下展开的。"一五"后期，由于资金紧缺，城市基础设施滞后制约了重工业的发展，1955年9月国家建委根据中共中央同年6月发布的《坚决降低非生产性建设标准》的指示精神，提出"今后新建的城市原则上以中、小城镇及工业镇为主，并在可能的条件下建设少数中等城市，没有特殊原因，不建设大城市"。"新建的重要工厂应分散布置，不宜集中。"此后，毛泽东及国务院有关领导人又基于对"备战"的考虑，在不同场合多次强调"将来的城市可以不要那么大，要把大城市居民分散到农村去，建立许多小城市，在原子战争的条件下，这样也比较有利"。① 1965年6月，毛泽东在杭州会议上更明确地说："搞点小城镇嘛，还是搞小城市的方针。"② 因此，从新中国成立初期到改革开放前这一特殊的历史阶段，毛泽东等中共中央领导人的基本思想是控制大城市、发展小城市和分散布局。尽管其中包含着某些合理的因素，但由于城市化指导思想上的片面性和实行城乡分割经济政策，农村城镇化服从于城市重工业化，导致了中国农村城镇化进程的滞后，进而使全国城市化发展严重落后于经济发展，特别是工业化发展，到1979年中国的城镇人口

---

① 中华人民共和国国史学会编：《毛泽东读社会主义政治经济学批注和谈话》，1997年印，第739页。

② 转引自顾龙生：《毛泽东经济年谱》，中共中央党校出版社1993年版，第628页。

绝对数还没达到1959年的水平，中国城市化水平成为世界上最低之一。

改革开放后中国共产党在发展乡镇企业的过程中，从中国典型二元经济结构的国情出发，注意借鉴别国的经验教训，努力探索具有中国特色的城镇化①道路，形成了一系列推进中国乡村城镇化的理论、方针、政策，就其主要内容来讲，最重要的有两项，即"控制大城市规模，合理发展中等城市，积极发展小城市"方针和积极推行乡村小城镇战略。

1978年召开的全国第三次城市工作会议吸收了改革开放前探索的一些合理思想，确定了"控制大城市规模，多搞小城镇"的城市发展方针。1979年9月28日中共十一届四中全会通过的《中共中央关于加快农业发展若干问题的决定》，提出"有计划地发展小城镇建设和加强城市对农村的支援"，以推动农村的现代化。这表明中国共产党在发展城镇化指导思想上发生了重大转变。《决定》指出，随着农业现代化的进展，大量剩余农业劳动力不可能也不必要都进入现有的大、中城市，工业和其他各项建设事业不可能和也不必要都放在这些城市。因此，必须十分注意加强小城镇的建设，首先要加强规划和建设全国现有2000多个县的县城，县以下经济比较发达的集镇或公社所在地。并运用现有大城市的力量，在它们的周围农村中，逐步建设一些卫星城镇，加强对农业的支援。②

根据这一思想，1980年10月全国城市规划工作会议，把1978年城市发展方针完善为"控制大城市规模，合理发展中等城市，积极发展小城市"。此后，党和政府出台了放宽建镇标准、就业限制和落户限制等一系列推动城镇化发展的政策措施。主要有：1984年1月1日，《中共

---

① 按照中国现行城市规划法的描述，城市化是"人类生产与生活方式由农村型向城市型转化的历史过程，主要表现为农村人口转化为城市人口及城市不断发展完善的过程。又称城镇化、都市化"。（中华人民共和国建设部：《GB/T50280—98城市规划基本术语标准》，中国建筑工业出版社1999年版，第4页。）城镇化概念与国际通行的城市化、都市化提法本质上没有区别，但较贴切地反映了中国二元结构下小城镇的特殊作用。

② 《中共中央关于加快农业发展若干问题的决定》（1979.9.28），《三中全会以来重要文献选编》（上），人民出版社1982年版，第198、199页。

中央关于1984年农村工作的通知》提出允许务工、经商、办服务业的农民自理口粮到集镇落户。10月13日,《国务院关于农民进入集镇落户问题的通知》指出凡申请到集镇务工、经商、办服务业的农民和家属,在集镇有固定住所,有经营能力,或在乡镇企业单位长期务工的,公安部门应准予落常住户口,及时办理入户手续,发给自理口粮户口簿统计为非农业人口。11月22日,国务院发布批转民政部《关于调整建镇标准的报告》的通知,规定凡是县级地方国家机关所在地,均应设置镇的建制;总人口在2万以下的乡,乡政府驻地非农业人口超过2000的,可以建镇;总人口在2万以上的乡,乡政府驻地非农业人口占全乡人口10%以上的,也可以建镇。并且规定,除县城外的各类县镇、乡镇、集镇,全部对农民的迁移开放;迁移人口须在镇内有固定职业,或有一定经营能力务工、经商、办服务业,人口迁移后在口粮自理前提下可落常住户口。这些政策措施促进了人口迁移和小城镇的发展。但是,在这一阶段政府还主要着眼于确定城镇化的大方针。

随着乡镇企业的崛起和以城市改革为重点的经济体制改革的展开,农村剩余劳动力开始以每年2000万到3000万的规模向非农产业转移,农村城镇化呈现加速度趋势。在这种情况下,中共中央提出要加快农村城镇化建设。1985年中共中央关于制定"七五"计划的建议提出城市的发展,应"坚决防止大城市过度膨胀,重点发展中小城市和城镇",并指出"鉴于我国地域广阔,交通不便,信息不灵,中小城市的发展也不应当过于分散,应当以大城市为中心和交通要道为依托,形成规模不等、分布合理、各有特色的城市网络"。① 1990年中共中央关于制定"八五"计划的建议继续提出"以乡镇企业为依托建设一批布局合理、交通方便、具有地方特色的新型乡镇"。② 1993年10月召开中央农村工

---

① 《中共中央关于制定国民经济和社会发展第七个五年计划的建议》(1985.9.23),《十二大以来重要文献选编》(中),人民出版社1986年版,第811页。

② 《中共中央关于制定国民经济和社会发展第八个五年计划的建议》(1990.12.30),《十三大以来重要文献选编》(中),人民出版社1993年版,第1392、1393页。

作会议，江泽民在会上进一步指出，在稳步发展农业的同时，积极发展农村的第二、第三产业，搞好小城镇建设。要"引导乡镇企业向小城镇适当集中，使小城镇成为区域性的经济中心"。① 在党和政府的推动下，中国城镇化进入快速推进的轨道。全国建制镇从1979年的2851个增加到1990年的1.2万多个，90年代初中期平均每年增加建制镇近1000个，1996年达到了1.75万个，总人口达到了2亿多人。②

农村小城镇的快速发展，在工业化和国民经济发展中所扮演的角色越来越重要，以1998年10月中共十五届三中全会为标志，中国共产党的认识发生了新的转变。

第一，将小城镇建设提高到了"大战略"的高度。中共十五届三中全会通过的《中共中央关于农业和农村工作若干重大问题的决定》指出："发展小城镇，是带动农村经济和社会发展的一个大战略，有利于乡镇企业相对集中，更大规模地转移农业富余劳动力，避免向大中城市盲目流动，有利于提高农民素质，改善生活质量，也有利于扩大内需，推动国民经济更快增长。"③ 2000年6月，中共中央、国务院《关于促进小城镇健康发展的若干意见》把"小城镇大战略"进一步具体化。10月中共中央关于制定"十五"计划建议将城镇化确立为国民经济和社会发展的一个重大战略，强调"随着农业生产力水平的提高和工业化进程的加快，我国推进城镇化条件已渐成熟，要不失时机地实施城镇化战略"。④ 这是综合分析中国城镇化现状、经济发展阶段和工业化水平及发展趋势而作出的重大决策。

---

① 江泽民：《要始终高度重视农业、农村和农民问题》（1993.10.18），《十四大以来重要文献选编》（上），人民出版社1996年版，第429页。

② 中华人民共和国农业部：《中国农业发展报告》，中国农业出版社1998年版，第20页。

③ 《中共中央关于农业和农村工作若干重大问题的决定》（1998.10.14），《十五大以来重要文献选编》（上），人民出版社2000年版，第569、570页。

④ 《中共中央关于制定国民经济和社会发展第十个五年计划的建议》（2000.10.11），《十五大以来重要文献选编》（中），人民出版社2001年版，第1381页。

改革开放初期,中共中央虽然逐步重视农村城镇化建设,但更多的是将建设小城镇作为推动农村和农业发展的重大手段和政策,还没有认识到农村城镇化对国民经济和社会发展全局的重大战略意义。小城镇从大问题、大政策,到大战略的认识深化,使农村城镇化的地位和作用发生了重大转变,它已不仅仅是农村和农业发展的问题,而是关系到国民经济和社会发展的大战略。这一重要论断和重大战略的转变,符合中国国情和社会经济发展的客观规律,意义十分深远。

第二,小城镇发展方针的进一步完善。改革开放以来,城市化方针几经调整,形成"控制大城市规模,合理发展中等城市,积极发展小城镇"的提法。这一方针的基本出发点是防止大城市过分膨胀,避免出现类似某些发达国家和发展中国家的"大城市病"。但是,在实际执行这一基本方针时,不仅没有有效控制大城市的规模,也不利于各类城市因地制宜地发展。不少农村在推动小城镇发展过程中,过于追求数量和形式,致使出现小城镇发展缺乏科学规划、布局不合理、配套设施不齐全、盲目攀比和扩张、乱占土地和污染环境等问题。根据中共十五届三中全会确立的小城镇发展战略,国务院有关部门组织编制了"十五"城镇化重点专项规划,提出了今后5年中国城镇化的总体要求、主要任务和方针政策。2000年6月,中共中央、国务院《关于促进小城镇健康发展的若干意见》指出:"发展小城镇既要积极,又要稳妥,力争经过10年左右的努力,将一部分基础较好的小城镇建设成为规模适度、规划科学、功能健全、环境整洁、具有较强辐射能力的农村区域性经济文化中心,其中少数具备条件的小城镇要发展成为带动能力更强的小城市,使全国城镇化水平有一个明显的提高。"[①] "十五"计划纲要对城镇化发展方针,作了新的概括和表述:"有重点地发展小城镇,积极发展中小城市,完善区域性中心城市功能,发挥大城市的辐射带动作用,引导城镇

---

① 《中共中央、国务院关于促进小城镇健康发展的若干意见》(2000.6.13),《十五大以来重要文献选编》(中),人民出版社2001年版,第1293页。

密集区有序发展"。① 这一新的方针由改革之初的重数量、规模和形式的粗放式发展，向重质量和功能、尊重规律、讲究科学规划和发挥中心城市、大城市的辐射带动作用转变。

第三，小城镇发展由政府控制和主导的机制转向政府引导的市场机制为主。改革开放初期政府在城镇化建设中居于主导地位，主要依靠强有力的计划和行政命令控制或放松小城镇数量和规模、人口迁移及生产要素的流动。中共中央、国务院《关于促进小城镇健康发展的若干意见》提出了要充分运用市场机制搞好小城镇建设的新思路，即小城镇建设和管理要按照社会主义市场经济的要求，改革创新，"走出一条在政府引导下，主要通过市场机制建设小城镇的路子。"② 中共中央关于制定"十五"计划的《建议》进一步要求小城镇建设应遵循客观规律，与经济发展水平和市场发育程度相适应，"把引导乡镇企业合理集聚、完善农村市场体系、发展农业产业化经营和社会化服务等与小城镇建设结合起来"。③ 与此同时，国家对小城镇户籍管理制度作了相应的调整，为小城镇的发展营造一个更宽松的环境。

第四，提出走中国特色的城镇化道路。中共中央、国务院《关于促进小城镇健康发展的若干意见》第一次把中国小城镇建设提高到"道路"的层次，指出发展小城镇，可以吸纳众多的农村人口，降低农村人口盲目涌入大中城市的风险和成本，缓解现有大中城市的就业压力，"走出一条适合我国国情的大中小城市和小城镇协调发展的城镇化道路"。④ 中共中央关于制定"十五"计划的《建议》进一步从中国地区

---

① 《中华人民共和国国民经济和社会发展第十个五年计划纲要》(2001.3.15)，载《人民日报》，2001年3月18日第1版。

② 《中共中央、国务院关于促进小城镇健康发展的若干意见》(2000.6.13)，《十五大以来重要文献选编》（中），人民出版社2001年版，第1292页。

③ 《中共中央关于制定国民经济和社会发展第十个五年计划的建议》(2000.10.11)，《十五大以来重要文献选编》（中），人民出版社2001年版，第1382页。

④ 《中共中央、国务院关于促进小城镇健康发展的若干意见》(2000.6.13)，《十五大以来重要文献选编》（中），人民出版社2001年版，第1291页。

发展不平衡的农业大国的国情出发，总结国内外城市化发展的经验教训，作了完整的阐述："我国不同地区的经济发展水平和市场发育程度差异很大，要从各地的实际情况出发推进城镇化，逐步形成合理的城镇体系。注意发展城市间的经济联系，发挥中小城市对小城镇发展的带动作用。在着重发展小城镇的同时，积极发展中小城市，完善区域性中心城市功能，发挥大城市的辐射带动作用，提高各类城市的规划、建设和综合管理水平，走出一条符合我国国情、大中小城市和小城镇协调发展的城镇化道路。"①

上述表明，中国共产党关于中国城镇化道路理论日趋成熟，有力地引导和促进中国农村城镇化稳步有序发展。据国家统计局农村社会经济调查总队的资料，1985年全国共有建制镇7956个，占全部乡镇个数的比重为8.7%。1990年增加到11392个，占全部乡镇的比重为20.4%。1995年建制镇个数为17282个，占全部乡镇的36.7%。2000年建制镇个数达到19692个，占全部乡镇的比重达到45%。2002年全国建制镇达到19811个，占全部乡镇的比重达到50.7%，首次超过乡个数。② 而且，建制镇的发展正由数量增长阶段，向经济实力增强、质量全面提升阶段转变。

在此基础上，中共"十六大"报告提出全面建设小康社会，必须要加快农村城镇化进程，"逐步提高城镇化水平，坚持大中小城市和小城镇协调发展，走中国特色的城镇化道路"。③ 中国特色的城镇化道路的提出，为中国农村城镇化的发展指明了方向，使中国农村的城镇化进入一个新的历史发展时期。中共"十六大"以来以胡锦涛为总书记的党中央

---

① 《中共中央关于制定国民经济和社会发展第十个五年计划的建议》(2000.10.11)，《十五大以来重要文献选编》(中)，人民出版社2001年版，第1382页。

② 《我国建制镇发展基本情况》，引自中国统计学会农村调查分会主办：中国三农信息网（http://www.sannong.gov.cn），2003年9月8日。

③ 江泽民：《全面建设小康社会，开创中国特色社会主义事业新局面》(2002.11.8)，《十六大以来重要文献选编》(上)，中央文献出版社2005年版，第18页。

从科学发展观的高度,强调必须坚持走中国特色的城镇化道路,推动中国城镇化健康有序发展,进一步发展和完善了这条道路的内涵。

如果说农业生产责任制和乡镇企业是中国共产党领导中国农民在寻求农村经济发展和工业化过程中的两个伟大创造,那么农村小城镇则是这一过程中又一个伟大创造。突出特点是:

(一) 农村工业化与城镇化相互促进,协调发展

工业化与城市化是两个具有内在联系的发展过程,工业化的发展促进了城市的发育成长和发展,而城市化又加速了工业的集聚和扩张,提高了工业化的水平,这是世界工业化和城市化发展的一般规律。从西方发达国家的经验看,农村城市化进程,主要是依靠城市工业化和大中城市的外延和辐射推动的。改革开放以来,这一规律在农业大国的中国有自己的表现方式。中国农村小城镇,主要是依托乡镇企业建立起来的,走的是主要依靠农村自己经济力量的自我发展道路。正如邓小平所说,乡镇企业的发展,"农民不往城市跑,而是建设大批小型新型乡镇"①,推动了中国农村大规模的小城镇建设。

农村小城镇是依托乡镇企业建立起来的,二者是相互联系、相互依赖的。乡镇企业往往立足于农村小城镇,逐步发展成为城镇。乡镇企业向城镇集聚的过程,必然带动周围农村的劳动力、资金、技术等生产要素不断地从农村分离出来向城镇集中,并进而成为农村工业化进一步发展的依托和中心。因此,"加快我国城镇化进程,实现城镇化与工业化协调发展,小城镇占有重要的地位"。② 反过来看,城镇的发展和进一步发挥作用,也不可能不依赖于农村工业化的继续发展。正因为如此,中共中央把发展乡镇企业和推进小城镇建设紧密联系在一起,强调发展乡镇企业是一个重大战略,在大力发展乡镇企业的同时,积极推进小城镇

---

① 邓小平:《改革的步子要加快》(1987.6.12.),《邓小平文选》第3卷,人民出版社1993年版,第238页。
② 《中共中央、国务院关于促进小城镇健康发展的若干意见》(2000.6.13),《十五大以来重要文献选编》(中),人民出版社2001年版,第1291页。

建设，也是一个大的战略。二者是相辅相成，相互促进的。要"引导乡镇企业适当集中，把发展乡镇企业与建设小城镇结合起来"。① 这样有利于农村工业产业集聚，有利于农村劳动力转移和服务业成长，推进农村城镇化水平，反过来又了推进农村工业化。同时，不少地区已逐步提高城镇化水平，初步形成中小城镇围绕大城市，向乡村辐射的多层次、网络型结构，促进城乡生产力要素的合理流动。

可以说，许多国家随着工业化的兴起和发展而出现了城市化的浪潮并逐渐实现了城市化的话，那么，在中国，随着乡镇企业的兴起和发展，出现了农村城镇化的浪潮与农村工业化的密切协作和良性互动，开创了中国特色的农村城镇化道路，将最终实现农村城镇化和全国城市化。

（二）大中小城市和小城镇协调发展

中国特色的城镇化道路的基本内涵是坚持大中小城市和小城镇协调发展。这既符合工业化和城市化发展的客观要求，又符合中国地区和城乡经济发展不平衡的农业大国国情。从城市发展的要求看，大城市要有一定的数量和规模，中等城市占主体，小城镇星罗棋布。大中小城市和小城镇的功能不尽相同，大城市的经济带动力和辐射力是全国乃至全球的；中等城市的经济带动力和辐射力是整个区域的；小城镇的功能则主要是服务于广大农村。大中小城市和小城镇有各自不同的服务功能、地位和作用，相辅相成，不能相互替代。所以中共中央强调大中小城市和小城镇协调发展，哪一种都不能忽视。胡锦涛在中共中央政治局第 25 次集体学习时指出："要根据各地经济社会发展水平、区位特点、资源禀赋和环境基础，合理确定各地城镇化发展的目标，因地制宜地制定城镇化战略及相关政策措施，加强城市之间的经济联系和分工协作，实现

---

① 《中共中央关于制定国民经济和社会发展"九五"计划和 2010 年远景目标的建议》（1995.9.28），《十四大以来重要文献选编》（中），人民出版社 1997 年版，第 1487 页。

城市以及地区优势互补和共同发展。"①

城镇化水平的提高不仅在于数量上的发展，而且在于城镇体系结构、空间布局的合理。即在一定地域范围内，形成若干规模不等、性质不同而又互相依赖、互相补充的城镇体系结构。大中小城市和小城镇协调发展，要求建立合理的城镇体系。在这个城镇体系中，要以特大城市、大城市为龙头和中心，小城市、小城镇为基础，中等城市为纽带，它们之间相互依托，相互协调，形成一个具有内在联系的有机整体。随着地区工业化的发展和城镇化的进展，城镇体系的空间组织形态将发生质的变化，地区间的联系由分散状态向聚集状态发展，并必然导致城市群（带）、城市圈的出现，从而推动人口的迁移，促进城乡经济的发展。改革开放以来，中国农村小城镇的发展，使大量人口进入城镇。同时一部分小城镇的规模逐步扩大，形成小城市和中心城市，在一定范围内发展成一个大城市、中等城市和小城镇等各种类型城镇组成的城市网络体系。据统计，中国城镇化水平已由1978年的17%迅速上升到1996年的35%左右，"十五"时期末从2000年的36%上升到43%，城镇人口从4.59亿增加到5.6亿。② 这些新兴小城镇既是乡村工业群体所在地，又是把大量农村人口城市化和沟通大中城市与广大农村的桥梁。但在内地许多农村兴起的小城镇，更多的是从农村地区自身的角度规划，一定程度上忽视了与大中小城市之间的依存关系，所以在一些地方虽然也兴建了不少小城镇，但发展规模都比较小，没有真正起到带动周围农村经济发展的辐射作用。因此，中共中央关于制定"十一五"规划的建议进一步提出要"坚持大中小城市和小城镇协调发展，提高城镇综合承载能力"，并"重视发挥城市群的集聚效应"。③ 胡锦涛在中共中央政治局第

---

① 引自2005年9月29日胡锦涛在中共中央政治局第25次集体学习时的讲话，载《人民日报》，2005年10月1日第1版。

② 赵振华：《如何理解"经济体制深刻变革，社会结构深刻变动，利益格局深刻调整，思想观念深刻变化"》，载《人民日报》，2006年11月13日第9版。

③ 温家宝：《关于制定国民经济和社会发展第十一个五年规划建议的说明》（2005.10.8），《十六大以来重要文献选编》（中），中央文献出版社2006年版，第1052页。

25次集体学习时还指出,"要坚持走多样化的城镇化道路,推进各级各类城镇协调发展,形成合理的城镇体系,提高城镇综合承载能力,发挥各级各类城市和小城镇在一定区域范围内的职能作用"。①

中国农村地域广大、人口分散,有重点地发展小城镇对构建合理的城镇体系有着重要的意义。中共"十六大"报告在谈到全面繁荣农村经济、加快城镇化进程时,第一次提出"发展小城镇要以现有的县城和有条件的建制镇为基础,科学规划,合理布局,同发展乡镇企业和农村服务业结合起来"。② 发展小城镇以现有的县城和有条件的建制镇为基础,使基础设施投资和工业发展能够相对集中,促进一个县、一个地区成为经济的凝聚点,进而带动整个区域的发展。中共十六届三中全会在阐述如何积极拓展农民就业空间和加快城镇化进程时,也强调要"大力发展县域经济"③。特别是2005年中共十六届五中全会把发展县域经济作为建设社会主义新农村的重要任务,指出必须引导乡镇企业向有条件的小城镇和县城集中,着力发展县城和在建制的重点镇,从财政、金融、税收和公共品投入等方面为小城镇和县城的发展创造有利条件,"发展壮大县域经济"。④ 县域经济是和小城镇经济密切联系在一起,由若干小城镇经济组合而成的。县域经济是以县城为中心,以小城镇经济为基础,以广大农村为腹地,具有鲜明区域特色的经济。县域经济城乡兼容,既有城镇经济,也有乡村经济;既有第一产业,也有第二产业和第三产业。县域经济的壮大和发展过程,就是农村工业化和城镇化(发展小城镇)的过程。促进县域经济的发展,有利于农村工业产业集聚,有利于

---

① 引自2005年9月29日胡锦涛在中共中央政治局第25次集体学习时的讲话,载《人民日报》,2005年10月1日第1版。

② 江泽民:《全面建设小康社会,开创中国特色社会主义事业新局面》(2002.11.8),《十六大以来重要文献选编》(上),中央文献出版社2005年版,第18页。

③ 《中共中央关于完善社会主义市场经济体制若干问题的决定》(2003.10.14),《十六大以来重要文献选编》(上),中央文献出版社2005年版,第469页。

④ 《中共中央、国务院关于推进社会主义新农村建设的若干意见》(2005.12.31),载《人民日报》,2006年2月22日第1版。

农村劳动力转移和服务业成长,推进农村城镇化水平,反过来又会推进农村工业化。

中国工业化和城镇化的实践经验表明,农村工业化和城镇化的良性互动,大中小城市和小城镇协调发展,必将走出一条中国特色的农村城镇化道路。

7.4 统筹城乡工业化协调发展

改革开放之后中国共产党领导农村改革实践中上述三个方面的伟大创造,逐步促进了中国农村向市场化、工业化和城镇化方向转变,城乡二元结构开始松动,城乡隔离的社会壁垒正在打破,城乡要素相互流动,城乡工业化互动局面初步显现,全国农村面貌总体上有了较大改观,城乡关系逐步得到改善。正如邓小平所说:"农业和工业,农村和城市,是这样相互影响、相互促进。这是一个非常生动、非常有说服力的发展过程。"①

当然,城乡关系的改善是一项复杂而艰巨的任务,在城乡二元工业化的过程中依然存在许多突出的矛盾和问题。由于制约农业和农村发展的深层次矛盾尚未消除,农村经济社会发展滞后的局面也还没有根本改变,从而限制了农村产业结构的调整和工业化水平的提高。城镇化仍明显滞后于工业化,还低于世界平均水平和同等收入国家的水平,这直接影响农村剩余劳动力的转移和劳动生产率的提高,也限制了农业工业化的进程,成为城乡差距扩大的重要因素。据国家发改委发布的《2006年中国居民收入分配年度报告》显示,2005年,各地区的"城乡收入差"比上一年扩大500元以上,全国农村居民人均收入不到城镇居民人均可支配收入的1/3。② 这样,城乡工业化协调发展的问题严重凸现出来了,

---

① 邓小平:《在武昌、深圳、珠海、上海等地的谈话要点》(1992.1.18—2.21),《邓小平文选》第3卷,人民出版社1993年版,第376页。
② 《"晒工资"现象的冷思考:如何认识收入差距扩大问题》,载《人民日报》,2007年10月24日第8版。

需要根据发展中的新情况新问题,进一步探索新思路新办法,走城乡良性互动的协调发展道路。

世纪之交,随着中国进入工业化中期阶段以及党对发展问题认识的深化,2002年11月中共十六大针对中国城乡发展不协调的突出矛盾,提出统筹城乡经济社会发展的思想,2003年10月中共十六届三中全会以科学发展观为指导,进一步明确了这一要求。此后,中共中央、国务院连续出台了5个统筹城乡关系的1号文件,特别是中共十六届五中全会和中共十七大将建设社会主义新农村作为统筹城乡发展、推进中国现代化的重大战略举措。2005年12月中共中央、国务院《关于推进社会主义新农村建设的若干意见》,(2006年中央1号文件)明确指出:"建设社会主义新农村是我国现代化进程中的重大历史任务。全面建设小康社会,最艰巨最繁重的任务在农村。加速推进现代化,必须妥善处理工农城乡关系。"①

统筹城乡发展的核心是实现城乡经济良性互动和协调,最主要的是城乡工业化协调发展。从产业关联角度来看,中国农村人口占大多数,城乡之间发展的不协调不仅制约着农村生产力的发展和农民生活质量的提高,而且也明显制约着国内市场的扩大。据统计,全国社会消费品零售总额中在县和县以下实现的比重,1993年为42.0%,1996年为39.6%,2001年为37.4%,2004年只有34.1%。② 这从一个侧面表明,城乡差距的扩大和"三农"问题的形成,既与城乡分割体制和"城市偏向"的工业化发展战略有关,也已成为影响城乡工业化协调互动的一大瓶颈。只有近8亿农民都加入到现代化的进程,才能盘活国民经济的全局,实现城乡经济良性互动,促进城乡工业化长期持续的协调发展。因此,中共中央从统筹城乡发展、促进工农互动的高度提出建设社会主义新农村的战略任务,不仅准确把握住了破解"三农"问题的关键,而且

---

① 《中共中央国务院关于推进社会主义新农村建设的若干意见》(2005.12.31),载《人民日报》,2006年2月22日第1版。

② 陈锡文:《推进社会主义新农村建设》,载《人民日报》,2005年11月4日第9版。

蕴含着新阶段必须从根本上使城乡工业化发展转向城乡互通、工农互促、协调发展的新思想和新思路。

（一）发展现代农业，推进工业化、城镇化和农业产业化的良性互动

在农业大国里实现城乡工业化的共同发展，并不意味着可以长期建立在落后的农村经济基础之上。而当前农业和农村发展仍然滞后，归根到底又在于农村工业化、城镇化和市场化水平不高的问题。因此，在新的发展阶段，走出农业、农村阻滞城乡工业化协调发展的"困境"，根本出路在于加快农业现代化、农村城镇化和市场化的步伐。国外农业转型的实践也证明，农业经济飞跃的关键不在于农业内部自身的发展，而是农业与工业等相关产业是否能形成一体化、市场化、集约化经营。中共中央、国务院《关于推进社会主义新农村建设的若干意见》明确指出：当前"解决好'三农'问题仍然是工业化、城镇化进程中重大而艰巨的历史任务。"[1] 工业化是解决"三农"问题最根本的动力支撑，城市化是工业化的空间存在形式，工业化、城市化必然要求非农化，农业产业化实质上还是工业化改造传统落后农业的问题。这就要求必须按照统筹城乡发展的战略思想，使工业化、城镇化和农业产业化同步推进，才能从根本上消除二元结构，解决"三农"问题，从而更好地推进城乡工业化的良性互动和协调发展。

一方面，以工业化为核心，辐射、支持农业的发展，加快传统农业向现代农业转变。一要走新型工业化道路，用信息化和先进技术改造乡镇企业，大幅度提高乡镇企业的技术、管理水平和集约化程度，推动乡镇企业的二次创业。二要对农业进行工业化改造和经营，发展新型农用工业，使农村的工业以及服务于农、林、牧、渔的服务业大发展。三要加大城乡产业对接力度，突出发展农产品加工业，推动农产品加工增值。2007年1月中共中央、国务院《关于积极发展现代农业扎实推进社

---

[1] 《中共中央、国务院关于推进社会主义新农村建设的若干意见》（2005.12.31），载《人民日报》，2006年2月22日第1版。

会主义新农村建设的若干意见》（2007年中央1号文件）指出：发展现代农业是建设社会主义新农村的产业基础，因此是社会主义新农村建设的首要任务。"要用现代物质条件装备农业，用现代科学技术改造农业，用现代产业体系提升农业，用现代经营形式推进农业，用现代发展理念引领农业，用培养新型农民发展农业，提高农业水利化、机械化和信息化水平，提高土地产出率、资源利用率和农业劳动生产率，提高农业素质、效益和竞争力。"① 另一方面，在推进现代农业发展的同时，引导富余劳动力向非农产业和城镇有序转移，带动乡镇企业和小城镇发展。并"推动乡镇企业机制创新和结构调整，引导乡镇企业向有条件的小城镇和县城集中"②，积极稳妥地推进城镇化，促进大中小城市和小城镇协调发展，逐步改变城乡二元结构。

（二）工业反哺农业、城市支持农村，实现工业与农业、城市与农村工业化协调发展

经过新中国成立以来特别是改革开放以来的发展，2002年中国人均GDP首次超过1000美元，达到1100美元，在短短的4年内于2006年又超过2000美元，达到2010美元，开始步入工业化中期阶段。同时，相应人均GDP在世界的位次也由2002年的第132位上升到2006年的第129位③，按照世界银行的划分标准，中国已经由低收入国家步入了中等收入国家的行列，国家财政实力不断壮大。2003年至2005年财政收入三年连续突破2万亿元、2.5万亿元和3万亿元，"十五"时期全国财政收入达到11.5万亿元，比"九五"时期增长了126.5%④，初步具备

---

① 《中共中央、国务院关于积极发展现代农业扎实推进社会主义新农村建设的若干意见》（2007.1.29），载《人民日报》，2007年1月30日第1版。
② 《中华人民共和国国民经济和社会发展第十一个五年规划纲要》（2006.3.14），载《人民日报》，2006年3月17日第1版。
③ 朱剑红：《中国经济五年实现大发展大跨越》，载《人民日报》，2007年9月19日第1版。
④ 财政部：《关于2005年中央和地方预算执行情况与2006年中央和地方预算草案的报告》（2006.3.5），载《人民日报》，2006年3月18日第1版。

了工业反哺农业的能力。根据国际经验，进入工业化中期后，如果工业仍从农业中大量吸收资源，必然造成农业发展停滞甚至倒退，影响农民的购买力，反过来使得工业市场更加狭小，最终导致工业无法持续发展。为此政府应当对经济进行干预，实行工业反哺农业政策。2004年9月中共十六届四中全会第三次全体会议上，胡锦涛基于对世界工业化发展规律的深刻认识，明确提出了"两个趋向"的重要论断，即："综观一些工业化国家发展的历程，在工业化初始阶段，农业支持工业、为工业提供积累是带有普遍性的趋向；但在工业化达到相当程度以后，工业反哺农业、城市支持农村，实现工业与农业、城市与农村协调发展，也是带有普遍性的趋向。"① 在随后召开的中央经济工作会议上，胡锦涛进一步作出了中国现在总体上已到了"以工促农，以城带乡"发展阶段的科学判断，中共中央开始了从农业养育工业、农村支持城市向以工促农、以城带乡政策的历史性转变。国家"十一五"规划纲要把"工业反哺农业、城市支持农村"确立为实施统筹城乡发展战略的重要方针。

首先，工业反哺农业、城市支持农村的一个重要内容是"坚持'多予少取放活'的方针，重点在'多予'上下功夫。"② 一方面，逐步减轻和取消农村各种税费负担。2004年中央"1号文件"中实行"两减免、三补贴"的政策，2005年十届全国人大常委会第十九次会议审议通过废止《农业税条例》，从2006年1月1日起全部取消了农业税、牧业税、特产税。同时，建立农业补贴制度，对农民实行粮食直补、良种补贴、农机具购置补贴和农业生产资料综合补贴，对产粮大县和财政困难县乡实行奖励补助。另一方面，加大国家财政的支农力度。"十五"时期，中央财政用于"三农"的支出5年累计1.6万亿元，其中用于农村基础设施建设近3000亿元，地方也增加了投入。③ 2007年中央财政用于

---

① 胡锦涛：《做好当前党和国家的各项工作》(2004.9.19)，《十六大以来重要文献选编》(中)，中央文献出版社2006年版，第311页。
② 《中共中央、国务院关于推进社会主义新农村建设的若干意见》(2005.12.31)，载《人民日报》，2006年2月22日第1版。
③ 温家宝：在十一届全国人大一次会议上《政府工作报告》(2008.3.5)，载《人民日报》，2008年3月20日第2版。

"三农"的各项支出合计4318亿元,比上年增加801亿元,增长23%。2008年中央财政安排用于"三农"各项支出合计5625亿元,增加1307亿元,增长30.3%。①

其次,工业反哺农业、城市支持农村的另一个重要内容是"充分发挥城市对农村的辐射和带动作用,发挥工业对农业的支持和反哺作用,促进城乡良性互动、共同发展"。② 因为减免税收和增加补贴,可以在短期内改善农民的收入状况,减缓收入差距的扩大,但不可能使数以亿计的农民富裕起来,也不可能消除二元结构。农村经济和城市经济是相互联系、相互依赖、相互补充、相互促进的。城市的发展离不开农村的促进和支持,农村的发展也离不开城市的辐射和带动,无论是农业产业化还是乡村工业化、乡村城市化,均离不开城市现代科学技术和文化。只有促进城市基础设施向农村延伸,促进城市先进工业化技术、资金、人才、管理和意识对农业、农村的全面渗透、改造和提升,辐射和带动城乡经济的整合、对接与融合,在城乡产业结构上形成有机的整体,使城乡之间形成一种相互支撑的经济技术联系,才能从根本上消除二元结构,促使城乡的共同发展和共同富裕。为此,中共中央要求"各大中城市都要切实履行市带县、市帮县的责任,通盘制定城乡发展规划,加大市级财政性建设资金对郊区和所属县乡的投入,加大公共基础设施向农村的延伸,同时组织城市有关单位和企业帮扶农村,增强城市对农村的辐射和带动作用,形成城乡协调发展、共同繁荣的局面"。③

---

① 财政部:在十一届全国人大一次会议上《关于2007年中央和地方预算执行情况与2008年中央和地方预算草案的报告》(2008.3.5),载《人民日报》,2008年3月21日第3版。
② 引自2005年4月15日胡锦涛在中共中央政治局第二十一次集体学习时的讲话,载《人民日报》,2005年4月17日第1版。
③ 温家宝:《关于当前农业和农村工作的几个问题》(2005.12.29),载《人民日报》,2006年1月20日第2版。

(三）建立以工促农、以城带乡的长效机制，保障工农和城乡工业化的持续协调互动发展

实现城乡经济的协调发展，既与经济建设有关，也与制度建设有关。长期以来中国调节城乡关系主要是依靠国家行政手段，在特定的历史条件下，这种做法虽然是必要的，也起过一定作用，但对改善城乡关系并没有产生多少长远效应。城市和乡村之间仍然存在着生产要素流动的限制或障碍，不仅农业产业化的进程因此而遇到阻力，而且乡镇企业的产业升级和资产重组的发展都因工农分割、城乡分割现象的继续存在而受到制约。通过行政手段将有限的资金、资源用来加速发展城市工业，使农村、农民和农业付出了巨大的代价。据统计，1952—1989年，国家通过工农产品价格差和农业税从农业中抽走近10000亿元资本，而同期的国家支农资金仅3000亿元，净转移7000亿元。1990年以来，国家仍然通过各种渠道收取和转移农业资源和农业剩余。据有关专家估算，每年大约有1000亿元。而国家财政对农村的支持力度仍严重不足。2004年，中国农村固定资产投资占全社会固定资产投资总额的16.34%，各级财政支农支出占国家财政总支出的5.89%，农业贷款余额占金融机构各项贷款余额的5.55%。① 农村在上述各项资金支出中所占的比重，与农村人口所占的比例、农业和农村经济在国内生产总值中所占的份额相比，显然很不相称。如果不建立有利于逐渐改变工农分割、城乡分割的制度，将会影响城市辐射和支持乡村功能的进一步发挥。因此，建立和完善城乡互动发展的体制和机制，已成为统筹城乡发展的重要制度条件。2003年10月中共十六届三中全会第一次明确提出要建立有利于逐步改变城乡二元经济结构的体制。中共中央在确立工业反哺农业、城市支持农村方针的同时，明确提出要"建立以工促农、以城带乡的长效机

---

① 陈锡文：《推进社会主义新农村建设》，载《人民日报》，2005年11月4日第9版。

制"。① 包括合理调整国民收入分配格局，建立健全财政支农资金稳定增长机制；深化户籍制度改革，逐步建立城乡统一的劳动力市场和公平竞争的就业制度，依法保障进城务工人员的权益的机制等。2007年10月中共十七大报告进一步提出"走中国特色农业现代化道路，建立以工促农、以城带乡长效机制，形成城乡经济社会发展一体化新格局"。②

可以说，这些统筹城乡发展的重大理论、方针、政策，准确把握住了"三农"问题与工业化发展之间的有机联系，既解开了解决"三农"问题的症结，又抓住了城乡工业化协调发展的关键，突破了"就三农论三农"、"就工业论工业"的传统理念和思路，实际上提出了以城乡工业化协调互动为中心的城乡发展关系的全新思路，是中国共产党长期探索城乡工业化发展关系的新发展，必然将中国城乡工业化协调发展推进到新的阶段，并从根本上解决"三农"问题。

7.5 城乡工业化互动发展，推动全国工业化的创举

世界经济发展史表明，工业化必然促使农业的现代化。但在工业化与农业现代化的关系上，到20世纪70年代，世界工业化理论界才开始认识到农业发展本身也是工业化发展的重要目标。因此，资本主义农业现代化的一般发展过程是：在工业化发展中，小生产是通过资本原始积累的方式，在被消灭的基础上转变为大土地经营和实行农业机械化。就是说，西方发达国家农业现代化的发展是在工业化的后期开始的，一般是城市工业先发展到相当的水平，在全国已经基本实现了城市工业化和人口城市化，出现了"城市病"或二元经济结构之后，才在城市工业化的推动下发展农村工业化。正如恩格斯对西方资本主义工业化现象所描述的：大工业企业的发展，带动农村人口向工厂附近集聚，逐步形成了

---

① 《中共中央关于制定十一五规划的建议》（2005.10.11），《十六大以来重要文献选编》（中），中央文献出版社2006年版，第1066页。

② 胡锦涛：《高举中国特色社会主义伟大旗帜，为夺取全面建设小康社会新胜利而奋斗》（2007.10.15），载《人民日报》，2007年10月25日第1版。

村镇,"村镇变成了小城市,而小城市又变成大城市",使"大工厂城市惊人迅速地成长"。而随着城市工业生产成本的昂贵,"农村里的工资降低了,有利于在农村中开办新的工厂。但是,工业日益集中的趋势仍然全力继续下去,而在农村中建立的每一个新工厂都含有工厂城市的萌芽"。①

发展中国家的工业化是在落后的农业文明基础上进行的,大都采取牺牲农业的工业化原始积累方式,支持工业化迅速推进。这种过度向工业倾斜的政策导向,造成在工业迅速发展的同时,农业生产却长期陷入困境,反过来又延缓了工业生产的发展。

对于中国这样一个发展中的落后农业大国而言,城乡之间,各地区之间的社会、经济、文化差异很大,工业化进程既不能完全沿袭发达国家模式,也不会像发展中小国那样容易按一个模式推进。1978年前,中国农村社队企业作为一股新生力量开始介入中国工业化过程,中国工业化在空间上开始出现城市工业化与农村工业化两种并存的工业化模式。但是,这两种并存的工业化运动,都是在国家主导下进行的。由于国家实施了优先发展城市重工业化战略,采取了以农养工的政策,强调农业支持工业,农村支援城市,为城市工业化提供过量积累,同时严格控制农村人口和劳动力向城市流动,只是利用农村、农业和农民的力量初步完成了中国的城市工业化过程。因此,这在本质上几乎把广大农村排斥在工业化之外,形成了城乡工业化发展不协调的矛盾,强化了城市现代工业和农村传统农业彼此分割、封闭的二元经济结构,严重制约了中国农村工业化的进程。

20世纪80年代以来中国的新型农村工业化,开始并非是由国家组织发动起来的,而是在农村改革实践中由农民创造、中国共产党的支持和推动下发展起来的,也是在农业推动、城市工业辐射的共同影响下实现的,是在中国特殊的经济社会条件下产生和发展的一次新的产业革命。在中国改革开放特定的环境中,农村乡镇企业初兴时中共中央就指

---

① 恩格斯:《英国工人阶级状况》(1944.9—1845.3),《马克思恩格斯全集》第2卷,人民出版社1957年版,第300、301页。

出:"农村工业应充分利用当地资源,面向国内外市场,特别是广大农村市场,以发挥自己的优势,与城市工业协调发展。"① 这使农村工业化成为国家工业化的一个重要组成部分,形成了城市工业化与农村工业化并重的双重工业化的新格局。随着中共中央统筹城乡发展战略的实施,农村工业化在国家工业化中的地位不断提高,城乡工业化逐步朝着良性互动与协调方向发展。农村工业以城市工业为依托,城市工业又以农村工业为后盾,彼此之间相互融合,同步推进,相辅相成,协调发展,开创了中国特色城乡工业化协调互动发展以加快全国工业化进程的新路子,成为中国特色社会主义工业化道路的重要组成部分。江泽民说这在世界都是一个"独创",不仅指与中国过去传统的工业化发展有不同,而且与世界发达和发展中国家的农村工业化相比,既具有世界工业化进程的一般规律,又具有中国鲜明的独创性。

(一) 乡镇企业日益成为"推进国家工业化的重要一翼"[②],城乡工业比翼双飞,极大地提高了国家工业化的程度和国民经济的总体实力

新中国是在农业国的基础上开始奠定工业化基础的,但这并不意味着单靠片面的城市工业化可以实现中国工业化。中国城乡、工农关系的基本特点决定了农村工业化在推动城市工业化和全国工业化中的重要地位。

乡镇工业的兴起并与城市工业结合一起互动发展,实质上是城乡双方各自优势的发挥,在资金、技术、管理经验和劳动力等方面相互促进,优势互补,显著提高了社会生产力总体配置的效率,形成一股强大的新的工业生产力。同时农村工业的发展促进了整个农村经济的发展,

---

① 《中共中央关于一九八四年农村工作的通知》(1984.1.1),《十二大以来重要文献选编》(上),人民出版社1986年版,第434、435页。

② 中共中央、国务院转发的《农业部关于我国乡镇企业情况和今后改革与发展意见的报告》(1997.1.31),《十四大以来重要文献选编》(下),人民出版社1999年版,第2398页。

使农村潜在市场成为现实的广大市场,又促进了工业发展。农村工业与城市工业齐头并进、相互融合,极大地增强了全国工业的总体实力。1990年乡镇集体工业企业产值已占全民工业企业产值的86.3%,乡镇集体企业利润总额第一次超过全民工业企业7.93%。① 1997年乡镇集体工业产值占全国工业总产值的比重由1992年的30.6%上升到32.7%。② 2005年乡镇企业增加值达到50534亿元,完成"十五"计划的108.2%,比2000年增长86.1%,年均增长13.3%,占国内生产总值的比重从2000年的26.8%上升到2005年的27.7%;其中乡镇工业增加值达到35661亿元,比2000年增长77.4%,"十五"期间年均增长12.15%,占全国工业增加值的比重从2000年的45.3%上升到2005年的46.8%。"十一五"期间,乡镇企业增加值预计以年均9.6%左右的速度增长,2010年将达到79800亿元左右。工业增加值预计以年均10%左右的速度增长,2010年达到57500亿元左右。③

  乡镇企业的快速发展,为国家开辟了新税源,它所缴纳的各种税金,在国家财政收入中所占的份额越来越大,已成为国家财政收入增长的主要组成部分。1995年全国乡镇企业上缴国家税金1280亿元,占全国税收的25%。④ 此后比重不断上升,2005年乡镇企业实现营业收入215204亿元,"十五"期间年均增长12.62%;实现利润总额12519亿元,年均增长12.66%;上交税金5181亿元,年均增长15.62%。"十一五"期间实缴税金预计以年均9.5%左右的速度增长,2010年达到8200

---

  ① 本书编委会编:《中国乡镇企业年鉴(1991)》,中国农业出版社1992年版,第216页。
  ② 汪海波:《中华人民共和国工业经济史》,山西经济出版社1998年版,第766页。
  ③ 农业部:《乡镇企业"十一五"发展规划》(2006.11.13),见农业部主办的"中国农业信息网"(www.agri.gov.cn),2006年12月22日。
  ④ 中共中央、国务院转发的《农业部关于我国乡镇企业情况和今后改革与发展意见的报告》(1997.1.31),《十四大以来重要文献选编》(下),人民出版社1999年版,第2398页。

亿元左右①，有力地推动了国家工业化和整个国民经济的发展。

随着20世纪80年代沿海地区经济发展战略的实施，中共中央、国务院在有关文件中就指出"要支持两头在外的乡镇企业"的发展，发挥乡镇企业在发展外向型经济中的重要作用。90年代中共十三届八中全会通过的《中共中央关于进一步加强农业和农村工作的决定》等文件进一步指出，要对乡镇企业出口创汇给予新的扶持政策，引导乡镇企业参与或组建企业集团，对符合条件的外向型企业集团赋予外贸出口权，鼓励其参与国际竞争。乡镇企业已成为国家出口创汇、发展外向型经济的一支不可缺少的重要力量。1996年底，在全国乡镇企业中，累计批准的贸工农联合商品基地1100家，获外贸进出口权的企业546家。② 1997年，全国乡镇企业出口交货值达到6947亿元，超过了全国的40%。2005年乡镇企业出口产品交货值达20662亿元，比2000年增长112.9%，年均增长18.64%。乡镇企业外贸出口总额占全国外贸出口总额的比重达33.6%。③

历史业已并将继续证明，乡镇企业是中国工业化的重要推动力量和特色所在。"城乡工业相互依托，相互结合，相互促进，开辟了中国特色工业化的新路子，加快了我国工业化的进程。"④ 从这一意义上说，中国特色的工业化，必须是城市工业化和农村工业化优势互补、协调互动的工业化。

---

① 农业部：《乡镇企业"十一五"发展规划》（2006.11.13），见农业部主办的"中国农业信息网"（www.agri.gov.cn），2006年12月22日。
② 《中国经济年鉴（1997）》，中国经济年鉴出版社1997年版，第685页。
③ 农业部：《乡镇企业"十一五"发展规划》（2006.11.13），见农业部主办的"中国农业信息网"（www.agri.gov.cn），2006年12月22日。
④ 中共中央、国务院转发的《农业部关于我国乡镇企业情况和今后改革与发展意见的报告》（1997.1.31），《十四大以来重要文献选编》（下），人民出版社1999年版，第2398页。

（二）城乡工业化互动发展，不仅从根本上改变了农村经济格局，而且改变了全国工业内部结构

乡镇企业包括乡、村集体经济组织和农民个人或与各种国内外法人等多种经济成分、多种所有制联合兴办的股份有限公司、有限责任公司、独资公司、联合公司、企业集团、三资企业、股份合作公司、私人企业、个体企业等多种企业模式。规模有大有小，以中小型企业为主，从而形成了"全国大中型企业是国家工业的主体，乡镇工业企业是我国中小型工业的主体"[①]的工业新布局。这种全国工业结构的变化，突破了城市工业、农村农业的旧分工格局，也突破了国有企业一统天下的旧框框，形成了乡镇企业与国有企业两个有机联系的"主体"之间互为依托、互为市场、互补互利、共同发展的崭新格局。

中国工业化没有经历过典型的轻型经济结构发展阶段，即先从农业到轻工业，再到重工业，而是一开始就直接重点发展重工业，在工业化发展阶段上呈现出跳跃性。改革开放后农村工业化是在农、轻、重比例失调的情况下启动的，农村中小型工业主要从事农、轻和第三产业，对城市工业的重型结构起到了缓和和补充的作用，弥补了城市工业的薄弱环节，因而客观上改变了过去试图通过片面发展重工业来快速实现工业化的战略，有利于农、轻、重之间的关系逐步趋向协调。同时，农村工业主动接收城市工业的辐射，把不宜或不利于城市兴办而适宜或有利于农村发展的工业企业和产品扩散到农村，对城市工业结构的调整和升级有着重要意义。

（三）城乡工业化互动发展是从根本上解决"三农"问题的有效途径

世界工业化历史进程表明，工业化和"三农"问题是相互制约、相

[①] 江泽民：《在党的十三届八中全会闭幕时的讲话》（1991.11.29），见中共中央文献研究室、国务院发展研究中心编：《新时期农业和农村工作重要文献选编》，中央文献出版社1992年版，第793页。

互影响、相互促进的，这一情况在中国这样的落后农业大国更为突出。工业化和"三农"问题的紧密联系，决定了两者之间必须形成良性的互动和协调发展。改革开放前很长一段时间内，中国农业发展明显滞后于工业发展，农村发展明显滞后于城市发展，主要源于过度实施农业养育工业、农村支持城市这一政策。农业和农村经济的发展在很大程度上没有与工业化同步进行，二元经济结构日益加剧。改革开放以来，城乡联系显著增强，但迄今为止，城乡二元经济结构尚未根本改变，城乡经济仍未步入良性循环的轨道，这是中国"三农"问题症结之所在，也是突破点所在，工业化依然是从根本上解决当前"三农"问题面临深层次矛盾的必由之路。

改革开放以来特别是中共十六大以来，中国共产党把解决"三农"问题作为全党工作的重中之重。一方面把"三农"问题作为实现中国工业化的一个根本问题，另一方面坚持工业化发展的方向，用工业化的思路彻底解决"三农"问题。其突出的特点，是坚持推进农村工业化并逐步与城市工业化协调互动发展，作为农业转型时期解决中国"三农"问题、建设社会主义新农村的根本性战略举措。这一城乡工业化互动和协调发展新战略的重大价值，在于它在建设社会主义新农村工作中既能发挥农村内部工业与农业之间的相互辐射作用，又能发挥城乡之间工业与农业的相互辐射作用，从而有效地促进农村经济的发展。同时，中国特色的工业化必须是伴随着转移大量农民就业的工业化。城乡工业化的协调互动发展，成为扩大农民增收，以增收促进创业，以创业带动就业的主渠道。中共十七大报告明确指出，"以促进农民增收为核心，发展乡镇企业，壮大县域经济，多渠道转移农民就业。"[①] 改革开放以来，中国农业和农村发生了巨大变化，而导引这种变化最根本的因素，就是中共中央把促进城乡工业化协调互动发展作为解决"三农"问题的一个新的重大任务。城乡工业化携手并进，使农民富裕，城镇化带动农村，产业化提升农业，这是大趋势，也是从根本上解决中国"三农"问题和实现

---

① 胡锦涛：《高举中国特色社会主义伟大旗帜，为夺取全面建设小康社会新胜利而奋斗》(2007.10.15)，载《人民日报》，2007年10月25日第1版。

工业化的必由之路。

(四) 城乡工业化互动发展,有利于创造城乡经济一体化与和谐发展的主要物质基础

实现中国工业化必然是城乡关系的逐步协调及城乡走向一体化的过程,但这一过程漫长的客观发展过程不会自动实现,城乡不会自动走向融合。改革开放以来,特别是中共十六大以来,中共中央以科学发展观为指导,统筹工业和农业、城市和乡村的发展,把发展现代农业和工业化、城镇化、市场化有机结合起来同步推进,将最终为实现城乡经济一体化与和谐发展开辟出一条现实的道路。

首先,农村工业化的兴起和发展,为实现城乡一元经济结构创造了基本的物质条件。

城乡一体化与和谐发展是贯彻落实科学发展观,实现中国工业化、现代化,建设社会主义新农村的内在要求。其内涵涉及社会经济、文化生活、生态环境等多方面,最根本的是城乡工业化的良性互动和协调发展,可称为"城乡工业一体化"。2006年10月中共中央《关于构建社会主义和谐社会若干重大问题的决定》明确指出:"社会要和谐,首先要发展。社会和谐在很大程度上取决于社会生产力的发展水平,取决于发展的协调性。必须坚持用发展的办法解决前进中的问题,大力发展社会生产力,不断为社会和谐创造雄厚的物质基础。"[1]

长期以来中国农业发展明显滞后于工业发展,农村发展明显滞后于城市发展,根本原因在于城乡工业化没有同步进行,农村工业化落后,使二元经济结构日益加剧。改革开放后乡镇企业的崛起,形成了与城市工业化相互交融、相互促进的新格局,为工业和农业提供了广阔市场,推动了农业产业化及服务业等相关产业的发展,成为沟通传统经济与现代经济、城市与乡村的桥梁,打破了城乡分割的二元经济结构,逐步促进了城乡结构的良性转换,既避免了在现代化进程中走以萎缩农业换取

---

[1] 《中共中央关于构建社会主义和谐社会若干重大问题的决定》(2006.10.11),载《人民日报》,2006年10月19日第1版。

工业化的老路，也为最终实现城乡一元经济结构开辟了道路。江泽民在1991年中共十三届八中全会闭幕式上指出，乡镇企业的蓬勃兴起，形成了以城市大中型企业为主和农村中小型工业为主共同发展的局面。"工业布局的这种变化，对逐步缩小工农差别，城乡差别，进一步巩固工农联盟，将发挥重要作用。"① 同时，在工业化的不同发展阶段，工农业之间、城乡之间的互动关系是不同的。新世纪初中共中央把"工业反哺农业、城市支持农村"确立为实施统筹城乡发展战略的重要方针。这既是中共中央对世界工业化发展规律的深刻认识，也是20多年来城乡工业化的互动发展，推动了中国进入工业化中期阶段，创造了由过去以农补工逐步向工业反哺农业、城市支持农村的方向转变的基本条件，必将进一步促使城乡经济逐步实现一体化和城乡和谐发展。

第二，农村工业化的发展，促进了城乡相互融合、共同发展的体制基础的形成。

新兴的乡镇企业与从前的社队企业体制基础不同，改革开放前的社队企业在当时计划经济和城乡分割的体制下，与城市工业基本不发生联系，城乡各自的要素资源只在各自的地域范围内流动、组合，严重影响了社会资源的合理配置和社会分工协作的开展。在改革开放过程中，首先冲破城乡分割的是乡镇企业。新兴的乡镇企业实行以市场为导向的生产经营机制，一开始就是面向市场，摆脱计划体制的束缚，打破了城乡分割的壁垒，加速了农村市场化的进程，促进了全国统一市场的建立，"逐步形成有利于城乡相互促进、共同发展的体制和机制"②，推动了城乡之间生产要素流动组合和横向经济联合。一方面，乡镇企业得以吸收城市工业扩散的产品，引进城市的先进技术、设备和人才；另一方面，城市工业通过与乡镇企业的协作，利用农村的市场、廉价劳动力和原

---

① 江泽民：《在党的十三届八中全会闭幕时的讲话》（1991.11.29），见中共中央文献研究室、国务院发展研究中心编：《新时期农业和农村工作重要文献选编》，中央文献出版社1992年版，第793页。

② 温家宝：《提高认识统一思想牢固树立和认真落实科学发展观》（2004.2.21），《十六大以来重要文献选编》（上），中央文献出版社2005年版，第755页。

料。这就形成了在全国城乡统一市场中农村工业与城市工业分工协作、相互融合、共同发展的局面,开创了一条在经济落后国家如何依靠农村商品经济、市场经济的发展,实现城乡经济一体化的有效路径。

第三,农村新兴小城镇建设,构建了逐步缩小城乡差别的平台。

乡镇企业的发展推动了农村新兴小城镇的勃兴。新兴小城镇既是乡村工业群体所在地,又是把大量农村人口城市化和连接沟通城乡的联结点,城市工业和农村工业相互渗透、互动发展的新平台。以城镇为中心,农村工业不但发展了与城市的联系,而且通过多种渠道和多种形式同周围区域农村经济的发展连接在一起,有利于促进城乡共同发展和共同富裕,逐步缩小城乡差别和地区差别。1979年9月中共十一届四中全会通过的《中共中央关于加快农业发展若干问题的决定》就指出:"有计划地发展小城镇建设和加强城市对农村的支援。这是加快实现农业现代化,实现四个现代化,逐步缩小城乡差别、工农差别的必由之路。"[①]进入工业化中期阶段之后,农村小城镇与大中小城市的协调发展,对促进城乡共同发展将起到愈来愈重要的作用。2005年9月29日胡锦涛在中共中央政治局第二十五次集体学习时强调:坚持走中国特色的城镇化道路,"不断推进城镇化,可以加强城乡联系,在更大范围内实现土地、劳动力、资金等生产要素的优化配置,有序转移农村富余劳动力,实现以工促农、以城带乡,最终达到城乡共同发展繁荣"。[②]

新兴小城镇也是区域性的经济、政治、文化、科技中心,从而成为城乡一体化的雏形。城市居民的生活水平和农村城镇居民的生活水平的差距正在逐渐缩小,而且在农村居民生产方式、生活方式、价值观念的变革中发挥着越来越重要的作用。2000年6月中共中央、国务院《关于促进小城镇健康发展的若干意见》指出:发展小城镇,"农村人口进城定居,有利于广大农民逐步改变传统的生活方式和思想观念;有利于从

[①] 《中共中央关于加快农业发展若干问题的决定》(1979.9.28),《三中全会以来重要文献选编》(上),人民出版社1982年版,第198、199页。

[②] 见2005年9月29日胡锦涛在中共中央政治局第二十五次集体学习时的讲话,载《人民日报》,2005年10月1日第1版。

整体上提高我国人口素质,缩小工农差别和城乡差别;有利于实现城乡经济社会协调发展,全面提高广大农民的物质文化生活水平"。① 改革开放富裕起来的农民,要求既有丰富的物质生活,又有丰富的精神文化生活,享受到城市的文明。而小城镇的日益发展和繁荣,日益配套的文化、教育、卫生、娱乐等设施,极大地丰富了农民精神生活的需求,提高了农民的素质,不少农民在逐步发展起来的小城镇中也完成了自身向城市文明的过渡,从而使城乡融为一体,逐步走向和谐。

总之,统筹城乡工业化协调互动发展,是改革开放以来中国共产党立足于经济落后农业大国的中国国情,又着眼于世界工业化的发展规律,深刻总结新中国几十年来处理城乡关系的经验教训而进行的创新探索。它体现了科学发展观的要求,蕴含着正确处理中国特色社会主义城乡关系的理性思考,是从根本上解决"三农"问题和实现中国工业化的必然选择,也是推进社会主义新农村建设的迫切需要,更是构建城乡和谐社会的必由之路。1980年12月,邓小平在中央工作会议上的讲话中指出:"我国农业现代化,不能照抄西方国家或苏联一类国家的办法,要走出一条社会主义制度下合乎中国情况的道路。"② 改革开放以来中国农村工业化与城市工业化互动发展的兴旺景象和逐步朝着协调方向发展的新格局表明,中国开始找到了城乡结合推动全国工业化、现代化发展之路,这无疑是世界工业化、现代化史上的一个创举。

---

① 《中共中央国务院关于促进小城镇健康发展的若干意见》(2000.6.13),《十五大以来重要文献选编》(中),人民出版社2001年版,第1291页。
② 邓小平:《贯彻调整方针,保证安定团结》(1980.12.25),《邓小平文选》第2卷,人民出版社1994年版,第362页。

第八章 区域工业化协调推进道路的选择

从中国生产力极端落后且地区发展极不平衡的大国国情出发，选择正确的区域工业化发展模式，一直是中国共产党探索中国特色工业化道路的一个重要内容。

以毛泽东为主要代表的中国共产党人在启动新中国工业化的进程中，为平衡沿海与内地的工业布局进行了初步的有益探索，但长期片面追求区域工业平衡发展模式，实践证明并不成功。中共十一届三中全会以后，随着中国共产党对传统区域发展战略的深刻反思和对中国社会主义初级阶段区域工业化发展规律认识的深化，中国区域工业化发展模式经历了历史性的转变。从改革开放初期邓小平提出部分先富带共富和"两个大局"构想，到20世纪90年代中期以江泽民为核心的中央领导集体提出的区域协调发展思想，再到新世纪初以胡锦涛为总书记的新一届中央领导集体形成的贯彻和落实科学发展观、统筹区域协调发展的总体战略，逐步构建了中国特色的区域工业化道路模式。它突破了中外传统平衡发展或不平衡发展的思维，有力地促进了各区域工业化的良性互动与和谐发展，初步开创了中国区域工业化协调推进的新局面。

8.1 部分地区先发展带动各地区工业化共同发展

（一）部分地区先发展带动各地区共同发展的"大政策"

新中国成立后近30年间的工业化进程中，中国共产党针对旧中国生产力不合理分布的状况和考虑到国防安全的需要，总体上实行的是一种以国家投资向内地大幅度倾斜为基本特征的区域均衡发展模式。其结果,一方面为中国内地的工业化奠定了一定的基础,初步改善了全国生产力的不合理布局;另一方面则带有急于把地区发展拉平的倾向,它既没有达到使内地工业发展水平和效益与沿海地区均衡的目的,又人为地抑制了沿海地区工业的发展而使包括内地的整个国民经济的发展付出了高昂的代价。

以新时期中国特色社会主义发展道路的新探索为起点,以邓小平为核心的党中央从中国社会主义初级阶段地区发展不平衡的国情出发,深刻反思传统区域发展战略,开始了中国区域经济发展模式由平衡发展向不平衡协调发展的历史性转变。

这一转变,首先是作为一项重大的经济新政策提出的。1978年12月中共十一届三中全会召开前夕所举行的中央工作会议上,邓小平第一次提出:在经济政策上,允许一部分人、一部分地区通过辛勤劳动先富起来,示范、影响和带动其他人、其他地区,"这样,就会使整个国民经济不断地波浪式地向前发展,使全国各族人民都能比较快地富裕起来",同时,国家应当从各方面对西南、西北等落后地区给予帮助和支持。他强调:"这是一个大政策,一个能够影响和带动整个国民经济的政策"。①

显然,这个"允许和鼓励部分先富、先富带后富"经济大政策的意义,已经远远超出了一般的经济发展方针和政策,它作为一项关系到国民经济和现代化发展全局的重大政策,在中国区域工业化、现代化发展史上设计了一个符合各地区特点的前所未有的新政策。邓小平认为,中国幅员辽阔,各地区在自然资源、地理区位、产业结构、经济发展水平以及人文特点等方面存在着巨大差异,实现现代化"三步走"发展战略,"像中国这样的大国,也要考虑到国内各个不同地区的特点才行"。②

---

① 邓小平:《解放思想,实事求是,团结一致向前看》(1978.12.13),《邓小平文选》第2卷,人民出版社1994年版,第152页。

② 邓小平:《社会主义首先要发展生产力》(1980.4—5),《邓小平文选》第2卷,人民出版社1994年版,第313页。

为此,"要研究一下哪些地方条件更好,可以更广大地开源"。① "能发展就不要阻挡,有条件的地方要尽可能搞快点"②,以更好地推动、支持和帮助其他较落后地区共同发展,逐步缩小区域发展差距,最终实现全国的工业化、现代化,达到各地区的共同富裕。

随着对中国社会主义初级阶段国情和现代化建设规律认识的逐步深化,邓小平把这一大政策提到"道路"的层次,指出:"就我们的国家来讲,首先是要摆脱贫穷。要摆脱贫穷,就要找出一条比较快的发展道路。"③ 在地区发展上,"一部分地区发展快一点,带动大部分地区,这是加速发展、达到共同富裕的捷径"。④ 1992年初,他在视察南方谈话中进一步把上述"发展道路"、"捷径"作为共同富裕构想的核心内容提了出来:"一部分地区有条件先发展起来,一部分地区发展慢点,先发展起来的地区带动后发展的地区,最终达到共同富裕。"⑤

这一区域经济发展的重大新思路,包含了以下富有创新意义的内涵:

首先,允许和鼓励一部分有条件的地区先发展和先富起来,有利于促进社会生产力更快地发展,这是实现各区域共同发展和共同富裕的物质前提和基础。

逐步缩小地区间经济发展水平的差距,实现各地区的共同富裕,是社会主义制度的本质要求。但在中国这样一个地域辽阔、人口众多、原有经济基础薄弱又发展极不平衡的大国,实现这一目标不是一蹴而就的,需要经历一个长期的过程,必须以大力发展生产力为前提条件。过

---

① 邓小平:《国际形势和经济问题》(1990.3.3),《邓小平文选》第3卷,人民出版社1993年版,第355页。

② 邓小平:《在武昌、深圳、珠海、上海等地的谈话要点》(1992.1.18—2.21),《邓小平文选》第3卷,人民出版社1993年版,第375页。

③ 邓小平:《我们干的事业是全新的事业》(1987.10.13),《邓小平文选》第3卷,人民出版社1993年版,第255页。

④ 邓小平:《视察天津时的谈话》(1986.8.19—21),《邓小平文选》第3卷,人民出版社1993年版,第166页。

⑤ 邓小平:《在武昌、深圳、珠海、上海等地的谈话要点》(1992.1.18—2.21),《邓小平文选》第3卷,人民出版社1993年版,第374页。

去长时间里受传统社会主义旧观念和"左"的错误的影响,把社会主义共同富裕理解为同步富裕或同等富裕,混淆了社会主义目标同实现目标过程和途径之间的关系,超越一定时期生产力发展水平,过分追求地区间的平衡发展,使沿海地区的发展受到限制,最终影响到全国经济发展的总体速度和效益,共同富裕目标的实现只能成为空中楼阁。邓小平深刻地总结了这个历史经验,指出:我们坚持社会主义,要实现全国人民的共同富裕,"然而平均发展是不可能的。过去搞平均主义,吃'大锅饭',实际上是共同落后,共同贫穷,我们就是吃了这个亏"。① 因此,允许和鼓励部分有条件的地区先发展和先富起来的新思路,首先是同加速发展生产力为最终实现各地区的共同富裕创造必要前提的思想联系在一起的。

其次,先发展和先富地区发挥"发展极"和"辐射极"的作用,影响和带动其他地区共同发展和逐步走向共同富裕。

部分条件较好的地区先发展和先富起来,使这些地区成为国家经济发展的"发展极"和"辐射极",其"必然产生极大的示范力量,影响左邻右舍",对其他地区经济的发展产生积极的推动效应。一是激励效应。提倡部分地区先发展和先富起来,意味着鼓励和保护人们获取辛勤劳动和合法经营的物质利益,这就可以有效地调动落后地区发展生产和劳动致富的积极性、主动性和创造性。邓小平指出:"我们提倡一部分地区先富裕起来,是为了激励和带动其他地区也富裕起来"。② 二是示范效应。先发展和先富起来的地区所开创的致富之路、所积累的经济建设和发展市场经济的新观念、新思路和行之有效的经验方法,可以为其他地区的发展和奔向共同富裕提供借鉴。三是辐射效应。部分先发展起来的地区形成经济增长的中心区或增长点,通过产业和技术转移、造就人才等形式向落后地区扩散和辐射,推动各地区的共同发展和逐步实现共

---

① 邓小平:《拿事实来说话》(1986.3.28),《邓小平文选》第3卷,人民出版社1993年版,第155页。

② 邓小平:《一靠理想二靠纪律才能团结起来》(1985.3.7),《邓小平文选》第3卷,人民出版社1993年版,第111页。

同富裕。

第三，允许和鼓励有条件的地区先发展和先富起来，使先富地区和国家有经济实力支持和帮助不发达地区走向共同富裕。

邓小平指出："我们的政策是让一部分人、一部分地区先富起来，以带动和帮助落后的地区，先进的地区帮助落后的地区是一个义务。"①而"先有一部分地区好起来，再去帮助差的地区，那就比较容易了"。②就是说，部分有条件的地区先发展和先富起来，除了能发挥经济的传递和带动作用外，还能增强支援不发达地区的物质技术条件和手段。例如，提倡先富的地区拿出一些钱办教育、修路，在一定的时候先富的地区多交点利税，支持贫困地区的发展。同时，由于部分地区先富起来，增加了国家财政收入，增强了国家的经济实力，国家就有了物质基础，集中人力、物力和财力对落后地区从各方面给以支持和帮助，特别是"国家可以腾出手来帮助少数贫困地方发展起来"③，使他们脱贫致富，走向共同富裕。

这些思路特征，实际上解答了社会主义初级阶段如何正确处理先发展与后发展、先富与后富的辩证统一关系问题。一方面是允许部分地区优先发展，另一方面又不允许区域差距过分拉大，到了一定的时机，要努力缩小地区差距。这两者既相互矛盾，又相互统一，归根结底都要大力发展生产力。让一部分地区率先发展是为了创造各区域共同富裕的前提；缩小地区差距，同样必须以大力发展生产力为基础，这也就找到了实现共同富裕的必由之路。这从区域工业化道路探索的视角，开创了以部分地区先发展带动各地区共同发展，最终实现全国工业化的新模式。

马克思主义创始人曾经把大工业在全国范围内尽可能平衡的分布，

---

① 邓小平：《拿事实来说话》（1986.3.28），《邓小平文选》第3卷，人民出版社1993年版，第155页。

② 引自1986年3月28日邓小平会见新西兰总理朗伊时的谈话，中共中央文献研究室编：《邓小平关于建设有中国特色社会主义的论述专题摘编》，中央文献出版社1992年版，第241页。

③ 邓小平：《在中央顾问委员会第三次全体会议上的讲话》（1984.10.22），《邓小平文选》第3卷，人民出版社1993年版，第84页。

作为社会主义社会推进工业化，消灭城乡分离的一项重要任务。但是，由于中国社会主义初级阶段生产力状况与马恩当年构想的社会主义经济并不完全一致，像过去那样，把这一设想作为当前工业布局的指导原则，人为地搞"平衡"，是不切实际的，也是不可能实现的。邓小平从中国各地区的特点出发，提出有条件的地方先发展起来，然后带动和支持其他地区发展，最终实现全国的工业化，这是符合中国经济发展极端不平衡和一个生产力尚不发达的大国工业化发展客观规律的。它是主张实行一种不平衡发展和协调发展相结合推进中国工业化的新型区域发展模式。邓小平在谈到这种发展新思路时指出："一部分人先富裕起来，一部分地区先富裕起来，是大家都拥护的新办法，新办法比老办法好。"① 这里，邓小平所说的改革开放前后两种不同的发展办法，也就是两种不同的区域经济发展战略模式。

这一模式体现了以邓小平为核心的党中央对中国区域经济发展规律以及不平衡与平衡辩证关系的深刻把握。发展不平衡性是区域经济发展的一般规律和必然现象，而协调发展则是社会化大生产和国民经济持续发展的内在要求，两者统一于全国各区域的共同发展和共同富裕的社会主义目标。只有尊重生产力和区域经济发展的客观规律，把不平衡发展和协调发展有机地结合起来，才能使各区域工业化得到健康和迅速的发展，逐步实现全国工业化。这一战略模式既突破了传统社会主义生产力平衡布局的观点，也跳出国外那种片面的不平衡发展的思维，为中国特色区域工业化道路的开创准备了基本的理论和政策基础。

（二）沿海地区经济发展战略的选择与区域工业化新路径的开辟

邓小平提出部分先富带后富政策和中共中央作出改革开放决策之后，就开始酝酿选择优先开放和发展的地区。中国东部沿海地区工业基础和对外开放区位较好，具备先发展起来的条件，中共中央首先选择了

---

① 邓小平:《各项工作都要有助于建设有中国特色的社会主义》（1983.1.12），《邓小平文选》第3卷，人民出版社1993年版，第23页。

优先发展东部沿海地区战略，以带动其他地区和全国工业化、现代化的新发展。

从1979年中共中央决定设立深圳、珠海、汕头、厦门经济特区开始，东部沿海地区的对外开放区域逐步扩展。1984年14个沿海港口城市和海南岛分别被确定为开放城市和开放地区，使中国东部沿海地区的对外开放扩大成为南北全线的战略布局。1985年珠江三角洲、长江三角洲和闽南三角地区又被确定为经济开放区，随后又扩大到山东、辽东两个半岛和海南岛，从而形成了一个沿海开放地带。与此同时，国家在国民经济和社会发展计划中开始专门制订地区发展战略。"六五"计划把全国划分为沿海、内陆和少数民族地区，明确提出重视东部沿海地区的优先发展和带动作用。"七五"计划进一步将全国划分为东、中、西部三大经济地带，制定了以三大地带梯度推移为主要内容的地区经济发展总体计划。按照该计划，20世纪最后十几年国家投资重点首先集中于东部沿海地区。

根据中共十三大关于开放地区应着重发展外向型经济的决策及对外开放从发展外向型经济起步和演进的成功启示，1988年1月当时中共中央主要领导人正式提出了加快沿海地区对外开放和经济发展的报告。报告强调：当前我国沿海地区的经济发展，正面临着一个有利的机遇。"为了抓紧利用当前的机遇，沿海地区必须有一个与之相适应的发展战略。总的来讲，沿海地区一亿多到两亿人口的地区，必须有领导、有计划、有步骤地走向国际市场，进一步参与国际交换和国际竞争，大力发展外向型经济。"这样，"不仅沿海地区的经济能够加快发展，能够提高水平，而且势必有力地带动中、西部的发展。这不论在经济上或在政治上，都具有战略意义"。① 1月23日邓小平在这份报告上批示："完全赞成。特别是放胆地干，加速步伐，千万不要贻误时机"。② 2月6日，中央政治局第4次全体会议同意上述构想，并决定把它作为一个事关中国

---

① 赵紫阳：《沿海地区经济发展的战略问题》（1988.1），《党的文献》，1988年第4期，第2、3页。

② 《邓小平文选》第3卷，人民出版社1993年版，第408页第99条注释。

工业化、现代化发展全局的重大战略决策加以部署。

为适应改革开放和实施沿海地区经济发展战略的需要，20世纪80年代各种促进沿海地区优先发展的区域倾斜政策措施陆续出台。

首先，中央政府对东部沿海开放地区从财政、税收、信贷、外资外贸、价格等方面给予了一系列的特殊政策和措施，除经济特区国家给予较多的经济活动自主权，对前来投资的港澳台、外商，在税收、土地使用费、出入境管理等方面，给予特殊的优惠和方便外，沿海开放城市和开放地区实行某些同经济特区相类似的政策。主要有：放宽利用外资建设项目的审批权限，有的项目可以由各市自行审批；增加外汇使用额度和外汇贷款，外汇留成比例，沿海省市为30%，特区为100%（内陆省区为25%）；在利用外资进行基本建设和技术改造方面给予优惠，在国家基本建设财政拨款中利用外国资金统借统还部分主要用于东部，1988年这笔资金的分配比例为东部65.31%、中部13%、西部7.13%；对中外合资、合作经营企业及外商独资企业给予若干优惠待遇，特别对技术密集、知识密集型的项目，或者外商投资在3000万美元以上、回收投资时间长的项目，报经财政部批准，企业所得税也可以减按15%的税率征收，土地使用费或土地税的收取标准，由各市在国家规定的幅度内灵活掌握，等等。①

其次，国家基建投资重点开始向沿海地区大幅度倾斜，其倾斜的幅度比"三五"时期向西倾斜还要大。1982—1989年，东、中、西三大地带累计投资分别为1214.1亿元、712.2亿元和285.8亿元，各占累计总投资的48.8%、28.6%和11.5%。重点项目投资比例东、中、西为1：0.59：0.24（东、西、中部地区投资额中不包括未列入地区的投资，故三者总和不等于全社会总投资）②，近半数重点项目集中在东部。这期间，投资比例占全国4%以上的9个省市中，东部占了7个，中、西部各只有1个。加之国家对沿海开放地区实行投资项目审批权限倾斜政

---

① 引自中共中央、国务院批转的《沿海部分城市座谈会纪要》（1984.4.30），《十二大以来重要文献选编》（上），人民出版社1986年版，第453—459页。
② 国家统计局投资司：《中国重点建设》，法律出版社1991年版，第13页。

策，沿海省市固定资产投资和引进外资立项比内地容易得多；同时国家普遍放松投资管理后，由于沿海地区原有基础较好和投资环境优越，自身的资金积累能力和对外资吸引力较强，投资渠道多元化，因而同中、西部的实际投资差距还要大得多。1979 年到 1992 年全国实际利用外资达 600 多亿美元，其中 80% 是在东部沿海地区。全国三资企业 8.4 万家，其中 90% 布局在沿海地带。①

再次，在体制改革上，国家许多改革方案和措施，或是先在东部区域试行和实施，或是较多地考虑东部区域的情况和需要。从改革试点城市看，到 1986 年底，全国有 72 个综合改革试点城市，沿海地区 28 个，占 38.9%。单项改革试点城市，如全国生产资料市场试点城市 13 个，沿海地区占 9 个；金融体制改革试点城市 27 个，沿海占 18 个。② 从财政体制看，1980 年开始对过去的"统分统支"体制进行改革。"分灶吃饭"、"财政包干"制度的实施，增加了沿海地区的财政留成比重。4 个经济特区的财政收入几乎是 100% 的留成，同时，还要享受省财政的拨款；多数沿海开放城市的财政收入也能大部分留下自用。与此相适应，税收体制的改革，对在经济特区、沿海开放城市和经济开发区的境外投资实行优惠政策。据统计，1988—1989 年沿海地区税负水平低于全国平均税负水平，主要是广东、山东、江苏、福建。因此，体制改革的倾斜使沿海地区特别是经济特区、开放城市和开放区获得了改革开放的超前收益。

历史表明，沿海地区经济发展战略中的部分思想，如"两头在外，大进大出"，可能绝对了一些，但从其基本精神和总的方向看，区域经济政策的着眼点转到了实现速度和效益相统一的轨道上来，使改革开放条件较好的沿海地区先发展先富起来，增强了国民经济的整体实力，从而最终带动和支持了各地区共同发展和共同富裕。因此，它是邓小平部

---

① 中国工业经济协会《工业现代化》课题组：《中国工业现代化发展战略研究报告》，载《经济学动态》，1995 年第 3 期。
② 见《中国百科年鉴（1987）》，中国大百科全书出版社 1987 年版，第 201、202 页。

分地区先富带动各地区共富思想和改革开放政策的现实展开,是一项关系到整个国民经济全局和中国工业化、现代化发展道路的重要选择。随着这一经济发展新战略的提出和实施,沿海地区日益成为中国改革开放的重点和突破口,不仅开创了中国经济发展的新局面,而且极大地推动了中国工业化发展模式的创新。

第一,新战略的实施,形成了沿海地区开放型经济发展新格局,带动和促进了全国各地区全方位的多层次的对外开放,推动了中国工业化与世界工业化的接轨。

沿海地区经济发展战略提出后,许多学者认为它的基本思想就是要扩大开放,发展外向型经济。实际上,这只是实施这个战略的一个重要方面,或者说是推动经济全面发展的一个突破口。沿海地区着重发展外向型经济,"引进来,走出去",率先走向国际市场,积极参与国际经济竞争与合作,并"积极开展同内地的横向经济联合,以充分发挥它们在对外开放中的基地和窗口作用"①,必然影响和促进中西部地区对外开放的发展。新时期中国的对外开放,在地域空间上正是首先通过实施沿海地区外向型经济发展战略,并由沿海向沿江、沿线、沿边的内陆地区依次展开,逐步在全国形成一个从南到北、连线成片,由东向西、逐步推进,包括具有不同开放层次、不同开放功能的全方位对外开放格局。

同时,沿海地区经济发展战略把改革、开放和发展三者融为一体,包含着在条件较好的地方,通过对外开放,借鉴国外发展市场经济的经验进行经济体制改革,把先行开放区域同时当做改革的"实验区",率先实现与国际市场经济接轨的一种同步发展的战略安排。中国经济要进入国际市场,就得对经济体制和运行机制进行根本性的改革,逐步实现与国际市场的衔接,以开放促改革,以改革推进开放。"沿海经济率先外向,就要率先改革,大胆突破旧体制的束缚,让新体制更快地成长起

---

① 赵紫阳:《沿着有中国特色的社会主义道路前进》(1987.10.25),《十三大以来重要文献选编》(上),人民出版社1991年版,第24页。

来。这样,沿海就应该成为探索改革、带动全国先行区"。① 新时期中国经济体制的渐进式改革,体现在地域空间上基本上也是由沿海开放地带向内陆地区逐步展开的,这与对外开放渐次推进的格局有紧密联系。中共中央确定重点发展的经济特区、沿海开放城市和开放区,实行特殊政策,包括在经济体制改革方面走在前面,起着试点、探索和积累经验的作用。从时间和步骤上看,沿海地区在对外开放的进程中,率先走向国际市场,挣脱传统体制的束缚,利用市场机制进行资源的优化配置,逐步推动了其他地区的市场化改革。

实践证明,沿海地区经济发展战略的实施,促进了全国各地区的对外开放和社会主义市场的建立,加快了中国融入世界经济一体化的进程。据有关资料显示,20世纪90年代初,世界各主要发达国家与发展中大国的外贸依存度大致为:加拿大41.89%,法国37.12%,英国36.85%,中国36.41%,意大利30.70%,日本16.36%,美国16.04%,印度14.25%,巴西12.98%。其中进口依存度大致为:加拿大20.20%、英国19.58%、法国19.29%、中国17.12%、意大利15.98%、美国8.60%、印度7.66%、日本7.02%、巴西5.19%。② 这表明,中国开始打破长期以来工业化发展的自我封闭模式,推动了中国工业化与世界工业化的接轨。

第二,新战略的实施,使沿海地区成为中国区域格局中最具活力的经济增长区,从而影响和带动了整个国民经济的快速发展,在实践上开创了部分地区先发展带动各地区共同发展、最终实现全国工业化的新路径。

沿海地区经济发展战略提出后,曾在国内外引起了巨大反响,许多学者纷纷发表见解,有人认为它是全国性战略,也有人认为它只是区域性战略。据上可知,它不单是区域战略,而且是要把沿海地区培育成为

---

① 《人民日报》评论员:《一件富有历史意义的大事——论沿海地区经济发展战略》,载《人民日报》,1988年5月19日第1版。
② 李京文主编:《走向21世纪的中国经济》,经济管理出版社1995年版,第306、308页。

带动全国工业化、现代化发展的战略基地。中共中央明确指出,沿海与内地,自然条件、经济基础和发展水平很不相同,正确处理两者的关系,是经济建设中的一个重要战略问题。沿海地区经济过去虽然取得了很大的发展,但在建国以后较长的时期里,由于国际国内多方面因素的影响,这个关系摆得不够合理,没有获得应有的更大成果。当前,国际环境和国内情况都已经发生了重要变化,"我们应当不失时机地把沿海的经济建设作为重点,从各方面支持其发展得更快一些,并以此为阵地支援内地的开发,推动全国的社会主义现代化建设"。①

沿海地区经济发展战略的实施,首先是通过沿海城市的开放并逐步向内地推移,发挥中心城市的增长极带动作用。改革开放以前,毛泽东等主张实行"搞点小城镇、小城市的方针",过去工业化的曲折发展同忽视中心城市的作用很有关系。改革开放后,在实施沿海地区经济发展战略的过程中,发挥中心城市作用的问题日益受到关注。1984年10月,中共十二届三中全会通过的《关于经济体制改革决定》提出"实行政企职责分开以后,要充分发挥城市的中心作用,逐步形成以城市特别是大、中城市为依托的,不同规模的、开放式、网络型的经济区"。② 1985年9月,中共中央关于制定"七五"计划的建议进一步指出,随着社会生产力的发展,特别是农村经济的繁荣,城市化程度的提高和新城市的出现将是必然趋势。应当根据中国实际情况,对城市发展的结构和布局进行合理规划。"鉴于我国地域广阔,交通不便,信息不灵,中小城市的发展也不应当过于分散,应当以大城市为中心和交通要道为依托,形成规模不等、分布合理、各有特色的城市网络",③ 充分发挥中心城市的

---

① 《中共中央、国务院关于批转〈长江、珠江三角洲和闽南厦漳泉三角地区座谈会纪要〉的通知》(1985.2.18),《十二大以来重要文献选编》(中),人民出版社1986年版,第647页。

② 《中共中央关于经济体制改革的决定》(1984.10.20),《十二大以来重要文献选编》(中),人民出版社1986年版,第574页。

③ 《中共中央关于制定国民经济和社会发展第七个五年计划的建议》(1985.9.23),《十二大以来重要文献选编》(中),人民出版社1986年版,第811页。

增长极带动作用。

重视中心城市的发展及其带动辐射作用的发挥,是世界各国工业化发展的一个关键性问题。沿海城市的开放并逐步向内地推移和发展,依靠中心城市强大的经济实力和辐射力,带动了东部沿海地带的率先发展和促进全国的经济发展。因此,充分发挥中心城市主导作用的决策的确立,从中国工业化道路理论与实践的探索来说,这是一个重要的突破。

其次,让沿海地区率先发展起来,使其成为影响、带动其他地区和全国工业化、现代化发展的先行区。从中国三大地带经济发展的关联性来看,三者既在地域上相对分离,又是一个相辅相成的有机整体。将沿海地区逐步开辟为对外开放的经济地带,"不但可以使沿海经济加快发展,在全国最先建设成为内外交流、工农结合、城乡渗透、现代化、开放式的文明富庶的地区,而且可以使内地和沿海的优势互为补充,相得益彰,共同发展和繁荣"。①

沿海地区经济发展战略的实施,使东部沿海地区原有的经济基础优势和发展潜能以及得天独厚的对外开放区位优势得到了发挥,极大地加快了这一地区经济的发展。20世纪80年代以来,东部沿海省份获得了大大高于全国工业平均速度的增长率。浙江、广东、福建、江苏、山东5个省份,在改革开放前国民收入的增长速度均低于全国平均水平,改革开放后一跃居于全国的前几名,连续保持高达两位数的经济增长速度,超过了亚洲四小龙快速发展时期的最高增长速度,创造了人类经济增长历史上的奇迹。长江三角洲、珠江三角洲、闽南三角地区、环渤海地区成为中国经济增长最充满活力的增长极。

东部沿海地区经济增长极的造就,成为中国国民经济整体高速增长的支撑点和强大的"经济引擎",中国开始出现了先发展起来的地区带动整个国民经济快速增长局面。"六五"期间,全国社会总产值平均每年增长11%,工农业总产值平均每年增长11%,国民收入平均每年增长

---

① 《中共中央、国务院关于批转〈长江、珠江三角洲和闽南厦漳泉三角地区座谈会纪要〉的通知》(1985.2.18),《十二大以来重要文献选编》(中),人民出版社1986年版,第648页。

9.7%，都大大超过了计划增长4%的速度。大多数工农业产品产量，提前1至2年实现"六五"计划规定的1985年指标。① "七五"期间东部优先发展政策效果更明显地显现出来，东部沿海地区的高速增长成为整个国民经济的快速发展的主要支持因素。从改革开放前后各区域经济增长速度看，1952年到1978年，东、中、西部人均国民收入年均增长分别为4.63%、2.92%和3.53%；而在1978年到1992年，这三大地带人均国民收入年均增长分别增加到8.28%、6.73%和7.1%。②

国内外的经验表明，一个国家和一个区域的发展，关键是要寻求具有强大辐射和带动作用的发展极。从沿海地区经济发展战略的实施与工业化的关系来说，其实质是让东部沿海地区先加快发展工业化，有条件的地方率先基本实现工业化，然后带动和支持中西部地区的发展，最终实现全国的工业化。这一新战略突破了长期以来在工业化发展中片面追求地区间均衡发展的平均主义的思维定式，开辟了中国社会主义工业化发展的新局面。

第三，新战略的实施，促进了沿海地区外向型经济的发展，为推动中国传统工业化道路向新型工业化道路的转轨奠定了重要的基础。

1987年10月，中共十三大把中国经济建设同世界新科技革命和产业结构变动的大背景紧密地联系起来，提出中国的工业化和现代化发展，肩负着既要着重推进传统产业革命，又要迎头赶上世界新科技革命的双重任务。这两个方面的任务，如果单纯通过国内循环来完成，必然会因为受国内资源、资金、技术的制约而经历相当漫长的过程。沿海外向型经济发展战略的实施，推动了中国经济融入世界经济的进程，极大地加快了实现中国工业化双重历史任务的进程。

一方面，沿海地区经济发展战略强调东部沿海地区积极发展外向型经济，城乡工业就可以充分利用国际市场转换机制，运用和借鉴国外先进技术和管理经验，尽可能发展高附加值产品产业和高新技术产业，调

---

① 国家统计局：《"六五"期间国民经济和社会发展概况》，中国统计出版社1986年版，第1页。

② 马洪、刘中一：《中国发展研究》，中国发展出版社1997版，第40页。

整和改造传统产业。同时，随着沿海地区外向型经济的发展，逐步实现"两头在外"，必然腾出部分原材料和国内市场，为中、西部的工业发展提供更大余地，并把国际市场上获得的经济信息、先进技术和管理经验转移到内地，发挥对其他地区的带动和辐射作用，大大推进中国工业化的传统产业革命。

另一方面，东部沿海地区积极发展外向型经济，设立经济技术开发区和开放区，积极参与国际经济合作和竞争，充分利用国外先进技术和管理经验，"加强传统工业和现有企业的技术改造，大力开拓新兴产业，发展知识技术密集型产业和高档消费品工业，使产品向高、精、尖、新方向发展"。同时使这一地带逐步成为中国"培养和向全国输送高级技术和管理人才的基地，向全国传送新技术、提供咨询和信息的基地"[①]。沿海地区新兴技术产业的发展，向中、西部转移了越来越多的信息和先进技术，从而促进了各地区产业结构的转换和国民经济结构的调整升级，有力地推动了中国工业化的新科技革命。

当然，伴随沿海地区经济发展战略的实施，也出现了地区发展差距过分扩大、地区产业结构趋同现象严重等一些矛盾和问题，但上述创造性的有益探索，实际上成为新时期中国特色区域工业化道路探索的新起点，并为20世纪90年代中期以来进一步探索以信息化带动工业化、实现工业化可持续和跨越式发展的新型工业化道路奠定了重要的基础。

8.2 两个大局构想与东、西部工业化的互动

（一）两个大局战略构想的形成和内涵

1988年9月12日，邓小平在听取价格和工资改革初步方案的汇报时，第一次将沿海和内地的发展关系明确概括为"两个大局"的思想。他说："沿海地区要加快对外开放，使这个拥有两亿人口的广大地带较

[①] 《中华人民共和国国民经济和社会发展第七个五年计划（1986—1990）》，人民出版社1986年版，第92页。

快地先发展起来，从而带动内地更好地发展，这是一个事关大局的问题。内地要顾全这个大局。反过来，发展到一定的时候，又要求沿海拿出更多力量来帮助内地发展，这也是个大局。那时沿海也要服从这个大局。"① 同年10月5日，邓小平在会见肯尼亚总统莫伊时，对"两个大局"的发展构想作了进一步阐释。他说："我们的发展规划，第一步，让沿海地区先发展；第二步，沿海地区帮助内地发展，达到共同富裕。"②

1992年初邓小平视察南方谈话，将这一思想升华到理论高度，并进行了系统阐述："走社会主义道路，就是要逐步实现共同富裕。共同富裕的构想是这样提出的：一部分地区有条件先发展起来，一部分地区发展慢点，先发展起来的地区带动后发展的地区，最终达到共同富裕。如果富的愈来愈富，穷的愈来愈穷，两极分化就会产生，而社会主义制度就应该而且能够避免两极分化。解决的办法之一，就是先富起来的地区多交点利税，支持贫困地区的发展。当然，太早这样办也不行，现在不能削弱发达地区的活力，也不能鼓励吃'大锅饭'。"而要突出地解决这个地区间贫富差距问题，目前时机尚未成熟，还有待于条件的进一步创造。他设想："在本世纪末达到小康水平的时候，就要突出地提出和解决这个问题。到那个时候，发达地区要继续发展，并通过多交利税和技术转让等方式大力支持不发达地区。"③ 这次谈话，使"两个大局"构想从目标到手段再到实施步骤都明晰化、具体化和理论化了，标志着邓小平"两个大局"的发展构想臻于成熟和完善。

从一个能够影响整个国民经济的部分先富带共富的"大政策"到顾全国民经济发展的"两个大局"的演变轨迹，可以清楚地看到，邓小平提出的"两个大局"战略构想，进一步构建了实现中国社会主义现代化

---

① 邓小平：《中央要有权威》（1988.9.12），《邓小平文选》第3卷，人民出版社1993年版，第277、278页。

② 转引自中共中央文献研究室：《邓小平思想年谱（1975—1997）》，中央文献出版社1998年版，第413页。

③ 邓小平：《在武昌、深圳、珠海、上海等地的谈话要点》（1992.1.18—2.21），《邓小平文选》第3卷，人民出版社1993年版，第373、374页。

和共同富裕的区域发展道路。

一方面把实施"两个大局"与实现中国现代化"三步走"发展目标联系在一起。按照邓小平的这个战略设想，由于中国幅员辽阔、各地区发展不平衡，要实现社会主义现代化，在区域发展上必须经过两个阶段，即"两个大局"。可以说，"两个大局"的发展构想是实现"三步走"发展战略的重要部署，"三步走"和"两个大局"构成了邓小平社会主义现代化发展战略理论的时空两翼。在发展战略目标时序上，他强调中国实现社会主义现代化要经过三个发展阶段，即分"三步走"；在发展战略布局空间上，他强调中国实现社会主义现代化要经过两个发展阶段，即"两个大局"。这就是说，"第一个大局"着眼于 20 世纪末实现从温饱到小康，即现代化第一、二步战略目标的构想；"第二个大局"则是着眼于 21 世纪中叶基本实现现代化第三步战略目标的构想。

另一方面又实施"两个大局"同实现社会主义共同富裕目标统一起来。就是在区域发展上，如何分阶段有步骤地实现中国现代化发展目标，最终解决全国人民的共同富裕问题。"两个大局"是紧密联系、相互渗透、彼此衔接的两个阶段，"第一个大局"即第一个阶段的着力点是让条件较好的地区先富起来，以便示范、带动和帮助其他地区；"第二个大局"即第二个阶段的着力点是要实现共同发展，逐步缩小地区差距，最终实现共同富裕。两者包含着部分先富和逐步实现共同富裕的辩证统一关系，共同富裕是社会主义的根本目标，部分先富是实现共同富裕的有效途径。这是因为"我国地域辽阔，人口众多，生产力不发达，要在一个时期实现同步富裕、同等富裕是不现实的，必然会有的先富起来，有的后富"。①

邓小平"两个大局"战略构想的这两个方面，相互依存，融为一体。共同富裕是社会主义的基本价值目标，也是现代化建设第三步要达到的战略目标。两个顾全"大局"，就是在中国经济发展的不同阶段，沿海和内地都要服从于国家经济总体发展的要求，通过区域不平衡协调

---

① 江泽民：《不失时机地实施西部大开发战略》（1999.6.1.17），《江泽民文选》第 2 卷，人民出版社 2006 年版，第 340、341 页。

发展战略的实施,去实现社会主义现代化和共同富裕的宏伟目标。概括起来,正如江泽民所指出:80年代,当改革开放和现代化建设全面展开以后,邓小平同志对全国经济的协调发展就进行过深刻的考虑。他提出了"两个大局"的思想,要求"在发展战略布局上,必须有全盘的构想"。"一个大局,就是东部沿海地区加快对外开放,使之较快地先发展起来,中西部地区要顾全这个大局。另一个大局,就是当发展到一定时期,比如本世纪末全国达到小康水平时,就要拿出更多的力量帮助中西部地区加快发展,东部沿海地区也要服从这个大局"。邓小平同志这个战略设想的实质是:"根据生产力发展水平和各方面的条件,东部地区先加快发展,然后带动和支持中西部地区的发展,最终实现全国各地区共同繁荣、共同富裕。"①

"两个大局"的战略构想不仅丰富和发展了部分先富带共富的大政策,而且使部分地区先发展带动各地区共同发展,最终实现全国工业化的大思路更加明晰和完善。

(二)西部大开发与东西部工业化的初步互动

在"两个大局"战略思想指导下,到20世纪末,东部沿海地区经济高速发展并由此带动中国进入世界经济增长最快的国家行列。然而,东西部地区发展差距扩大趋势也愈益凸现。从工业增长速度来看,据第三次全国工业普查的情况,中国东部地区工业经济发展速度明显快于中、西部地区,"八五"时期与"七五"时期相比,这种区域差距明显呈扩大趋势(见表8—1)。从工业总产值看,1995年占全国工业比重超过5%的地区有7个,其中6个分布在东部地区,即江苏12.9%、广东10.4%、山东9.2%、浙江8.8%、上海5.6%、辽宁5.4%,中部地区仅一个,即河南5.1%;比重不足1%的地区有7个分布在中西部地区,即甘肃0.9%、新疆0.9%、内蒙古自治区0.9%、贵州0.6%、青海

---

① 江泽民:《不失时机地实施西部大开发战略》(1999.6.1.17),《江泽民文选》第2卷,人民出版社2006年版,第341页。

0.2%、宁夏 0.2%、西藏 0.01%，仅有一个在东部地区，即海南 0.2%。①

表8—1 东、中、西部地区工业总产值增长速度及比重变化（%）

	东部地区	中部地区	西部地区
1986—1995年年均增长	18.8	14.39	13.3
"七五"时期年均增长	14.3	11.2	10.9
"八五"时期年均增长	23.4	18.7	15.8
1985年比重	60.3	27.2	12.5
1990年比重	62.7	25.4	11.9
1995年比重	66.0	23.8	10.2

资料来源：中华人民共和国国家统计局、第三次全国工业普查办公室：《关于第三次全国工业普查主要数据的公报》，载《人民日报》，1997年2月19日。

面对日渐扩大的地区差距问题，以江泽民为核心的党中央沿着邓小平的思路，开始从总体上考虑区域经济发展战略重点从"第一个大局"向"第二个大局"的转变问题。1995年9月中共十四届五中全会上，江泽民把"东部地区和中西部的关系"作为社会主义现代化建设中应正确处理的十二大重大关系之一提了出来。同年底他视察陕甘两省时指出：东西部经济是一个有机整体，无论忽略哪一部分都不利于全国经济的发展。"没有西部地区的繁荣昌盛，就不可能实现我们整个国家的繁荣富强；没有西部地区的社会稳定和民族团结，就不可能保持我们整个国家的社会稳定和民族团结；没有西部地区的全面振兴，就不可能达到我们整个中华民族的振兴；没有西部地区的基本现代化，就不可能有我们整个社会主义现代化建设的最终成功。"②

---

① 中华人民共和国国家统计局、第三次全国工业普查办公室：《关于第三次全国工业普查主要数据的公报》，载《人民日报》，1997年2月19日第2版。
② 引自1995年12月江泽民考察陕甘两省时的谈话，载《人民日报》，1995年12月27日第1版。

世纪之交，全国总体上已达到小康水平，东部沿海地区具有相当的经济实力，中国综合国力已显著提高，国家有能力进一步加大对西部的支持力度，西部也有了一定的经济基础，积累了一些加快发展的经验。中共中央审时度势，敏锐地抓住新的历史机遇和挑战，从1999年起多次强调加快西部开发的步伐。认为"现在，加快中西部地区发展步伐的条件已经具备，时机已经成熟"。"在继续加快东部沿海地区发展的同时，必须不失时机地加快中西部地区的发展。"① 同年9月中共十五届四中全会正式作出"国家要实施西部大开发战略"的决定，并指出这是一项规模宏大的社会经济系统工程。

西部大开发战略决策的确立，是在中国社会主义现代化建设即将全面实现第二步战略目标，并向第三步战略目标迈进的时候，实现邓小平提出本世纪末全国基本达到小康水平时要突出地解决帮助内地发展战略构想的一个重大举措，标志着实现邓小平"两个大局"的构想已经从前一个大局向后一个大局的战略性转折，也是中共中央根据国际国内政治、经济形势新的变化，在新的实践中对东西部发展关系思路的重新审视和重大调整。这次战略重点西移，既不同于改革开放前30年的战略"西进"，也区别于改革开放后20年的战略"东移"，它构建了中国现代化进程中正确处理东西部关系的"全国发展的一个大战略、大思路"②。其突出的特点是"把西部发展同实现全国第三步发展战略目标结合起来"，以在区域战略重点西移中促进东西部的互动发展作为实现跨世纪第三步战略目标的强大动力，从而在全国经济的全面发展和振兴中最终实现东西部的共同繁荣和共同富裕。2000年3月江泽民在参加九届全国人大三次会议甘肃代表团全体会议时明确指出："实施西部大开发战略，加快中西部地区发展，是党中央根据邓小平同志'两个大局'的战略思想作出的重大决策，对于面向新世纪，推进我国现代化建设，实现第三

---

① 江泽民：《全党全社会进一步动员起来，夺取八七扶贫攻坚决战阶段的胜利》(1999.6.9)，《十五大以来重要文献选编》（中），人民出版社2001年版，第855页。

② 江泽民：《不失时机地实施西部大开发战略》(1999.6.1.17)，《江泽民文选》第2卷，人民出版社2006年版，第341页。

步战略目标,具有重大意义。"①

工业化是实现现代化不可逾越的阶段和核心内容,没有工业化就没有现代化。西部地区与东部地区的发展差距,在很大程度上是工业发展上的差距。不加快推进西部地区工业化,不仅西部地区与东部地区的发展差距难以缩小,也会延缓东部地区的发展速度,现代化第三步的目标就难以实现。因此,从区域工业化道路的发展和创新来看,西部大开发的决策就是要通过区域战略重点西移来促进东西互动,实现全国工业化的大战略大思路。

第一,以发展为主题,坚持东西部工业化的共同发展。

西部地区的工业化是中国工业化的重要组成部分。中国工业化目标要通过各区域的共同发展来实现,发展应成为东西部地区的共同主题。国家"十五"计划纲要强调指出:"坚持把发展作为主题。发展是硬道理,是解决我国所有问题的关键"。② 不仅东部地区要加速工业化发展,中西部地区也要加快工业化发展的步伐。东西部携手共进是这次区域战略重点西移的重要特点。也就是说,西部大开发并没有忽视东部地区的发展,更没有使一方的发展以另一方的不发展为代价。而是在推动实现现代化第三步发展目标的主题下,既推动西部地区发展,又不牺牲先发展的东部地区的经济效率,实现东西部工业化的共同发展。2000年1月国务院西部开发领导小组召开西部地区开发会议明确强调:"实施西部大开发,不仅是西部地区的大事,也是东部地区和全国的大事"。③

西部地区资源丰富,市场广阔,蕴藏着巨大的经济发展潜力。实施西部大开发不仅可以为全国工业化发展提供新的强大的动力,而且是推动东部地区工业化持续发展的必不可少的前提。20世纪90年代以来,东部沿海地区经济在迅速发展的同时,有效需求不足和供给结构失衡的

---

① 引自2000年3月13日江泽民参加九届全国人大三次会议吉林甘肃代表团全体会议时的讲话,载《人民日报》,2000年3月14日第1版。

② 《中华人民共和国国民经济和社会发展第十个五年计划纲要》(2001.3.15),载《人民日报》,2001年3月18日第1版。

③ 刘振英、鹿永建:《统一思想明确任务不失时机实施西部大开发战略》,载《人民日报》,2000年1月24日第1版。

矛盾日益突出，很大程度上制约了工业化的发展。在当前以及很长一段时间内，其相当一部分具有初级技能的劳动力、资金和技术需要在价值规律导向下寻找新的发展空间。西部地区基础设施建设任务繁重，消费需求存在巨大的潜在市场，最有可能成为吸引东部地区可流动资金、技术、人才和商品的重要"客户"和区域选择。西部地区进入有序开发阶段，将成为扩大内需、开拓市场和产业结构升级的重要支撑力量，对于实现中国工业化发展目标具有巨大的投资拉动和消费拉动作用；西部地区的生态建设和环境保护，也将为全国各地区经济的持续发展形成绿色生态屏障，推动东西部工业化的大联动大发展。

第二，推动东西部经济结构的战略性调整，促进生产要素在区际间的合理流动和优化配置，形成推动工业化发展的新的整体合力。

改革开放以来，中国经济结构尤其是地区经济结构水平差距日渐突出，成为21世纪中国经济发展中的突出矛盾。要实现区域经济的共同发展，乃至整个国民经济的持续、快速、健康发展，关键的问题就是对国民经济结构在区域间进行调整，达到优化升级的目的。同时，全球范围内的经济结构调整也正在广泛和持续地进行，给各国经济发展带来深刻的影响。根据国际国内经济发展新的特点，中共中央关于制定国家"十五"计划的建议把"以结构调整为主线"作为国民经济和社会发展的重要指导思想，并指出国民经济结构调整的重要内容之一，就是东西部经济结构调整。

对经济结构进行战略性调整，这是对发展主题的具体展开，也是对西部大开发新思路的进一步深化。江泽民指出："对经济结构进行战略性调整，是'十五'时期全国经济发展的主线，也是西部大开发的关键环节"。[①] 他明确把经济结构调整作为发展的新思路，强调"发展才是硬道理。发展必须有新思路。要进一步加快经济结构的战略性调整，把结

[①] 江泽民：《与时俱进、开拓创新、艰苦奋斗，加快西部地区改革开放步伐》(2002.5.24)，《十五大以来重要文献选编》（下），人民出版社2003年版，第2395页。

构调整真正摆到主线的位置,增强经济整体竞争力"。①

　　强调西部大开发中应以经济结构调整为主线的新思路,不仅是要调整优化西部地区经济结构,而且是将全国经济看成一个资源配置的统一整体,通过区域发展战略重点西移,把西部大开发与东部的再发展整合为同一过程,推动全国经济结构调整和产业优化升级,从而促进东西部经济要素的良性互动和有机融合,形成东西部大联动大发展的新的整体合力,为各地区工业化的共同发展和实现现代化第三步战略目标提供新的推动力。江泽民指出:"西部地域广大,自然资源丰富,有巨大的发展潜力,也是一个巨大的潜在市场,加快发展西部地区,可以促进各种资源的合理配置和流动,为国民经济的发展提供广阔的空间和巨大的推动力量"。② 同时,基础设施建设是实施西部大开发的基础,"西气东送"、"西电东输"等西部大开发的重点工程与"一五"时期重点工程和"三线"建设不同,不仅仅是"西部项目",而且是联结东、中、西部具有全局意义的战略性工程,需要国家和东、西部地区共同联手实施,从而"将有力地促进我国能源结构和产业结构的调整,带动东、中、西部地区经济共同发展"③。从 2000 年至 2005 年底,西部开发累计开工重点工程 70 项,投资总规模近 1 万亿元。2006 年,国家继续在西部地区新开工 12 项重点工程,投资总规模 1654 亿元。④ 这些重点工程的实施,对于改变西部地区基础设施薄弱,加快西部地区特色优势产业发展,促进东、西部工业化的共同发展起到了重要作用。

　　第三,发挥地区比较优势,形成东、西部工业化相互支持、相互促进、互利双赢的良好格局。

---

①　引自 2002 年 5 月江泽民在四川就党建和西部大开发调研时的谈话,载《人民日报》,2002 年 5 月 23 日第 1 版。

②　江泽民:《不失时机地实施西部大开发战略》(1999.6.1.17),《江泽民文选》第 2 卷,人民出版社 2006 年版,第 343 页。

③　引自 2000 年 9 月朱镕基在新疆考察工作时的讲话,载《人民日报》,2000 年 9 月 13 日第 1 版。

④　朱剑红:《西部 12 项重点工程年内开工投资总规模 1654 亿元》,载《人民日报》,2006 年 7 月 3 第 1 版。

各地区的经济，都是整个国民经济的有机组成部分，地区之间存在着必然的内在经济联系。实现东、西部地区工业化的共同发展，必须使各自的经济优势得以充分发挥，最大限度地提高东、西部经济发展的效率。

西部地区幅员辽阔，资源丰富，也是中国生态系统的屏障，关系到广大东、中部地区社会经济稳定发展所不可缺少自然基础。东部地区具有对外开放条件较好、经济发展水平较高、技术力量雄厚的优势。加速西部地区工业化的发展，要靠东部地区资本、技术和人才等方面的支持和带动；东部沿海地区率先基本实现工业化，也需要西部地区能源、市场和生态环境等方面的支持。实现东、西部的工业化共同发展，必须把握并有效地体现这种地区间的内在经济关系。中共中央在实施西部大开发战略过程中，不再单纯地实行地区倾斜政策，而是强调"着眼于地区优势的相互结合，相互补充，相互促进，共同发展，把东、中、西部各地区的积极性都调动起来"①，进行优势互补和整合。"努力形成我国东、中、西部地区相互支持、相互促进、协调发展的良好格局"。② 中共十六大也强调：必须"加强东、中、西部经济交流和合作，实现优势互补和共同发展"③。

一方面，国家开发西部的重要出发点，是为东部地区工业化再上台阶开辟新的市场空间，并带动中部地区更好地发挥承东启西的重要作用，促进全国工业化的更大发展。1999年12月1日朱镕基在"新加坡讲座"时说："加快中、西部发展是中国面向新世纪作出的重大决策，一定会像前20年东部沿海地区率先发展带动中国经济持续快速发展一

---

① 江泽民：《在中央经济工作会议上的讲话》（1998.12.7），《江泽民论有中国特色社会主义（专题摘编）》，中央文献出版社2002年版，第173页。

② 江泽民：《在党外人士西部大开发考察活动情况汇报座谈会上的讲话》（2000.9.15），《江泽民论有中国特色社会主义（专题摘编）》，中央文献出版社2002年版，第181页。

③ 江泽民：《全面建设小康社会，开创中国特色社会主义事业新局面》（2002.11.8），《十六大以来重要文献选编》（上），中央文献出版社2005年版，第19页。

样,将为东部和中部地区提供强大的市场与发展前景,有力地促进全国经济的更大繁荣"。①

另一方面,东部地区要把自身的再发展与中、西部的发展结合起来,抓住西部大开发的机遇,在体制创新、科技创新、对外开放和经济发展中继续走在前列,"增创新优势,更上一层楼,有条件的地方应该率先基本实现现代化"②。同时,东部地区应更加重视支持和参与西部开发,更好地发挥对中、西部地区工业化建设的辐射带动作用,并"按照优势互补的原则,把东部地区技术、人才、管理和信息等方面的优势与西部地区资源丰富、市场潜力巨大等方面的优势结合起来,促进东部地区与中、西部地区的共同发展"③。

东、西部经济的优势互补,涉及地区间利益的组合和分配。西部大开发是东、西部共同的利益所在,对东、西部应是双赢的发展机遇,也是双赢的利益调整。在这种区位利益调整和分配中,基本的原则是互惠互利。这种新思路就是市场经济的合作思路,是利益互动的可持续的发展思路。江泽民指出:"西部大开发,不仅为西部地区带来了加快发展的机遇,也为东部地区提供了投资机遇。要按照优势互补、互惠互利、长期合作、共同发展的原则,继续开展多层次、多渠道、多形式的经济技术合作。西部地区不仅拥有丰富的自然资源和人力资源,还有巨大的潜在市场。只要形成一个良好的合作机制,到中、西部投资不仅可以取得良好的社会效益,也能够取得良好的经济效益。"④ 同时,西部大开发中东部地区又有支持中、西部地区责无旁贷的义务和责任,但更多的应是按市场经济规律,鼓励开展东、西部企业间互惠互利的经济技术协

---

① 朱镕基:《迈向新世纪的中国与亚洲》,载《人民日报》,1999年12月1日第1版。

② 江泽民:《扎扎实实搞好西部大开发这项世纪工程》(2000.6.20),《江泽民文选》第3卷,人民出版社2006年版,第61页。

③ 引自2000年3月7日江泽民参加九届全国人大三次会议上海代表团全体会议时的讲话,载《人民日报》,2000年3月8日第1版。

④ 江泽民:《扶贫开发是贯穿社会主义初级阶段全过程的历史任务》(2001.5.25),《江泽民文选》第3卷,人民出版社2006年版,第253页。

作、合作和资本投入，并积极探索东、西部企业间互惠互利的更好合作方式和途径。如"产业转移、技术转让和联合、联营及合作形式发展生产，加强地区之间经济与技术合作"①等等。据不完全统计，从2000年到2007年上半年，东部地区到西部地区投资经营的企业累计近20万家，投资总额1.5万多亿元，并为西部地区培训干部和专业技术人员超过15万人次，②初步形成了东西部工业化进程中优势互补、互惠双赢、相互促进、共同发展的格局。

由以上三点可以看出，西部大开发战略的实施过程，实际上是把西部开发与东部的再发展整合为同一过程，实现东、西部工业化的联动发展，共同推动中国工业化的实现。

8.3 统筹区域发展与区域工业化的协调推进

20世纪90年代中共中央从制定"八五"计划起，就依据邓小平的"两个大局"思想和新的地区发展失衡状况，开始酝酿区域经济发展战略的调整，提出了区域协调发展的许多重要思想观点和指导原则。

1990年12月中共中央关于制定"八五"计划的建议总结了新中国成立以来，特别是中共十一届三中全会以来处理沿海与内地经济关系正反两方面的实践经验，指出应当"根据资源优化配置和有效利用的原则，正确布局生产力，积极促进地区经济的合理分工和协调发展"③。中共十四大进而提出了"充分发挥各地优势，加快地区经济发展，促进全

---

① 江泽民：《在青岛主持召开国有企业改革和发展座谈会时的讲话》(1999.6.26)，《江泽民论有中国特色社会主义（专题摘编）》，中央文献出版社2002年版，第174页。

② 陈杰：《东部到西部投资企业近20万家》，载《人民日报》，2007年11月25日第1版。

③ 《中共中央关于制定国民经济和社会发展十年规划和"八五"计划的建议》(1990.12.30)，《十三大以来重要文献选编》（中），人民出版社1991年版，第1383页。

国经济布局合理化"①的指导思想。为此,"八五"时期国家在继续实施沿海地区经济发展战略的同时,加大了支持中、西部地区的力度。

到1995年,原定2000年国民生产总值比1980年翻两番的任务提前5年完成,但与此同时,东、西部经济差距进一步扩大,逐渐成为制约中国改革开放和社会主义现代化发展的一个关键问题。中共中央在制定"九五"计划时,开始从总体上研究和着手解决地区发展差距问题。同年9月,江泽民在中共十四届五中全会上的讲话,将东部地区和中、西部地区的关系作为正确处理社会主义现代化建设中的一个重大关系,运用邓小平部分先富带共富理论和历史的辩证的观点进行了深刻的论述,并把邓小平关于不平衡发展与协调发展的思想有机结合,融为一体,明确提出了"区域经济协调发展"战略新概念,强调从"九五"时期开始,要更加重视逐步支持内地的发展,实施有利于缓解差距扩大趋势的政策,积极朝着缩小差距的方向努力。1997年9月中共十五大进一步阐发了这一战略思想。按照这个战略思路,国家"九五"计划和2010年远景目标纲要将"坚持区域经济协调发展,逐步缩小地区发展差距"正式确立为今后改革发展的一项战略任务和要长期坚持的重要指导方针之一。

在此基础上,中共十六大从新世纪实现全面建设小康社会和现代化第三步战略目标的全局,强调要实施西部大开发,加快东部地区产业结构升级,加大中部地区结构调整力度,支持东北地区等老工业基地加快调整和改造,实现东、中、西部优势互补、共同发展,逐步形成地区经济协调发展的新格局。2003年10月中共十六届三中全会制定的《中共中央关于完善社会主义市场经济体制若干问题的决定》,进一步从坚持以人为本,树立全面、协调、可持续的科学发展观的高度,提出"统筹城乡发展、统筹区域发展、统筹经济社会发展、统筹人与自然和谐发展、统筹国内发展和对外开放"的"五个统筹"的新要求。其中,统筹

---

① 江泽民:《加快改革开放和现代化建设步伐,夺取有中国特色社会主义事业的更大胜利》(1992.10.12),《十四大以来重要文献选编》(上),人民出版社1996年版,第26、27页。

区域发展具有十分重要的地位,它的提出既是中国区域经济发展的现实需要,又是中国区域发展战略理论发展的结果,反映了新一届中央领导集体对区域协调发展内涵、发展要义、发展本质的丰富和深化。

协调发展既是"五个统筹"的立足点和着眼点,也是统筹区域发展的基本点。统筹区域工业化发展,就是要按照科学发展观的要求,统筹兼顾、合理布局,妥善处理区域发展中的各方面关系,走各地区协调发展、科学发展之路。

从国内看,20世纪90年代后期以来,中国区域经济发展差距扩大的趋势开始减缓。"十五"时期,东部十省市、东北三省、中部地区和西部地区国内生产总值年均增长率分别为12.4%、10.9%、10.7%和11.1%,区域之间经济增长率的差距已缩小到1个百分点左右。这说明,中国各个地区的经济都处在快速增长的阶段。当然,由于区位不同、经济规模不同、人口数量不同、增长起点不同,地区之间实际的差距仍然较大。2005年,东部、东北、中部和西部四个地区的国内生产总值占全国的比重,分别为55.5%、8.7%、18.8%和17%;财政收入占全国的比重,分别为60.2%、8.1%、15.2%和16.6%。以全国人均国内生产总值为100,则东部地区为153.4,东北三省为104,中部地区为68,西部地区为60.6。[①] 如果不能统筹区域发展,就难以综合解决地区工业化发展差距问题。此外,目前中国进入了一个矛盾多发期。在区域发展方面不仅突出表现为地区差距扩大,而且地区之间重复建设严重、原料争夺和市场封锁等利益矛盾和冲突加剧。促进区域协调发展是解决区域问题和化解区域间利益矛盾的必然选择。从国际看,随着中国经济愈来愈融入世界经济,中国的开放程度将继续提高,面对的外来竞争压力和冲击必将增大,促进区域协调发展也是提高中国工业国际竞争力的必然选择。

同时,工业化不仅仅是一个工业生产的发展问题,它涉及社会经济的各个方面,甚至包括文化、人们的价值观念等。可以说,实现工业化

---

① 吕政:《积极促进区域协调发展》,载《人民日报》,2007年3月16日第13版。

的过程，是整个社会经济系统变化的过程，是整个社会协调发展的过程。如果工业生产发展不与其他产业协调发展，不仅工业化实现不了，而且还会给社会经济发展造成诸多的矛盾和冲突。此外，在中国这样一个幅员辽阔、劳动力较充足，资源相对丰富的国家，不可能像有些国家和地区那样，完全依靠发展外向型经济实现工业化。如果沿海地区发展对外开放，外向型经济不与中国其他地区经济的全面协调发展相结合，就很难使其发挥出其对其他地区带动辐射、加快全国工业化的作用。因此，中国的条件决定了在区域工业化发展模式的选择上，应该走东、中、西部协调发展和全国经济全面协调发展之路，才能顺利地实现国家工业化。

协调发展是在不同区域经济发挥优势、提高效率的过程中实现的，而不是不同区域经济同时、同等程度的发展，更不是抑制发达区域的发展。可以说，协调发展是在区域经济非均衡发展态势中寻找"公平"与"效率"之间较为贴切的结合部，既继续充分利用东部发达地区有利条件加快发展，又重视支持中、西部地区的发展，使各区域都在加快发展的基础上构筑起以"协调发展"取代"平衡发展"的新型区际关系，促进整个国民经济的持续、快速、健康发展。因此，调控区域经济发展差距，促进区域经济协调发展，涉及国家区域经济发展总体战略、国民经济空间布局、区域之间利益关系等许多重大问题和关系的调整。国家应统筹规划和安排全国区域发展的总体战略布局，把区域经济发展的方向和重点，所需要达到的战略目标和阶段性目标，实现目标的过程和阶段，相应的任务和行动方案，以及可能遇到的问题和应对策略等重大的战略性问题，都事前进行科学的筹划和总体部署，并以此为依据，综合协调和运用各种区域经济政策有计划、有步骤地进行调控和规划布局。其实质内容就是要求把区域间发展经济的各种要素进行合理组合、统筹规划，解决国民经济各部门在区域布局上的矛盾，充分发挥区域比较优势，通过自身经济发展水平的提高，缩小区域经济发展差距，"增强发展协调性，努力实现经济又好又快发展"。① 从国家工业化的层面看，这体现了统筹区域工业化协调发展，推动全国工业化又好又快发展的新思路。它的基本要求，是以科学发展观为指导，把各区域工业化的发展真正纳入整个国民经济和社会发展中进行统筹，既统筹解决区域经济中出现的各种矛盾和问题，促进各区域工业化协调互动与和谐发展，又着眼于工业化道路的创新，努力走出中国特色区域工业化的新路子。

（一）统筹区域工业化协调发展的总体布局

中国工业化、现代化区域发展总体战略是在实践中不断完善的。继改革开放初期实施沿海地区优先发展战略和世纪之交实施西部大开发战略之后，中共十六大按照促进区域协调发展的要求，又提出"支持东北地区等老工业基地加快调整和改造，支持以资源开采为主的城市和地区发展接续产业"②。老工业基地特别是东北地区一直作为全国基础工业和技术装备工业基地，进行了大量的重点建设，逐步形成了钢铁、能源、化工、重型机械、汽车、造船、飞机等较为完整的以重工业为主导的产业群，曾在相当长时间里被誉为新中国的"工业摇篮"和"共和国的装备部"，在推动全国工业化建设中具有不可替代的战略地位和作用。另一方面，改革开放以来，随着中国经济体制的转轨和世界新技术革命的发展，老工业基地产业结构老化、技术老化、产业组织老化和对市场信号反应迟钝等问题逐渐凸现出来，经济普遍处于相对衰退状态。主要表现在工业增长速度不断下滑，工业经济效益持续下降，经济地位后移，中心作用减弱。为了摆脱这种困境，党和国家先后确定了以技术改造和搞活国有企业为核心的老工业基地振兴思路，对东、中部老工业基地和西部三线企业进行了一系列调整与改造，取得了不同程度的成效。但由于长期以来计划经济体制下遗留的问题，国有大中型企业多，结构性矛

---

① 胡锦涛：《高举中国特色社会主义伟大旗帜，为夺取全面建设小康社会新胜利而奋斗》（2007.10.15），载《人民日报》，2007年10月25日第1版。
② 江泽民：《全面建设小康社会，开创中国特色社会主义事业新局面》（2002.11.8），《十六大以来重要文献选编》（上），中央文献出版社2005年版，第19页。

盾突出，历史包袱沉重，许多老工业基地仍步履维艰，东北地区尤为突出，形成了所谓的"东北现象"，成为区域工业化协调发展的重大制约因素。因此，中共十六大强调加快东北地区等老工业基地的调整和改造，实际上提出了促进中国工业化、现代化协调发展的又一重大区域战略决策。

按照中共十六大精神，以胡锦涛为总书记的新一届中央领导集体着手制定振兴东北等老工业基地战略，许多党和国家领导人先后赴东北三省就老工业基地调整改造进行调研。2003年8月初，温家宝在长春主持召开振兴东北老工业基地座谈会，强调加快东北地区等老工业基地调整和改造，是党的十六大提出的战略任务。他并明确提出"振兴东北等老工业基地"的战略概念，指出："振兴老工业基地既是东北等地自身改革发展的迫切要求，也是实现国家经济社会协调发展的重要战略举措"，"是我国新世纪新阶段全面建设小康社会的重大历史任务"。① 同年10月中共十六届三中全会按照统筹区域发展的要求，指出："加强对区域发展的协调和指导，积极推进西部大开发，有效发挥中部地区综合优势，支持中、西部地区加快改革发展，振兴东北地区等老工业基地，鼓励东部有条件地区率先基本实现现代化。"②

这一新思路表明，中共中央已不再局限于改革开放初期对老工业基地进行一般意义的技术改造或搞活国有企业，而是着眼于全面建设小康社会和中国现代化建设新的发展阶段的全局，把"振兴东北地区等老工业基地"同继续推进西部大开发和鼓励东部地区加快发展一起确立为新形势下国家统筹区域协调发展的重大战略，作为中国工业化、现代化发展新的重大推动力量。2003年10月中共中央、国务院颁发的《关于实施东北地区等老工业基地振兴战略的若干意见》（中发〔2003〕11号）指出：老工业基地特别是东北地区拥有丰富的自然资源、巨大的存量资

---

① 温家宝：《适应改革开放新形势，走出加快振兴新路子》（2003.8.3），载《人民日报》，2003年8月5日第1版。

② 《中共中央关于完善社会主义市场经济体制若干问题的决定》（单行本），人民出版社2003年版，第21、22页。

产、良好的产业基地、明显的科教优势、众多的技术人才和较为完备的基础条件,具有投入少、见效快、潜力大的特点,是极富后发优势的地区。目前,我国正处于完善社会主义市场经济体制、全面建设小康社会的新的发展阶段,支持老工业基地加快调整改造,有利于实现十六大提出的翻两番目标;有利于促进地区经济社会协调发展;有利于推进国有经济结构的战略性调整;有利于提高我国产业和企业的国际竞争力。这一新思路也标志着中共中央开始思考统筹区域工业化、现代化协调发展的总体战略布局。2004年3月5日胡锦涛在参加十届全国人大二次会议西藏代表团审议时明确指出:"支持东部地区加快发展,实施西部大开发战略,加快中、西部地区发展,实施振兴东北地区等老工业基地战略,是新世纪新阶段中央为加快我国现代化建设而确立的总体布局。"①

随后,中共中央继续酝酿中部地区在中国区域协调发展总体战略布局中的地位。中部地区的山西、安徽、河南、江西、湖南、湖北6省位于中国内陆腹地,既是全国重要的粮食主产区,又是国家综合运输网络的中心区域和重要的能源、原材料基地,是奠定中国工业化初步基础的重点建设区域,已经建立起比较完整的并有一部分是比较先进的工业体系和国民经济体系,形成了相当可观的经济规模和物质技术基础,在中国经济社会发展全局中占有重要地位,长期以来为全国经济社会发展作出了重大贡献。不过,自改革开放以来,东部沿海地区已率先发展,而随着西部大开发和东北地区等老工业基地振兴战略的实施,西部地区经济与社会出现加快发展的良好势头,老工业基地正重振雄风。在此背景下,中国中部地区的经济增长、结构转型所面临的压力增大,发展速度相对趋缓。实现中部地区经济社会又好又快发展,对于形成东中西互动、优势互补、相互促进、共同发展的新格局具有重大而深远的意义。

2004年3月温家宝在十届全国人大二次会议《政府工作报告》中,首次提出"促进中部地区崛起"是区域协调发展的重要方面。同年9月中共十六届四中全会和12月中央经济工作会议再次提到促进中部地区

---

① 见2004年3月5日胡锦涛参加十届全国人大二次会议西藏代表团审议时的讲话,载《人民日报》,2004年3月6日第1版。

崛起。2005年3月5日温家宝在十届全国人大三次会议《政府工作报告》中，进一步把"促进中部地区崛起"上升到国家战略的层面，指出："积极推动区域协调发展。实施西部大开发，振兴东北地区等老工业基地，促进中部地区崛起，鼓励东部地区加快发展，是从全面建设小康社会和加快现代化建设全局出发作出的整体战略部署。"[1] 他并要求抓紧研究制定促进中部地区崛起的规划和措施。要充分发挥中部地区的区位优势和综合经济优势，加强现代农业特别是粮食主产区建设；加强综合交通运输体系和能源、重要原材料基地建设；加快发展有竞争力的制造业和高新技术产业；开拓中部地区大市场，发展大流通。

2006年2月15日温家宝主持召开国务院常务会议，3月27日胡锦涛主持中央政治局会议，相继研究促进中部地区崛起工作，明确把"中部崛起"纳入中国区域协调发展总体战略之中。会议指出，促进中部地区崛起，是党中央、国务院继作出鼓励东部地区率先发展、实施西部大开发、振兴东北地区等老工业基地战略后，从我国现代化建设全局出发作出的又一重大决策，是落实促进区域协调发展总体战略的重大任务。4月，《中共中央、国务院关于促进中部地区崛起的若干意见》正式出台，全面阐述了中部地区崛起的基本思路、总体要求、重要原则和政策措施，明确提出要把中部地区建设成为国家重要的商品粮基地、能源原材料基地、现代装备制造及高新技术产业基地和综合交通运输枢纽，促进中部地区崛起战略进入具体实施阶段。

至此，从改革开放初期实施东部沿海地区优先发展战略，世纪之交实施西部大开发战略，中共十六大以来提出振兴东北地区等老工业基地战略和促进中部地区崛起战略，全国逐步形成了四大广域政策覆盖区，即东部10省市（京、津、冀、鲁、苏、沪、浙、闽、粤、琼），中部6省（晋、豫、鄂、湘、赣、皖），西部12个省市区（包括渝、川、滇、黔、桂、藏、陕、甘、宁、青、新和内蒙古），东北3省（辽、吉、

---

[1] 引自温家宝在十届全国人大三次会议上作的《政府工作报告》(2005.3.5)，《十六大以来重要文献选编》（中），中央文献出版社2006年版，第780页。

黑)。依托"四大板块"的空间架构,根据2005年10月中共十六届五中全会《关于制定国民经济和社会发展第十一个五年规划的建议》,2006年3月十届全国人大四次会议制定的国家"十一五"规划纲要既准确界定了区域协调发展的内涵,明确了区域协调发展的目标,同时在总结新中国成立以来国家经济布局与区域发展经验的基础上,完整阐明了推进区域协调发展的总体战略布局,这就是"坚持实施推进西部大开发,振兴东北地区等老工业基地,促进中部地区崛起,鼓励东部地区率先发展的区域发展总体战略"。① 这标志着中国促进区域协调发展的总体战略布局全面形成,是几十年来中国共产党人在中国工业化、现代化进程中对区域发展战略的不懈探索所作出的科学总结,充分体现了统筹区域协调发展、推动全国工业化、现代化的总体思路。其有以下两个方面的突出特点:

第一,实行东中西良性互动,促进各区域工业化优势互补和共同发展。

"东中西互动"的核心内容是着眼于实现区域协调发展,促进东中西优势互补和共同发展。新中国成立以来党和国家在推动社会主义现代化发展的进程中,在空间方面的主要表现就是致力于解决历史上遗留下来的"东、西部发展关系"问题。解决这一问题的核心,始终围绕着是否正确认识和处理地区互动问题。这是过去中国现代化发展遇到的一大难题,也是新世纪全面建设小康社会和实现现代化第三步战略目标需要继续解决的一大战略问题。世纪之交西部大开发战略的实施,中国经济开始了东、西部之间初步的互动。在这种情况下,有条件也有必要将中国经济引上一个新台阶,推进各区域协调发展。中国区域协调发展总体战略的提出,就是考虑中国区域经济的总体协调发展,全面促进区域间的互动。早在2003年3月18日十届全国人大一次会议举行的记者招待会上,温家宝概括新一届政府在五年任期内的施政原则中,就提出在区

---

① 《中华人民共和国国民经济和社会发展第十一个五年规划纲要》(2006.3.14),载《人民日报》,2006年3月17日第1版。

域发展问题上,要坚持"东西互动"①。在 8 月初振兴东北老工业基地座谈会上,他作了进一步的阐释:我们说东、中、西部协调发展,就是要求我们加快东部地区的发展,有条件的地方要率先实现现代化。与此同时,我们要重视中部和西部地区的发展。我们要全面实现全国的小康,必须继续推进西部大开发。而广大中部地区,实际上是我们国家粮食和农业的主产区,也是工业比较集中和发达的地区,这一地区也不可忽视。因此,我们加快东部地区发展、实行西部大开发和振兴东北老工业基地,实施的是"东西互动,带动中部,促进区域经济协调发展"② 这种战略。2004 年 3 月 5 日,十届全国人大二次会议通过温家宝所作的《政府工作报告》提出"促进中部地区崛起"时,更完整地阐述了东中西互动的思想。强调要"坚持推进西部大开发,振兴东北地区等老工业基地,促进中部地区崛起,鼓励东部地区加快发展,形成东中西互动、优势互补、相互促进、共同发展的新格局"。③

首先,东中西互动就是要求东、中、西部携手共进,共同发展。东中西互动实质上是认为各区域间是相互关联和相互依存的。东、中、西部和东北地区尽管处于不同的经济发展阶段,有着不同的资源要素条件,但全国各地的经济和社会发展,都是中国工业化和现代化发展的有机组成部分,各地区之间存在着必然的内在经济联系。西部地区牵扯面广,自然条件恶劣;东北国企老工业基地盘根错节,问题遗留时间长。这两个地区经济问题的解决,必须依靠东部地区的持续发展提供支援和示范。反过来,东部地区发展又必须依靠西部、东北广阔的腹地。至于中部,原本经济已有相当基础的这一地区,在东西拉动之下,必然在发挥承东启西和产业发展优势中崛起。显然,统筹区域发展的基本思路,

---

① "西部"范围狭义上一般仅指西南、西北 10 个省市区,广义上指"中、西部",即包括中部和西部。这里"东西互动"即指东、中、西部的互动。

② 温家宝:《适应改革开放新形势,走出加快振兴新路子》(2003.8.3),载《人民日报》,2003 年 8 月 5 日第 1 版。

③ 引自温家宝在十届全国人大二次会议上作的《政府工作报告》(2004.3.5),《十六大以来重要文献选编》(上),中央文献出版社 2005 年版,第 834 页。

就是要把东、中、西部和东北四大区域的发展整合为同一过程，实现区域间自觉的均衡的互动。其实质就是将全国各区域经济看成一个资源配置的有机整体，使生产要素在区际间双向流动，实现各区域经济的高度良性互动和融合，形成东、中、西部大联动大发展的新的整体合力，以各区域协调发展作为全面建设小康社会、实现现代化第三步战略目标的强大动力。

其次，东中西互动就是要发挥各地区自己的优势，实行区域优势互补，形成全国工业化发展的整体竞争优势。协调发展是在不同区域经济发挥优势、提高效率的过程中实现的。区域经济协调发展也是一种地区之间共同合作和优势互补的发展战略。它要求不同的区域应根据自身的比较优势和发展条件，以国家的产业政策为指导，确定在全国区域分工格局中所承担的任务和产业发展方向，实现不同的区域都能既发挥优势，又能避免产业结构趋同，在区域经济联系中优势互补，进而建立合理的区域经济空间格局，优化生产力宏观布局。同时，利用不同地区之间在自然和经济上的差异，开展各地区广泛的交流与合作，互通有无，扬长避短，有利于东、中、西部合作，共同发展，在合作中缩小差距，在发展中相互协调。2005年3月十届全国人大三次会议通过温家宝所作的《政府工作报告》指出：实施西部大开发，振兴东北地区等老工业基地，促进中部地区崛起，鼓励东部地区加快发展，这是"实行符合各地特点、发挥比较优势、各有侧重又紧密联系的区域发展战略，体现了统筹协调发展的要求，既有利于充分调动各地区的积极性，又有利于东中西互动、优势互补、相互促进、共同发展"。①

西部地区自然资源丰富，如水能资源、土地后备资源、生物资源、矿产资源以及旅游资源方面有独特的优势，而生态环境脆弱、基础设施滞后、产业发展不足等问题突出。西部地区发展工业，一是"要密切结合西部地区资源特点和产业优势，以市场为导向，积极发展能源、矿

---

① 引自温家宝在十届全国人大三次会议上作的《政府工作报告》(2005.3.5)，《十六大以来重要文献选编》（中），中央文献出版社2006年版，第780页。

业、机械、旅游、特色农业、中药材加工等优势产业"。二是"促进西部地区传统优势产业参与国内外竞争,充分发挥国防科技工业优势,推广应用信息技术,在有条件的地方发展高新技术产业,探索一条适合西部地区的新型工业化道路。把发展优势产业和调整改造西部老工业基地结合起来,提高老工业城市的经济实力和竞争能力"。① 三是把"西部地区的市场、资源和劳动力优势与东部地区的资金、技术和人才优势结合起来",在更大范围内实现资源优化配置,逐步形成区域经济优势互补、互惠互利、共同发展。②

东北地区是中国率先发展现代工业的地区,产业门类齐全,有较完整的重化工业体系和配套能力;能源、交通等基础设施较完善,技术力量较雄厚,熟练劳动力较丰富,高于全国平均水平、人口城镇化程度也较高等,具有继续发展的潜力和实力。振兴东北老工业基地要充分发挥原有的工业基础、资源和人才等比较优势,利用全国大多数地区发展经济难以企及的条件,加大改革开放的力度,特别是"加快产业结构调整和国有企业改革改组改造,在改革开放中实现振兴"。③ 同时发展高技术产业,用高新技术改造、提升传统产业,积极发展民营经济,培育接续产业,重点支持能源原材料及后续加工、装备制造业、农产品精深加工和高新技术产业发展,大力推进新型产业基地建设。

中部地区是中国经济比较发达或经济正在成长的地区,具有承东启西、纵贯南北的区位和综合资源优势。从资源优势看,中部矿产资源丰富,特别是能源资源是全国最密集的地区。原材料工业在全国产业结构中占有重要的位置,是中国基础原材料生产的主要地区,具有以重工业和城市经济为主体的地区经济特点。中部地区良好的资源条件和较为坚实的经济基础有机结合,形成了东部沿海或西部地区所不具备的综合资

---

① 《国务院关于进一步推进西部大开发的若干意见》(2004.3.11),《十六大以来重要文献选编》(上),中央文献出版社2005年版,第883页。

② 温家宝:《开拓创新,扎实工作,不断开创西部大开发的新局面》,载《人民日报》,2005年2月5日第2版。

③ 《中华人民共和国国民经济和社会发展第十一个五年规划纲要》(2006.3.14),载《人民日报》,2006年3月17日第1版。

源优势。与西部相比，中部自然条件较好，基础设施较为完备，城镇密布，已建成一定数量与规模的产业基地；与沿海相比，具有多种矿藏资源和丰富的农业劳动力资源，发展基础产业和加工业的资源优势突出，劳动力和土地资源的成本较低。从地理区位优势看，中部具有"承东启西，连贯南北"的特点。这里水陆交通四通八达，既是中国东西两大地带的交汇处，南方和北方的结合部，又是长江经济带和黄河流域的中部枢纽，联结几十个大中城市的经济发展极。东靠经济发达的长江三角洲经济区，西邻作为西南的前沿和经济主体的成渝地区，北接京津唐经济区，南临珠江三角洲经济区，在中国东南西北的经济技术信息交流中，处于中枢地位，是内陆腹地的一个"辐射源"，对沟通内地与沿海具有特殊的重要作用。中部地区的比较优势决定了其在全国经济发展格局中的特殊战略地位，要承接东部地区和境外的产业转移，"抓住机遇，加快发展，充分发挥中部地区的区位、资源、产业、人才等综合优势，进一步形成东中西互动、优势互补、相互促进、共同发展的新格局"。[①]

东部沿海地区是在改革开放后率先发展起来的中国经济最发达的地区，具有对外开放条件较好，经济发展水平较高，人才、资金、技术、信息、管理等方面继续快速发展的雄厚优势和良好条件，但经济的持续快速增长也面临许多突出矛盾，如能源、原材料、土地等资源供给不足，劳动力供求关系的变化导致劳动密集型制造业的工资成本上扬，继续扩大经济规模受到环境、市场容量的制约，外向型经济与制造业国际竞争力不强的矛盾加剧等。中共中央要求东部地区要继续保持发展势头，加快改革开放的步伐，率先发展视野要宽、思路要新、起点要高，谋求更高层次的发展，"有条件的地方发展得更快一些，努力在全面建设小康社会的基础上率先基本实现现代化，不仅可以为壮大国家整体实力作出更大贡献，为欠发达地区加快发展提供更多支持，而且还可以为全国实现全面建设小康社会的宏伟目标、进而基本实现现代化探索和积

[①] 《中央政治局召开会议研究促进中部地区崛起工作》，载《人民日报》，2006年3月28日第1版。

累经验"。① 同时，东部沿海地区必须在走新型工业化道路上率先开拓，不断推动体制机制创新，加快经济结构优化升级和经济增长方式转变。要根据经济技术水平较高而资源缺乏的特点，致力于发展高、精、尖、新等层次较高的产业和出口创汇产品，"加快形成一批自主知识产权、核心技术和知名品牌，提高产业素质和竞争力。优先发展先进制造业、高技术产业和服务业，着力发展精加工和高端产品。促进加工贸易升级，积极承接高技术产业和现代服务业转移，提高外向型经济水平，增强国际竞争力"。② 将耗能高、运量大的产业逐步转移到能源充裕、资源富集的内地，把各自的优势结合起来，促进地区之间形成合理的产业分工格局和良性互动，这是优势互补、共同发展的多赢战略选择。

东、中、西部和东北地区这种资源和生产要素的互补特征，为各地区之间形成紧密的联合与协作关系创造了良好的基础和条件，不仅有助于东部实现产业结构升级，还有利于其他地区潜在的资源优势得到更快更好的开发利用，从而改善全国经济布局，推动整个国民经济结构调整，提高资源配置的总体效率。因此，中共中央反复指出，必须从全国工业化和现代化发展的全局上深刻认识西部大开发、中部崛起、东北地区等老工业基地振兴和东部地区再发展的关系，促进各地区良性互动和协调发展。

第二，积极推进重点地带开发，加快培育工业化发展的区域增长极。

中共中央提出区域协调发展总体战略的另一重要思路，就是以分区推进发展的战略思维，通过造就区域体制创新和技术创新体系，实现区域经济和社会转型，促进高新技术转化为生产力，提高区域创新能力和区域竞争能力，在不同经济区域构造各具比较优势的"经济增长区域"和"经济增长极"。其核心内容是：着眼于提高国家整体竞争力，进一

---

① 引自 2003 年 3 月 8 日胡锦涛参加十届全国人大一次会议江苏代表团审议时的谈话，载《人民日报》，2003 年 3 月 9 日第 1 版。
② 《中华人民共和国国民经济和社会发展第十一个五年规划纲要》(2006.3.14)，载《人民日报》，2006 年 3 月 17 日第 1 版。

步鼓励资源向优势区域集中，提高其综合实力和国际竞争力以及带动周边地区发展的能力，并以此带动全国工业化和现代化的发展。

改革开放以来，中共中央、国务院十分重视通过实施重点地区的发展带动整个区域的发展，并把它提升为国家战略。从全国范围大的区域来看，上世纪八九十年代东部沿海地区经济发展战略的实施，使东部沿海地区成为全国经济发展最具活力的地区，带动了中、西部地区和全国工业化和现代化的快速发展，人均国民生产总值实现翻番，全国总体上达到小康水平。新世纪中国要全面实现小康社会和现代化，还需要继续构建和壮大经济增长区域。世纪之交西部大开发战略、东北地区等老工业基地振兴战略和中部崛起战略的提出和实施，既是促进区域协调互动的重大战略部署，也是要培育推动全国经济持续快速发展的新的增长区域。如实施振兴东北地区等老工业基地战略，不仅仅是解决东北等地区国有大企业的问题，也不仅仅是振兴装备工业的问题，而是统筹区域发展的一种整体改造，即以老工业基地的整体改造，培育成为推动全国经济发展的新的增长区域。因为东北地区等老工业基地同全国其他地区相比，工业比重大，集中度高，生产规模大，经济实力强，商贸发达，交通便捷，科学技术力量雄厚，国有大中型企业密集，在目前和今后较长时期，仍将是中国重要的工业基础。其传统产业经过注入新的技术成分和合理改造，调整其发展战略，仍有其广阔的发展前景，对形成新的经济增长极，促进地区经济的协调发展，推进国有经济布局和结构调整，增强国民经济的发展后劲，推进中国工业化和现代化的发展仍有着重大的战略意义。中共中央国务院《关于实施东北地区等老工业基地振兴战略的若干意见》（中发［2003］11号）明确指出："中央认为实施东北地区等老工业基地振兴战略的条件已经具备、时机已经成熟。经过一段时间坚持不懈的努力，要将老工业基地调整改造、发展成为技术先进、结构合理、功能完善、特色明显、机制灵活、竞争力强的新型产业基地，使之逐步成为我国经济新的重要增长区域。"

从不同地区来看，则应发展具有相对优势的中心城市为核心的经济增长极。发挥中心城市功能，带动区域经济发展。以中心城市的现代化为核心和增长极，形成集聚和辐射功能较强的城市经济圈，这是各国经济发展的一条规律。胡锦涛在中共十七大报告中指出：要"遵循市场经济规律，突破行政区划界限，形成若干带动力强、联系紧密的经济圈和经济带"。并"走中国特色城镇化道路，按照统筹城乡、布局合理、节约土地、功能完善、以大带小的原则，促进大中小城市和小城镇协调发展。以增强综合承载能力为重点，以特大城市为依托，形成辐射作用大的城市群，培育新的经济增长极"。①

培育新的经济增长极的显著特点是改革试验区相继布局，承担着不同的探索任务。在"东部率先"板块中，继珠江三角洲、闽东南地区和长江三角洲的开发开放之后，2006年5月国务院又批准天津滨海新区开发开放，进行综合配套改革试点。最早批准的上海浦东新区综合配套改革试验区，着重探讨的是政府职能的转变，希望把经济体制改革与其他方面改革结合起来，探索并完善社会主义市场经济体制。天津滨海新区探讨的则是新的城市发展模式，其目的是在引进外资和先进技术，推动环渤海地区经济发展的同时，走新型工业化道路，把增强自主创新能力作为中心环节，积极发展高新技术产业和现代服务业，提高对区域经济的带动作用。天津市明确定位为"现代化国际港口大都市、我国北方重要的经济中心"，以使特大中心城市促进环渤海区域协调发展。随着综合实力不断增强，服务功能进一步完善，天津滨海新区已成长为继深圳经济特区、浦东新区之后，又一带动区域发展的新经济增长极。东部重点区域经济的崛起，对相关区域和全国经济发展的带动作用举足轻重。率先活跃起来的珠三角和长三角经济区，以及随后兴起的环渤海经济区，以其强劲的辐射带动能量，将经济发展的大潮由南向北推移、由东向西拓展。

在"西部大开发"板块中，国务院要求"贯彻以线串点、以点带面的区域发展指导方针，依托水陆交通干线，重点发展一批中心城市，形成新的经济增长极。积极培育并形成西陇海兰新线经济带、长江上游经

---

① 胡锦涛：《高举中国特色社会主义伟大旗帜，为夺取全面建设小康社会新胜利而奋斗》（2007.10.15），载《人民日报》，2007年10月25日第1版。

济带和南贵昆经济区等重点经济区域",① 带动周边地区发展。2007年6月成渝地区被批准成为全国统筹城乡综合配套改革试验区。这是继上海浦东新区、天津滨海新区之后，国家批准的又一个综合配套改革试验区。成渝综合配套改革试验区的设立，是为了探索改变中国城乡二元经济结构，希望形成统筹城乡发展的体制机制，促进城乡经济社会协调发展，最终使农村居民、进城务工人员及其家属在各个方面享有与城市居民一样平等的权利、均等化的公共服务和同质化的生活条件。它将进一步增强西部地区城镇的产业集聚功能和综合承载能力，优化城乡资源配置和产业的有效整合，全面推进成都经济区、成渝经济区建设，促进西部大开发战略再上新的台阶。

在"中部崛起"板块中，2007年12月国务院批准武汉城市圈和长株潭城市群为"全国资源节约型和环境友好型社会（简称"两型社会"）建设综合配套改革试验区"，以中部地区能源与劳动力资源丰富、人口密集、市场潜力大等优势，希望在解决资源、环境与经济发展的矛盾问题上有所探索，避免走"先发展、后治理"的老路，探索内生型经济发展道路，建立适合中国国情的内生型发展模式，将为中部崛起打造新引擎。

这一战略思路的两个方面相互依存、相互促进。经济增长极的培育，必然更好地带动周边地区和关联区域的发展；各区域的良性互动和协调发展，才会使增长核心区有更可靠的资源保障和更广阔的市场空间。

至此，"四大板块"协调发展的区域总体战略布局基本完成，中国区域发展形成了"西部大开发、东北振兴、中部崛起、东部新跨越"多头并进的新格局。目前，在全国区域经济格局中，各大区域之间的合作日趋密切，相互之间的种种"壁垒"正在被打破，市场分割的问题和矛盾正随着全国统一市场的建立和区域互动机制的完善而得以解决，各地区工业化发展的比较优势，将随着分工合作的深化和经济资源的整合而

---

① 《国务院关于进一步推进西部大开发的若干意见》（2004.3.11），《十六大以来重要文献选编》（上），中央文献出版社2005年版，第883、884页。

在全国范围内实现优化配置。

(二) 明确不同区域的功能定位，逐步形成各具特色的区域工业化发展格局

中国国土辽阔，各地区资源环境和经济社会发展差异较大。要促进区域协调发展，除了统筹安排上述四大区域的总体战略布局外，还应根据不同地区的经济发展与人口、资源、环境状况，进一步划分经济类型区，实行针对性强的差别化区域政策，分类指导和调控各地区发展。2005年10月中共中央关于制定"十一五"规划的建议提出"实施分类管理的区域政策"。"各地区要根据资源环境承载能力和发展潜力，按照优化开发、重点开发、限制开发和禁止开发的不同要求，明确不同区域的功能定位，并制定相应的政策和评价指标，逐步形成各具特色的区域发展格局。"①

按照这种分类，优化开发区域是指国土开发密度已经较高、资源环境承载能力开始减弱的区域。如珠三角、长三角等老工业区、特大城市、大城市以至部分中等城市的老城区，经过半个多世纪特别是改革开放近30年高强度的开发，经济密度和人口密度较高，有的已超越本地的环境容量，有的工厂甚至重污染企业与民居和其他设施犬牙交错。只有通过根本性的结构调整和优化布局，才有可能继续保持、提升经济竞争的活力和市民的宜居环境。重点是要改变依靠大量占用土地、大量消耗资源和大量排放污染实现经济较快增长的模式，把提高增长质量和效益放在首位，提高工业化和城市化的质量，提升经济发展层次和综合竞争能力，优化和改善空间结构，创造良好的人居环境，防止经济过度集聚，避免出现"膨胀病"，促进区域可持续发展，继续成为带动全国经济社会发展的龙头和中国参与经济全球化的主体区域。

重点开发区域是指那些资源环境承载能力较强，经济开发密度不大，经济和人口集聚条件较好，目前已具备大规模开发条件的区域。如

---

① 《中共中央关于制定十一五规划的建议》（2005.10.11），《十六大以来重要文献选编》（中），中央文献出版社2006年版，第1071页。

上海浦东新区、天津滨海新区、河北曹妃甸、西南的成渝地区、西北的关中——天水地区等都属于这一类型。另一类重点开发区则源于重要资源的开发，或大型电站、综合交通枢纽、港口群兴起等契机，吸引来众多产业的空间集聚。如陕北、内蒙古鄂（尔多斯）乌（海）和宁夏中北部，大型煤田、石油、天然气的开发，带来了发电、冶金、石化等衍生产业的发展；新疆天山北坡和南疆库（尔勒）阿（克苏）地区，亦大体类似；再如环北部湾地区，由于拥有众多深水良港，为进口原油、矿石发展炼油、石化、冶金和精品钢材提供了得天独厚的条件，都将成为西部大开发的重点开发区。这类区域要实行优先重点开发，充实基础设施，改善投资创业环境，承接优化开发区域的产业转移，承接限制开发区域和禁止开发区域的人口转移，促进产业集群合理集聚，壮大经济规模，加快工业化和城镇化进程，形成新的产业和城镇密集带，逐步成为支撑全国经济发展和人口集聚的重要载体。

限制开发区域是指资源环境承载能力较弱、大规模集聚经济和人口条件不够好，过度和其他不合理开发，已造成生态功能严重退行性演变，且在更大范围的地理空间内承担生态屏障功能，关系全国或较大区域范围生态安全的区域，近中期尚不具备大规模开发条件的区域。如大江大河上游和河流水源涵养补给区、生物多样性丰富地区、生态脆弱区、环境敏感区等。根据国家"十一五"规划纲要和西部大开发"十一五"规划，全国22个限制开发区，17.5个在西部（大小兴安岭森林生态功能区跨西部和东北两个地区）。大体有如下类型：一是森林生态功能区，如大兴安岭、川滇接壤地区、秦巴山区、藏东南高原边缘地区、新疆阿尔泰地区；二是河流源头与水源补给生态功能区，如青海三江源、甘南地区；三是荒漠生态功能区，如塔里木河流域、阿尔金草原、西藏羌塘高原、若尔盖高原湿地；四是沙漠化和石漠化防治地区，如呼伦贝尔、科尔沁、浑善达克、毛乌素和桂黔滇石漠化防治区，以及黄土高原水土流失防治地区和川滇干热河谷生态功能区。这些区域必须坚持保护优先、适度开发、点状发展，因地制宜发展资源环境可承载的特色产业，限制有碍生态修复和环境保护的各种经济活动，加强资源和环境保护，合理控制经济开发强度，引导超载人口逐步有序转移，逐步成为全国或区域性的重要生态功能区。

禁止开发区域是指各级政府依法设立的自然保护区、世界文化自然遗产、重点风景名胜区、森林公园和地质公园等。国家级自然保护区，全国243个，127个在西部；世界文化自然遗产，全国31处，11处在西部；国家森林公园，全国565个，223个在西部；国家地质公园，全国138个，52个在西部。这类区域均要依据法律法规规定和相关规划实行强制性保护，有的还要实行抢救性保护，控制人为因素对自然生态的干扰，严禁从事不符合其发展方向的各类开发活动。

依据不同区域主体功能的定位，国家"十一五"规划纲要制订了实行分类管理的区域财政政策、投资政策、产业政策、土地政策、人口管理政策。总的要求是："根据资源环境承载能力、发展基础和潜力，按照发挥比较优势、加强薄弱环节、享受均等化基本公共服务的要求，逐步形成主体功能定位清晰，东中西良性互动，公共服务和人民生活水平差距趋向缩小的区域协调发展格局。"①

这四大主体功能区的划分和总体要求，体现了中共中央谋划区域发展全局的战略思维，体现了对区域发展规律认识的深化。突出特点是，主体功能区是根据不同区域的资源环境承载能力、现有开发密度和发展潜力、人口分布、城镇化格局，按照区域分工和协调发展的原则划定的具有特定主体功能的空间单元，属于一种典型的经济类型区。这是从人与自然和谐相处出发，尊重自然规律，在国土开发利用保护与建设上，因地制宜，保证可持续利用的一项根本性制度建设，是优化空间开发结构、规范与监督空间秩序的根本性举措；也是按照科学发展观的要求和构建社会主义和谐社会提出的一种促进区域工业化协调发展的新观念、新思路。

第一，体现了以人为本谋工业化发展的理念。2007年7月26日《国务院关于编制全国主体功能区规划的意见》（国发〔2007〕21号）指出：编制全国主体功能区规划的原则，要"有利于坚持以人为本，缩

---

① 《中华人民共和国国民经济和社会发展第十一个五年规划纲要》（2006.3.14），载《人民日报》，2006年3月17日第1版。

小地区间公共服务的差距,促进区域协调发展。"就是说,促进区域协调发展、缩小区域差距,不是简单地缩小区域间经济总量上的差距,最终目的是逐步使居住在不同区域的人民,都有接受教育的机会,都有就业和参与发展的机会,都享有均等化的公共服务,都享有大体相当的生活水平。按主体功能构建区域发展格局,打破了长期以来把做大经济总量作为出发点和唯一目标来缩小区域差距的传统观念,把协调发展的实质定位于"人",而不是地区生产总值,是"以人为本"的思想和要求的具体落实。因此,在中国工业化的过程中,促进区域协调发展,既要支持欠发达地区发展经济,也要引导人口与经济在国土空间合理、均衡分布,逐步促使一些生态环境脆弱、发展经济条件不够好的区域的人口逐步转移。通过发展经济、人口转移、财政转移支付等多种途径,逐步缩小不同区域之间人均收入、公共服务和生活水平的差距。

第二,体现了实现工业化又好又快的科学发展理念。长期以来,在区域发展方面存在的最大误区是,各地都把 GDP 增长尤其是工业产值作为区域发展的主要目标,甚至是唯一目标。同时,以行政区为单元推动经济发展、制定政策及评价标准的方式,虽然有利于调动行政区的积极性,便于区域政策的操作,但对不同地区发展的评价有失客观,很容易导致发展条件不同的地区之间盲目攀比。其结果,一方面经济效益低下,经济增长缺乏竞争能力,且持续性差,难以实现逐步改善社会生活质量、提高人民生活水平的目的。另一方面忽视当地的自然条件,盲目开发建设,破坏了生态环境,付出了昂贵的资源环境代价。《国务院关于编制全国主体功能区规划的意见》指出:"发展是硬道理,发展必须建立在科学合理、有序适度开发的基础上。我国正处于工业化、城镇化加速发展的阶段,编制实施全国主体功能区规划,就是要在大规模开发过程中,既明确优化开发、重点开发区域,又根据资源环境承载能力划定限制、禁止开发区域,实现又好又快发展。"推行主体功能区的思想,明确不同区域的功能定位,打破了传统的区域经济发展思路与发展模式,有利于科学制定有针对性的政策措施和绩效考评体系,根据不同区域的实际情况实行分类管理和调控;有利于优化资源的空间配置,提高资源空间配置效率,推动形成各具特色的区域结构和分工格局,促进区域工业化又好又快地发展。

第三，体现了新型工业化可持续发展的理念。中国相当一部分国土的生态环境十分脆弱，并不适合大规模推进工业化、城镇化，也不是"遍地开花"，每一寸国土都要实现工业化和城镇化。否则势必大大超出其生态环境的承载能力，带来生态环境的更大破坏。按照功能区域构建区域发展格局，就是在全国工业化的进程中，应坚持尊重自然规律谋发展，既要有开发，更要有保护。开发必须以保护好自然生态为前提，发展必须以环境容量为基础，有利于促进人与自然和谐发展，协调经济、社会、人口、资源和环境之间的关系，引导经济布局、人口分布与资源环境承载力相适应，促进人口、经济、资源环境的空间均衡；有利于从源头上扭转生态环境恶化趋势，适应和减缓气候变化，实现资源节约和环境保护，增强可持续发展能力。

（三）建构和健全区域工业化协调互动机制

区域协调发展，除必须统筹制定区域发展规划，还有赖于区际良性协调互动机制的健全。以往五年计划的编制，基本是以行政区为基础进行各种布局安排。而与实施区域协调发展总体战略相适应，中共中央关于制定"十一五"规划的建议突破了行政区概念，从跨区域协作的角度，首次分别从市场、地方、中央等角度提出了区域协调互动的新机制。指出必须促进区域协调发展，"落实区域发展总体战略，形成东中西优势互补、良性互动的区域协调发展机制。"并强调"形成区域间相互促进、优势互补的互动机制，是实现区域协调发展的重要途径"。[①] 健全区域协调互动机制，最主要的是健全市场机制、合作机制、互助机制和扶持机制四种机制。

第一，"健全市场机制，打破行政区划的局限，促进生产要素在区

---

① 《中共中央关于制定十一五规划的建议》（2005.10.11），《十六大以来重要文献选编》（中），中央文献出版社2006年版，第1064、1071页。

域间自由流动，引导产业转移。"① 不同地区生产要素供需平衡差异导致地区生产要素价格和投资回报率的差异，以及预期市场潜力的空间差别，导致生产要素的区际流动和产业转移。区域发展不平衡是自然、历史、经济和政治的各种因素综合作用的结果，与市场经济体制不完善、市场配置资源的作用没有充分发挥有很大关系。在社会主义市场经济条件下，推进区域协调发展，不是再靠行政命令调拨资源，靠计划安排项目来实现，而是首先必须清除区域性行政壁垒，根除地方保护主义，打破地区封锁与行政性垄断，突破行政区域的局限，建立和健全符合社会主义市场经济发展需要的新型协调互动机制。这种新型机制既要充分发挥市场机制在资源配置中的基础性作用，又要有效发挥政府规划和政策的积极引导和调控作用，并将区域规划和区域政策纳入国家宏观调控体系，以加强对区域发展的协调和指导。

健全区域互动的市场机制，就是要加快完善全国统一的市场，充分发挥市场机制引导要素流动的作用，促进生产要素在区域之间自由流动，引导产业有序转移。市场的统一是商品和生产要素自由流动的重要条件，在全国统一的大市场内，先进的技术和资本流向经济相对落后的地区，落后地区的劳动力、资源等要素流向发达地区，促进产业合理转移和有效集聚，推动区域经济合作和区域一体化进程，有利于经济发达、开发密度高地区的资本、技术和产业向欠发达、低密度地区顺势转移，推动产业布局优化和区域共同发展，这是不断缩小地区发展差距、促进区域协调互动发展的根本途径。近几年，中国中部地区投资和经济增长速度明显快于东部和西部地区，其重要原因在于中部地区吸纳了东部地区的投资，积极承接了沿海地区的产业转移。中西部农村劳动力大批到沿海地区打工，沿海地区的资金、技术大量进入中西部，对中西部地区的工业化起到了重要的促进作用。

第二，"健全合作机制，鼓励和支持各地区开展多种形式的区域经

---

① 《中华人民共和国国民经济和社会发展第十一个五年规划纲要》(2006.3.14)，载《人民日报》，2006年3月17日第1版。

济协作和技术、人才合作，形成以东带西、东中西共同发展的格局。"①区域经济合作是以各方优势互补为前提而建立起来的。推动区域经济联合与合作，促进生产要素的合理流动和组合，不仅会实现优势互补，形成各区域经济整体优势，提高整体质量和效益，还会通过合作带来集聚经济和特色经济，有利于区际经济分工的发展和新的经济区的形成，促进区域经济的合理布局和协调发展。合作机制就是区域之间基于优势互补、互惠互利原则的经济技术协作和人才、技术交流等，由政府搭台、企业唱戏的机制。总的来说，中、西部地区具有资源优势，东部地区具有资金、技术、人才优势，通过这种由政府推动、企业运作的地区性合作，这些优势在合作中得到最优配置，可以起到优势互补、共同发展的效果。具体合作的办法是东部沿海地区通过向内地辐射先进技术、管理经验，传递经济信息，向内地投资、产业转移、联合开发等，实现互利互补。如能源产区集中在中、西部，而能源需求集中在东部，通过东、中、西部西电东送、西气东输等工程的合作，既满足了东部发展对能源的需求，又加快了中、西部的发展。又如东部沿海地区的纺织服装业较发达，但棉花产区集中在中西部，而且中、西部有不少老的纺织厂设备落后，机制不活，经营困难。通过区际合作，既解决了沿海纺织服装业的原料供给和促进了产业升级，又带动了中西部棉种植业和纺织业的发展。

健全制度化的区域合作机制，开展多层次、多形式、多领域的区域合作，其中既包括像"9+2"泛珠三角协作②这样横跨东、中、西三大地带和港澳的广域性区域联盟，亦有数省毗邻地、市自愿组成的经济区，如淮海经济区、中原经济区等，更多的是在同一城市群（带）内，各市、地、县自愿结合而成的区域（城市）联盟，凭借地方政府联手搭建的合作平台，企业等各类市场主体广泛参与，按照政府引导、企业对

---

① 《中华人民共和国国民经济和社会发展第十一个五年规划纲要》(2006.3.14)，载《人民日报》，2006年3月17日第1版。

② 2004年6月，在珠三角的基础上，进一步形成"泛珠三角"超级经济圈，简称"9+2"，即包括广东、福建、江西、广西、海南、湖南、四川、云南、贵州9个省、自治区，再加上香港和澳门。

接、市场运作的方式，通过协议分工、长短互补、要素聚合、集成优势，实现联动发展，互利共赢。如中部地区围绕国家中部崛起的战略，正在着力加强省市间的经济合作，形成若干具有国际竞争力的产业集群，以此来全力推进新型工业化进程。目前，在全国区域经济格局中，各大区域之间的合作日趋密切，相互之间的种种"壁垒"正在被打破，各地区的比较优势，将随着分工合作的深化和经济资源的整合而在全国范围内实现优化配置，形成区域合作、互动、多赢的协调机制。

第三，"健全互助机制，发达地区要采取对口支援、社会捐助等方式帮扶欠发达地区。"① 互助机制是在上级政府指导协调下，东部经济发达地区、中央单位和国有大型企业集团公司采取对口支援、社会捐助等多种方式帮扶欠发达地区的机制，本质上属道义性援助，特别适合于人才培训、社会事业与公共服务领域的各类公益性项目。

互助机制是实现区域协调发展的重要补充。互助就是先富帮后富，是邓小平共同富裕构想的重要体现，也是中共中央扶贫工作的重大举措。20世纪80年代开展东、西部对口扶贫主要是救济式扶贫，90年代开始进一步发展为以经济开发为主的东西对口帮扶。在互助方式上，要在继续搞好资金和项目援助基础上，加大技术和人才援助力度，将外生援助转化为内生机制。"八五"计划以来，东部13个经济较发达省市对口支持西部10个省、自治区（北京帮扶内蒙古，天津帮扶甘肃，上海帮扶云南，广东帮扶广西，江苏帮扶陕西，浙江帮扶四川，山东帮扶新疆，辽宁帮扶青海，福建帮扶宁夏，大连、青岛、深圳、宁波帮扶贵州），协作双方根据"优势互补、互惠互利、长期合作、共同发展"的原则，以改变贫困地区生产条件和生态环境，解决贫困地区群众温饱问题为重点，遵循市场经济规律，充分运用科学技术，广泛动员社会各界力量，在企业合作、项目援助、人才交流等方面开展了多层次、全方位的扶贫协作。国家并扩大东部和西部地区之间的干部、人才交流，加大实施东部地区学校对口支援西部贫困地区学校工程的力度，有效地带动

---

① 《中华人民共和国国民经济和社会发展第十一个五年规划纲要》(2006.3.14)，载《人民日报》，2006年3月17日第1版。

了欠发达地区的发展。"十一五"时期,国家继续鼓励东部地区以各种形式带动和帮助中、西部地区发展,扩大发达地区对欠发达地区和民族地区的对口援助,形成以政府为主导、市场为纽带、企业为主体、项目为载体的互惠互利机制。

第四,"健全扶持机制,按照公共服务均等化原则,加大国家对欠发达地区的支持力度。国家继续在经济政策、资金投入和产业发展等方面,加大对中、西部地区的支持。"① 扶持机制是上级政府对经济欠发达和承担重要生态功能地区的下级政府,通过财政转移支付等方式,使其人均财政支出,足以支撑当地居民逐步享有均等化的基本公共服务。扶持机制是实现区域协调发展的重要手段,仅靠市场机制、合作机制、互助机制,区域发展不平衡的问题在短时间内仍然很难解决。在这三个机制充分发挥作用基础上,加大政府特别是中央政府的调节力度,才能更好地促进社会公平,保障全体人民共享改革发展成果;才能从全局和战略的高度保护好重要生态功能区,使中华民族的生存空间得到保护和改善;才能更好地提供公共服务,创造良好的生活环境和公平的起点。20世纪80年代东部沿海地区率先发展起来之后,国家逐步加大对欠发达地区和困难地区的扶持。中央财政转移支付资金重点用于中、西部地区,尽快使中、西部地区基础设施和教育、卫生、文化等公共服务设施得到改善,逐步缩小地区间基本公共服务差距。加大对革命老区、民族地区、边疆地区、贫困地区以及粮食主产区、矿产资源开发地区、生态保护任务较重地区的转移支付,加大对人口较少民族的支持。2006年中央财政用于对地方主要是中、西部地区的一般性转移支付资金为1527亿元,对民族地区转移支付资金为155.63亿元;2007年预算中,上述两项将分别提高到1924亿元和210亿元,比2006年分别增加397亿元和54亿元。② "十一五"期间按照公共服务均等化原则,国家继续在经

---

① 《中华人民共和国国民经济和社会发展第十一个五年规划纲要》(2006.3.14),载《人民日报》,2006年3月17日第1版。

② 财政部:《关于2006年中央和地方预算执行情况与2007年中央和地方预算草案的报告》(2007.3.5),载《人民日报》,2007年3月19日第7版。

济政策、资金投入和产业发展等方面加大对中、西部地区的支持，加快革命老区、民族地区、边疆地区和贫困地区的经济社会发展。

这样，经过改革开放以来特别是中共十六大以来的探索，包括四大板块、四大功能区和四大机制的统筹区域协调发展的总体思路趋于完善。"各具特色的区域发展格局初步形成，城乡、区域间公共服务、人均收入和生活水平差距扩大的趋势得到遏制"①，"城乡、区域协调互动发展机制和主体功能区布局基本形成"。② 目前，在全国区域经济格局中，各大区域之间的合作日趋密切，相互之间的种种"壁垒"正在被打破，市场分割的问题和矛盾正随着全国统一市场的建立和区域互动机制的完善而逐步得以解决，各地区的比较优势，将随着分工合作的深化和经济资源的整合而在全国范围内实现优化配置，城乡区域发展趋向协调。中国区域工业化、现代化发展从东、西部"两极并进"向西部大开发、东北振兴、中部崛起、东部新跨越"多轮驱动"转变，开始迈入了全方位的互动期。2007 年东、中、西部及东北老工业基地经济分别比 2002 年增长 1.3、1.3、1.3 和 1 倍。③

中国区域经济发展的失衡，是历史进程中长期积淀的结果，扭转失衡，实现协调发展，也将经历一个较长的过程。"十一五"时期，中共中央要求立足新的历史起点，"从贯彻落实科学发展观、构建社会主义和谐社会的战略高度，深刻认识促进区域协调发展的重大意义，把促进区域协调发展摆在更加重要的位置，切实把区域发展总体战略贯彻好、落实好。"④ 贯彻落实好区域发展总体战略，不断加深对区域发展规律的认知与把握，并以实践中积累的新经验、理论研究的新成果不断充实完

---

① 《中华人民共和国国民经济和社会发展第十一个五年规划纲要》(2006.3.14)，载《人民日报》，2006 年 3 月 17 日第 1 版。
② 胡锦涛：《高举中国特色社会主义伟大旗帜，为夺取全面建设小康社会新胜利而奋斗》(2007.10.15)，载《人民日报》，2007 年 10 月 25 日第 1 版。
③ 国家统计局局长谢伏瞻：《沿着中国特色社会主义道路阔步前进的五年》，载《人民日报》，2008 年 3 月 28 日第 7 版。
④ 引自 2007 年 2 月 15 日胡锦涛在中共中央政治局第三十九次集体学习时的讲话，载《人民日报》，2007 年 2 月 17 日第 1 版。

善区域发展总体战略，地区普遍繁荣和工业化的新格局终将实现。

8.4 中国区域工业化发展道路创新的特点

从中国典型的发展中大国国情和各地区经济发展不平衡性的实际出发，选择正确的区域工业化发展模式，一直是中国共产党探索中国特色社会主义工业化道路的一个具有重要意义的课题，并历经了一个曲折发展与不断创新的过程。

新中国成立后，以毛泽东为主要代表的中国共产党人在启动社会主义工业化的进程中，围绕着如何从合理布局角度建立一个比较完整的工业体系，以及在基本建设项目投资上如何处理沿海与内地的关系，开始进行了初步的有益探索。但总的来看，至1978年12月中共十一届三中全会前，中国共产党长期实施了重点发展内地的区域工业均衡发展模式，客观效果并不理想，甚至人为地抑制了沿海地区工业基础优势的发挥，反过来又影响了对内地工业的支持，使中国工业化并没有取得应有的发展。

以改革开放为起点，中国区域工业化发展模式经历了历史性的转变。从邓小平"两个大局"构想到以江泽民为核心的中央领导集体的区域协调发展思想，再到以胡锦涛为总书记的新一届中央领导集体形成的统筹区域协调发展的总体战略，逐步构建了中国特色的区域工业化道路模式。它突破了中外传统平衡发展或不平衡发展的思维，深化了中国社会主义区域工业化发展规律的认识，有力地促进了改革和开放的有机结合，初步开创了中国区域工业化协调推进的新局面，并由此影响和带动了全国经济的快速发展。这一发展创新过程，呈现出以下几个方面鲜明的历史特点：

（一）从偏重于军事政治向以现代化建设为中心和以发展为主题的战略思想转变

1979年以前，中国共产党区域工业化发展战略的出发点主要有两个，一是平衡工业布局，实现生产力的均衡配置，促进内地工业的发展；二是出于对战争威胁的考虑，加强国防建设。应该说，无论从旧中国工业布局极端不合理，还是当时严峻的国际环境来说，这种着眼点无可厚非。建国初期重点发展内地工业，同时一定程度上发挥沿海工业支援内地工业的发展，从总体看布局基本是合理的。1956年毛泽东在《论十大关系》中论述了国防建设应以经济建设为基础、经济建设与国防建设相互促进，中共八大提出社会主义改造基本完成以后党和国家的工作重点是集中力量发展社会生产力，这些观点对正确探索区域工业化发展道路有重要意义。然而，之后不久，毛泽东在指导思想上偏离了以发展生产力为中心，反映在区域工业化发展战略思想上，更过分强调工业空间布局服从军事政治目标。"大跃进"时期追求建立比较完整的地方工业体系，明显带有浓厚的"赶超英美"和公社化运动的政治色彩。随后以备战为中心的三线建设，使工业建设处于服从战备的地位，备战成为区域工业战略布局的首要出发点。尽管其中有一定的合理因素，但长期把区域发展的主要目标放在战备上，同时把政治运动作为区域经济发展的动力，严重偏离了现代化建设的中心任务。

中共十一届三中全会后，以邓小平为核心的中央领导集体经过对过去30年经济建设经验的认真反思和对时代特征的重新审视，把党和国家的工作重点坚定不移地转移到社会主义现代化建设上来，不仅确立了以经济建设为中心的社会主义初级阶段基本路线，而且提出了"社会主义的根本任务是发展生产力"、"发展是硬道理"的重要理论观点，这就明确了发展生产力是社会主义建设的首要任务。"部分先富带后富"政策和"两个大局"构想摆脱了过去区域工业布局过分受军事政治因素的制约，确立了发展生产力在区域建设中的中心地位，使区域经济布局由过去以备战为中心转向全面推进工业化和现代化建设。

依据邓小平"发展是硬道理"的思想，以江泽民为核心的中央领导集体和以胡锦涛为总书记的中央领导集体进一步提出应坚持"把发展作为主题"的重要观点。从区域发展的视角看，中共中央认为，中国要实现全面建设小康社会、基本实现工业化和现代化第三步战略目标，既要加快中、西部地区发展的步伐，逐步缩小国内地区发展差距，又要不断增强综合经济实力和国际竞争能力，逐步缩小与世界发达国家之间的发展差距。这两方面的历史任务要通过各区域的共同发展来实现,发展应成为东、中、西部地区的共同主题。

(二)从封闭半封闭式向全开放式的战略思想转变

布局合理的区域经济是一种充分承认并利用各个经济区域中不同方面、不同程度上的差异,充分承认并利用区际流通和区际交换的开放式经济。在当代世界,只有顺应世界潮流,把中国区域经济置于世界经济发展总格局中加以筹划,形成一个立足国内和走向世界的开放性区域经济发展模式,才能更有效地推动中国工业化的进程。

新中国成立初期曾一度实行对外开放,但由于西方国家的封锁,仅局限于对苏联和东欧国家的开放,后来受意识形态分歧的影响,这种半封闭式的开放也不得不中断。这样,中国长时间里几乎是在同外界隔绝的条件下进行工业化建设的,因而形成了一种以封闭和内向型为主要特征的区域工业布局,使中国与外国特别是发达国家的经济、贸易往来很少,与世界新科技革命的浪潮失之交臂,工业化建设失去了许多发展机遇。

中共十一届三中全会后,随着对外开放政策的实施,与面向世界全方位开放相适应的是国内的地域开放。按照邓小平"两个大局"构想,中国区域开放由南向北,由东向西多层次逐步展开,使区域经济发展从封闭半封闭式向全开放式的格局转变,逐步构筑了一个与对世界开放融为一体的,既有层次又各具特点的区域工业化全方位开放空间布局。一是通过逐步开放,形成中国各地区的全方位开放格局。新时期的对外开放,在地域空间上是以东部沿海地区为战略切入点和突破口,率先对外开放,加快发展工业化。之后,由沿海扩展到沿江、沿线和沿边地区,向广大内陆全面铺开,辐射、带动中西部地区的工业化发展,逐步在全国形成一个从南到北、连线成片,由东向西、逐步推进,包括具有不同开放层次、不同开放功能的区域工业化全方位开放新格局。第二,在国家总体筹划的基础上,突破省区界限,形成地区间的相互开放。邓小平的全方位开放思想,不仅是对世界各国和地区开放,也包括"国内各地区之间更要互相开放"①。沿海和内地、经济比较发达地区和欠发达地区都要打破封锁，打开门户，加强经济联合与协作，扬长补短，优势互补，使各区域之间形成了一种相互开放、相互促进、共同发展的新格局，加速中国工业化和现代化建设的进程。

（三）从区域倾斜向区域良性互动的战略思想转变

无论是区域均衡发展战略还是区域不平衡发展战略，其实质都是一种区域倾斜或区域重点发展战略。

1979年前中国在实施重点发展内地战略的过程中，进行了"一五"计划建设和"三线建设"两次工业建设重心的大规模西进。从中国生产力布局和长远发展的视角，有其历史的必然性和合理性，对推动内地工业化发展有积极效应。但从提高全国工业整体的发展速度和经济效益看，又是不理想的。究其原因，主要是这两次西进战略忽视了沿海与内地的互动关系。表现在：一是人为地抑制了沿海地区的工业发展，反过来又影响了对内地工业的支持；二是在计划经济下回避了区域间的经济竞争和忽视了地方、企业合理的经济利益，加上内地广大传统的农牧区和少数现代工业城市并存的典型二元经济结构，使其客观经济效果并不理想。这导致了对内地的投资倾斜不仅使其自身不能得到应有的发展，而且也未能有效地发挥辐射和带动功能作用，促进东西联动与合作。虽然1956年4月毛泽东在《论十大关系》中总结了"一五"时期处理沿海工业和内地工业关系的经验，提出要"好好地利用和发展沿海的工业老底子，可以使我们更有力量来发展和支持内地工业"，这种新思路注意到了东、西部互动的重要性，这对推动全国工业化的发展有着宝贵的价值，但后来并没能在实践中坚持下去。

中共十一届三中全会后，邓小平提出部分地区先富带动各地区共同富裕和"两个大局"构想，已蕴涵了东西互动思想，反映了中国共产党在新的实践中对东、西部发展关系思路的重新审视和重大调整。东部沿

---

① 《中共中央关于经济体制改革的决定》（1984.10.20），《十二大以来重要文献选编》（中），人民出版社1986年版，第581页。

海地区优先发展的同时,通过示范、扩散效应和经济技术合作等多种途径,带动了中、西部地区的发展,因而极大地推动了中国社会主义工业化的进程。然而,至20世纪90年代末实施西部大开发战略之前,尽管在区域倾斜指导思想上与改革开放前存在着根本的区别,东、西部间的互动与合作始终存在,但这种互动基本上处于一种不均衡、不自觉的状态下。西部地区服从东部沿海地区优先发展的大局,东部对西部经济只是一种有限的、缺乏自觉的支持,主要是由政府外力的推动、运作和协调,地方和企业处于被动执行的地位,各区域的要素并没有有效地互动与整合起来。世纪之交西部大开发战略重点西移,既不同于改革开放前的战略重点"西进",也区别于改革开放初期的战略重点"东移",开始构建了中国工业化、现代化进程中促进东西互动的全国大战略大思路。统筹区域发展总体战略的提出和实施,进一步明确把东、中、西部的发展整合为同一过程,促进各区域经济自觉的互动和融合,最大限度地提高东西部经济发展的效率,表明中国共产党实现了工业化进程中从区域倾斜向区域良性互动战略思想的转变。

(四) 从片面追求公平向效率与公平统一和和谐发展的战略思想转变

公平与效率是区域发展追求的两大目标取向。从整体和长远来看,这两个目标是统一的,但就具体发展阶段来说,两者又有一定的矛盾。正确处理两者的关系,选择合理的区域发展战略,对改善生产力布局和促进区域工业化协调发展具有十分重要的意义。

在世界工业化历史进程中,许多国家曾主要实行过偏重于以效率为目标的区域不平衡发展战略或偏重于以公平为目标的区域平衡发展战略。1949—1978年间,中国共产党的区域工业发展战略基本上照搬苏联生产力布局理论,把不平衡发展分布视为资本主义生产力布局规律,把平衡发展作为社会主义生产力布局规律。因此,过分追求地区公平目标,片面强调生产力布局的空间平等而忽视效率目标,将工业投资和政策重点长期放在内地,甚至通过抑制或牺牲东部沿海地区优势的发挥,力图"拉平"沿海与内地的工业发展差距。这种牺牲了效益目标的低水平的平衡，制约了全国工业发展和运行效率的提高，导致了效率与公平在经济运行过程中几乎同时失落。

改革开放后中国共产党对前 30 年区域工业布局经验教训的总结，引发了对"效率"与"公平"、平衡与不平衡之间关系的重新思考和抉择。中共中央认为，科学社会主义所追求的平等，不是绝对平均的，而是有竞争的、有效率的平等；尽管"公平"、"平衡"是人们向往的奋斗目标，但这只有在经济发展过程中才能真正实现。基于这种认识，中国区域经济发展战略开始朝不平衡协调发展方向转变，让部分地区先发展起来带动其他地区共同发展。随着改革开放的深入和地区差距日渐扩大，中国共产党对效率与公平关系的认识不断深化，从 20 世纪 90 年代中期开始，中国区域发展战略在不断地调整和完善。尤其是中共十六大以来，中共中央逐步确立了以人为本科学发展观的新思路，提出了统筹经济社会发展和构建和谐社会的新目标，进一步完善了区域发展总体战略和"初次分配和再分配都要处理好效率和公平的关系，再分配更加注重公平"[①] 的收入分配制度。而社会和谐在很大程度上取决于社会生产力的发展水平，取决于发展的协调性。区域发展总体战略的核心是协调，区域协调发展是构建和谐社会的重要基础，通过统筹兼顾推进东、中、西部工业化的良性互动和协调发展，有效遏制区域间基本公共服务、人均收入和生活水平差距扩大的趋势，进而逐步缩小地区发展差距，达到公平和效率的统一，保证发展成果由人民共享，促进形成全体人民各尽其能、各得其所而又和谐相处的局面。

（五）从单一计划机制向建立和健全区域协调互动机制的战略思想转变

任何区域发展战略都是特定制度环境和体制条件的产物，一定的战略必须依托于一定的经济体制和机制来实现。改革开放前，中国地区经济发展战略实行的是仿效苏联的传统计划经济运行模式。这种经济运行

---

① 胡锦涛：《高举中国特色社会主义伟大旗帜，为夺取全面建设小康社会新胜利而奋斗》（2007.10.15），载《人民日报》，2007 年 10 月 25 日第 1 版。

方式的特点是，区域间的经济活动带有浓厚的计划和行政色彩。这种高度集中计划体制的区域经济调控方式，曾对改善不合理的工业布局起了一定的积极作用，但其割断了经济区域的内在联系性，阻碍了各种生产要素在不同区域间的自由流动和合理配置。同时各区域没有独立的经济利益，缺少追求经济发展的驱动力，导致了区域工业发展缺乏活力。

改革开放后，中国从传统计划经济体制向以市场为导向，运用计划经济和市场经济两种体制并存过渡，并向社会主义市场经济体制转轨。中央政府对宏观区域经济的直接控制逐步向间接控制转化，从单一计划机制向以市场为导向，运用市场调节与宏观调控双重驱动的区域经济协调机制转变。一方面，随着社会主义市场经济体制的逐步建立和完善，市场在资源配置中的基础性作用日益加强，打破了地区行政分割体制，重塑了社会主义市场经济条件下的新型区际经济关系，促进了各区域间产业配置的合理化和资源利用率的提高，使地区比较优势得到充分发挥。另一方面，国家运用经济、法律的手段，并辅之以必要的行政手段，对区域经济发展总体格局进行了必要的正确指导和宏观调控。同时，随着区域发展总体战略的形成和主体功能区的定位，逐步建立和健全区域协调互动的合作机制、互助机制和扶持机制，加强区域管理的科学化和制度化，以正确处理全国经济发展与地区经济发展的关系，以及正确处理地区之间经济发展的关系，有力地保障了区域工业化的协调发展。

上述区域经济发展战略思想转变的特点表明，中国特色区域工业化道路的形成，既是中国共产党对新中国成立以来不同时期区域发展战略实施经验教训的深刻总结，也体现了对中国区域经济发展规律认识的深化，是适合中国国情的战略选择，是中国特色社会主义工业化道路的重要组成部分。它不仅成为推进中国工业化进程的重要指导思想和发展动力，而且提出的一系列重要思想观点，也是对国内外单纯地强调区域工业化发展的均衡或非均衡传统模式的突破与创新。

第九章　新型工业化道路的开辟

20世纪90年代中期以来，在深化改革和扩大对外开放的同时，以江泽民、胡锦涛为主要代表的中国共产党人抓住世界信息化浪潮方兴未艾的机遇，又一次对外延、粗放型的传统工业化道路进行反思，进一步探索以信息化和可持续发展推动中国工业化为主要内容，寻找一条中国特色新型工业化的超越式发展道路。

新型工业化道路坚持实施科教兴国和可持续发展战略，走经济、社会、自然和人的全面协调可持续的科学发展之路，体现了科学发展观的总体要求，是对工业化发展观的新突破。新型工业化促进信息化与工业化的融合互动发展，实现社会生产力的跨越式发展，是中国共产党继开创在市场化和对外开放中推进中国工业化发展之后产生认识上的又一次飞跃和创新，初步解决了在经济文化落后大国、工业化后起国、处于世界传统工业化向现代信息工业化转变过程中，如何同时实现继续完成工业化和推进信息化双重任务的崭新课题。它既突破了中国过去外延型、粗放型的传统工业化发展模式，又超越了"先污染（发展），后治理"和"先工业化，后信息化"的西方发达国家传统工业化模式，具有双重突破和超越的意义，是中国社会主义工业化史和世界工业化史上的又一创举。

9.1　当代中国工业化在世界工业化进程中的历史坐标及历史使命

20世纪90年代中期以来中国共产党对新型工业化道路的探索，是与对当代中国工业化目标任务的新认识相联系的。

工业化不仅是一个发展过程，也是一个发展目标。正确选择新形势下中国工业化发展道路，首先需要对中国工业化在世界工业化进程中的历史坐标作出正确的判断，在世界的整体联系中确定当代中国工业化的历史使命。

迄今为止世界进程中出现的三次工业化浪潮，其原动力来自三次科技革命。在二战前分别以蒸汽机和以电力的应用为代表的两次世界科技革命，相继推动了一批资本主义国家和苏东社会主义国家走向工业化，实现了从传统农业社会向现代工业社会的转变。二战后兴起的以电子的发明和应用为代表的世界新科技革命，带来了工业化新的飞跃。据统计，20 世纪在整个工业劳动生产率的提高中，依靠技术进步所占的部分，世纪初大约占 5%—20%，到中叶上升到 40%，70 年代迅速上升到 60% 以上，80 年代西方一些发达国家高达 70%—80%。然而至少在 80 年代前期，它还没有真正取代第二次工业革命技术，传统技术和传统产业仍在经济中占主导地位。到 80 年代中后期，特别是 90 年代以来，电子计算机及其有关设备由于生产技术进步开始成熟，电子信息技术以数字化和网络化为特征，在向传统产业广泛渗透的同时，催生了新材料、生物工程、信息产业等新的重要产业，使当今世界工业发展出现了新的转折性变化，即进入了新的工业革命时代。许多实现了工业化历史任务的发达国家中已经衰落的传统产业，尤其是机械工业由于采用了高新技术，又焕发了新的生机，并开始向后工业社会或信息社会发展。新的工业革命的到来，赋予了当代世界工业化以新的发展目标和更为丰富的内涵。

如前所述，新中国的工业化是在工业基础十分薄弱和世界第二次科技革命向第三次科技革命的转变中起步的。中国共产党在推进中国工业化的进程中，一方面从中国工业发展水平十分落后的实际出发，另一方面受苏联传统工业化道路的影响，一直将逐步"建立独立的完整的工业体系"确立为中国工业化的目标任务。至改革开放前，经过近 30 年的建设和发展，中国初步建立起了比较独立完整的工业体系，同时在一些科学尖端领域，尤其是国防领域取得了重大的成就。

然而，由于新中国成立时工业发展水平十分落后，从传统农业社会向现代工业社会的转变是一个长期的艰巨的过程，尽管工业化有了一定的基础，但尚处于工业化的初期阶段。同时，尽管党和国家主要领导人开始注意和重视世界新的技术革命，并把科技现代化包括在"四个现代化"的内涵中，但更多的还是从传统工业化的意义上来理解和使用这一概念的。直到1978年前并没有能真正认清世界技术革命发展的趋势，也就没有把它明确确立为实现中国工业化的重大战略任务。因此，1953—1978年中国进行的工业化建设，其基本目标仍是单一的传统的"工业化"。

从20世纪70年代末开始，由于实行了以经济建设为中心和改革开放的政策，工业实现了持续、稳定和高速的增长，工业化进程急剧加快。据国家统计局提供的数字，工业增加值由1978年的1607亿元，增加到2001年的42607亿元，扣除价格因素，增长11.2倍，平均每年增长11.5%，并带动了国民经济快速增长，综合国力明显提高。从1978年到2001年，国内生产总值年均增长9.4%。1995年提前5年实现了国内生产总值比1980年翻两番的计划目标。1997年中国经济总量跃居世界第七位，2001年上升到第六位。2000年国内生产总值首次突破1万亿美元，许多重要工农业产品的产量跃居世界前列。①

中国工业化的迅速发展，在几十年里走完了其他国家100年甚至更长时间才能走完的历程，但离工业化的成熟阶段还有很大的差距。钱纳里对世界工业化的6个时期和3个阶段的划分认为：人均收入水平达到280—560美元则进入工业化初期阶段，达到560—1120美元则进入工业化中期阶段，达到1120—2100美元则进入工业化成熟阶段。② 按照钱纳里的划分标准，中国目前人均GDP1000美元左右，总体上尚处于工业化的中期阶段。另有学者也认为，从制造业增加值占总商品生产增值额的

---

① 朱剑红：《我国经济总量跃居世界第六位》，载《人民日报》，2002年9月16日第1版。

② [美] H. 钱纳里：《工业化与经济增长的比较研究》（中译本），三联书店1989年版，第95页。

比重看，中国 2001 年制造业增加值占总商品生产增值额的比重约为 51.5%，属于半工业化国家。从三次产业的生产结构和就业结构看，2001 年中国三次产业的生产结构为 15.2%：15.1%：33.6%，三次产业的就业结构为 50%：22.3%：27.7%。中国现在生产结构中第一产业比重略高，第二产业比重过高，第三产业比重明显偏低。就业结构中第一产业比重高出 34 个百分点，第二产业比重低 14.5 个百分点，第三产业比重低近 20 个百分点。从城市化水平看，中国 2001 年城镇人口占总人口 37.6%。从这些指标看，中国也属于正在工业化的国家。①

以上表明，中国工业化进程虽已获得很大进展，但工业化的任务远未完成。实现工业化是中国经济发展过程中不可逾越的历史阶段，面对世界性信息化的新浪潮，当代中国工业化发展同时面临着双重的目标任务：一是仍然要实现西方发达国家已经完成的传统工业化；二是要迎接世界新技术革命兴起的新挑战，实现信息化带动的更高层次的工业化。这一工业化双重的目标任务，中国共产党是在 20 世纪 80 年代开始认识，到 90 年代中期以后逐步明确起来的。

从党和国家的文献来看，1978 年底之后中国共产党开始了对中国工业化道路的新探索，首先是从对世界新科技革命的深刻认识开始的，并在这一过程中对中国工业化目标内涵的认识日益深化。中共十一届三中全会召开前夕，邓小平以面向世界的宽广视野，明确提出"科学技术是生产力"时，就敏锐地把握住世界新科技革命的时代脉搏，清醒地认识到"现代科学技术正在经历着一场伟大的革命"。为此，他强调："搞现代化，理所当然不是拿落后的技术作出发点，而是用世界的先进水平作出发点"。② 中共十一届三中全会以后，中共中央反复强调现代科学技术在推进中国工业化和现代化建设中的关键作用。随着实践的发展，1987 年中共十三大清醒地分析了中国社会主义初级阶段的基本国情及世界新

---

① 席丹：《信息化与中国经济跨越式发展》，武汉大学出版社 2004 年版，第 140 页。

② 中共中央文献研究室编：《邓小平思想年谱》，中央文献出版社 1998 年版，第 43 页。

技术革命提供的机遇和挑战,对中国社会主义工业化、现代化历史任务的认识产生了重大飞跃,开始在世界工业化历史演变发展的大坐标上找准中国工业化发展的历史方位。

大会一方面深刻描述了目前中国正处在社会主义初级阶段的工业化发展水平:10亿多人口,8亿在农村,基本上还是用手工工具搞饭吃;一部分现代化工业,同大量落后于现代水平几十年甚至上百年的工业,同时存在;少量具有世界先进水平的科学技术,同普遍的科技水平不高,文盲半文盲还占人口近四分之一的状况,同时存在。大会另一方面深刻指出:当今世界,新技术革命迅猛发展,我们面临的挑战是紧迫的严峻的。"如果我们不抓紧时机,急起直追,就无法缩短我们在经济技术上同发达国家之间的差距。"这就是说,中国工业化建设已取得很大成就,但国民经济仍呈现出严重的"二元结构"特征,从总体上看并未实现工业化。而当代新科技革命和新工业革命的兴起,使中国不仅面临着有可能以新的科学技术带动工业化的快速发展,还面临着世界工业化史上前所未有的新的技术革命的挑战。要继续完成工业化,必须抓住世界新技术革命的历史机遇,同时推进经济技术的现代化。基于这种认识,大会提出了当代中国工业化、现代化"肩负着既要着重推进传统产业革命,又要迎头赶上世界新科技革命的双重任务"。这一工业化、现代化战略任务的概括,把中国尚未完成的传统产业革命与新的科技革命结合起来,同时并举联为一体,以实现新技术革命带动的更高一层的工业化和现代化。这既符合当代中国的基本国情,又反映了世界新科技革命的发展趋势。它的提出表明中国共产党对中国工业化在世界工业化进程中的时代坐标及历史使命有了深刻的认识,初步解决了中国长期以来对工业化目标内涵的误解。

信息技术是当代世界新科技革命的主要标志。20世纪90年代之后世界开始步入信息社会的新时代,世界性信息技术革命对人类社会的影响已经超过了传统的工业化,信息产业对国民生产总值增长的贡献率不断上升,使信息化成为当今时代推进工业化发展的新动力。无论是发达国家,还是发展中国家,都在积极应对信息化的挑战。面对世界信息化浪潮的蓬勃兴起,中国共产党对工业化内涵及与信息化关系的认识日趋成熟。早在1984年9月,邓小平以其思想家和战略家特有的眼光,为《经济参考》创刊题词就指出:"开发信息资源,服务四化建设"。信息是经济和社会发展的重要资源,在今天看来已经成为世界性的共识,但在那个时代能提出这个思想,并且与现代化建设相联系,足见其高瞻远瞩。同年江泽民在《红旗》杂志上发表署名文章《振兴电子工业,促进四化建设》也指出,在现代化建设中,电子工业要以传统工业为基础,而传统工业的发展和改造又离不开电子技术的支持。1991年,他明确使用了"信息化"概念,指出:"实现四个现代化,哪一化也离不开信息化"。

1995年9月中共十四届五中全会通过的《中共中央关于制定国民经济和社会发展"九五"计划和2010年远景目标的建议》,把信息化摆在重要位置,提出了"加快国民经济信息化进程"的战略任务。1997年9月中共十五大进一步分析了社会主义初级阶段经济方面的基本特征,指出社会主义初级阶段,是逐步摆脱不发达状态,基本实现社会主义现代化的历史阶段;是由农业人口占很大比重、主要依靠手工劳动的农业国,逐步转变为非农业人口占多数、包含现代农业和现代服务业的工业化国家的历史阶段;是由自然经济半自然经济占很大比重,逐步转变为经济市场化程度较高的历史阶段;是由文盲半文盲人口占很大比重、科技教育文化落后,逐步转变为科技教育文化比较发达的历史阶段。以上论述准确地阐述了中国工业化的两重历史任务,强调要坚持用马克思主义的宽广眼界观察世界,充分认识世界范围内科技革命突飞猛进的态势,运用先进的科学技术,"改造和提高传统产业,发展新兴产业和高新技术产业,推进国民经济信息化"。① 这些论述和决定,实际上指出了中国工业化进程在世界信息技术革命新形势下的新的特性。

2000年10月中共十五届五中全会关于制定"十五"计划的建议,进一步把实现中国工业化和信息化的任务紧密融合在一起,指出:"继

---

① 江泽民:《高举邓小平理论伟大旗帜,把建设有中国特色社会主义事业全面推向二十一世纪》(1997.9.12),《十五大以来重要文献选编》(上),人民出版社2000年版,第15、16、26页。

续完成工业化是我国现代化进程中的艰巨的历史性任务",而"信息化是当今世界经济和社会发展的大趋势,也是我国产业升级和实现工业化、现代化的关键环节"。因此,要在工业化、现代化的过程中,把推进国民经济和社会信息化放在优先位置,作为"覆盖现代化建设全局的战略举措"①。

进入新的世纪,江泽民更明确指出:"中国还是一个发展中国家,工业化的任务尚未完成,又面临实现信息化的艰巨任务。"② 这是对中国国情及发展目标务实的准确的估计。根据这种科学判断,中共"十六大"报告把大力推进信息化作为中国在新世纪头 20 年工业化和现代化建设的一项主要任务,强调:"实现工业化仍然是我国现代化进程中艰巨的历史任务。信息化是我国加快实现工业化的必然选择。"③ 这实际上也就更准确地指明了当代中国工业化和现代化双重使命的时代特征。

中国共产党经过 20 多年的探索,终于逐步把信息化与工业化融为一体,相辅相成,同时并举,最终目的是使中国工业化建立在技术进步基础上,使整个国家的工业发展达到世界工业化的先进水平。这是对中国工业化发展目标任务认识的深化,为中国社会主义工业化建设注入了新的内涵。

中国社会主义工业化双重使命的确立过程,体现了中国共产党对中国工业化发展规律的认识逐渐深化,也是对当代世界新技术革命和新工业革命时代敏锐观察和深入思考的结果。就每个国家工业化发展目标而言都有着自己的历史起点和发展路向,因而体现着差异性和多样性。但同时,不同国家工业化的发展又都有其共同的追求,这就使不同国家的

---

① 《中共中央关于制定国民经济和社会发展第十个五年计划的建议》(2000.10.11),《十五大以来重要文献选编》(中),人民出版社 2001 年版,第 1371、1377 页。

② 江泽民:《在第十六届世界计算机大会开幕式上的讲话》(2000.8.21),《论科学技术》,中央文献出版社 2001 年版,第 222 页。

③ 江泽民:《全面建设小康社会,开创中国特色社会主义事业新局面》(2002.11.8),《十六大以来重要文献选编》(上),中央文献出版社 2005 年版,第 16 页。

工业化有着基本的目标评价系统及其标准。中国社会主义工业化双重使命的提出,既表现于当代中国经济社会发展的趋势内,又存在于世界科技革命和工业化发展阶段的转换过程中。这一双重使命的确立,使中国社会主义工业化发展有了一个科学的世界参照与时代坐标,为中国工业化发展路径的新选择,指明了正确的探索方向。

9.2 科学发展观与新型工业化道路的提出

实现中国社会主义工业化的双重使命,是中国和世界工业化历史上遇到的新课题,既不能沿袭中国过去传统的社会主义工业化道路,也不能走西方国家的工业化老路,而必须在新的历史条件下开辟一条新的中国工业化发展路径。

(一)新型工业化道路提出的背景和原因

虽然新中国成立以来,尤其是改革开放以来中国工业化取得了令世人瞩目的成就,走完了发达国家 200 年甚至更长时间走过的工业化历程,但是随着中国经济发展环境和任务的新变化,工业化发展面临着新的发展机遇,同时存在的问题和矛盾也日益突出,对下一个阶段的发展形成新的制约,突出地表现在科技含量低和能源消耗高。

据世界银行统计,随着二战后世界新科技革命的兴起,不仅发达国家科技进步对劳动生产率的贡献率飞速提高,而且许多发展中国家这一比例也逐渐上升。1950—1970 年间,发展中国家这一贡献率平均为 35%,有些国家和地区也达到 50%。由于种种原因,科技对中国经济发展的贡献率是较低的。1952—1976 年间的科技贡献率为 23.7%,1981—1985 年为 30.5%,1985—1989 年为 30.1%。[1]"八五"计划期间国民生产总值年均增长 12%,1995 年达到 57600 多亿元,在 1988 年比 1980 年翻一番的基础上,用 7 年的时间又翻了一番,从而使原定的 2000 年国民

---

[1] 马洪:《依靠科学技术进步实现我国社会主义现代化》,载《人民日报》,1991 年 5 月 24 日第 5 版。

生产总值比1980年翻两番的目标，提前5年实现。这时期是新中国成立以来经济增长速度最快、波动最小的5年。然而投资增长的贡献率由"七五"的38.7%上升到41.5%，其中固定资产投资增长的贡献率由"七五"的26.6%上升到38.4%，消费增长的贡献率则由"七五"的61.5%下降为55.7%。① 这说明，"八五"期间国民经济的快速增长，仍然主要是依靠投资需求拉动的，而且主要是固定资产投资需求拉动的。

从20世纪80年代世界各主要国家每亿美元国内生产总值（GDP）能源消耗情况来看，1985年每亿美元GDP能耗量，中国是能耗率最低的日本的8.5倍，是其他8国中能耗率最高的印度的2.6倍（见表9—1）。

表9—1　1985年世界10国能源消耗比较

国别	能源消耗总量（万吨标准煤）	国内生产总值（亿美元）	每亿美元GDP能源消耗量（万吨标准煤）	每亿美元GDP能源消耗量中国是其他国的倍数
美国	227627	36466.0	5.77	5.0
联邦德国	34995	6249.7	5.60	5.2
日本	44851	13279.0	3.38	8.5
法国	21929	5103.2	4.30	6.7
英国	27679	4543.0	6.09	4.7
意大利	18861	3586.7	5.26	5.5
加拿大	25198	3460.3	7.28	4.0
中国	76682	2655.3	28.88	—
印度	19297	1757.1	10.98	2.6
巴西	9377	1882.5	4.98	5.8

资料来源：《中国科学技术指标（1992）》（科学技术黄皮书·第一号），科学出版社1993年版，第141页。

---

① 陈锦华主编：《第八个五年计划期中国经济和社会发展报告》，中国物价出版社1996年版，第14、15页。

虽然 90 年代中期开始中国工业发展战略由从数量扩张为主转向提高工业素质、推进产业结构升级为主,即用先进技术改造传统产业,积极发展技术密集、知识密集和高新技术产业,在产业结构、生产技术以及产品的品种、质量和性能上努力缩小与工业发达国家之间的差距,但外延发展仍然在工业化的过程中居于主导地位。据统计,2001 年中国从事制造业的劳动力总数为 8083 万人,分别是美国、日本和德国的 5.48 倍、9.45 倍和 13.4 倍,但制造业的增加值分别是上述三国的 31.6%、50.6% 和 98.1%;2003 年中国消耗的能源、原材料占世界总产量的比例分别为:煤炭 31%,发电量 13%,钢材 27%,铜 19.7%,水泥 45%,棉花 32.7%;中国钢铁工业的吨钢能耗比世界平均先进水平高出 30%,除上海宝钢外,生产每吨钢的平均耗水量为 15 吨,相当于世界先进水平的 2.7 倍。① 虽然中国与发达国家所处的工业化发展阶段不同、人口规模不同、产业结构不同,相互之间有不可比的因素,但上述统计数字仍然能够说明中国的经济增长方式还没有摆脱粗放运行的局面。

由此可见,改革开放以来中国工业的迅速增长和发展,最根本的原因是选择了市场化和外向化的工业道路,得益于经济体制的根本性转变和对外开放。就经济增长方式来看,1995 年中共十四届五中全会确立实现经济增长方式根本性转变的方针以来,虽然取得了不少成效,但总体上所选择的仍是一条高投入、高消耗、低产出、低质量的粗放型的发展道路,传统产业结构和技术结构落后,经济增长和工业化的推进主要靠的是铺新摊子、大量增加投入,还没有真正转到依靠科技进步和提高劳动者素质的轨道上来。而且,这种传统外延型的经济扩张和和粗放式的增长又是以资源严重浪费、生态环境日趋恶化为代价的。实践证明,这一模式越来越难以适应实现中国工业化双重任务的要求。21 世纪初,中国开始全面建设小康社会,向现代化第三步战略目标迈进。按照中共十七大提出在优化结构、提高效益、降低消耗、保护环境的基础上,实现人均国内生产总值到 2020 年比 2000 年翻两番的目标,意味着中国工

---

① 吕政:《积极促进经济增长方式转变》,载《人民日报》,2005 年 1 月 14 日第 9 版。

必须保持着持续快速健康发展。从供给层面看，工业的快速增长要受到资源与环境的约束。如果重复中国过去以粗放型为主的传统工业化道路或西方工业化老路，必然加剧环境污染、资源浪费、失业等严重问题。因此，抓住世界信息产业和高新技术方兴未艾的机遇，从中国的实际出发，借鉴工业化国家的经验，另辟新路，走一条中国特色的新型工业化道路是必然的现实的选择。

(二) 新型工业化道路的酝酿和提出

在上述背景下，中国共产党又一次开始着重探索适应新形势和新任务的新型工业化道路。与中国共产党对中国工业化双重历史任务的认识相吻合，"新型工业化道路"思想虽然是中共十六大完整提出的，但其酝酿和实践是从改革开放之后，尤其是20世纪90年代中期开始的。

(1) 1979年至1995年前，是新型工业化道路的酝酿时期。这一时期中国共产党在着重开辟市场化、外向化工业化道路的同时，开始对粗放型的传统工业化道路进行反思，逐步向以提高经济效益为中心的工业化发展模式转型。

20世纪80年代，根据邓小平关于要高度重视世界高科技发展的思想，中共中央就作出以现代科学技术推动工业化发展的决策，要求把重点转到运用现代科学技术改造和扩建现有的传统工业，同时发展一些高新技术产业。中共十三大明确指出，必须清醒地认识到，技术落后，管理落后，靠消耗大量资源来发展经济，是没有出路的。"我国国内市场广阔，传统产业存在着很大的发展余地；对外开放的不断扩大，又为我们充分利用国外先进技术提供了广泛的可能性。要把这两方面的有利条件很好结合起来，以运用先进技术改造和发展我国传统产业为重点，同时注意发展高技术新兴产业，带动整个国民经济向前发展。"[①] "七五"计划相应要求"积极运用新技术改造传统产业、传统产品，有重点地开发知识密集和技术密集型产品，努力开拓新的生产领域，有计划地促进

---

① 赵紫阳：《沿着有中国特色的社会主义道路前进》(1987.12.25)，《十三大以来重要文献选编》(上)，人民出版社1991年版，第20、21页。

若干新兴产业的形成和发展"。① 加强现有企业和传统产业的现代技术改造,不仅是降低能耗,提高产品质量所必需的,而且这本身就包括用新技术使传统产业跳过某些可以跳过的阶段,加速传统产业的工业现代化进程。

进入90年代,邓小平和以江泽民为核心的中央领导集体,顺应世界科学技术发展的潮流和趋势,更积极地了解、研究、思考信息化对工业化影响这个重大问题。邓小平在1992年初感叹地说:经济发展得快一点,必须依靠科技和教育。"近一二十年来,世界科学技术发展得多快呀!高科技领域的一个突破,带动一批产业的发展。"② 江泽民在中国科学技术协会第四次全国代表大会上指出,当前世界范围内蓬勃发展的新科技革命,对我们既是机遇,也是挑战。我们要顺利实现现代化第二步战略目标,在激烈的国际竞争中处于主动地位,必须"运用现代科学技术,特别是以电子学为基础的信息和自动化技术改造传统产业,使这些产业的发展实现由主要依靠扩大外延到主要依靠内涵增加的转变","有重点地发展高科技,实现产业化"。③

根据中共中央的决定,1991年5月国务院颁布了《国家中长期科学技术发展纲领》,指出我国已初步建成门类比较齐全的工业体系,但从总体上说,工业的技术落后状况尚未得到根本的改变,主要表现在装备、工艺和管理技术落后,设计陈旧,机械化、自动化水平低等方面,导致产品的性能和质量差,能源和材料消耗高,经济效益低,缺乏国际竞争能力。因此,"工业科学技术发展的主要任务,是用现代科学技术,特别是微电子技术,对我国各主要工业领域进行技术改造。要调整和优化产业结构,广泛采用新的技术原理和新的设计方法,更新装备、工艺

---

① 《中华人民共和国国民经济和社会发展第七个五年计划(1986—1990)》(单行本),人民出版社1986年版,第34页。

② 邓小平:《在武昌、深圳、珠海、上海等地的谈话要点》(1992.1.18—2.21),《邓小平文选》第3卷,人民出版社1993年版,第377页。

③ 江泽民:《在中国科学技术协会第四次全国代表大会上的讲话》(1991.5.23),《十三大以来重要文献选编》(下),人民出版社1993年版,第1591页。

和产品，开发新的制造技术和资源开采技术，提高大规模生产的自动化、智能化水平，提高主要行业先进技术设备的成套国产化水平、管理技术水平和安全生产技术的水平，以便提高经济效益，增加品种，提高质量，增强国际竞争力"。① 确立以高新技术特别是以电子学为基础的信息和自动化技术推动工业化发展的重大决策，标志着中国工业化发展模式的历史性转变。从"七五"计划开始，国家组织实施"863"高新技术计划和火炬计划，兴办了若干个高新技术产业开发区，信息技术作为高新技术及产业发展的首要领域，涌现出北京中关村等中国的硅谷和一批信息技术企业，信息技术产业从此开始启动。1993年成立了"国家经济信息化联席会议"，不久改组为"国务院信息化工作领导小组"（1998年组建"信息产业部"），并不断加大在信息化建设方面的投资力度。

与此同时，早在80年代，中共中央就意识到了经济与人口、资源、环境协调发展的重大意义，把保护环境和生态平衡确立为一项长期坚持的基本国策。中共十三大特别指出，"人口控制、环境保护和生态平衡是关系经济和社会发展全局的重要问题"。实现中国社会主义工业化、现代化的奋斗目标，必须优生优育，提高人口质量；"要大力保护和合理利用各种自然资源，努力开展对环境污染的综合治理，加强生态环境的保护，把经济效益、社会效益和环境效益很好地结合起来"。② 陈云还大声疾呼："治理污染，保护环境，是我国一项大的国策，要当做一件非常重要的事情来抓。"③

为此，继1973年召开的第一次全国环境保护会议之后，1983年和1989年国务院又召开了第二次、第三次全国环境保护会议，并陆续制定了"环境保护法"等一批关于环境保护和资源管理的法律法规，污染防治和生态环境保护工作在全国范围内大规模地展开。1987年世界环境和

---

① 《国家中长期科学技术发展纲领》（1991.5.23），《十三大以来重要文献选编》（下），人民出版社1993年版，第1950页。

② 赵紫阳：《沿着有中国特色的社会主义道路前进》（1987.12.25），《十三大以来重要文献选编》（上），人民出版社1991年版，第24、25页。

③ 陈云：《关于治理环境污染的信》（1988.8.27），《陈云文选》第3卷，人民出版社1995年版，第364页。

发展委员会提出了长篇专题报告《我们共同的未来》，提出了可持续发展的问题。1989 年第 15 届联合国环境署理事会正式提出了可持续发展战略，并在 1992 年 6 月的世界环境与发展大会上通过了《里约环境与发展宣言》和《21 世纪议程》，将这一概念推向行动，这标志着世界工业化、现代化发展观的重大转变。中国政府对此十分重视，大会以后，也开始组织编制《中国 21 世纪议程》，经过反复论证和讨论，于 1994 年 3 月经国务院批准颁布实施。

由于上述探索是在整个经济体制和国民经济发展战略尚未完成根本转型的条件下形成和实施的，转轨中的摩擦，加上世界信息化和可持续发展观尚在发展之中，制约了中国共产党在新型工业化道路一些重要层面上观念的转变。但这一时期关于信息时代某些特征的预见和论述，以及从推动工业化发展的角度作出的科学阐释，对于把中国工业化道路的探索推进到一个更高的阶段，是具有指导意义的。

(2) 1995 年后，中国共产党逐步形成了构成新的工业化发展观框架的几个基本观点，到中共十六大正式概括和提出了中国特色的新型工业化道路。

第一，提出了两个新的发展战略：一是科教兴国战略，在强调经济增长方式转变的基础上，进一步强调要把经济建设转移到依靠科技进步和劳动者素质的轨道上来；二是可持续发展战略，强调在经济发展的同时控制人口、节约资源和保护环境。

1995 年 5 月召开的全国科学技术大会上，江泽民代表党中央首次提出"科教兴国"战略，指出实施"科教兴国"战略，是要把"经济建设转移到依靠科技进步和提高劳动者素质的轨道上来"。这是顺利实现现代化三步走战略目标的正确抉择，必将大大提高我国经济发展的质量和水平，使生产力有一个新的解放和更大的发展。[①] 同月，中共中央、国务院颁布了《关于加快科技进步的决定》，科教兴国战略开始付诸实施。《决定》还揭示了实施科教兴国战略与可持续发展的关系，指出要

[①] 江泽民：《努力实施科教兴国的战略》(1995.5.26)，《论科学技术》，中央文献出版社 2001 年版，第 51 页。

依靠科学技术,全面实施《中国二十一世纪议程》,"控制人口增长,提高人口素质,合理开发利用资源,保护生态环境,实现经济和社会的持续、协调发展"。①

9月中共十四届五中全会把实施科教兴国战略和可持续发展战略载入党的正式文件中。江泽民在会上指出,我们是发展中国家,要实现工业化和现代化,缩小与发达国家的差距,关键在于要走出一条既有较高速度又有较好效益的国民经济发展路子。为此,必须更新发展思路,"认真实施科教兴国战略,实现科技、教育与经济的紧密结合",实现经济增长方式从粗放型向集约型的转变。同时,"必须把实现可持续发展作为一个重大战略。要把控制人口、节约资源、保护环境放到重要位置,使人口增长与社会生产力的发展相适应,使经济建设与资源、环境相协调,实现良性循环"。②

1996年,八届全国人大四次会议通过的国家"九五"计划和2010年远景目标纲要,第一次把科教兴国和可持续发展并列为国家基本战略。1997年中共十五大重申了中国工业化和现代化建设中必须实施这两大发展战略,"真正走出一条速度较快、效益较好、整体素质不断提高的经济协调发展的路子"。③ 为实施科教兴国和可持续发展战略,党和国家陆续制定和颁布了《国务院关于"九五"期间深化科学技术体制改革的决定》(1996年9月)、《全国生态环境建设规划》(1998年11月)、《中共中央、国务院关于加强技术创新发展高科技实现产业化的决定》(1999年8月)、《全国生态环境保护纲要》(2000年11月)、《国家环境保护"十五"计划》(2001年12月)等文件。

第二,作出了"以信息化带动工业化,发挥后发优势,实现社会生

---

① 《中共中央、国务院关于加速科学技术进步的决定》(1995.5.6),《十四大以来重要文献选编》(中),人民出版社1997年版,第1351页。

② 江泽民:《正确处理社会主义现代化建设中的若干重大关系》(1995.9.28),《十四大以来重要文献选编》(中),人民出版社1997年版,第1463、1464页。

③ 江泽民:《高举邓小平理论伟大旗帜,把建设有中国特色社会主义事业全面推向二十一世纪》(1997.9.12),《十五大以来重要文献选编》(上),人民出版社2000年版,第20页。

产力的跨越式发展"的战略决策。

中共中央在提出科教兴国战略时认识到，中国要尽快缩小同西方发达国家工业化的差距，尤其是要运用和发展信息技术，促进国民经济的信息化，以带动工业化的跨越式发展。1995年5月江泽民在全国科学技术大会上指出，加快中国工业化的发展，提高产品的技术含量和市场竞争力，提高工业增长质量和效益，"特别要重视用现代技术武装基础产业和支柱产业，加速实现经济和社会管理的信息化、自动化和智能化"。① 同年9月中共中央关于制定"九五"计划和2010年远景目标的建议，要求国家重点发展集成电路、新型元器件、计算机和通信设备等电子信息工业，"增强为经济和社会发展提供信息化系统和装备的能力，促进信息产业发展"。②

1998年5月，江泽民在庆祝北京大学建校100周年大会上的讲话首次使用了"知识经济"③ 的概念。6月他在接见出席中国科学院第九次院士大会和中国工程院第四次院士大会部分代表的讲话中进一步指出，当今世界，以信息技术为主要标志的科技进步日新月异，高科技成果向现实生产力的转化越来越快，"初见端倪的知识经济预示人类的经济社会生活将发生新的巨大变化。世界各国都在抓紧制定面向新世纪的发展战略，争先抢占科技、产业和经济的制高点。面对这个态势，我们必须顺应潮流，乘势而上"。④ 江泽民的这两次讲话为中国以信息化带动工业化的发展战略的制定指明了方向。

2000年10月中共十五届五中全会明确提出了"以信息化带动工业

---

① 江泽民：《努力实施科教兴国的战略》（1995.5.26），《十四大以来重要文献选编》（中），人民出版社1997年版，第1387、1388页。
② 《中共中央关于制定国民经济和社会发展"九五"计划和2010年远景目标的建议》（1995.9.28），《十四大以来重要文献选编》（中），人民出版社1997年版，第1489页。
③ 江泽民：《在庆祝北京大学建校一百周年大会上的讲话》（1998.5.4），《十五大以来重要文献选编》（上），人民出版社2000年版，第326页。
④ 江泽民：《创新的关键在人才》（1998.6.1），《江泽民文选》第2卷，人民出版社2006年版，第132页。

化，发挥后发优势，实现社会生产力的跨越式发展"的战略思路。强调"信息化是当今世界经济和社会发展的大趋势，也是我国产业优化升级和实现工业化、现代化的关键环节"。① 江泽民在全会上的讲话认为，这是中国工业化发展的"新思路"。2001年3月15日九届全国人大四次会议通过的"十五"计划纲要，把"以信息化带动工业化"确立为我国国民经济和社会发展的重要战略指导方针。这一战略思路的提出，使中国工业化发展中实施科教兴国战略的内涵更丰富了。

第三，在上述探索的基础上，2002年11月中共十六大把以信息化和可持续发展为主要内容的工业化模式总结升华为"新型工业化"道路，精辟概括为"坚持以信息化带动工业化，以工业化促进信息化，走出一条科技含量高、经济效益好、资源消耗低、环境污染少、人力资源优势得到充分发挥的新型工业化路子"。② 并对中国工业化走这条新道路的必然性、内涵和意义加以系统阐述。2007年10月中共十七大进一步提出"要坚持走中国特色新型工业化道路"，标志着中国共产党对中国工业化道路的探索推进到一个新的阶段。

（三）新型工业化道路的提出体现了科学发展观的总体要求

新型工业化道路的提出，是中国工业化发展的必然选择，从指导思想来说，体现了科学发展观的要求。

第一，从新型工业化道路与科学发展观的形成来看，两者的演变发展是互动的。

一个国家发展观的形成与演变，与这个国家发展模式的演变是联系在一起的。这两个历史过程应相互结合、相互促进地向前发展。发展观

---

① 《中共中央关于制定国民经济和社会发展第十个五年计划的建议》（2000.10.11），《十五大以来重要文献选编》（中），人民出版社2001年版，第1371、1377页。

② 江泽民：《全面建设小康社会，开创中国特色社会主义事业新局面》（2002.11.8），《十六大以来重要文献选编》（上），中央文献出版社2005年版，第16页。

一方面引导发展模式,另一方面蕴涵在发展模式之中。

1978年以后,中国如若沿袭苏联工业化模式和西方模式下的两种传统发展观,必然遇到不好解决的时代难题。邓小平辩证扬弃了毛泽东的发展观,提出发展是硬道理,科学技术是第一生产力,国民经济与社会协调发展等关于发展的思想,阐明了不同于传统工业化道路的一些基本思想,已蕴含了科学发展观的某些内涵,对科学发展观的形成具有直接的思想指导和启迪作用。

随着改革开放和社会主义现代化建设事业的深入发展,中国共产党人对经济社会发展问题的认识也在逐步深化。以江泽民为核心的党中央进一步提出发展是党执政兴国的第一要务,实施科教兴国和可持续发展战略,促进经济、社会、生态与人的全面发展,"推动整个社会走上生产发展、生活富裕、生态良好的文明发展道路"[①] 等一系列新思想、新观点,构成了新型工业化道路的基本内容,实际就是对树立科学发展观的一系列揭示。

在此基础上,以胡锦涛为总书记的党中央明确提出了马克思主义的科学发展观,既是科学把握社会发展趋势,对新中国成立以来毛泽东、邓小平、江泽民等中国共产党人科学发展思想继承和发展的结果,也是对新中国成立以来特别是改革开放以来经济发展模式包括工业化发展道路模式科学思考的产物。新发展观之所以是科学发展观,就是因为它是在与发展模式的历史互动中形成的。在不同的历史时期,工业化发展的历史任务,要求产生相应的发展观,新的发展观的形成,指导和促进了工业化模式的发展。新型工业化道路与科学发展观发展进程紧密相关,是同一个历史过程的两个方面,两者相互结合、相互促进,具有内在的互动性和必然性。中共十七大报告指出:要"全面认识工业化、信息化、城镇化、市场化、国际化深入发展的新形势新任务,深刻把握我国

---

① 江泽民:《全面建设小康社会,开创中国特色社会主义事业新局面》(2002.11.8),《十六大以来重要文献选编》(上),中央文献出版社2005年版,第15页。

发展面临的新课题新矛盾,更加自觉地走科学发展道路"。①

第二,从新型工业化道路与科学发展观的内涵来看,两者具有内在的统一性。

科学发展观的集中表述是2003年10月中共十六届三中全会所提出的,即"坚持以人为本,树立全面、协调、可持续的发展观,促进经济、社会和人的全面发展";"按照统筹城乡发展、统筹区域发展、统筹经济社会发展、统筹人与自然和谐发展、统筹国内发展和对外开放的要求"②,推进改革开放和社会主义工业化和现代化建设。这既是科学发展观的总体要求,也是解决当前经济社会发展中诸多矛盾,走新型工业化道路必须遵循的基本原则。

科学发展观是一个完整的发展观念的理论体系,其核心是强调经济、社会、自然和人的全面协调发展。而新型工业化发展道路模式质的升华,主要是要运用以信息化为代表的现代科学技术带动工业化,促进工业化发展基本方式从粗放型发展转向集约型和可持续发展,坚持经济效益、社会效益与生态效益的统一,坚持生产力发展与以人为本的发展价值观的统一。因此,新型工业化发展道路本质上体现了科学发展观的基本要求。正如胡锦涛指出:"我们要坚持以经济建设为中心,坚持以人为本,树立全面、协调、可持续的发展观,统筹城乡发展、统筹区域发展、统筹经济社会发展、统筹人与自然和谐发展、统筹国内发展和对外开放,坚持走新型工业化道路,大力实施科教兴国战略、可持续发展战略和人才强国战略。"③ 这说明了两者本质上是一致的、统一的。

---

① 胡锦涛:《高举中国特色社会主义伟大旗帜,为夺取全面建设小康社会新胜利而奋斗》(2007.10.15),载《人民日报》,2007年10月25日第1版。

② 《中共中央关于完善社会主义市场经济体制若干问题的决定》(2003.10.14),《十六大以来重要文献选编》(上),中央文献出版社2005年版,第465页。

③ 胡锦涛:《在纪念毛泽东诞辰110周年座谈会的讲话》(2003.12.26),《十六大以来重要文献选编》(上),中央文献出版社2005年版,第649页。

9.3 新型工业化道路的内涵

中共"十六大"提出新型工业化道路，并对其基本内容作了精辟的表述。此后，以胡锦涛为总书记的新一届中央领导集体从不同的角度给予阐发和解释，特别是提出坚持以科学发展观统筹经济社会协调发展思想，赋予了新型工业化道路新的内涵。

中国特色新型工业化道路的内涵极其丰富，突出地体现在以下两个方面。

（一）工业化与信息化融合互动，实现社会生产力的跨越式发展

从世界工业化发展史来看，生产力跨越发展是自工业革命以来工业化进程中的一种重要赶超方式。发展中国家需要沿着发达国家经历过的一般发展轨迹，但为缩短发展的差距，又不能局限于此，还需开创有自己特色和相对优势的发展道路。同时，由于各国启动生产力跨越发展的时空特性以及工业化水平、经济结构、社会制度等诸方面的差异，其实现生产力跨越发展的具体内涵和表现形式便会具有明显的时代和国别特色。

新世纪初，中国开始向现代化第三步战略目标迈进，这意味着中国要在50年左右的时间内基本赶上中等发达国家的水平，必须选择新的跨越式发展道路。面对世界信息化浪潮，中国作为一个尚未完成工业化的后起国家，中国共产党顺应时代的潮流，选择了中国特色新型工业化的超越式发展道路。这一新道路的中心内容是"工业化"与"信息化"的互动结合，"在完成工业化的过程中注重运用信息技术提高工业化的水准，在推进信息化的过程中注重运用信息技术改造传统产业，以信息化带动工业化，发挥后发优势，努力实现技术的跨越式发展"。①

---

① 江泽民：《在第十六届世界计算机大会开幕式上的讲话》（2000.8.21），载《人民日报》，2000年8月22日第1版。

一方面,以信息化带动工业化。就是要"优先发展信息产业,在经济和社会领域广泛应用信息技术"。[1] 通过信息技术促进科技进步,在新的起点上用全新的方式和更短的时间完成具有现代意义的工业化。

信息化带动工业化,是中国实现工业化跨越式发展的关键。因为信息技术是人类有史以来发展速度最快、影响面最大的技术,是当代世界先进科学技术的集中体现,因而是实现跨越式发展的最强大动力。目前,在信息化程度高的国家,信息技术、信息产业和信息网络在社会经济和各个领域中发挥的作用日益突出,信息技术产业成为新的经济增长点,集成电路产业、各种电子计算机及其外部设备、光纤通信、卫星通信、软件及数据库、各种信息服务产业等迅速发展,其对经济增长的贡献程度明显提高,出现了信息技术产业化的新特征,并已主导了国民经济和社会发展。中国作为一个后发的工业化国家,只有充分利用全球信息化的最新技术成果带动工业化,才能发挥后发优势,实现工业化的跨越式发展。

另一方面,以工业化促进信息化。还要看到,信息化是工业化发展到一定阶段的产物,工业化是信息化的物质基础。同时工业化发展对信息所产生的应用需求又成为信息化发展的内在动力,信息化通过工业化发展而不断深化和加速。因此,工业化是任何国家都必须经历而不能逾越的社会历史过程。离开了信息化的工业化,不是现代化的工业化;忽视工业化,离开了工业化的信息化,将缺乏必要的物质基础,也不可能真正实现信息化。中国现在处于工业化中期阶段,还不具备全面推进信息化的条件,面临实现工业化和信息化的双重任务,只有"大力推进信息化与工业化融合,促进工业由大变强"[2],才能发挥"后发优势",加速中国工业化的进程,实现跨越式发展。

这种"工业化"与"信息化"融合互动的新模式,产业发展上具体

---

[1] 江泽民:《全面建设小康社会,开创中国特色社会主义事业新局面》(2002.11.8),《十六大以来重要文献选编》(上),中央文献出版社2005年版,第17页。

[2] 胡锦涛:《高举中国特色社会主义伟大旗帜,为夺取全面建设小康社会新胜利而奋斗》(2007.10.15),载《人民日报》,2007年10月25日第1版。

表现在：

第一，大力推进信息化，发展以信息产业为龙头的高新技术产业。

"十五"计划提出要"抓住世界科技革命迅猛发展的机遇，有重点地发展高技术产业，实现局部领域的突破和跨越式发展，逐步形成我国高技术产业的群体优势"①，提高信息产业在国民经济中的比重，形成中国工业化的核心竞争力。国家信息化测评中心在2002年3月19日公布的研究报告中指出，20世纪90年代以来，中国信息产业年平均增长速度超过32%，高于同期全部工业年平均增长速度近18个百分点，是40个工业行业中发展最快的，已经成为中国工业中第一支柱产业。其中在2001年，信息产业占全国工业的比重已上升到8%，信息产业增加值占国内生产总值的比重达到4.2%②。截至2007年底，中国信息产业增加值占全国GDP的比重达到7.9%，电子信息产品出口也占到全国出口额的37.6%，占全国高技术产品出口额的近90%③，成为国民经济的基础产业、支柱产业和先导产业，为信息化与工业化的融合奠定了良好的基础，但与西方发达国家相比，仍处于起步阶段。2005年10月中共十六届五中全会关于制定"十一五"规划的建议，将信息产业列为首要发展的高新技术产业，并在多处论述中提到了"通信、信息、信息产业、信息化"，强调切实走新型工业化道路，推进国民经济和社会信息化。提出高技术产业，要加快从加工装配为主向自主研发制造延伸，按照产业集聚、规模发展和扩大国际合作的要求，大力发展信息、生物、新材料、新能源、航空航天等产业，培育更多新的增长点。信息产业，要根据数字化、网络化、智能化总体趋势，大力发展集成电路、软件等核心产业，重点培育数字化音视频、新一代移动通信、高性能计算机及网络

---

① 《中华人民共和国国民经济和社会发展第十个五年计划纲要》(2001.3.15)，载《人民日报》，2001年3月18日第1版。

② 钟晓军：《信息产业以3倍于国民经济的速度发展》，载《光明日报》，2002年3月20日。

③ 顾平安：《走新型工业化道路需要整合工业行业管理体制和部门》，载《人民日报》，2008年3月10日第2版。

设备等信息产业群,加强信息资源开发和共享,推进信息技术普及和应用。① 2006年1月,中共中央、国务院召开全国科技大会,作出了建设创新型国家的决策,成立了领导小组,组织科技界、教育界、经济界、企业界2000多名专家,在充分调查研究的基础上,制定了《国家中长期科学和技术发展规划纲要(2006—2020年)》。

第二,通过高新技术特别是信息技术改造传统产业,实现产业结构的优化升级。

从根本上说,工业化过程就是伴随科技进步,产业结构逐步优化升级的过程。中国国民经济在跨世纪战略发展过程中面临的结构性矛盾已成为国民经济运行过程中最尖锐的矛盾之一。工业结构存在的主要问题是发展水平上的矛盾,突出表现在传统产业的技术结构和产业结构落后,消耗大、附加价值低的产业比重高,技术和知识密集型的、附加价值高的产业比重低。信息技术和其他高新技术的兴起,正赋予传统产业以全新的内容。中共中央关于制定"十五"计划的建议指出:"信息化是当今世界经济和社会发展的大趋势,也是我国产业优化升级和实现工业化、现代化的关键环节。"② 因此,"十五"计划提出要坚持以信息化带动工业化,"鼓励采用高新技术和先进适用技术改造传统产业,带动产业结构优化升级"。③ 中共十六大根据走新型工业化道路的要求,作出了大力发展信息技术、推进产业结构优化升级的部署,即"形成以高新技术产业为先导、基础产业和制造业为支撑、服务业全面发展的产业格

---

① 《中共中央关于制定国民经济和社会发展第十一个五年规划的建议》(2005.10.11),《十六大以来重要文献选编》(中),中央文献出版社2006年版,第1069页。

② 《中共中央关于制定国民经济和社会发展第十个五年计划的建议》(2000.10.11),《十五大以来重要文献选编》(中),人民出版社2001年版,第1377页。

③ 《中华人民共和国国民经济和社会发展第十个五年计划纲要》(2001.3.15),载《人民日报》,2001年3月18日第1版。

局"。①

　　按照新型工业化道路的要求，信息化与工业化的互动发展，必须"正确处理发展高新技术产业和传统产业、资金技术密集型产业和劳动密集型产业、虚拟经济和实体经济的关系"。②

　　一是正确处理发展高新技术产业和传统产业的关系，这是中国新型工业化道路选择所要解决的一个关键问题。面对世界信息化发展的大趋势，不失时机地发展高新技术产业，特别是加速发展信息产业和对国民经济成长具有全局性带动作用的高新技术产业。同时，也必须清醒地看到，传统产业仍然是中国国民经济的主体，仍是经济增长的基础，在一个相当长的时期内，传统产业特别是工业制造业，仍然有广阔的市场需求和发展空间。积极采用现代高新技术加速传统产业的改造，大力振兴装备制造业，这正是充分发挥中国工业化发展"后起优势"所要求的。因此，既要加快发展高新技术产业，又绝对不能忽视发展传统产业，关键是必须切实促进二者有机结合，相互渗透，融合互动。"把改造传统产业同发展高新技术产业紧密结合起来，推动整个工业优化升级和持续发展。"③ 高新技术产业要为传统产业改造提供强有力的技术支持，用高新技术改造提升传统产业，赋予传统产业以新的内涵，提高发展的起点。同时，在促进传统产业的提升和发展中，传统产业的发展会进一步开辟高新技术产业发展的广阔空间。

　　二是正确处理发展资金技术密集型产业和发展劳动密集型产业的关系。高新技术产业资金技术密集程度较高，农业、轻纺工业、建筑业及第三产业中的商业、生活服务业等劳动密集程度较高。随着工业化的推进，必须加快发展资金技术密集型产业，以提高生产技术水平和效率。

---

　　① 江泽民：《全面建设小康社会，开创中国特色社会主义事业新局面》(2002.11.8)，《十六大以来重要文献选编》（上），中央文献出版社2005年版，第16、17页。

　　② 同上，第17页。

　　③ 《中共中央关于制定国民经济和社会发展第十个五年计划的建议》(2000.10.11)，《十五大以来重要文献选编》（中），人民出版社2001年版，第1375页。

但是，由于中国二元经济结构的长期存在，劳动密集型产业还有很大需求和发展空间。同时，人口多、人力资源丰富，始终是影响中国经济发展和社会稳定的重大因素。而且在信息化时代，劳动生产率的极大提高，更加剧了与就业的矛盾。这既形成了中国工业化发展进程中巨大的就业压力，也是中国在国际经济竞争中的一个突出优势。2001年中国国有制造业企业职工年工资为9600元，城镇集体所有制制造业企业职工年工资为6088元。按现行汇率计算，中国国有制造业企业职工周工资只有泰国的47.15%，马来西亚的28.7%，韩国的9.2%，台湾地区的6.8%，香港的5.1%，美、日、德三国的4%—5%。[①] 从这一国情出发，在工业化进程中，必须把发展资金技术密集型产业和劳动密集型产业很好地结合起来。既要大力发展资金技术密集型产业，又要继续发展、改善和提升吸纳就业能力强的劳动密集型产业，使丰富的人力资源在实现工业化的过程中得到充分发挥。截至"十五"期末，全国城乡就业人数达到7.6亿，比"九五"期末增加4000万人；其中城镇就业人数近2.7亿，比"九五"期末增加4200万人；5年间，共有1800多万国有企业下岗失业人员实现了再就业。其中2005年，全国城镇新增就业人员970万人，下岗失业人员再就业510万人，帮助"4050"人员再就业130万人。[②]

三是处理好实体经济与虚拟经济的关系。虚拟经济是以资本化定价行为为基础而形成的特定的价值关系，其载体主要反映在证券市场、期货市场等。实体经济是基础，虚拟经济要为实体经济服务。既要重视发展虚拟经济，又要扎扎实实地发展实体经济。这是中国共产党在中国工业化道路理论认识上的一个突破。

---

① 吕政：《对新型工业化道路的探讨》，国家经贸委综合司编：《专家谈走新型工业化道路》，经济科学出版社2003年版，第88页。

② 《经济数据："十五"期末全国城乡就业人数》，载《人民日报》，2006年3月27日第13版。

（二）坚持科学发展观，实现工业化进程中的全面协调可持续发展

新型工业化道路思想是一个涉及全局性的战略发展思想，它按照科学发展观的要求，以实施科教兴国和可持续发展战略为中心环节，创新发展模式，走科学发展之路，切实把工业化转入全面协调可持续发展的轨道。

第一，注重依靠科技进步和劳动者素质的提高，转变经济发展方式，走出一条又好又快的工业化发展路子。

中共十一届三中全会以来，中国通过改革开放，实现了工业化的快速发展。进入新世纪，实施科教兴国战略，以信息化带动工业化，为实现中国社会生产力跨越式发展产生新的推动力。这一推动力的"新"，不仅要保持工业化的快速发展，而且更在于要加快中国经济增长方式由粗放型转变为集约型，由主要依靠物质和能源的消耗转变为依托科学技术的推动，不断提高国民经济的整体素质，从根本上打破能源、资源和环境对经济社会发展的瓶颈制约，促进经济增长质的提高，确保中国工业化发展进入良性循环的轨道，切实提升国际竞争力。

实施科教兴国战略，推动中国实现工业化跨越发展的动力体系中，生产力要素的提升既是生产力跨越发展的基本标志，也具有关键性、基础性、根本性的作用。科技进步和创新是实现工业化的决定性因素，是实现中国生产力跨越发展的首要内容和关键环节。中国人力资源丰富，但从总体上看劳动者的素质特别是科技文化素质明显偏低，与信息化时代生产力发展的要求明显不相适应。培养同工业化要求相适应的数以亿计高素质的劳动者和数以千万计的专门人才，对实现生产力跨越发展具有基础性的意义。因此，新型工业化道路十分注重科技进步和劳动者素质的提高。2002年11月中共十六大报告指出："走新型工业化道路，必须发挥科学技术作为第一生产力的重要作用，注重依靠科技进步和提高

劳动者素质,改善经济增长质量和效益"。① 2004 年 2 月温家宝在省部级主要领导干部"树立和落实科学发展观"专题研究班结业式上的讲话,进一步与坚持科学发展观联系起来,指出,我们讲的经济较快发展,是建立在优化结构、提高质量和效益的基础上的发展,实现速度、结构、质量、效益相统一。我国经济建设存在的突出问题是结构不合理,经营方式粗放,经济增长主要靠增加投入、扩大投资规模,资源环境的代价太大。为此,必须按照科学发展观的要求,"坚持走科技含量高、经济效益好、资源消耗低、环境污染少、人力资源优势得到充分发挥的新型工业化道路。必须加快转变经济增长方式,坚持以改革开放为动力,充分发挥科学技术作为第一生产力的重要作用,注重依靠科技进步和提高劳动者素质,加快推进经济结构战略性调整,显著提高经济增长的质量和效益"。② 2007 年 10 月胡锦涛在中共十七大报告中提出,坚持走中国特色新型工业化道路,要加快转变经济发展方式,"由主要依靠第二产业带动向依靠第一、第二、第三产业协同带动转变,由主要依靠增加物质资源消耗向主要依靠科技进步、劳动者素质提高、管理创新转变"。③

  转变发展方式必须推进自主创新。当今国际竞争从根本上说是科技的竞争,特别是自主创新能力的竞争,世界各国尤其是发达国家纷纷把推动科技进步和创新作为国家战略。中共中央关于制定十一五规划的建议把提高自主创新能力作为"转变增长方式的中心环节"④。胡锦涛在中

---

① 江泽民:《全面建设小康社会,开创中国特色社会主义事业新局面》(2002.11.8),《十六大以来重要文献选编》(上),中央文献出版社 2005 年版,第 21 页。

② 温家宝:《提高认识,统一思想,牢固树立和认真落实科学发展观》(2004.2.21),《十六大以来重要文献选编》(上),中央文献出版社 2005 年版,第 761 页。

③ 胡锦涛:《高举中国特色社会主义伟大旗帜,为夺取全面建设小康社会新胜利而奋斗》(2007.10.15),载《人民日报》,2007 年 10 月 25 日第 1 版。

④ 《中共中央关于制定国民经济和社会发展第十一个五年规划的建议》(2005.10.11),《十六大以来重要文献选编》(中),中央文献出版社 2006 年版,第 1064 页。

共十七大报告中就提高自主创新能力、建设创新型国家作了精辟论述,强调"这是国家发展战略的核心,是提高综合国力的关键。要坚持走中国特色自主创新道路,把增强自主创新能力贯彻到现代化建设各个方面"。① 这既是对中国几十年来特别是改革开放以来现代化发展和世界现代化进程的经验总结,也是今后促进中国工业化又好又快发展的必然选择。

第二,注重生态建设和环境保护,走可持续发展的工业化之路。

由于中国正处于迅速推进工业化和城市化的发展阶段,对自然资源的开发强度不断加大,加之经济起飞过程中又伴随着生态破坏和环境污染,不仅资源难以支撑,工业化难以持续发展,而且妨碍了人民生活质量的提高。大力实施可持续发展战略,把实现工业化纳入可持续发展的轨道,实现经济社会又好又快发展,是走新型工业化道路的根本性要求。

实现工业化的可持续发展,核心的问题是实现经济社会和人口资源环境的协调发展。"我们讲发展,必须是速度与效益相统一的发展,必须是与资源、环境、人口相协调的可持续的发展。"② 为此,中共十六大报告指出,实现工业化和现代化第三步战略目标,必须大力实施可持续发展战略,使"可持续发展能力不断增强,生态环境得到改善,资源利用效率显著提高,促进人与自然的和谐,推动整个社会走上生产发展、生活富裕、生态良好的文明发展道路"。③ 在江泽民看来,中国作为人均自然资源相对贫乏的人口大国,生态环境承载能力弱,面对全球日益恶化的自然环境和日益短缺的自然资源,要以经济效益、社会效益和生态

---

① 胡锦涛:《高举中国特色社会主义伟大旗帜,为夺取全面建设小康社会新胜利而奋斗》(2007.10.15),载《人民日报》,2007年10月25日第1版。
② 江泽民:《在纪念党的十一届三中全会召开二十周年大会上的讲话》(1998.12.18),《十五大以来重要文献选编》(上),人民出版社2000年版,第682、683页。
③ 江泽民:《全面建设小康社会,开创中国特色社会主义事业新局面》(2002.11.8),《十六大以来重要文献选编》(上),中央文献出版社2005年版,第15页。

效益的结合作为新型工业化的目标,从先污染、后治理的发展模式向发展经济与保护生态环境同时并举的工业化道路转变。2007年10月,"生态文明"首次被写入中共十七大报告,胡锦涛指出:要"建设生态文明,基本形成节约能源资源和保护生态环境的产业结构、增长方式、消费模式"。① 这是党中央科学发展、和谐发展理念的升华,也是对新型工业化道路认识的深化。

实现工业化的可持续发展,必须大力发展循环经济。胡锦涛指出,发展必须是可持续的,这就要求我们在推进发展中树立和落实科学发展观,"充分考虑资源和环境的承受力,统筹考虑当前发展和未来发展的需要,既积极实现当前发展的目标,又为未来的发展创造有利条件,积极发展循环经济,实现自然生态系统和社会经济系统的良性循环"。② 发展循环经济,就是要努力促进资源循环式利用,鼓励企业循环式生产,推动产业循环式组合,形成资源节约型和环保、循环型的经济增长方式。"十一五"规划把发展循环经济作为国民经济和社会发展的重要指导方针,温家宝关于规划建议的说明中指出,"十一五"期间,将"加快建设资源节约型、环境友好型社会。要把节约资源作为基本国策,大力发展循环经济,提高资源利用效率,加大环境治理力度,切实保护好自然生态"。③ 中国从2004年3月开始绿色GDP试点,2006年10个试点省市中的北京和重庆已经圆满地完成试点调查和核算工作,其他省市也正在稳步推进。同年9月,国家环保总局和国家统计局联合发布了中国第一份绿色GDP研究报告《中国绿色国民经济核算研究报告2004》,这标志着中国绿色GDP研究取得了阶段性成果。降低单位GDP能耗和减少污染排放总量并写进了"十一五"规划中的约束性指标,规定5年

---

① 胡锦涛:《高举中国特色社会主义伟大旗帜,为夺取全面建设小康社会新胜利而奋斗》(2007.10.15),载《人民日报》,2007年10月25日第1版。

② 胡锦涛:《在中央人口资源环境工作座谈会上的讲话》(2004.3.10),《十六大以来重要文献选编》(上),中央文献出版社2005年版,第852页。

③ 温家宝:《关于制定国民经济和社会发展第十一个五年规划建议的说明》(2005.10.8),《十六大以来重要文献选编》(中),中央文献出版社2006年版,第1051页。

中主要污染物排放总量削减10%，单位GDP能耗降低20%。①

运用以信息技术为代表的高新技术是提高工业化可持续发展水平的基本途径，是资源消耗少、环境污染小的发展模式。例如利用现代信息通信系统手段对实施可持续发展战略有重要作用。自1992年世界首脑会议后，联合国环境保护委员会向100多个发展中国家及经济转轨国家提供了在环境领域建立服务体系，包括法律、政策与技术咨询等信息服务。从信息系统的软硬件角度来看，现在对全球环境系统的观察和数据收集，如对影响臭氧层物质与森林状况的监视，目前世界实施的综合全球观察战略（IGOS），把空间观察站与地面观察站联系在一起，以及地理信息系统、卫星定位系统、人工智能与神经网络等，从技术上促进了可持续发展战略的实施。

新型工业化道路强调依托以信息技术为代表的科技革命，为在加快发展中降低资源消耗，减少环境污染，提供强大的技术支撑。通过技术改造等措施不断提高资源、能源的利用效率，大力发展节约资源和环境污染轻的产业，提高工业产品的信息含量，实现信息化与可持续发展的良性互动，从而增强中国工业化的可持续发展能力和后劲。温家宝在"21世纪论坛"2005年会议开幕式上的演讲指出："我们将坚持走新型工业化道路，推进产业结构优化升级，大力发展高新技术产业，提高基础产业和制造业水平，推进服务业全面发展。……坚持推进经济增长方式转变，大力发展节约型经济、循环经济、环保型经济，提高资源利用效率，控制污染物排放总量，形成集约发展、清洁发展的国民经济体系。"② 中共中央关于制定"十一五"规划建议把以信息技术等高新技术支撑国民经济可持续发展作为重要指导方针，指出"推进国民经济和社会信息化，切实走新型工业化道路，坚持节约发展、清洁发展、安全发展，实现可持续发展"。尤其要加强基础研究和前沿技术研究，在信

---

① 《第一份绿色GDP研究报告发布》，载《人民日报》，2006年12月28日第6版。

② 温家宝：《走科学发展道路，实现可持续发展——在"21世纪论坛"2005年会议开幕式上的演讲》（2005.9.5），载《人民日报》，2005年9月7日第2版。

息、生命、空间、海洋、纳米及新材料等战略领域超前部署,集中优势力量,加大投入力度,增强科技和经济持续发展的后劲。①

第三,新型工业化道路坚持以科学发展观统领工业化发展全局,具有全面发展的特征。

工业化与整个国家经济社会的发展是一个有机联系的整体,其发展不仅决定于本身内部各要素之间或各子系统之间的协调运行过程,而且决定于整个国民经济社会的最佳发展。因此,工业化的发展必须从整个国民经济社会的整体角度去认识,以促进国民经济社会的整体发展为前提,不应以牺牲另一部分的发展为代价。以上新型工业化道路的内容和特征表明,新型工业化道路既注意到历史形成的现实工业基础,重视运用高新技术改造和提升传统产业,又注重发展高科技新兴产业,着眼于中国工业化、现代化长远的发展;既考虑到工业内部结构的合理调整,又注意到整个国民经济结构的优化组合;既考虑到工业经济的快速发展,又注意到发展循环经济,保护生态环境,建设资源节约型、环境友好型社会以及人口控制、人力资源优化之间的关系;既要求工业化自身的发展,又注意到农业、国防和科技现代化的相互联系和全面发展,等等。其内容和本质特征,就是要开创全面协调可持续发展的新型工业化发展模式。

9.4 中国特色新型工业化道路对世界传统工业化道路的双重超越

如今,工业化概念已有新型工业化和传统工业化之分,相对于新型工业化而言,人们通常称20世纪90年代以前发达国家未步入信息社会所走的工业化道路为传统工业化。新型工业化则一般指自20世纪90年代起,早已实现了工业化历史任务的发达国家已步入信息社会或后工

---

① 《中共中央关于制定国民经济和社会发展第十一个五年规划的建议》(2005.10.11),《十六大以来重要文献选编》(中),中央文献出版社2006年版,第1077页。

化时期，而正处在工业化初、中期过程的后发展国家，其工业化进程已面临着新的任务并呈现出了新的特征，所要发展的工业化已不再是而且也不可能仅仅是原来那种传统意义上的工业化了。然而，将中国共产党所开创的中国特色新型工业化道路置于世界工业化史的广阔视野考察，世界传统工业化道路则既包括200多年来西方发达资本主义国家走过的工业化道路，也包括苏联、东欧和1978年前中国等社会主义国家走过的工业化道路。

这两条世界主要的传统工业化道路，都有其选择的历史合理性，但也存在各自的时代局限和弊端。18世纪30年代到19世纪40年代，英国在世界上第一个基本完成工业革命，当时工业革命的动力来自蒸汽机的发明和应用，带动了纺织、冶金、机器制造、交通运输、采矿等行业的迅速发展，使社会生产进入机器大工业时代。随后，美、法、德、俄、日等国也于19世纪先后开始并基本完成了工业革命。这些国家的工业化是通过掠夺世界自然资源、损害生态环境、牺牲人类长远利益来实现的。20世纪三四十年代苏联抓住以电力的发明和应用为代表的工业革命的机遇，开创了优先发展重工业的赶超型社会主义工业化道路模式，之后为东欧等国与中国等社会主义国家所仿效。其基本上是以政府为主导、资源高耗费和低效益的粗放式增长为特征的。

1956年中共八大前后，毛泽东等中国共产党人开始对苏联的工业化模式进行了认真的思考，试图寻找一条既适合中国国情又能够避免苏联所走过的弯路的工业化道路。但由于当时的国际环境及对社会主义社会认识的局限等原因，这次探索并没有在根本上突破苏联的工业化模式，即便是提出了一些有创新价值的变革思想，最终也没有完全坚持下来。所以，从"一五"时期到改革开放前夕，中国一直走的是一条传统的社会主义工业化道路。这期间不仅所取得的工业化建设成就在很大程度上是以牺牲资源和生态环境为代价，而且拉大了同发达国家发展的差距。

经验教训证明，在一个拥有13亿人口的大国实现工业化，世界上没有先例可循。虽然我们可以学习和借鉴已经实现工业化国家的经验，但由于人口规模、资源禀赋、历史条件的不同以及国际经济关系、科学技术的发展变化，中国不可能重复别国走过的道路。世纪之交，继开辟出中国市场化、开放型的工业化道路、城乡互动的农村工业化道路和协调推进的区域工业化道路之后,面对高新技术特别是信息技术在世界范围的飞速发展和广泛应用的机遇,中国共产党又一次对西方发达国家和社会主义国家曾经走过的传统工业化道路进行深刻的反思。1999年6月15日江泽民在第三次全国教育工作会议上说,中国是在第三次科技革命迅猛发展、知识经济初见端倪和经济全球化进程加快的历史条件下继续完成工业化任务,推进生产力跨越发展的,"我们要在下个世纪中叶基本实现现代化,必须继续从我国的实际出发,坚持改革开放,立足于自力更生,坚定不移地相信中国人民的创造力,走出一条同传统工业化国家不同的具有中国特色的经济发展路子"。① 中国共产党所开创的中国特色的新型工业化发展路子,"新"就在于不再重复西方发达国家以往走过的传统工业化道路和苏联、东欧等国过去的传统工业化道路。从这个意义上,可以归结为双重的创新,也就是双重的超越。

(一)中国特色新型工业化道路对西方发达国家工业化道路模式的超越

第一,新型工业化对"先发展、后治理"工业化模式的新突破。

西方发达国家所走过的传统工业化道路,以数量扩张和规模扩大为主,尽管经济上取得了快速增长,但这条发展道路通过完全自由竞争的市场机制作用达到所谓资源合理配置,实则工业化增长是建立在对落后国家的掠夺和不平等的贸易基础上,而且在发展过程中采取掠夺式开发,通过人类所共同拥有的自然资源(特别是不可再生资源)的严重浪费和生态环境的巨大破坏来实现工业化。他们走的是"先发展经济、后治理环境"或"先污染、后治理"、"先破坏、后建设"的路子,破坏了人与自然环境的关系,所导致的自然资源紧张和生态环境恶化,成为现代经济社会发展面临的全球性尖锐问题的重要因素。

中国特色新型工业化道路强调以可持续的视角来审视工业化的过

---

① 江泽民:《教育必须以提高国民素质为根本宗旨》(1999.6.15),《江泽民文选》第2卷,人民出版社2006年版,第330页。

程，吸取发达国家实现工业化的教训，充分考虑到中国人均资源短缺的现状，"决不能走浪费资源和先污染后治理的路子"①，将可持续发展和信息化纳入工业化的轨道，在发展中遵循生态环境保护规律，坚持节约资源、保护环境和追求经济增长同步进行的原则，提高工业化的科技含量、降低资源消耗和环境污染，在实现工业化的过程中走注重生态建设和环境保护的可持续发展道路，促进人和自然的协调与和谐发展。

第二，对工业化与信息化关系认识的新突破。

由于信息科技是在蒸汽等动力科技和自动化科技之后出现的，因此西方发达国家是在工业化完成以后再推行信息化。当代中国则是在全球信息化的时代条件下继续完成工业化的，鉴于中国经济文化落后将长期处于社会主义初级阶段的国情，作为一个尚未完成农业文明向工业文明跳跃的后起国家，如果沿袭发达国家的工业化老路子，依次走过已有工业化过程的各个阶段，先工业化后信息化，至少要经过漫长的历史过程。当今日新月异的科技革命和激烈的国际竞争，也不容许中国再走工业化常规发展道路。当然，信息化与工业化密切相关，发展中国家也不可能越过工业化而跳跃进入信息化。中国特色新型工业化道路不同于西方发达国家的工业化与信息化的发展顺序，在工业化发展过程中，主动地推进信息化，以信息化带动工业化，以工业化促进信息化，使信息化与工业化进程相互融合，同时并举，相互促进，实现生产力的跨越式发展，加快缩小与西方发达国家工业化水平的差距。这是一种信息化和工业化"两化并进"、互动式的发展道路。这种新认识、新思想在当今世界工业化理论上，其他国家和学者还没有系统地、明确地提出来，所以具有开创性。

第三，在处理工业化发展与扩大就业关系上的新突破。

发达国家在实现工业化的过程中发展机械化和自动化，带来了结构失衡、劳动密集型产品的比重逐渐减少、失业率上升等问题。中国人口多，劳动力成本比较低，中国特色新型工业化道路注重工业化建设中充

---

① 江泽民：《保护环境，实施可持续发展战略》（1996.7.16），《江泽民论中国特色社会主义（专题摘编）》，中央文献出版社2002年版，第279、280页。

分利用高新技术，又坚持以人为本，注意处理好资金技术密集型产业与劳动密集型产业的关系，处理好高新技术产业和传统产业的关系，处理好虚拟经济和实体经济的关系。即在推进工业化的进程中，大力发展高科技产业，充分利用高新技术提升工业劳动生产率，同时千方百计扩大就业。"要把扩大就业摆在经济社会发展更加突出位置，坚持实施积极的就业政策。充分发挥市场的引导作用，积极发展就业容量大的劳动密集型产业、服务业和各类所有制的中小企业，规范劳动力市场秩序，鼓励劳动者自主创业和自谋职业，促进多种形式就业。"①

（二）中国特色新型工业化道路对传统社会主义工业化道路模式的超越

第一，新型工业化在经济发展方式上的新突破。

传统社会主义工业化是以高投入、低产出，高速度、低效益的粗放型经济增长为基础，主要通过高积累扩大工业建设规模，依靠增加工业产业的从业人员数量来实现工业化。而中国特色新型工业化以集约型的经济增长为基础，注重质量、效益和速度之间的关系，着力提高"经济增长的质量和效益，努力实现速度和结构、质量、效益相统一"。② 为此，强调必须更新发展思路，实现经济发展方式从粗放型向集约型的转变，利用技术进步和提高劳动者素质来促进工业化的发展，在实现工业化的集约增长过程中，既要实现工业化快速增长，又要提高工业化的经济效益和质量。

第二，在工业化跨越式发展动力认识上的新突破。

传统社会主义工业化模式以赶超战略为特征，就是要实现跨越式发展，赶超西方工业化发达国家，但却主张通过生产资料公有制程度的不断提高，依靠广大劳动人民的政治热情和思想觉悟，以发挥"先进社会

---

① 《中共中央关于制定国民经济和社会发展第十一个五年规划的建议》（2005.10.11），《十六大以来重要文献选编》（中），中央文献出版社2006年版，第1079页。

② 胡锦涛：《在中央人口资源环境工作座谈会上的讲话》（2004.3.10），《十六大以来重要文献选编》（上），中央文献出版社2005年版，第852页。

主义制度的优越性"来实现跨越式发展。这被实践证明是行不通的。新型工业化道路则强调信息化才是实现跨越式发展的根本动力和决定性因素,主张"在完成工业化的过程中注重运用信息技术提高工业化的水准,在推进信息化的过程中注重运用信息技术改造传统产业,以信息化带动工业化,发挥后发优势,努力实现技术的跨越式发展"。[1] 从而在更短的时间里,实现具有现代意义的建立在信息化基础上的工业化。

第三,对工业化发展观的新突破。

传统社会主义工业化道路片面强调优先发展重工业,并以牺牲农业、消费品工业的发展以及生态环境为代价。新型工业化道路强调转变发展观念,"创新发展模式,走科学发展之路"[2],把工业化发展切实转入全面协调可持续发展的轨道。不仅注意工业内部各部门各行业的协调发展,而且注重发展循环经济,保护生态环境,建设资源节约型、环境友好型社会,追求国民经济社会和自然生态整体的和谐发展。这种发展观的转变,不能不说是一种工业化理论的重大发展和创新。

总之,改革开放以来,中国共产党立足于中国基本国情,顺应经济全球化和世界科技经济发展趋势,全面总结国内外工业化的经验教训,对中国社会主义工业化道路进行了全新的探索,相继经历了以制度创新和对外开放、以推进信息化和可持续发展为主要内容的两次创新,产生了认识上的两次飞跃。在这两次创新与飞跃中,推动市场化和信息化是贯穿着探索中国特色工业化发展新模式的两个中心环节。以市场化与工业化融合互动和以信息化与工业化融合互动,赋予中国社会主义工业化以新的内涵,成功地探寻到了既有中国特色又顺应世界潮流的工业化新路,对世界传统工业化道路具有两重突破和超越的意义。一方面,全面突破了以集权型、粗放型、封闭型为主要特征的传统社会主义工业化模式;另一方面,超越了"先污染(发展),后治理"和"先工业化,后

---

[1] 江泽民:《在第十六届世界计算机大会开幕式上的讲话》(2000.8.21),《论科学技术》,中央文献出版社2001年版,第222页。

[2] 温家宝:《走科学发展道路,实现可持续发展——在"21世纪论坛"2005年会议开幕式上的演讲》(2005.9.5),载《人民日报》,2005年9月7日第2版。

信息化"的西方发达国家传统工业化模式。

当然,中国共产党在改革开放以来对中国工业化道路探索的两次飞跃与突破,并非截然分开的,而是一个有机联系的整体。这主要是由信息化和工业化之间的内在关系所决定的,信息化并不是与工业化割裂的时代,工业化是信息化的基础,信息化的合理建设可以运用高新技术改造传统工业,培育新兴产业,极大地促进工业化的进程。不仅如此,信息化与全球化密切相关。当今世界,信息技术革命成为经济全球化的根本动力和主导力量,信息化的发展进一步开拓了世界市场,更加深了各国工业化相互依存、相互开放的程度。因此,中国共产党面临继续完成工业化和推动信息化双重目标任务,在改革开放初期开始的主要以市场化与工业化融合互动为中心内容的探索与飞跃,不仅超越了传统社会主义工业化模式和有别于西方国家市场化模式,而且促进了国内市场与国外市场的接轨,使中国工业化与世界工业化的历史进程紧密相连,为第二次探索与飞跃奠定了基础。20世纪90年代中期开始主要以信息化与工业化融合互动为中心内容的探索与飞跃,不仅超越了西方发达国家传统工业化模式,而且丰富和发展了第一次飞跃与突破的探索成果,进一步赋予了新的时代内容。尽管两个阶段探索的侧重点和突破点有所不同,但都构成中国特色工业化道路的不可或缺的重要组成部分,从而初步解决了在经济文化落后大国、工业化后起国、处于世界传统工业化向现代信息工业化转变过程中,如何开创一条既适合中国国情又顺应时代潮流的新型社会主义工业化道路的崭新课题。这是中国社会主义工业化史上的伟大创新,又是世界工业化史上的伟大创举。

结　语

在中国这样经济文化极其落后的农业大国实现社会主义工业化，是一项前无古人的伟大事业，需要经过几代人的长期艰辛探索。从新民主主义工业化道路的构想，到仿效苏联社会主义工业化道路模式，再到中共十一届三中全会以来中国特色社会主义工业化道路的开辟，中国社会主义工业化道路的探索，经历了一个艰难曲折的发展和创新过程。在这个过程中，以毛泽东、邓小平、江泽民、胡锦涛为主要代表的几代中国共产党人不断开拓、继承、丰富和发展，特别是经过改革开放以来对中国特色社会主义工业化道路探索的创新和飞跃，积累了极其丰富的历史经验和启示，其中尤为宝贵的是探索视角和发展观的转变。

首先，实现中国工业化，必须走自己的路，根据中国实际和时代特征赋予其鲜明的中国特色。中国是一个人口众多、农村人口占很大比重，经济不发达且发展不平衡，特别是二元经济结构特征明显，且自然资源禀赋并不丰裕、环境承载能力也不够宽松的国家。在这样的基础上推进工业化，既不能照搬过去苏联与东欧的模式，也不能照抄西方国家的模式，必须从中国实际出发，发展出自己民族的特色。而从世界历史的角度去看，工业化是一个世界性的发展过程，所谓特色，并不是离开世界整体联系的特色。一个国家要想真正走一条富有本国特色的强国之路，必须将自己作为世界发展的一个有机组成部分，从世界整体的视角来制定本国的发展战略。特别是在当今经济全球化时代，中国的发展越来越和世界的发展融为一体，中国社会主义工业化要在世界上取得成功，必须要有全球的思维。一是从中国的角度来看待世界，充分利用经济全球化提供的历史性机遇，积极参与国际经济竞争与合作，推进社会主义工业化的发展。二是从全球的角度来审视中国的发展，即站在全球的高度，准确把握中国工业化发展所处的位置，制定中国工业化的发展战略。以胡锦涛为总书记的党中央多次举行政治局集体学习，反复强调在新形势下，推动中国经济社会发展，"要坚持以宽广的眼界观察世界"。① 要有"全球战略眼光"，"树立全球战略意识"，不断适应经济全球化趋势的新发展和中国改革发展的新形势，积极参与国际经济技术合作和竞争。② 胡锦涛在深刻总结国内外经济社会发展的经验时指出："当今世界和中国的实践都表明，一个国家要实现经济社会发展、实现长治久安，必须找到一条既适合自己国情、又符合时代要求的发展道路。"③ 应该说，这无疑包含了改革开放以来中国共产党从中国与世界发展关系的视角探索中国工业化道路的重要经验。中国特色社会主义工业化发展道路的开创，正是立足于中国国情，全面认识工业化、信息化、城镇化、市场化、国际化深入发展的新形势新任务，深刻把握中国发展面临的新课题新矛盾，对当代世界科技革命和经济全球化带来的机遇和挑战的正确回应。这就使中国社会主义工业化道路既有中国特色，又不排斥世界潮流，形成了立足中国而又面向世界的发展思路。

其次，实现中国工业化，必须以科学发展观为指导，走科学发展之路。胡锦涛指出："经验表明，一个国家坚持什么样的发展观，对这个国家的发展会产生重大影响，不同的发展观往往会导致不同的发展结果。"④ 科学发展观是以中国和其他国家社会主义建设正反两方面的历史经验为依据，又吸取了西方发达国家和广大发展中国家现代化过程中的经验教训，在科学判断世界发展趋势的基础上形成的。它在中国社会主

---

① 2004 年 2 月 23 日中共中央政治局举行第 10 次集体学习，载《人民日报》，2004 年 2 月 25 日第 1 版。

② 2005 年 5 月 31 日中共中央政治局举行第 22 次集体学习，载《人民日报》，2005 年 6 月 2 日第 1 版。

③ 2004 年 12 月 1 日中共中央政治局举行第 17 次集体学习，载《人民日报》，2004 年 12 月 3 日第 1 版。

④ 胡锦涛：《在中央人口资源环境工作座谈会上的讲话》(2004.3.10)，《十六大以来大以来重要文献选编》（上），中央文献出版社 2005 年版，第 849 页。

义发展的目标、战略、道路等问题上提出了一系列新思想、新观点、新论断，把对中国特色社会主义工业化道路的认识提高到一个新水平。如科学发展观揭示了经济社会发展的客观规律，把以人为本、全面协调可持续发展作为基本要求，坚持与时俱进，着力把握发展规律，创新发展理念，破解发展难题，转变经济发展方式，建设创新型国家；坚持人与自然和谐发展，大力发展循环经济，建设资源节约型和环境友好型社会；坚持统筹兼顾的根本方法，统筹城乡发展、区域发展，经济社会发展，构建社会主义和谐社会，等等，指明了实现中国特色新型工业化又好又快发展的科学道路。又如，科学发展观坚持改革开放，既立足国内，又放眼世界，把中国特色社会主义发展道路置于世界视域中去考察，是以世界眼光谋发展的发展观。它要求以开放的全球思维，统筹国内发展与对外开放、统筹国内国际两个大局，积极参与经济全球化进程，实施互利共赢的开放战略。科学发展观这种以世界眼光谋发展的开放性思维，进一步为拓宽中国特色社会主义工业化发展总体思路提供了思想指导。

因之，研究中国共产党对中国工业化道路理论和实践的发展与创新，必须遵循科学发展观；不仅要从中国实际出发，而且还要把它置于宽广的世界视野中进行考察，在中国工业化与世界工业化的相互关系中进行辩证的思考，才能更深层次地认识它的深刻含义及其在世界工业化发展史上的创新意义。

主要参考文献

《马克思恩格斯选集》第1—4卷，人民出版社1995年版。
《马克思恩格斯全集》第2、18、37卷，人民出版社1957、1964、1971年版。
马克思：《资本论》第1—3卷，人民出版社1975年版。
《列宁全集》第32、38、40—43、60卷，人民出版社1985—1990年版。
《斯大林选集》下卷，人民出版社1979年版。
《毛泽东选集》第1—4卷，人民出版社1991年版。
《建国以来毛泽东文稿》第1—13册，中央文献出版社1987—1998年版。
《毛泽东文集》第1—8卷，人民出版社1991—1999年版。
《毛泽东书信选集》，人民出版社1983年版。
《毛泽东著作专题摘编》，中央文献出版社2003年版。
中华人民共和国国史学会编：《毛泽东读社会主义政治经济学批注和谈话》清样本（上、下），1997年印。
《邓小平文选》第1—3卷，人民出版社1993、1994年版。
《刘少奇选集》上、下卷，人民出版社1981、1985年版。
《刘少奇论新中国经济建设》，中央文献出版社1993年版。
《周恩来选集》上、下卷，人民出版社1980、1984年版。
《周恩来经济文选》，中央文献出版社1993年版。
《陈云文选》第1—3卷，人民出版社1995年版。
《张闻天选集》，人民出版社1985年版。
《李先念文选（1935—1988）》，人民出版社1989年版。
《李富春选集》，中国计划出版社1992年版。

《江泽民文选》第1—3卷，人民出版社2006年版。
江泽民：《论科学技术》，中央文献出版社2001年版。
中共中央文献研究室编：《江泽民论有中国特色社会主义（专题摘编）》，中央文献出版社2002年版。
中央档案馆编：《中共中央文件选集》第1—18册，中共中央党校出版社1989—1992版。
中共中央文献研究室编：《建国以来重要文献选编》第1—20册，中央文献出版社1992—1998年版。
中共中央文献研究室编：《三中全会以来重要文献选编》（上、下），人民出版社1982年版。
中共中央文献研究室编：《十二大以来重要文献选编》（上、中、下），人民出版社1986年版。
中共中央文献研究室编：《十三大以来重要文献选编》（上、中、下），人民出版社1991—1993年版。
中共中央文献研究室编：《十四大以来重要文献选编》（上、中、下），人民出版社1996—1999年版。
中共中央文献研究室编：《十五大以来重要文献选编》（上、中、下），人民出版社2000—2003年版。
中共中央文献研究室编：《十六大以来重要文献选编》（上、中），中央文献出版社2005、2006年版。
中共中央文献研究室、国务院发展研究中心编：《新时期农业和农村工作重要文献选编》，中央文献出版社1992年版。
中共中央农村政策研究室编：《农村经济政策汇编（1978—1981）》，农村读物出版社1981年版。
中共中央文献研究室编：《毛泽东传（1949—1976）》上、下卷，中央文献出版社2003年版。
顾龙生编：《毛泽东经济年谱》，中共中央党校出版社1993年版。
中共中央文献研究室编：《邓小平思想年谱（1975—1997）》，中央文献出版社1998年版。
中共中央文献研究室编：《刘少奇年谱（1898—1969）》，中央文献出版社1996年版。

中共中央文献研究室编：《周恩来年谱（1949—1976）》，中央文献出版社1997年版。

中共中央文献研究室编：《陈云年谱（1905—1995）》，中央文献出版社2000年版。

中共中央文献研究室：《朱德传》，人民出版社、中央文献出版社1993年版。

房维中、金冲及主编：《李富春传》，中央文献出版社2001年版。

中共中央财经领导小组办公室编：《中国经济发展五十年大事记（1949.10—1999.10）》，人民出版社、中共中央党校出版社1999年版。

"当代中国的计划工作"办公室编：《中华人民共和国国民经济和社会发展计划大事辑要（1949—1985）》，红旗出版社1987年版。

国家统计局投资司编：《中国重点建设》，法律出版社1991年版。

中国社会科学院、中央档案馆编：《中华人民共和国经济档案资料选编（1949—1952）》（基本建设投资和建筑业卷），中国城市经济社会出版社1989年版。

中国社会科学院、中央档案馆编：《中华人民共和国经济档案资料选编（1949—1952）》（工业卷），中国物价出版社1996年版。

中国社会科学院、中央档案馆编：《中华人民共和国经济档案资料选编（1949—1952）》（综合卷），中国城市经济社会出版社1990年版。

中国社会科学院、中央档案馆编：《中华人民共和国经济档案资料选编（1953—1957）》（工业卷），中国物价出版社1998年版。

中国社会科学院、中央档案馆编：《中华人民共和国经济档案资料选编（1953—1957）》（综合卷），中国物价出版社2000年版。

《当代中国》丛书编委会编：《当代中国的基本建设》，中国社会科学出版社1989年版。

中国社会科学院法学研究所编：《中华人民共和国经济法规选编》，中国财政经济出版社1980年版。

中华人民共和国农业部：《中国农业发展报告》，中国农业出版社1998年版。

中央工商行政管理局等编：《中国资本主义工商业的社会主义改造》，人民出版社1962年版。

薄一波：《若干重大决策与事件的回顾》上、下卷，中共中央党校出版社 1991、1993 年版。
胡绳主编：《中国共产党的七十年》，中共党史出版社 1991 年版。
陶鲁笳：《毛主席教我们当省委书记》，中央文献出版社 2003 年版。
曾培炎主编：《新中国经济 50 年》，中国计划出版社 1999 年版。
刘国光主编：《中国十个五年计划研究报告》，人民出版社 2006 年版。
张静如：《中国共产党和中国现代化》，湖南出版社 1991 年版。
石仲泉：《毛泽东的艰辛开拓》（新增订本），中共党史出版社 1996 年版。
李君如：《毛泽东与当代中国》，福建人民出版社 1997 年版。
张文儒：《毛泽东与中国现代化》，当代中国出版社 1993 年版。
王骏：《毛泽东与中国工业化》，福建人民出版社 2001 年版。
王占阳、王小英编：《中外记者笔下的毛泽东》，沈阳出版社 1993 年版。
顾龙生主编：《中国共产党经济思想发展史》，山西经济出版社 1996 年版。
武力主编：《中华人民共和国经济史》上、下册，中国经济出版社 1999 年版。
汪海波：《中华人民共和国工业经济史》，山西经济出版社 1998 年版。
董志凯、吴江：《新中国工业的奠基石》，广东经济出版社 2004 年版。
谢百三主编：《中国当代经济政策及其理论》，北京大学出版社 2001 年版。
赵晓雷：《中国工业化思想及发展战略研究》，上海社会科学院出版社 1995 年版。
丁俊萍：《中国共产党解放和发展生产力思想研究》，武汉大学出版社 1999 年版。
谢百三：《当代中国的若干经济政策及其理论》（1991 年增订本），中国人民大学出版社 1992 年版。
张卓元主编：《论争与发展：中国经济理论 50 年》，云南人民出版社 1999 年版。
罗荣渠：《现代化新论》、《现代化新论续编》，北京大学出版社 1993、1997 年版。
刘国平：《中国经济与世界经济发展的比较》，湖南人民出版社 2000 年版。
曹尔阶等：《新中国投资史纲》，中国财政经济出版社 1992 年版。
叶险明：《马克思的工业革命理论与现时代》，北京出版社 2001 年版。

史东辉:《后起国工业化引论》,上海财经大学出版社 1999 年版。
祝合良:《开放条件下的中国工业化》,经济管理出版社 2002 年版。
聂锦芳、刘秀萍:《超越"后发展"困境:现代化理论图景中的邓小平发展观》,北京大学出版社 2002 年版。
郑新立、周喜安:《中国:21 世纪的工业化》,经济科学出版社 2003 年版。
陆学艺等:《中国农村现代化道路研究》,广西人民出版社 1998 年版。
张毅、张颂颂:《中国农村工业化与国家工业化》,中国农业出版社 2002 年版。
武力、郑有贵主编:《解决"三农"问题之路——中国共产党"三农"思想政策史》,中国经济出版社 2004 年版。
张彩丽:《中国工业化与"三农"问题研究》,人民出版社 2005 年版。
张新华:《三农问题与中国现代化》,天津社会科学院出版社 2007 年版。
国家经贸委综合司编:《专家谈走新型工业化道路》,经济科学出版社 2003 年版。
陆大道:《中国工业布局的理论与实践》,科学出版社 1990 年版。
王一鸣主编:《中国区域经济政策研究》,中国计划出版社 1999 年版。
高伯文:《中国共产党区域经济思想研究》,中共党史出版社 2004 年版。
任保平:《中国 21 世纪的新型工业化道路》,中国经济出版社 2005 年版。
席丹:《信息化与中国经济跨越式发展》,武汉大学出版社 2004 年版。
联共(布)中央特设委员会:《联共(布)党史简明教程》,中共中央编译局译,人民出版社 1975 年版。
苏联部长会议中央统计局:《苏联国民经济六十年》(中译版),三联书店 1979 年版。
[美]吉尔伯特·罗兹曼:《中国的现代化》(中译版),上海人民出版社 1989 年版。
[美]约瑟夫·W. 埃谢里克编著:《在中国失掉的机会——美国前驻华外交官约翰·S. 谢伟思第二次世界大战时期的报告》(中译版),国际文化出版公司 1989 年版。
[美]莫里斯·迈斯纳:《毛泽东的中国及后毛泽东的中国》(中译版),四川人民出版社 1989 年版。
[美]费正清、罗德里克·麦克法夸尔主编:《剑桥中华人民共和国史》上、

下卷（中译版），上海人民出版社1990年版。

［以］S. N. 艾森斯塔德：《现代化：抗拒与变迁》，张旅平、沈原等译，中国人民大学出版社1988年版。

［美］T. 肯普《现代工业化模式》（中译本），中国展望出版社1985年版。

［美］约翰·科迪等：《发展中国家的工业发展政策》（中译本），经济科学出版社1990年版。

政治与公共行政类图书书目

协商民主译丛

书　名	作者	定价
公共协商：多元主义、复杂性与民主	[美] 詹姆斯·博曼	38.00元
作为公共协商的民主：新的视角	[南非] 毛里西奥·帕瑟林·登特里维斯	38.00元
协商民主及其超越：自由与批判的视角	[澳大利亚] 约翰·S. 德雷泽克	35.00元
协商民主：论理性与政治	[美] 詹姆斯·博曼　威廉·雷吉	45.00元
协商民主	[美] 约·埃尔斯特	35.00元
协商民主论争	[美] 詹姆斯·S. 菲什金	38.00元
民主与差异	[美] 塞拉·本哈比	38.00元
美国式协商民主	[美] 艾森·J. 莱布	30.00元
协商全球政治	[澳大利亚] 约翰·S. 德雷泽克	38.00元

中国民主治理丛书

书　名	作者	定价
依法治国与依法治党	俞可平	38.00元
党内民主制度创新——一个基层党委班子"公推直选"的案例研究	王长江	40.00元
城乡公民参与和政治合法性	何增科	48.00元
公民社会与民主治理	何增科	38.00元

政治学

书　名	作者	定价
民主的模式（新）	［美］赫尔德	26.90元
保守主义的含义	［英］斯克拉顿	25.00元
自由主义基本理念	顾肃	39.00元
政治文明：理论与实践发展分析	许耀桐　胡叔宝　胡仙芝	68.00元
帝国——统治世界的逻辑	［德］赫尔弗里德·明克勒	29.00元
国家与市民社会	邓正来	32.70元
国家起源新论	刘军	38.00元
新自由主义意识形态	张才国	36.00元
台湾政治转型与分离倾向	赵勇	38.00元
民主社会主义论	殷叙彝	68.00元
中国国际政治经济学	郑彪	60.00元
中国社会阶层政治心态研究	孙永芬	35.00元
庶民研究	刘健芝、许兆麟选编	29.80元

政党政治研究

书　名	作者	定价
中国政党制度年鉴（2006）	中央社会主义学院政党制度研究中心	260.00元
中国政党政治研究（1905—1949）	李金河	48.00元
中国政治体制改革研究	何增科	46.00元
台湾政治转型与分离倾向	赵勇	38.00元
坚持走中国特色社会主义政治发展道路研究	北京社会主义学院	38.00元
社会主义的理论创新与实践探索——中国国际共运史学会年会论文集	张兴茂	48.00元

书名	作者	定价
中国转型期的政治治理若干问题与趋势	沈远新	32.00元
全球化与欧洲社会民主党的转型	史志钦	38.00元
战后西欧社会党与共产党比较研究——以法、意为个案	韩灵	20.00元
人民政协概论	张平天	40.00元
党的领导民主监督	刘书林 王群瑛	49.00元
当代俄罗斯政党	刘淑春	60.00元
意共的转型与意大利政治变革	史志钦	28.00元
统一战线新论	李小宁	42.00元
民主党派和无党派人士关注的20个理论问题	李金河 郑宪	20.00元

青年政治学丛书

书　名	作者	定价
全球化与国际政治	和平 俞景华	46.00元
世界青年政治运动史论	和平 王军	38.00元
中国国际关系研究四十年	王军 但兴悟	49.00元
青年与国际政治	江广平	32.00元
联合国青年事务	《国际政治与青年》课题组	36.00元

统一战线教材

书　名	作者	定价
中央领导同志论统一战线	中共中央统战部研究室编	29.00元
新世纪新阶段统一战线简明教程	张卫江	30.00元
中国特色社会主义政党制度	张卫江	29.00元
多党合作的历史与现实	李金河	30.00元

书名	作者	定价
中国参政党建设的理论与实践	孙瑞华	28.00元
统一战线中的知识分子问题	张继辉　李小宁	28.00元
马克思主义宗教观与党的宗教政策	龚学增	28.00元
马克思主义民族观与党的民族政策	沈桂萍	30.00元
新的社会阶层统战工作概论	孙信　姜立　马东升	28.00元
中华文化与民族凝聚力	李道湘　于铭松	30.00元
基层统战工作概论	庄聪生　张献生	25.00元
人民政协概论	张平夫	35.00元
统一战线文件汇编	刘先传　王东勤	30.00元
北京统一战线工作手册	刘先传　张俊明	28.00元
北京党外代表人物集（民主党派卷）	王兰萍　刘润堂	48.00元
参政议政　合作共事	甄贞	25.00元
北京宗教概况	李道湘　于铭松	28.00元
参政议政案例（北京卷）	吴宁　孙宝林　龚玉玺	32.00元

公共行政学

书　名	作者	定价
转型社会与大都市治理	郑德涛　余耀胜	49.00元
公司应对商业贿赂指南	张文镝　何增科	58.00元
社会资本与中国农村治理改革	周红云	28.00元
从理念到程序——我眼中的美国大选	刘亚伟	30.00元
从多元到和谐——和谐社会的构建	韩雪	30.00元
从减负到发展——中国三农问题剖析	叶子	30.00元
从管理到治理——中国地方治理现状	尹东华	30.00元
公共管理与治理转型	胡泽君	36.00元
公共管理与区域发展	胡泽君	35.00元
公共管理与制度创新	刘玉浦	36.00元
公共管理与创新型国家	刘玉浦	38.00元

中大政治学评论第 3 辑	谭安奎	49.80 元
西部经济跨越式发展社会环境研究	尹庆双	38.00 元
现代公共政策学——公共政策的整体透视	胡宁生	45.00 元
动态环境下的治安防范与控制——以广州为分析典型	舒扬 彭澎	36.00 元
转型期中国改革与社会公正	陈伯君	45.00 元
激活和谐社会的细胞——"盐田模式"制度研究	侯伊莎	38.00 元
区域经济的制度分析	蒋年云	38.00 元
公民社会与治理转型——发展中国家的视角	刘明珍	25.00 元
公共行政的价值向度	张富	26.00 元
行政机关公务员处分条例——条文释义	屈万祥	28.00 元
西部跨越式发展中政府与市场关系新论	申晓梅 任勤	35.00 元
民政工作创新与和谐社区建设实务全书	王基健	390.00 元
管理与会计监督实务全书	丁中一	498.00 元
国土资源管理与执法监督实务全书	王基建	398.00 元
香港立法机关研究（修订版）	朱世海	28.00 元

领导参考译丛

书 名	作者	定价
奔向自由——戈尔巴乔夫改革二十年后的评说	［俄］戈尔巴乔夫基金会	46.00 元
社会主义体制——共产主义政治经济学	［匈牙利］雅诺什·科尔奈	68.00 元

自我耗竭式演进——政党—国家体制的模型与演进	［匈牙利］玛利亚·乔蒂纳	48.00元
全球化的边界——当代发展的难题	［俄］戈尔巴乔夫基金会	68.00元
金融战争——中国如何冲破美元霸权	［美］廖子光	38.00元
金融帝国——美国金融霸权的来源和基础	［美］迈克尔·赫德森	48.00元